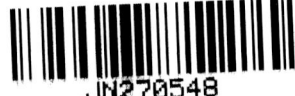

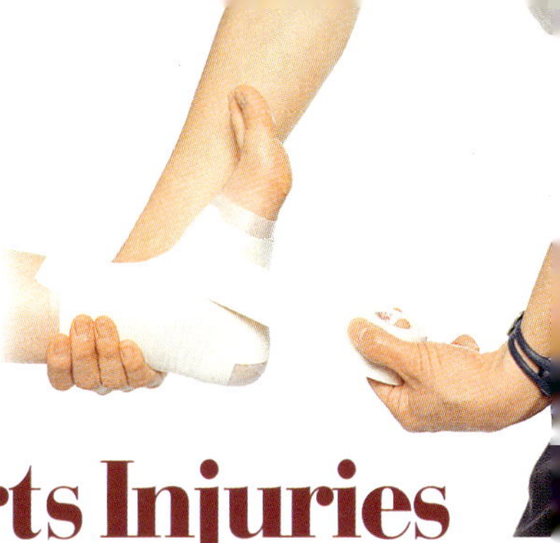

Sports Injuries & Taping

スポーツ傷害とテーピング

スポーツ傷害の予防・応急処置・
再発防止のために

Basketball
Rugby
Soccer
Tennis
Baseball
American football
Volleyball
Table tennis
Athletic sports
Wrestling
Judo
etc.

リニアート 増田 雄一◎監修

SPECIAL
INTERVIEW

松岡修造

「テーピングの力は大きい。しかし、ときには試合や練習を休むなど、自分の状態を判断できるようになることも大切」

現役時代「反骨の御曹司」と呼ばれ、日本男子テニス界の第一人者として活躍した、松岡修造氏。しかし、その選手生活はケガとの闘いでもあった。本書の監修者であり、ミズノ時代トレーナーとして松岡氏に帯同した経験のある増田雄一氏が、ケガとテーピングについて話を聞いた。

――まずは現役時代のお話から――

増田　選手時代の松岡さんは満身創痍で、ケガとの闘いでした。好調なとき、ケガをしているときにもツアーに帯同させてもらいましたが、大きなケガをされてからは、いつもテーピングをしていましたね。

松岡　そうですね。膝には爆弾を抱えていましたし、大きな捻挫をして足首は手術しましたから。10歳でテニスを始めて以来大きなケガはなかったんですが、プロのツアーに出るようになってからケガが多くなりましたね。世界は想像以上にレベルが高かった。だから世界を目指すトレーニングが必要になってくるんです。でも、当時はまだトレーニングに対する理解や予防する術を知りませんでした。

増田　ケガをしてから取り組みは変わりましたか？

松岡　他の選手以上に時間を費やしました。ケガをしたときのメンタルトレーニング、東洋の治療などいろいろ試しました。ケガをしてからは予防のためトレーナーさんに帯同してもらい、試合前と試合後にマッサージをしていました。疲れが原因で起こるケガは多いですから、疲れをとるようにしていました。

増田　現在、ジュニアの指導をされていますが、テーピングについての指導もしているんですか？

松岡　ええ、指導しています。今のジュニアの選手はほとんどがテーピングをしています。テーピングをしている選手が大会で優勝するなんてことはたくさんありますから、テーピングの力は大きい。でも「テーピングをすれば大丈夫」という考えは危険ですね。正しく巻いていればいいですけど、間違った巻き方は体全体の調子がおかしくなりますから注意して欲しいですね。

増田　子どもたちがケガをしたとき、どのように指導していますか？

松岡　ケガには「無理をしてやったら悪くなるケガ」と「無理してもいいケガ」の2種類があります。その判断をするには、ある程度の訓練が必要です。もし試合前に子どもが危険なケガをしていれば、「僕なら将来的なことを考えて試合に出るのをやめる」といいます。ですが、それでも本人が「出る」と言えばとめません。僕がすべて指摘したら、その子どもはひとりで判断できなくなってしまうからです。もちろん、ケガの内容によっては、試合に出ない、という判断が必要なときもあるし、試合に出られなければ悔しい。でもそこから「自分にとって何が大事なのか」を知り、自分の目標を考えて、無理しても大丈夫とか、休んだほうがいい、という判断ができるようになるんです。ときには監督やコーチに「NO」といったり、試合や練習を休む勇気も必要でしょうね。

増田　僕も含めてトレーナーとの付き合いのなかで、難しかったことってありますか？

松岡　痛みを伝えて、そこから自分の状態をいかに正確に把握してもらうかが難しかったですね。人によって表現が違うから、判断するほうも難しいでしょうけど。

増田　それ以外でも松岡さんは完璧主義者ですから、いろいろ難しかったですよ（笑）。

松岡　僕はいつも完璧でいたかった。でも完璧な状態なんてありえない。それで、結構失敗したかもしれない。テーピングでもちょっとしたズレが気になってプレーに影響がでましたから。

増田　いろいろなアスリートのトレーナーとして関わってきた経験で感じたことは、スポーツ界のトップで活躍する選手は感受性が強い、ということがいえると思うんです。体のセンサーが発達しているんですね。

松岡　でも、僕は必要以上に気にしてしまうことがあったので、子どもたちには、余計なことは考えるなといっています。

増田　最後になりますが、今、スポーツをしている10～20代の世代に、先輩として何かアドバイスがありましたらお願いします。

松岡　結局は「自分に聞け」ってことだと思います。そして、ケガの状態を自分で判断できるように自立することです。答えは、最後には自分にしか出せませんから。

――ありがとうございました――

プロフィール

松岡修造（まつおか・しゅうぞう）本名同じ。1967年（昭和42年）11月６日、東京生まれ。188㎝、85kg、右利き（両手バックハンド）。慶応幼稚舎５年からテニスを始め、慶応中等部１年で全日本ジュニア選手権14歳以下優勝。柳川高校時代にはインターハイでシングルス、ダブルス優勝。85年に高校を中退し、米パーマーアカデミー高にテニス留学し86年にプロに転向。92年４月、KALカップで日本男子として初めてATPツアー優勝。95年の全英オープンでは４大大会日本男子62年ぶりのベスト８進出を果たすなど、日本男子テニス界の第一人者として活躍する。世界ランク最高位は92年７月の46位。98年より「修造チャレンジ」を主宰し、後進の育成にも情熱を注ぐ。TV番組でもスポーツキャスターなど、幅広く活躍中。

SPECIAL INTERVIEW

大久保直弥

「思わぬアクシデントやケガを防ぐためにも、トレーナーとの関係は大切」

闘争心あふれるプレー、チームリーダーとしても的確な判断でサントリーラグビーチームを日本選手権優勝に導いたキャプテン。第５回ワールドカップ・アジア予選の日本代表にも選出された。こちらの活躍も期待される。ラグビーといえば激しいコンタクトが多く、ケガがつきものという印象だが—。

　サントリーラグビーチームのトレーナーを務める石山修盟氏に、ケガについてお聞きいただいた。

——まずケガについてですが——

石山　大久保君とは私がサントリーのサポートをする以前からの付き合いだけど、大きなケガをしてないですよね。

大久保　ラグビーが１週間できなくなるほどのケガはないですね。軽いねんざはよくしますけど、そんなのケガと言ってられませんからね。それにしてもトレーニングなどの知識がなかった大学時代からケガは少ないですね。でも石山さんからいろいろ教わったり、豪州留学に行って意識は変わりました。向こうの選手は、「相手に弱みを見せるのと同じ」といって、膝にテーピングをしないんです。それも確かにそうかなと。僕もテーピングはなるべく巻かないようにしています。日本では再発不安から巻き続ける人が多いけど、それを必要としない体づくりが大事ですよね。

石山　でも、オーストラリアの選手だってねんざをしやすい足首は絶対に巻いています。確かに、テープが不必要になる状態にするのがベストですけど、明らかに必要な場合は巻いたほうがいい。巻いてもダメなら、運動をやめなければいけません。

大久保　でも僕が試合に出るといったら、誰も止められない（笑）。

石山　いずれにしろ、回復を望む本人の自立が大事です。トレーナーはサポートやアドバイスをするだけですからね。

大久保　だからこそトレーナーとの関係は大切だと思います。信頼できないトレーナーには何か言われても、すべて素直に言うことをきけないですよ。

石山　そうですね。トレーナーは体のことだけでなく、ケガをして落ち込んでいる選手のメンタル面をケアするのも大切な仕事です。それも信頼関係がないと、何を言っても聞いてもらえない……。

大久保　日本選手権を連覇しましたけど、決勝前に部員にケガ人がひとりもいなかったことが大きかったと思うんです。膝にテーピングを巻いている人もほとんどいなかったですし、トレーナーなどのメディカルスタッフの皆さんには感謝しています。僕は信頼できるトレーナーがいるので、思う存分ラグビーができます。ありがたいことです。

石山　光栄だな（笑）。僕も褒めちゃうけど、大久保さんは本当に心・技・体

のすべてが高いレベルの選手。大きなケガはないし、素晴らしいキャプテンシーまで持っている。

大久保　確かにキャプテンになって、今までとは違った充実感もあります。ラガーマンである以上、選手生命に関わるケガをするかもしれない。だから１日、１日を大切にするよう心がけています。キャプテンですから、いつも試合に出なければいけないと思っていますし、サントリーはポジション争いが激しいので、それが緊張感につながってケガをしないっていうのもあるんじゃないですかね。

石山　ところでふだん、体のために何かしていることはありますか？

大久保　サウナ、水とお湯の交代浴が疲労回復とリフレッシュを兼ねての趣味です（笑）。

――最後にこれを読んでいる人に何かメッセージを――

大久保　自分の可能性、自分らしさを求めていくことが大事じゃないかな。個人的には子どもたちにラグビーやりたいな、と思ってもらえる試合をしたいですね。それが日本代表の役目だと思いますから。

――ありがとうございました――

プロフィール

大久保直弥（おおくぼ・なおや）。
1975年（昭和50年）９月27日、神奈川県生まれ。
188㎝、100kg。
法政二高時代はバレーボール部に所属、法政大学進学後、ラグビーに転向するという異色の経歴をもつ。
その後、社会人の名門・サントリーへ。ポジションはＦＬ／ＮＯ８。
99年に代表入り。以降、サントリーチーム、そして代表でも欠くことのできない存在として活躍。
01-02シーズンでは日本選手権２連覇を果たし、その原動力となった。

スポーツ傷害を予防するテーピングってどんなもの？

　テーピングはケガの予防、および応急処置または再発防止のために行う手法です。これを正しく行えば、大きな効果を発揮します。

テーピングに使うテープとはどんなもの（詳細は本文12ページ参照）

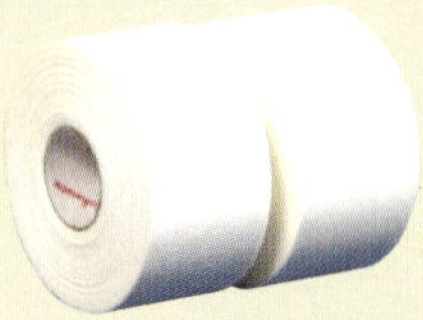

▲ホワイトテープ（非伸縮）関節を固定するために使う一般的なテープ。

▲伸縮テープ（ソフトタイプ）可動範囲の大きい部位に使う伸び縮みするテープ。手で切れる。

▲伸縮テープ（ハードタイプ）可動範囲の大きい部位に使う伸び縮みするテープ。ハサミで切る。

いろいろあるテープの幅

　テープには使う体の部位などによって幅が13ミリ、19ミリ、25ミリ、38ミリ、50ミリ、75ミリの各種があります。特に決まりはないものの、幅によってそれぞれ巻くのに適した部位があります。

13ミリ/19ミリ

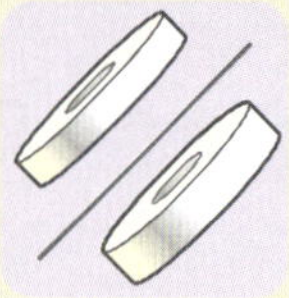

この細いテープは主として手部のテーピングに使うのに適しています。その細さを生かして指のテーピングによく使われます。

38ミリ

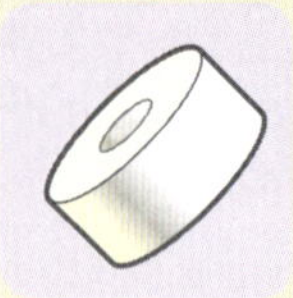

25ミリ同様、使いみちの多いテープで、アーチや足首、大腿部、アキレス腱、手首、肩のテーピングに使われます。

75ミリ

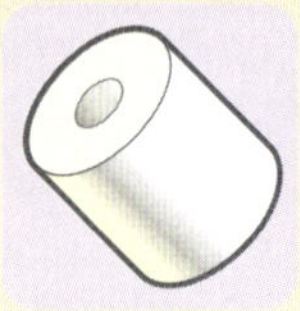

テープの中でも、もっとも幅の広い75ミリテープは、動きの大きい膝や肩のテーピングによく使われます。

25ミリ

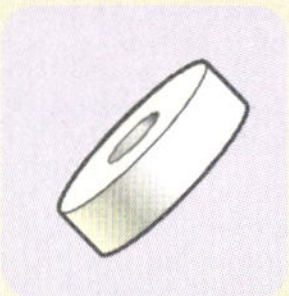

この幅のテープは使いみちが多く、かかとや足裏のアーチ、足部、手首のテーピングに使われます。

50ミリ

幅の広い50ミリテープは、アーチや足部、足首、大腿部、アキレス腱、肘、腰などに使われます。なかでも肘のテーピングにはよく使われます。

テーピング―その目的と効果―（詳細は本文10ページ参照）

効果
- ① ケガの予防
- ② 応急処置
- ③ 再発防止

効果
- ① 関節の可動域の制限
- ② 靭帯や腱の補強
- ③ 患部の圧迫や固定
- ④ 精神的な安心感

INTRODUCTION

テレビのスポーツ中継などを通して、ラグビーやバレーボールなどの、多くのスポーツ選手が、膝や手の指などにテープを巻いてプレーをしているのをたびたび目にします。日本でもプロやアマを問わず専属のトレーナーがチームに置かれるようになり、練習や試合前にトレーナーがテーピングをしている光景も見られるようになりました。

1975年に日本にテーピングテープが本格的に輸入され始めてから、その後日本各地でテーピング講習会が開催されるようになりました。テーピングに関する本も何冊も発売され、「テーピング」が一般にも普及し認知されてきたのです。

近年の「テーピング」の浸透度は、大学・高校のクラブのマネージャーをはじめ、ママさんバレーなどのスポーツ愛好家などによるテーピング講習会の受講といったことにも如実に表れています。さらに、テーピングテープの価格がかなり安価になったため、テープに触れる機会が増えたのも普及の一因となっています。テープを気軽に使用できるようになったことが、日本におけるテーピングに対する認識の広まりを助けているのです。

その一方で「本当に正しくテーピングが行われているか」という疑念が頭を離れません。日本にテーピングが導入された初期には「テーピングは万能」と言われ、どんな状況でも「テーピングをすれば大丈夫」という誤った考えを持たれた時期もありました。しかし、テーピングだけですべての傷害の予防ができるわけではないのです。

テーピングの目的は大きく分けて3つあります。

①スポーツで発生する傷害を予防すること、

②ケガをしたときの応急処置として用いる、

③治療やリハビリテーションを行った後、競技への復帰の際に、ケガの部位を保護・補強し、再発を防止すること、の3つです。

テープを巻くということは、ケガをした部位を外側から補強・保護することですが、併せて正しく速やかな応急処置を行い、その上で筋力の柔軟性や持久力の強化、向上のリコンディショニングを行うことによって、内側からも補強・保護することができ、より安全にかつ確実にケガの予防や再発の防止をすることができるのです。

本書では基本的な巻き方だけでなく、ケガをしたときに行う応急処置、そしてケガを予防するためのテーピング、また不幸にもケガをした後、スポーツに復帰するために行うリハビリテーションとスポーツマッサージ（リコンディショニング）についても紹介しています。

巻末には、リコンディショニングプログラムを実施するときに役立つチャート表も載せていますので、必要な部位をコピーして使用してください。

また、テーピングを行う際に欠かすことのできないのが、人体各部の構造とスポーツ傷害のメカニズムです。これを充分に理解したうえでテーピングを実践してください。

テーピングの理論と一定の法則を習得したら、現場で何度も反復して実践することが必要です。そうすれば正しいテーピングが身につくでしょう。そしてさらに、自分なりのオリジナルのテーピング技術がつかめることと思います。

増田　雄一

CONTENTS ―目次―

PART 2　スポーツ傷害　各部位別の対処法 ………… 31

●STAFF●

編集協力：㈱イーメディア

デザイン：㈱イーメディア

㈲グラスホッパー

イラスト：足立あきひこ

撮　　影：㈲フラッグ

外崎久雄（カラーページ）

撮影協力：村田亜由美

神谷友子

古舘昌宏

写真提供：ミズノ㈱／電波工業

取材協力：IMG東京

サントリー㈱

PART 1

スポーツ傷害とテーピングの基礎知識

スポーツ傷害とはどんなものか、テーピングのテープにはどんな種類があるか、応急処置のしかたやリコンディショニング、基本のマッサージ法について解説します。

スポーツ傷害とは？

スポーツ障害とスポーツ外傷の違い

　スポーツ傷害には、「スポーツ障害」と「スポーツ外傷」とがあります。

「スポーツ障害」は、スポーツを継続的に行い、体の特定の箇所を使い過ぎることで起こります。骨や筋肉、腱に異常が起こり、痛みや腫《は》れを伴うこともあります。特に10～15歳の成長期の子どもは、スポーツ障害になりやすいので注意が必要です。

　具体的には、成長期の子どもがボールの投げ過ぎで肘関節の軟骨に異常が起きる「野球肘」、バスケットボール、バレーボールなどジャンプを繰り返す競技の選手に多い「ジャンパーズ・ニー」や成長痛、慢性的な痛みなどがこれにあたります。

　運動中に起こる突発的な骨折やねんざなどのケガがスポーツ外傷です。広義には、スポーツ外傷がスポーツ障害に含まれることもあります。

　本書では「スポーツ障害」と「スポーツ外傷」の両方のケガを総称して「スポーツ傷害」とします。

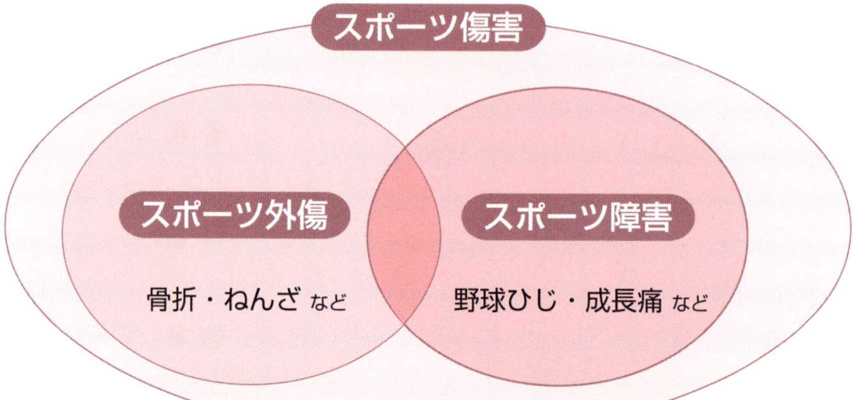

代表的なスポーツ障害

この表は、どのスポーツでどのようなスポーツ障害が起こりやすいのか、体の部位別にまとめています。該当するスポーツを行っている人は、以下のスポーツ障害を起こさないよう、注意してください。

発生する部位	スポーツ障害名	症　状	発生しやすい競技								
			陸上競技	野球	サッカー	バスケットボール	バレーボール	テニス	水泳	柔道	器械体操
肩	**野球肩**	野球の投球動作だけでなく、バレーボールのアタック、テニスのサーブなどで起こる、炎症を伴った肩関節の障害		●			●	●	●		
肘	**野球肘（槍投肘）**	野球の投手が、ボールを投げることにより肘に負担がかかって起こる障害	●	●							
	テニス肘	テニスをする人が、ラケットを振るさいに肘に負担がかかり起こる障害						●			
膝	**オスグッド・シュラッター病**	膝のお皿の下が出っ張り、腫れや痛みを伴う。走る、跳ぶ、蹴るなど膝を使う運動をする成長期の子ども特有の障害	●		●	●	●				●
	ジャンパーズ・ニー	ジャンプやダッシュなど膝に負担がかかる運動によって起こる障害。膝の「お皿」の下が痛む	●		●	●	●	●			
すね	**シンスプリント**	ランニングをするとすねが痛む障害。長距離走の選手などに多い	●								
アキレス腱	**アキレス腱炎**	ジャンプと着地を繰り返すことで、アキレス腱に負担がかかって起こる障害	●		●	●	●				
足	**フットボーラーズ・アンクル**	足首を伸ばしたり、反らす動作を繰り返すことで、足首の関節の余分な骨が増殖する障害。手で触ってふくらみを感じることもある			●	●					
	足底筋膜炎	ランニングをすると足の裏が痛む。悪化して歩行困難に陥ることもある。走る競技をする人に多くみられる	●		●	●					
	外反母趾	足の親指の付け根が外側に曲がる障害。ハイヒールをはく女性特有の障害と思われがちだが、スポーツ選手にも多い	●	●	●	●	●	●	●	●	●

テーピングの基礎知識

テーピングは、あくまでもケガの予防、応急処置、再発防止に用いられるものです。故障している部位にテーピングをすれば、必ずしも運動ができるというわけではありません。場合によっては、症状を悪化させることもあるのです。あいまいな判断をせずに、状況を見きわめた上で、ときには病院に行くことも必要です。

テーピングは、正しく行うことで大きな効果を発揮しますが、決してケガを治す万能な方法ではないことを念頭に入れておきましょう。テーピングの目的と効果を理解して、正しくテーピングを行うように心がけてください。

テーピングの目的

テーピングをする目的は大きく3つに分けられます。

①ケガの予防　ケガをしやすい部位に、あらかじめテーピングをしてケガを予防します。

②応急処置　ケガをした直後、患部を固定・圧迫しておくことで、悪化を防ぎます。

③再発防止　現在ケガをしている、もしくは以前にケガをした箇所の悪化および再発防止にテーピングを用いることがあります。日本では再発防止にテーピングが多く用いられています。

テーピングの効果

①関節の可動域の制限

関節が通常の範囲を超えて動くと、ねんざや脱臼《だっきゅう》が起こります。これを防ぐため、可動範囲を制限します。

②靱帯《じんたい》や腱《けん》の補強

靱帯や腱が、故障で弱くなっているときにテーピングで補強します。

③患部の圧迫・固定

患部を圧迫することで、腫れや内出血の広がりを防ぐことができます。また、患部を固定することでケガの悪化を防ぎ、痛みを緩和します。

④精神的な安心感

ケガをする可能性を大幅に減らすことができます。これにより、ケガへの不安も少なくなり、プレーに集中することができます。

テーピングをする際のポイント

①正しい姿勢

テーピングは正しい姿勢をとることが大切です。誤った姿勢だとテープにしわが寄って巻きづらいなどの不都合も生じ、テーピングの効果が落ちることもあります。本書でもそれぞれのテーピングについて、正しい姿勢を紹介していきます。

②ストレスポイントを知る

ストレスポイントとは運動量の多い部位、神経が集まって敏感な部位のことです。膝から下は右図の5カ所です。テーピングをする場合は、ワセリンを塗ったガーゼを当てて保護することもあります。

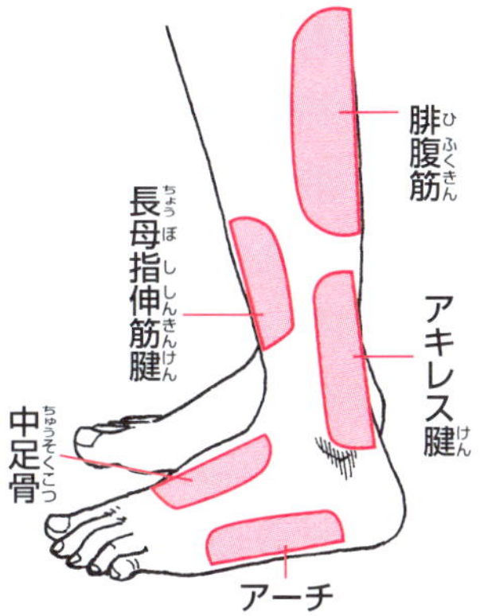

③正しい方向にテープを巻く

正しい方向に巻かないと逆効果になることがあります。テープを強く巻き過ぎたり、しわやすき間があると、血行が悪くなったり、水ぶくれの原因になるので注意してください。

④テーピングをする時間

運動する30～60分前にテーピングを行い、運動後30分以内にはずしてください。1日のうちに何度か試合があるときは、そのつど巻き直します。

⑤アンダーラップ

肌が弱い人や長時間テープを巻く場合は、アンダーラップを巻いたほうがよいでしょう。アンダーラップを巻くときは粘着スプレーを使います。

⑥肌の手入れ

肌に直接テーピングをする場合は、汗や汚れがあるとかぶれや粘着力の低下につながるので、肌の水分をよく拭き取り、清潔にします。テープが体毛にくっつくと、はがすときに痛みが伴いますので、あらかじめ体毛を剃っておきましょう。

⑦粘着スプレーの使用

テープをしっかりと固定するためには粘着スプレーを使用します。スプレーが乾いてからテーピングを開始します。また、アンダーラップを巻く際にもあらかじめスプレーしておくのが基本ですが、皮膚が弱い人の場合、かぶれる恐れもあるので注意してください。

テープの種類

テープは、伸縮性のないホワイトテープと伸縮テープの２つに分類されます。伸縮テープはさらにソフト、ハードの２タイプがあります。サイズ（幅）もバリエーションがあり、目的や部位、症状に応じて使い分けます。

テーピングに使う道具もいろいろあります。道具を使いこなすことで、より確実にテーピングができるので、用途をしっかり覚えておきましょう。

ホワイト（非伸縮）テープ

最も基本的なテープです。関節を固定するために使われるテープなので、伸縮性はありません。白いテープなのでホワイトテープと呼ばれています。サイズは13、19、25、38、50ミリがあります。

伸縮テープ

伸び縮みするテープです。関節の可動範囲が大きい部位に使用します。ソフトタイプは軽いサポートやラッピングに使い、手で切ることができます。ハードタイプは固定力を強めたいときに使い、ハサミで切ります。それぞれ25、50、75ミリの各サイズがあります。

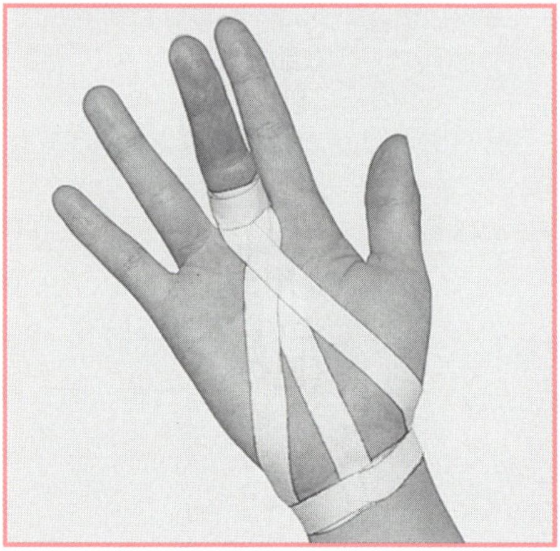

◀関節を固定するためのホワイト（非伸縮）テープ。テーピングでよく使われるテープ。

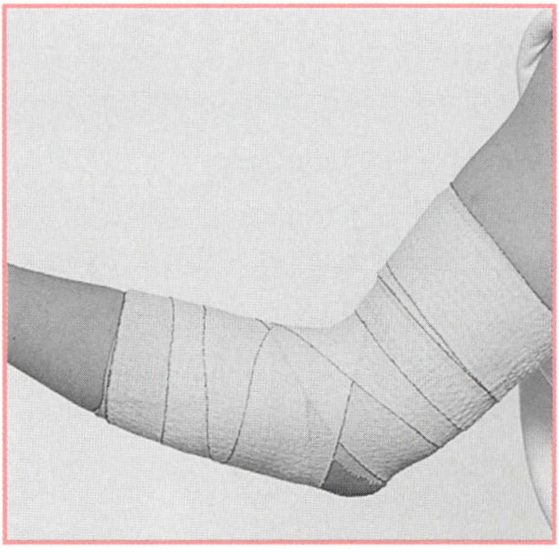

関節の可動範囲が大きい部分に使われる▶伸縮テープ。

テーピングに必要な道具

①非伸縮（ホワイト）テープ
②伸縮テープ（右がハード、左がソフト）
③伸縮包帯（バンテージ） 通常の包帯よりも厚く、伸縮する包帯。ラッピングやR.I.C.E.処置に使用する。
④アンダーラップ テーピングから肌を守ることを目的としたテープ。肌の上にすき間なく巻き、その上からテーピングを行う。粘着力がないため、粘着スプレーと併用する。
⑤粘着スプレー 糊のような役割をし、テープがずれないように固定する。皮膚に直接吹きかけて使う。
⑥リムーバー 巻いたテープをスムーズに取り除くため、補助的に使う。
⑦ハサミ テープを切るために使う。
⑧テープカッター テープ、パッドを切るために使う。
⑨ラバーパッド・フェルトパッド 患部の圧迫・保護の目的で使う。材質はラバー、フェルトなどがある。
⑩ヒールカップ 衝撃からかかとを保護するために、テーピングと併用して使う。
⑪ヒールパッド ヒールカップ同様、かかとを保護する。
⑫ワセリンを塗ったガーゼ テーピングをする前に、ストレスポイントに当てて保護する。
⑬氷のう 患部を冷すために使う。中に氷を入れ、肌に直接あてる。
⑭ワセリン ストレスポイントを保護するための軟膏。テーピングの際、パッドやガーゼなどに塗って使う。
⑮アイシング用ラップ 氷のうをラッピングするときに使う。
⑯パウダー（肌の保護用） 患部の肌を保護するためのパウダー。テーピング前にあらかじめつけておく。
⑰キネシオテープ 筋の流れにそって貼る、固定しないテープ。疲労した筋肉をサポートしたり、痛みや張りを軽減させる。

テープの扱い方

ここでは、基本となるテープの扱い方を紹介します。しっかりとしたフォームでテープを扱うことが、上手にテーピングをする第一歩になります。

●テープの持ち方、貼り方

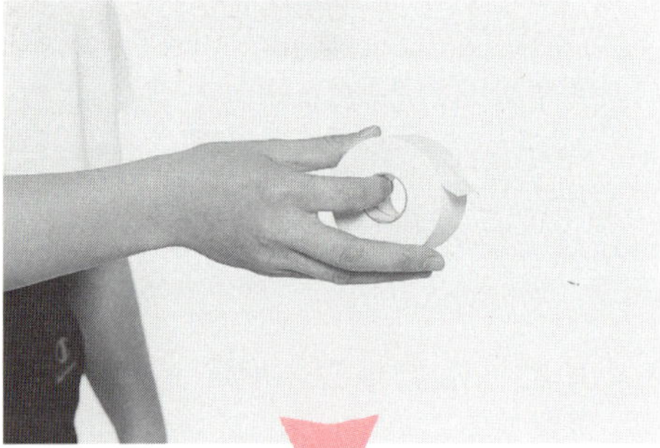

人差し指をロールの中に入れます。

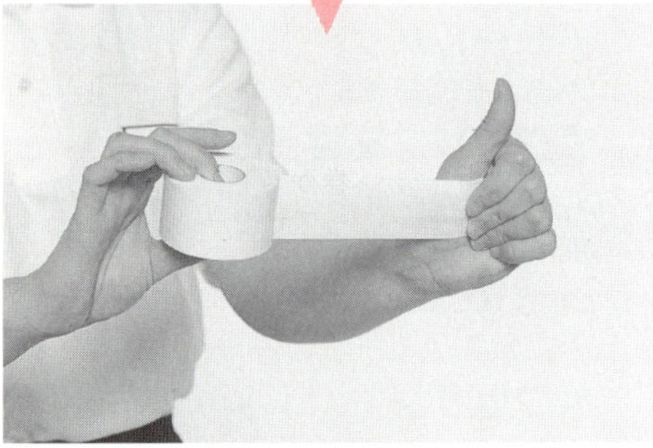

残りの指で握り、左手でテープを引き出します。巻くのに必要な分を、あらかじめ引き出してから、テーピングしていきます。巻く部位の形に合わせて貼っていきます。このとき、しわやすき間ができないように注意しましょう。

●テープの切り方

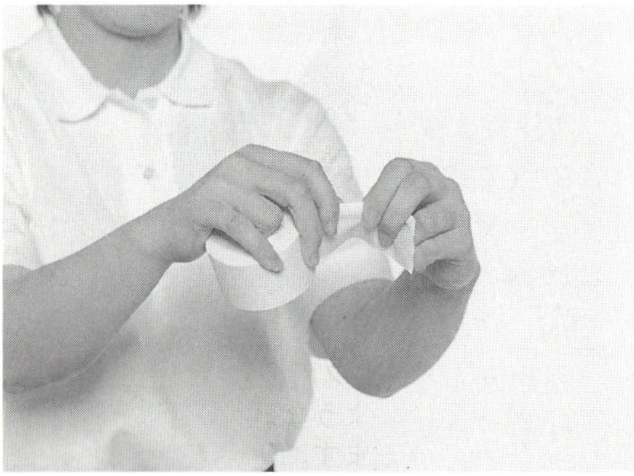

両手の人差し指をテープの粘着面につけ、親指と人差し指でテープをつまみます。そのまま左右に引き裂きます。ただし、ハードタイプはハサミを使って切ります。

●テープのはがし方

〈よい例〉

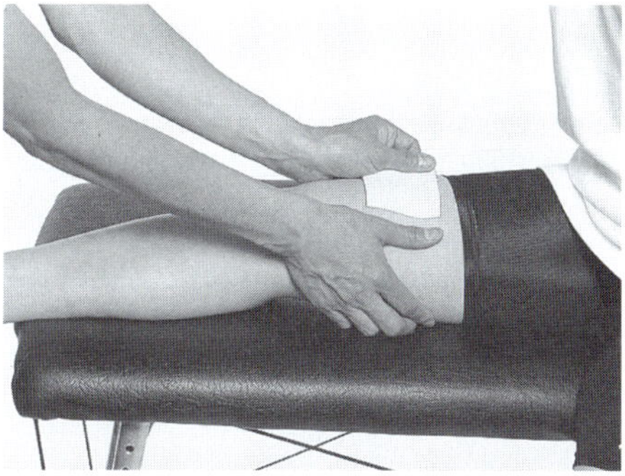

片方の手で肌を押さえながら、もう片方の手でテープをつまみます。上に引っ張らないように水平方向にゆっくりはがします。

〈悪い例〉

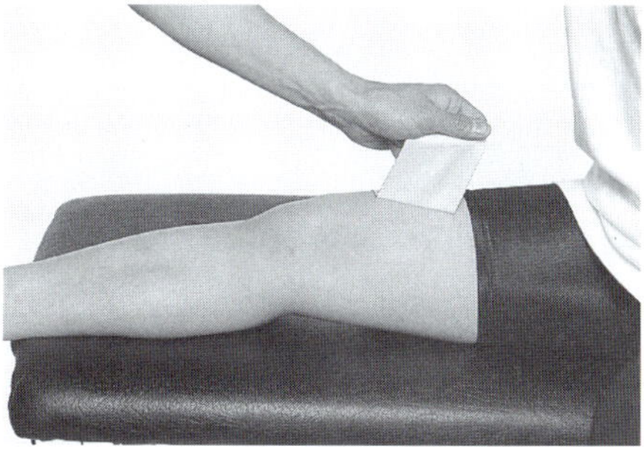

上に引っ張るようにはがすと、激しい痛みを伴うので注意してください。なお、はがれにくいときは、リムーバー・スプレーを補助的に使いましょう。

●ハサミを使ったはがし方

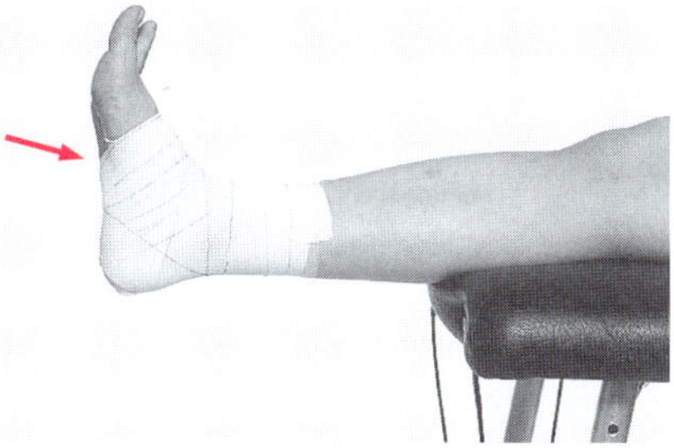

テープが何重にも巻かれている箇所はハサミやカッターを使って切ります。カッターやハサミの先にワセリンを塗ると、肌にキズがつくのを防ぐことができます。

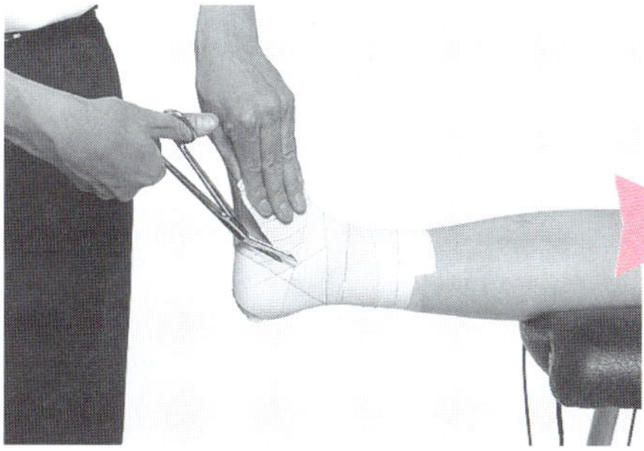

土踏まずとテープの間のすき間にハサミを入れ、突出しているくるぶしをキズつけないように注意します。

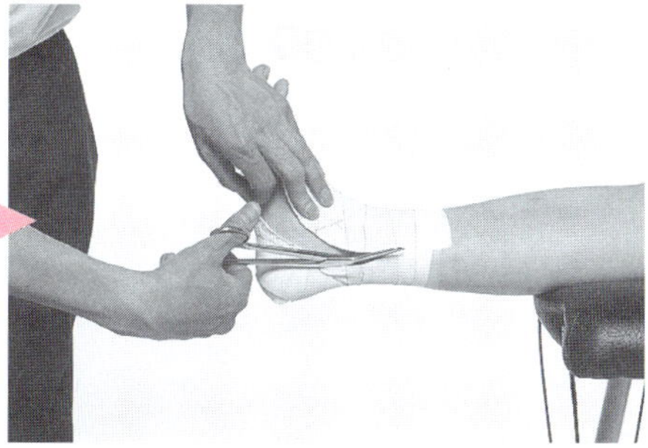

くるぶしとアキレス腱の間にハサミを通し、軽く持ち上げるような感じで最後までハサミを入れていきます。

基本のテーピングとその役割

基本となるテーピングの方法には、それぞれ名前と役割があり、アンカー、サポート、スプリット、サーキュラー（ラッピング）と大きく4種類に分けることができます。

下　処　理

テーピングを行う前に、貼る部分の下処理を行ってください。汗や油分、汚れなどがあるとテープの粘着力が低下したり、違和感のもとにもなります。

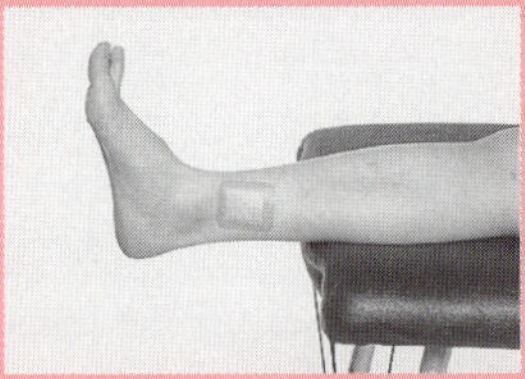

擦り傷などがある場合、絆創膏をあらかじめ貼っておく。

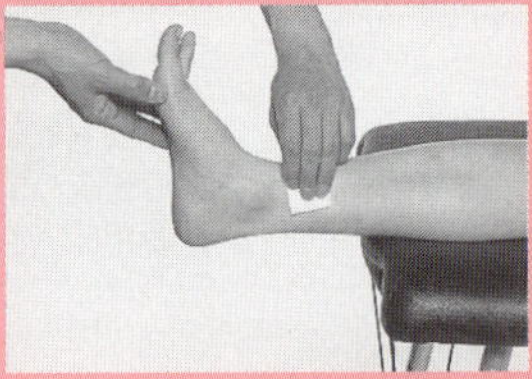

同じくガーゼを当ててもよい。

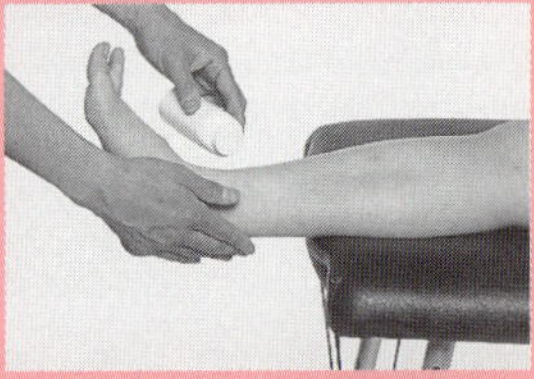

湿疹などがある場合はパウダーをつけて下処理しておく。

アンカー

テーピングはアンカーで始まり、アンカーで終わります。最初に貼るアンカーはサポートの土台となり、最後に貼るアンカーはサポートを固定する役割を果たします。始めのアンカーと終わりのアンカーの間隔をあければ、固定力が上がり、間隔を狭めれば固定力が下がります。

膝のアンカー

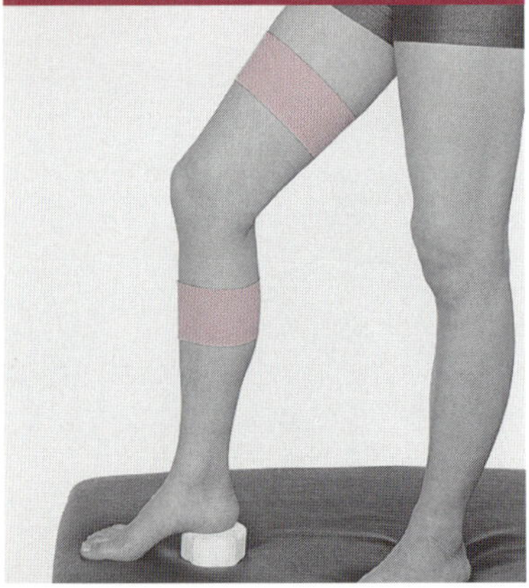

膝にテーピングをするときは、太腿とふくらはぎのいちばん太い部分にアンカーを巻きます。このとき、足全体に力を入れた状態で巻くのがコツです。力を入れない状態で巻いてしまうと、力が加わったときにきつくなってしまい、必要以上に圧迫してしまいます。

足首のアンカー

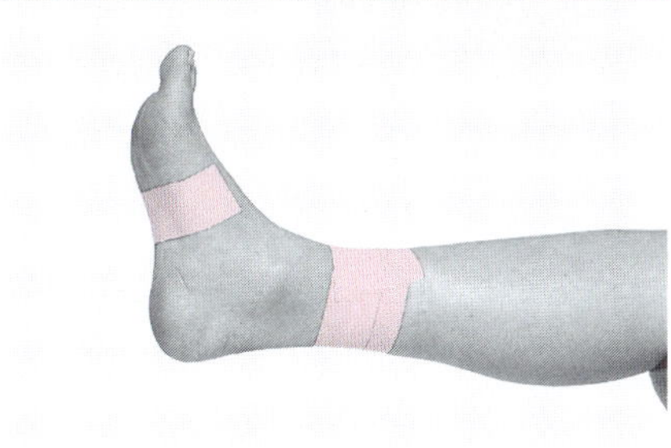

足首にテーピングをするときは、最初の段階で、足の甲に1本とすねに2～3本のアンカーを巻きます（テープを1周させるのが基本）。足の甲に巻くアンカーは、体重がかかったとき、足が横に広がることを計算して、多少のゆとりを持って巻くことが大切です。また、甲に巻くアンカーは、写真のように甲上面の長指伸筋腱（ちょうししんきんけん）などの腱を避けたり、ストレスポイント（P11参照）にかからないようにする場合もあります。

サポート

筋肉や靱帯を補強・圧迫したり、関節の可動範囲を制限するために使われます。いくつかの貼り方がありますが、それらを組み合わせて強度を上げたり、可動範囲を調整します。

Xサポート

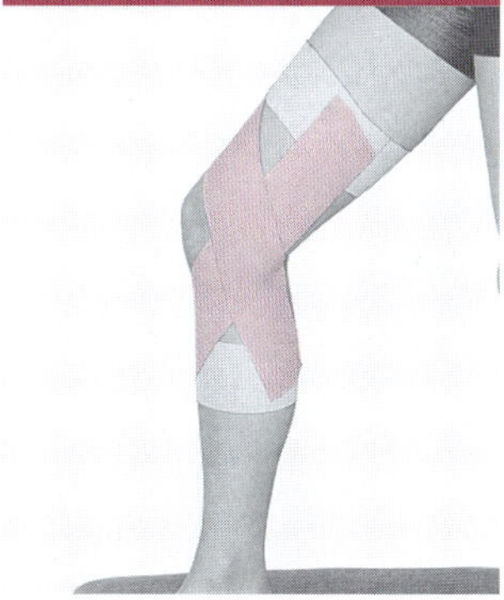

関節の動きを制限したり、靱帯の補強、筋肉を圧迫するために使われるサポートです。下から上に向かって貼り、補強する箇所にX字の交点がくるようにします。

縦サポート

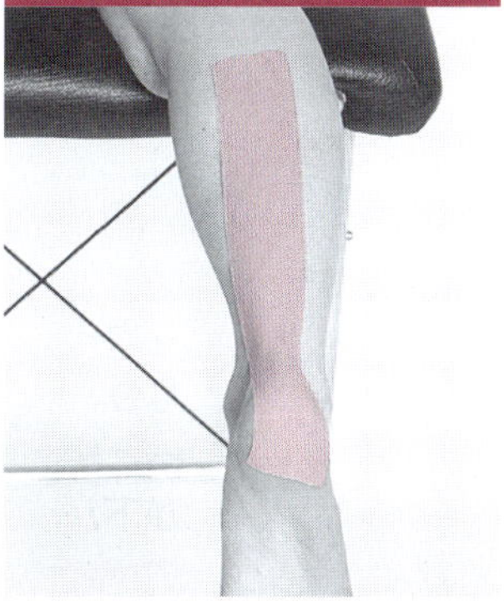

補強したい靱帯や腱に沿って縦に貼るサポートです。通常、Xサポートと併用して使われます。

Xサポート+縦サポート

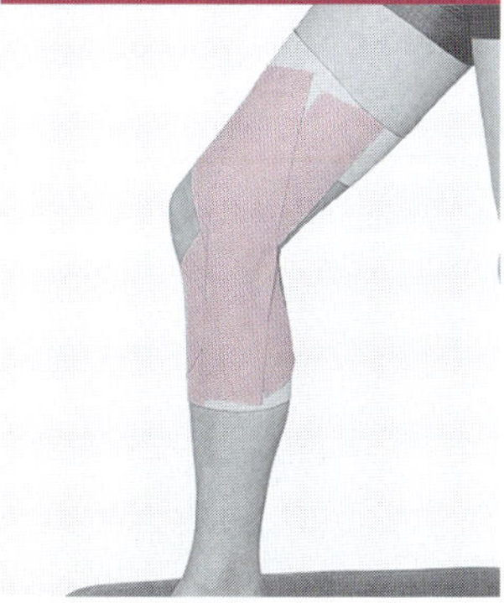

2種のサポートで補強力を増すために用います。さらに強度を上げたいときは、体格や故障の程度に合わせてサポートの本数を増やします。

水平サポート

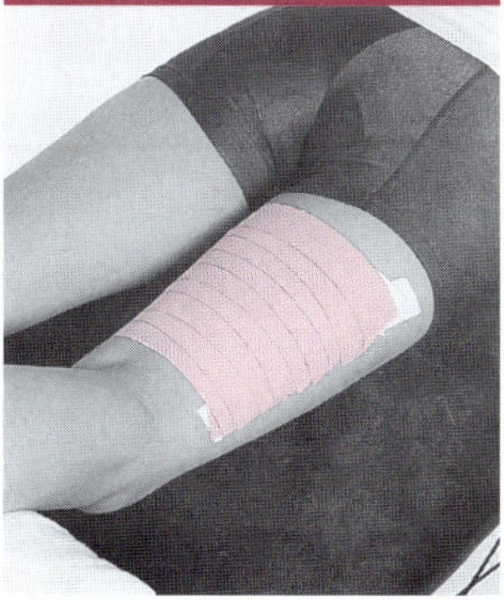

水平サポートもXサポートと併用します。Xサポートの固定力と圧迫力を増したいときに使用します。

スプリット

関節を圧迫して、ひねったりしないように安定させることを目的としています。主に足首周辺や膝に用いられます。

圧迫することを目的としているので、テープを引っ張りながら、締めるように巻いていきますが、強く締め過ぎて血の流れが悪くならないように注意しましょう。

膝のスプリット

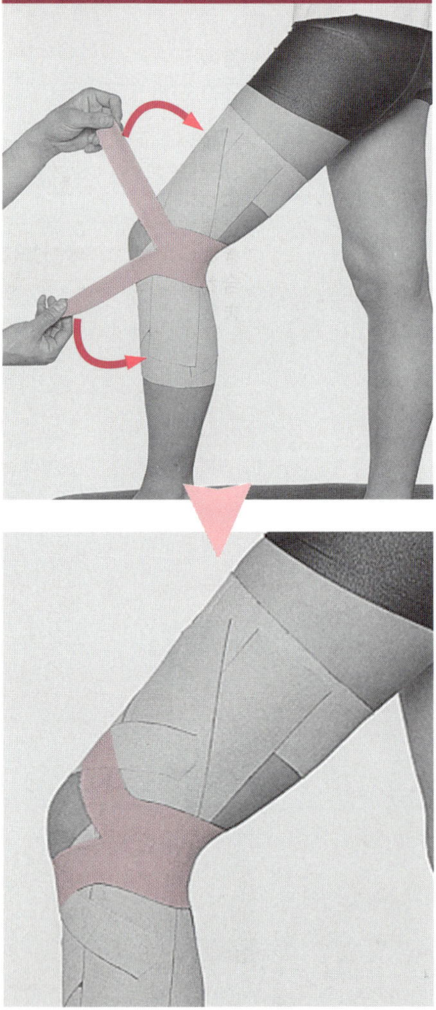

スプリットの代表的なものが、膝のスプリットです。膝の裏に当て左右同じ長さに合わせたテープの真ん中にハサミを入れ、膝頭を避けて巻きつけるように貼ります。膝の「お皿」を圧迫しながら、固定させるために用います。

足裏のスプリット

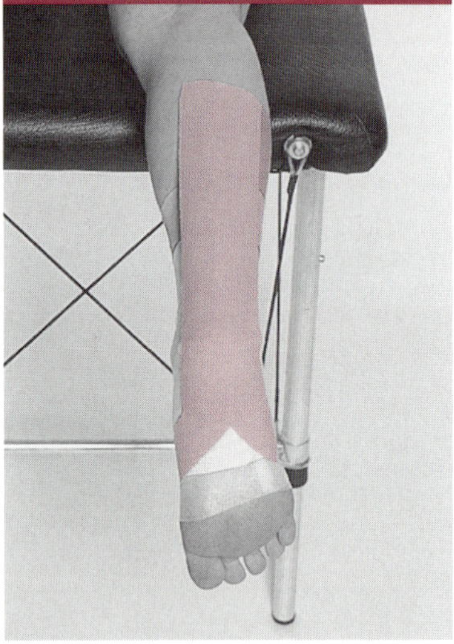

縦サポートの端を切り裂くことにより固定する方法もあります。

サーキュラー

サーキュラーは、すでに貼られているサポートテープやコンプレッション（圧迫のテープ。P111を参照）などを固定するために用います。患部の可動域を考えて、ホワイト（非伸縮）テープか伸縮テープのどちらかを選択します。ホワイトテープで巻くときは、1周ごとに切って巻いていきます。伸縮テープを巻くときは、締め過ぎないように注意しながら、ぐるぐると連続的に巻いていきます。

足首のサーキュラー

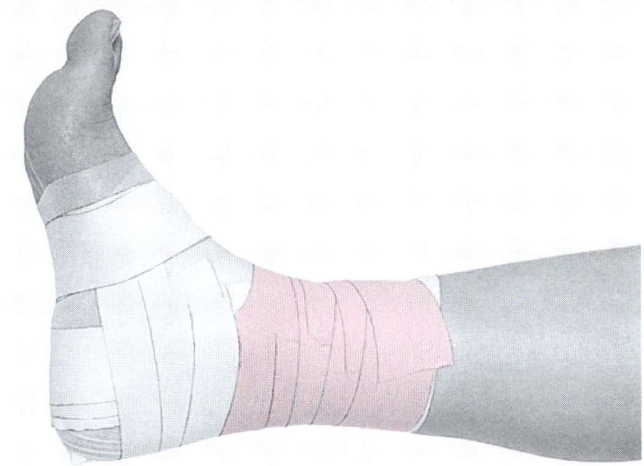

足首のテーピングでサーキュラーを用いる場合は、患部を１周巻くごとに切ります。続けて、巻いたテープの1/2〜1/3幅くらいが重なるように３〜４本、巻いていきます。しわやたるみができないように、体の起伏に合わせて流れるように貼りましょう。

ふくらはぎのサーキュラー（ラッピング）

アンカーやサポートテープが運動中にずれないように固定するため、それまでに巻いたテープの全体を覆うように伸縮テープを連続的にぐるぐる巻くことをラッピングといいます。ふくらはぎに力を入れたとき、きつくならないように注意してください。

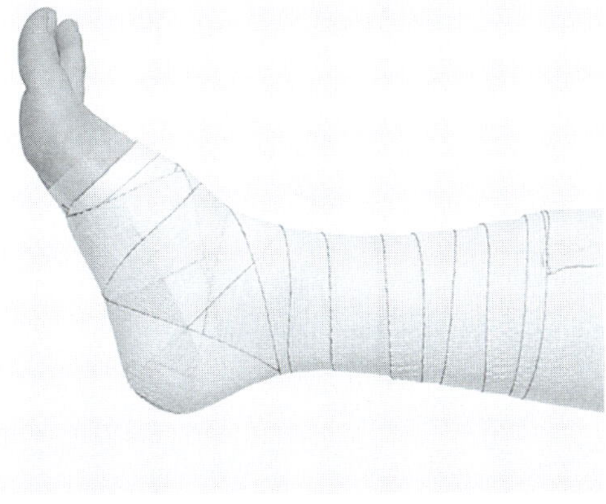

応急処置

ここでは、ケガをした場合の応急処置の基本であるR.I.C.E.処置について説明します。すばやく応急処置をすることで、ケガの悪化を最小限にとどめることができるのでとても重要です。

R.I.C.E.処置

「R.I.C.E.」はRest(＝安静)、Ice(＝冷却)、Compression(＝圧迫)、Elevation(＝挙上)の頭文字からきた名称で、応急処置の基本です。これはどんなケガにも当てはまります。

Rest（安静）

ケガをしたら、まずは安静にするのが基本です。骨折、ねんざの場合はギプスや副木を使って固定します。無理して運動を続けると悪化させることになるので、安静にすることが肝要です。

Ice（冷却）

ねんざや打撲、骨折などのケガをしたときは、すぐに冷やすことで、毛細血管を収縮させ、内出血や腫れを抑えることができます。アイスパック(氷のう)、氷を入れたビニール袋、コールドパックを使います(P22～参照)。冷却時間は15～20分ですが、

①痛い
↓
②あったかい
↓
③ピリピリする
↓
④痛みを感じなくなる

冷却中（①～④）

…と患部の感覚は変化していくので、それも目安にします。痛みを感じなくなっても冷却を続けると、凍傷の危険があるので一度はずしてください。

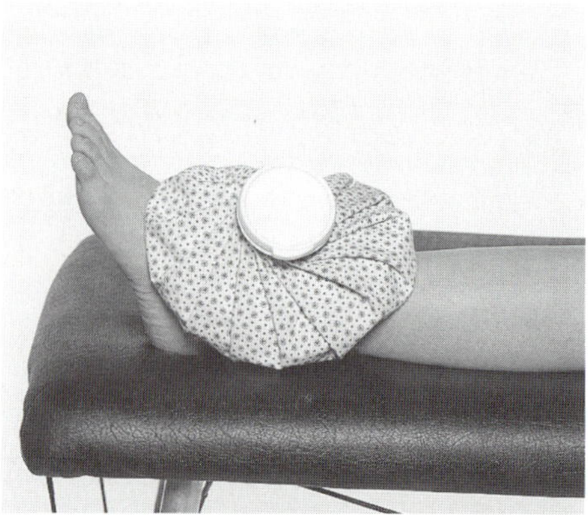

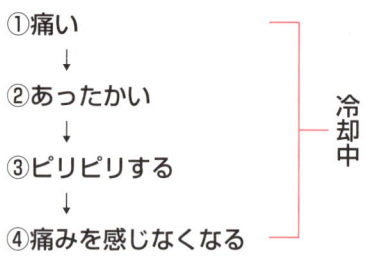

Compression（圧迫）

冷却と同じく、腫れと内出血を最小限にとどめるのが目的です。エアースプリント（副木の代わりになる器具で、プラスチックの袋に空気を入れてふくらませることで患部を圧迫・固定する）を使うのも有効です。また、冷却と併せて行うとより効果的です。

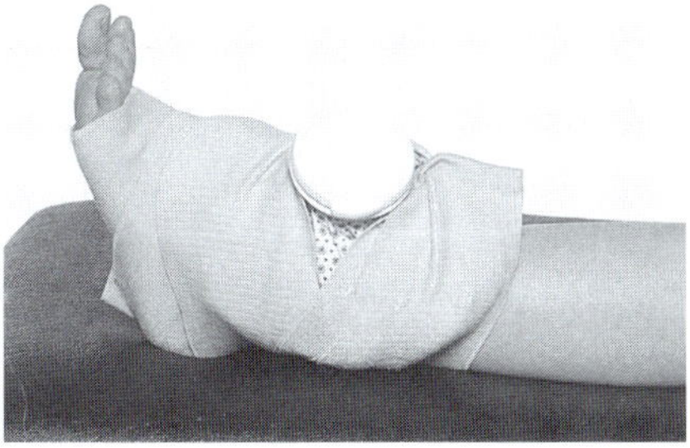

Elevation（挙上）

患部を心臓より高く上げることで、腫れを早く抑えることができます。

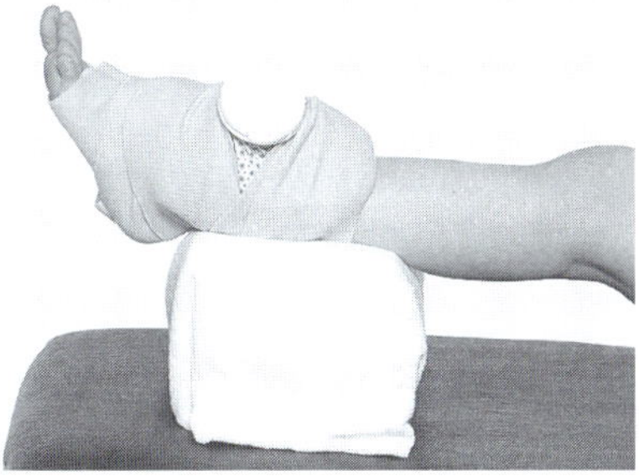

医師の診断

R.I.C.E.処置後、必ず医師の診断を受け、医師の指示に従って治療します。ケガをして3日間ぐらいは、R.I.C.E.処置を行うと回復を早める効果が期待できます。特にケガをした日は、痛みが引くまで、1時間に1回ほどのペースで冷却を繰り返します。重傷であれば、その後も1日4回ぐらいのペースに、回数を減らしながら、継続的に冷却を行いましょう。

早期回復のための処置

痛みや腫れが引いたら、毛細血管を拡張して、血液やリンパ球の流れを促進させます。傷ついた組織に栄養を送り、廃棄物を吸収して、組織の回復を早めます。

①患部を温める　ホットパックや風呂で体を温め、血行を促進します。
②マッサージ　マッサージによる血行促進作用により、血管が老廃物を吸収します。
③リハビリ　ケガ前の状態に戻すため、柔軟性や筋力の回復に努めます。
④テーピング　リハビリ中や、競技の復帰時、患部のテーピングによってケガの再発を防止します。

予防のためのアイシング

プロ野球の投手が試合後、肩や肘をアイシングしながらインタビューを受ける場面をテレビでしばしば見ます。これは傷害を予防するためのアイシングのひとつです。

氷を使ったアイシングは、体の特定の箇所を酷使して運動をする人に起こる傷害を予防するために行います。試合や練習後、すぐに行うことで効果が大きくなります。

アイシングの効果

激しく動かす部位の筋肉の筋線維は、運動後に微細な損傷を受けています。なるべく早くアイシングをすることにより、腫れや炎症を抑える効果が高まります。

アイスパックとアイスマッサージ

アイスパック

氷を入れた袋のことです。伸縮テープで患部に固定しながら使うことで、冷却、圧迫の効果が得られます。

●氷のう

氷を半分くらいまで入れて使います。布製のものは直接肌に当てても大丈夫ですが、ビニール製のものはタオルを巻いて使用します。また、市販のものがない場合には、ビニール袋に半分くらい氷を入れ、空気を抜いて口を閉じれば、手軽に簡易氷のうをつくることができます（次ページ参照）。

ビニール袋を使ったアイスパック

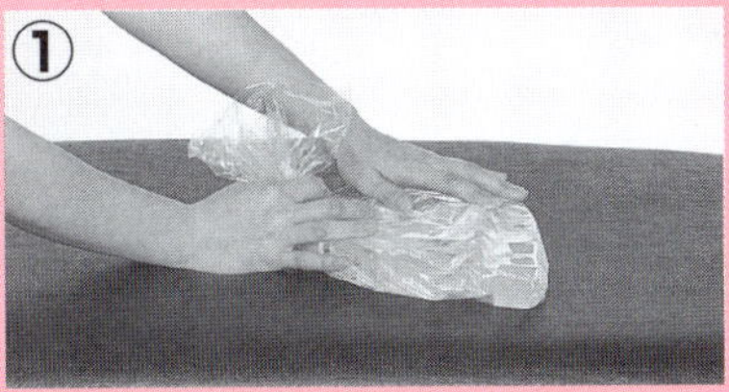

適量の氷をビニール袋に入れる。

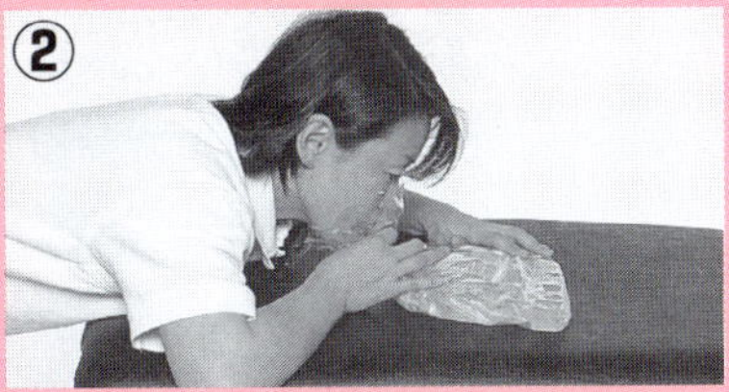

袋の中の空気を吸いこんで抜く。

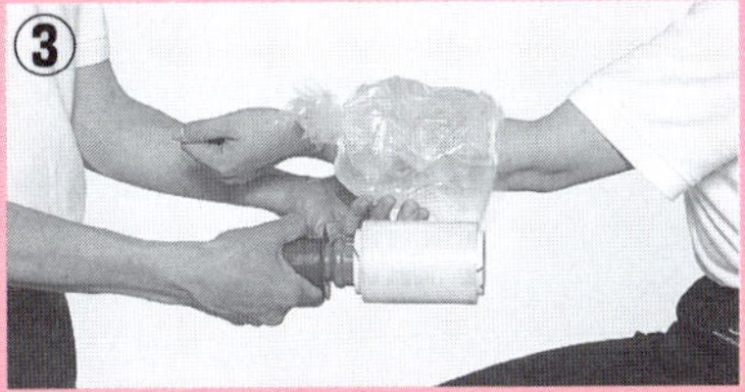

袋の口を閉じ、平らにして患部に当てる。

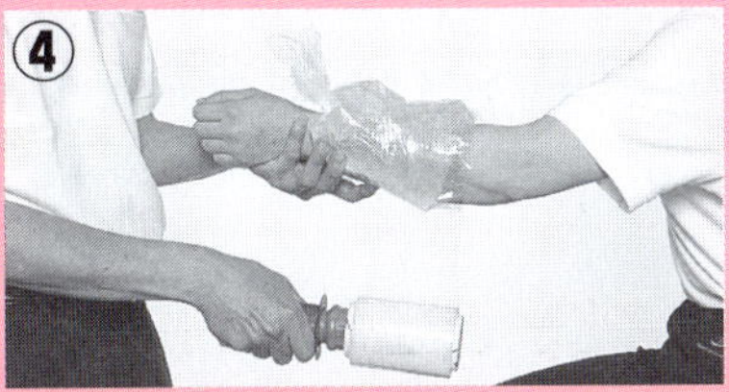

ラッピングする。

●コールドパック

冷凍庫で凍らせて使うパックです。直接当てると凍傷になる場合があるので、タオルや専用サポーターを巻いて使いましょう。スポーツ用品店などで入手できます。

●インスタント・コールドパック

中の物質を化学変化させて冷やすものです。使いたいときに化学反応を起こさせればよいので、氷のうのように溶ける心配がありません。どこにでも携帯できるので便利です。スポーツ用品店で入手することができます。

アイスマッサージ

体の凹凸部分を冷やすのに効果を発揮します。患部を中心に、軽くなでるようにして使います。

●紙コップ

紙コップに入れた水を凍らせます。紙を切って、必要な分の氷を露出させて使います。家庭でも簡単に作ることができる方法です。

●クリッカー

アイスマッサージのための道具です。中に氷を入れて金属部分を冷やして使います。

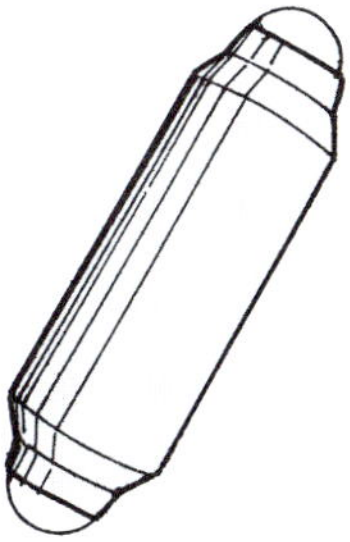

マッサージの基本

運動後、マッサージを上手に行えば、スポーツ傷害の予防、筋肉の疲労回復を図ることができます。また、試合前に行うことによって、ウォーミングアップを助けたり、心理的安定やパフォーマンスの向上を得ることもできます。

本書では、パートナーにやってもらうマッサージを紹介します。

マッサージを行う上での注意事項

①食後60～90分経過してから行いましょう。ただし、飲酒時はやめましょう。
②心臓から遠い部分より近い部分に向かって行うのが原則です。
③冷たい手でのマッサージは避けましょう。
④熱があるときやケガの直後、痛みが激しい箇所へのマッサージは控えましょう。
⑤少し物足りないぐらいの強さで行いましょう。

マッサージの時間と強さ

長時間のマッサージ、力が強過ぎるマッサージは逆効果になります。疲労感が増したり、あとから痛みを感じる「もみ返し」が起こることがあるからです。

目安となる時間を参考にしながら、無理のないマッサージを心がけましょう。

全身マッサージ	30～40分
局所マッサージ	5～10分
ウォームアップ補助	3～5分

手技別のマッサージ

マッサージは、手をどのように使うかで分類されます。基本的手技には、軽擦法《けいさつほう》（さする）、揉捏法《じゅうねつほう》（もむ）、強擦法《きょうさつほう》（強くもみくだく）、叩打法《こうだほう》（たたく）、圧迫法《あっぱくほう》（押す）があります。このほかに伸展法《しんてんほう》（伸ばす）、振戦法《しんせんほう》（ふるわせる）、などを用いてマッサージを行います。スポーツマッサージは、軽擦法と揉捏法が中心になります。

軽擦法《けいさつほう》（さする）

軽擦法は、手を使って軽くさする方法です。マッサージの最初と最後に行います。血液やリンパ液の流れをスムーズにする効果があります。

●手のひらでさする（手掌軽擦《しゅしょうけいさつ》）

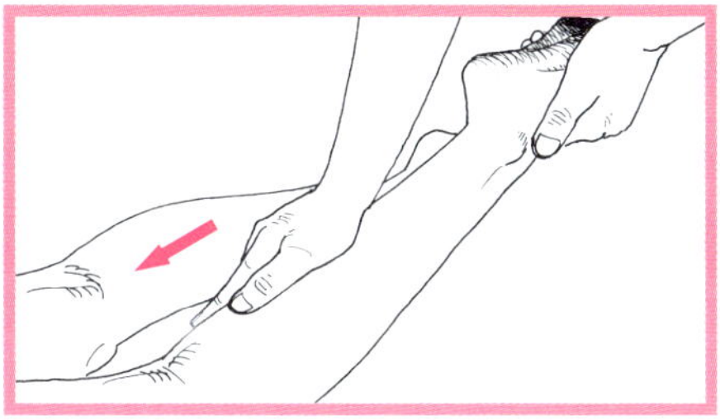

手のひら全体を肌につけてさすります。ふくらはぎ、腰から背中、前腕などの幅の広い筋肉のマッサージに適しています。

●親指と人差し指でさする（二指軽擦《にしけいさつ》）

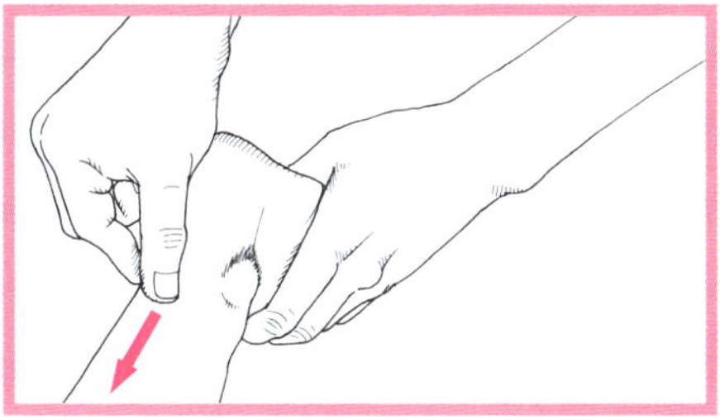

親指と人差し指でつまみ、さすります。アキレス腱など幅の狭い箇所のマッサージに適しています。

揉捏法《じゅうねつほう》（もむ）

もんだり、つかんだりして、こねるように筋肉をほぐす方法です。肩の力を抜き、手首を柔らかく使って、筋肉の流れに沿って大きく動かします。新陳代謝を促し、疲労を取り除きます。

●手のひらでもむ（手掌揉捏《しゅしょうじゅうねつ》）

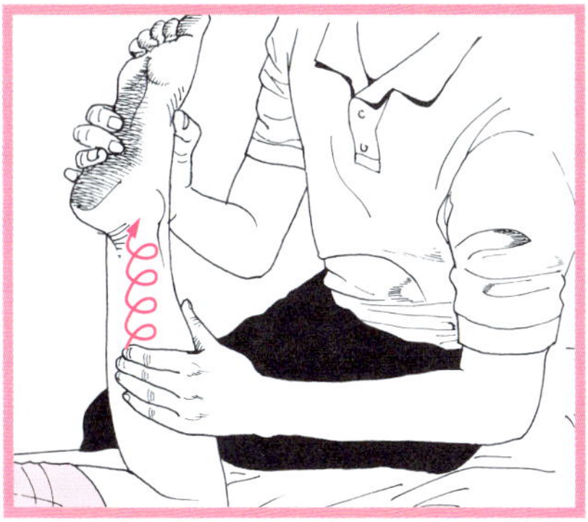

手のひら全体でふくらはぎの内側、外側をもみます。手のひらのふくらみを使うのも有効です。腰やお尻、太ももなどの広い筋肉に適しています。

●手の根元でもむ（手根揉捏《しゅこんじゅうねつ》）

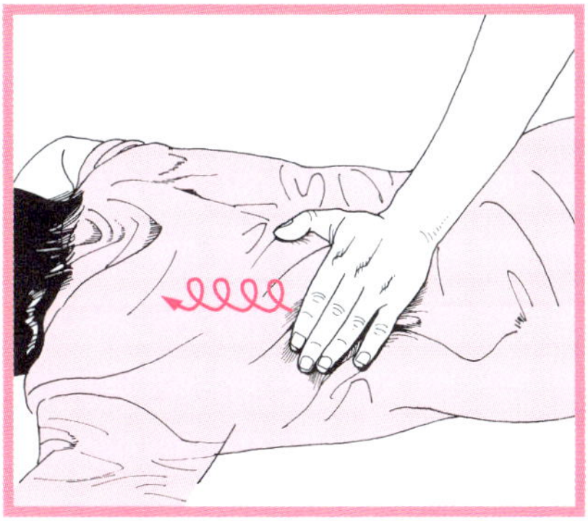

手の根元を腰のあたりに置きます。手の根元を使って頭の方向へもみます。左右どちらか片方の手を使い、片方ずつ行います。

強擦法《きょうさつほう》（もみくだく）

手の指、特に親指を使って、揉捏法よりいくらか強く肌を押し、そのままねじ込むように動かします。関節にたまった老廃物を血液中に排出させる効果があります。

●ひざの裏をもみくだく

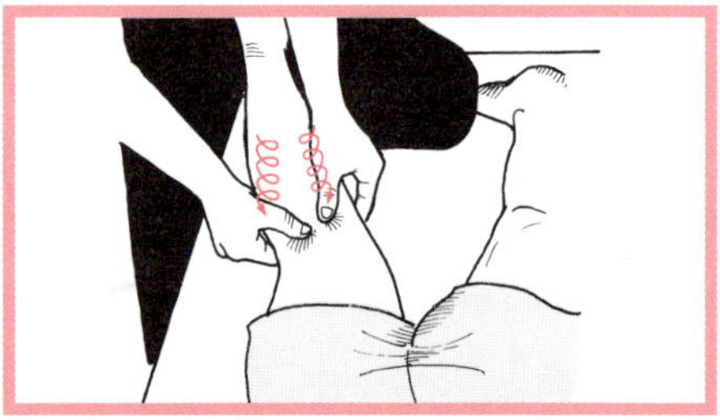

ひざの裏側を両手でらせんを描きながらもみくだきます。徐々に力をこめていきます。

圧迫法《あっぱくほう》（押す）

指や手のひらで押します。こりをほぐしたり、痛みの緩和、筋の痙攣《けいれん》を止める効果があります。3～5秒かけて押す持続圧迫法と、押したり、緩めたりする間欠圧迫法があります。

●腰を両親指で押す（両母指圧迫《りょうぼしあっぱく》）

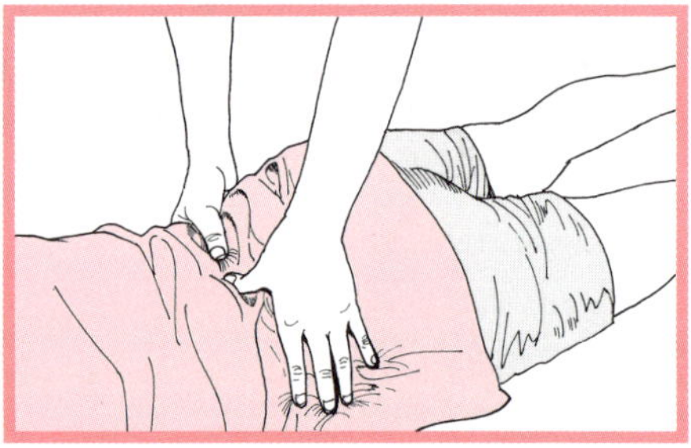

両手の親指で腰をゆっくり押し、ゆっくり離します。

振戦法《しんせんほう》（ふるわせる）

手や指を小刻みにふるわせて、その刺激を手足に伝わらせることで、神経の機能を高めます。一見、簡単そうに見えますが、軽擦法や揉捏法よりも高度な技術が必要です。

●足（手）を引っ張ってふるわせる（牽引振戦法《けんいんしんせんほう》）

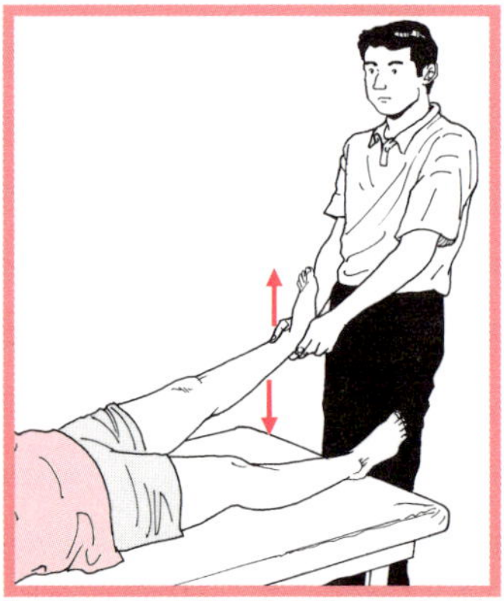

両手で足をつかみ、軽く引っ張りながら上下に細かくふるわせます。

叩《こう》打《だ》法《ほう》（たたく）

手首を柔らかく使って、軽くリズミカルにたたく方法です。家庭でも行われる「肩たたき」なども叩打法の一種といえます。1秒間に5、6回がたたく目安です。

●手を握ってたたく（手拳《しゅけん》打《だ》法《ほう》）

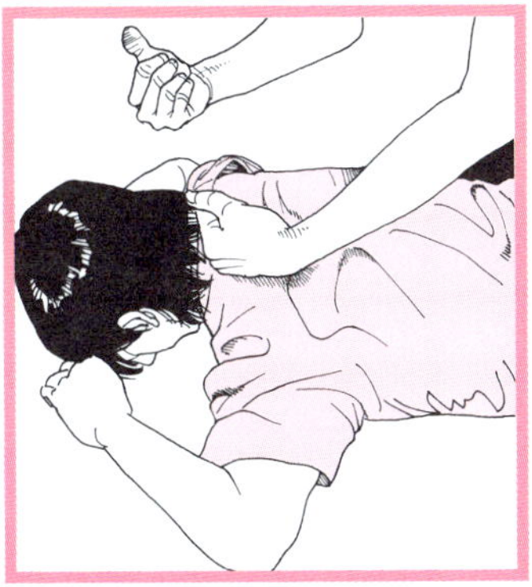

軽く拳を握り、小指側でリズミカルにたたきます。主に腰から背中にかけて用いられます。

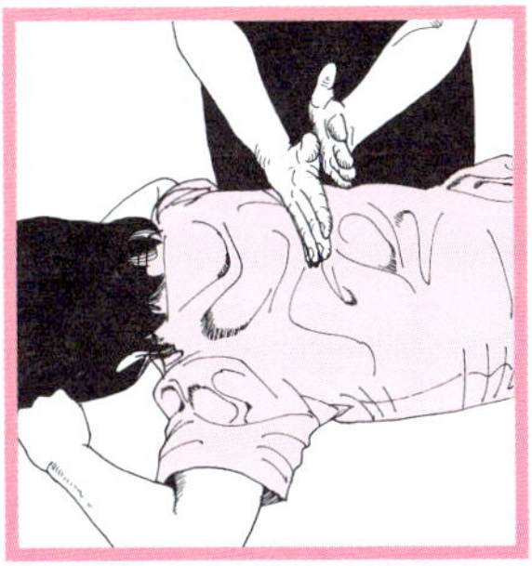

指を伸ばし、物を切るようにたたく方法もあります。

伸《しん》展《てん》法《ほう》（伸ばす）

硬くなった腱や筋肉を伸ばし、血行促進や筋の緊張緩和を目的としています。自然に伸びるところまで伸ばし、10～30秒静止させます。無理をすると逆効果になるので注意してください。

●太ももの裏側を伸ばす

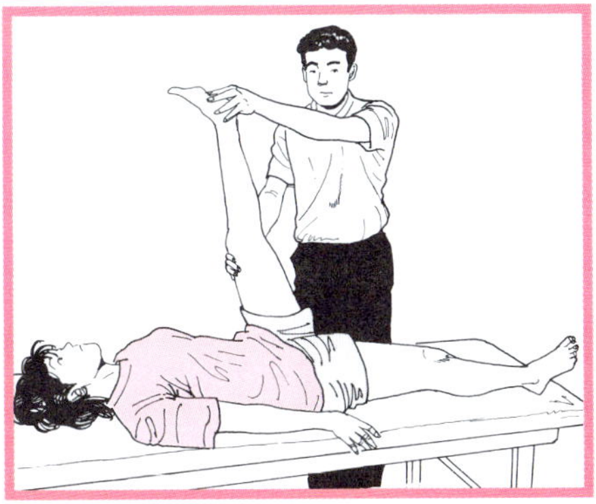

あお向けの状態で、ひざを伸ばしたまま足首から持ち上げ、筋肉と腱を伸ばします。よくマッサージをしたあとに行うと、血行が促進され、ももの裏側をリラックスさせる効果があります。

セルフマッサージ

ここまで紹介してきたマッサージ法を参考に、運動後に自分でマッサージをしてみましょう。心臓から遠い足の裏から始め、ふくらはぎ、太もも、手のひら、腕の順で進めていきます。それぞれの部位ごとに軽擦法→揉捏法→圧迫法→軽擦法の順番でマッサージするのが理想です。

しかし、必要以上にこの順番にこだわるのではなく、自分の疲労しやすい場所に重点を置き、やりやすい順番で行っても問題ありません。また、ストレッチと併用するとさらに効果的です。

リコンディショニングの基本

リコンディショニングとは？

“リコンディショニング”は、傷害や疲労、運動不足などによって、機能が低下した体を良好な状態まで回復させること、スポーツ傷害を防止することを目的とします。広義には、マッサージ、ストレッチ、トレーニングなどを指しますが、回復・傷害防止のためのトレーニングだけを指すこともあります。

一方、“コンディショニング”は、ウォーミングアップやクーリングダウンなど、スポーツを行ううえで体の状態を整えることを指します。

本書では広義のリコンディショニングを各部位ごとに紹介します。

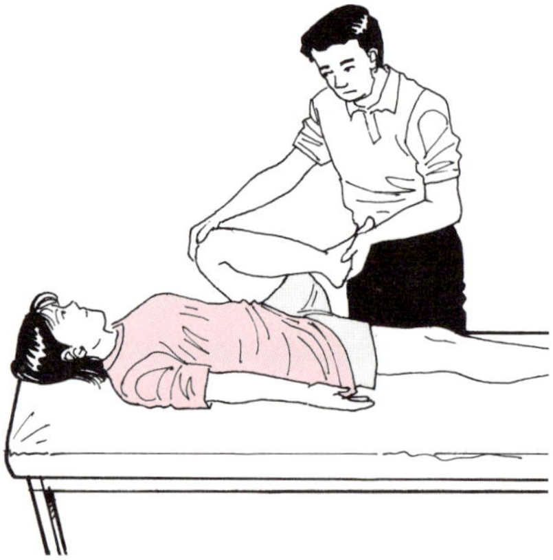

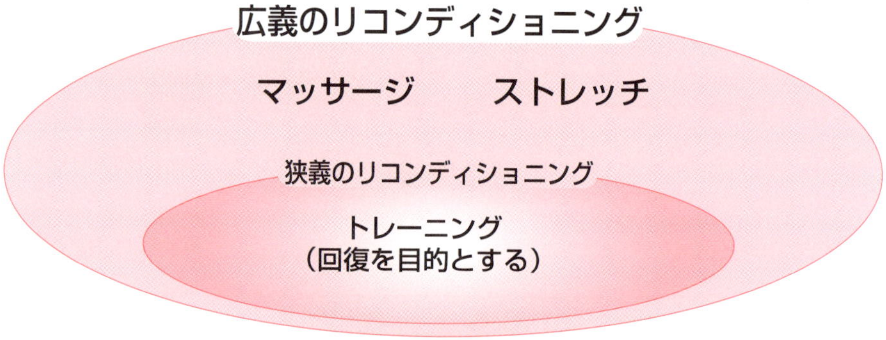

リコンディショニングをするときの注意点

リコンディショニングは、体を傷む前の状態に戻すために行いますが、タイミングを間違えると、かえって状態を悪化させることがあるので注意が必要です。リコンディショニングを行うときは、医師に相談して、メニューや運動負荷を決めましょう。

受傷から復帰までのプログラム

1　R.I.C.E.処置と医師の診断

ねんざなどの外傷を負ったら、リコンディショニング前に、R.I.C.E.処置（P20参照）を行う。必ず、医師の診断をあおぐ。

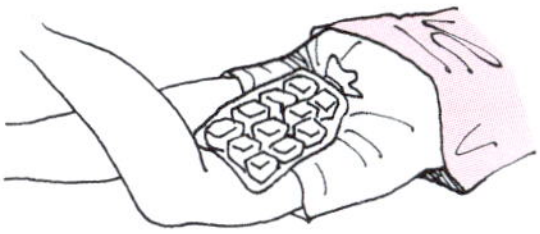

2　軽度のトレーニング

R.I.C.E.処置により患部が安定期に入ったら、ストレッチやマッサージと並行して、あまり負荷をかけずに回復のためのトレーニングを行う。

3　トレーニングの強度を上げる

回復の状態をみながら、だんだん強度を上げて回復のためのトレーニングを行う。

4　テーピングをして、運動再開

テーピングで補強して、運動を再開する。

5　テープを外す。予防のためのトレーニングを継続

テープを外せる状態まで回復したら、傷害予防のためのトレーニングを行い、傷害を受けた箇所を強化していく。

COLUMN

もうひとつのテーピング
[キネシオテーピング]

本書で紹介しているテーピングは、固定や圧迫が主な目的でしたが、この「キネシオテープ」と呼ばれるテープは、患部に貼るだけで様々な効果が期待できます。

すでにスポーツの現場では、プロ・アマを問わず、広く使われており、その効果は多くの人に認められています。

テープは専用のものを使いますが、貼り方も２点のポイントをしっかり押さえればよいだけなので、とても簡単です。

貼り方のポイント

1.テープでなく筋肉・皮膚を伸ばして貼る
2.筋肉の流れと同じ方向にテープを貼る

また、固定や圧迫が必要な患部を保護しつつ、動かせる箇所にキネシオテープを使って同時にリハビリするなど、じょうずに組み合わせることでより効果的に回復を促すこともできます。

目的と効果

キネシオテーピングでは、疲労した筋肉をサポートすることによって、痛みや筋の張りを軽減させる効果があります。

写真提供：ミズノ㈱

PART 2

スポーツ傷害
各部位別の対処法

各部位別のスポーツ傷害における対処法を、テーピングを中心に紹介します。応急処置から回復のトレーニングまで解説していますので、実際の傷害時の参考としてください。

凡例

テーピングで使う道具

- ラバーパッド
- ワセリンを塗ったガーゼ
- スプレー
- アンダーラップ
- 伸縮包帯
- キネシオテープ
- 伸縮テープ(ソフト)50ミリ
- 伸縮テープ(ソフト)75ミリ
- 伸縮テープ(ハード)25ミリ
- 伸縮テープ(ハード)50ミリ
- 伸縮テープ(ハード)75ミリ
- 三角巾
- ホワイトテープ13ミリ
- ホワイトテープ19ミリ
- ホワイトテープ25ミリ
- ホワイトテープ38ミリ
- ホワイトテープ50ミリ

このマークはテープの幅など、どちらか選んで使うときを示しています。

足部

足部のしくみ

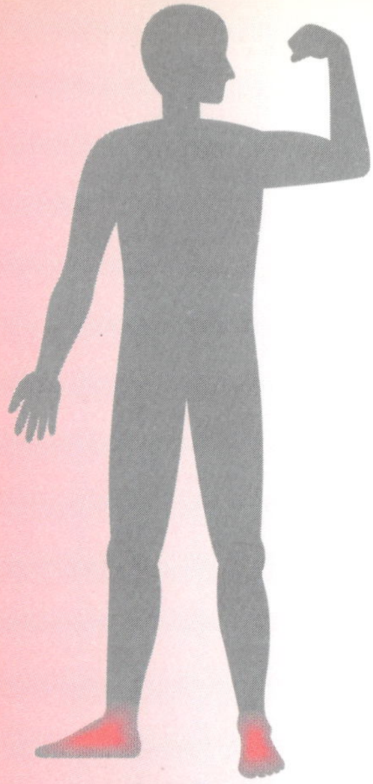

●足根骨《そくこんこつ》、中足骨《ちゅうそくこつ》、足指骨《そくしこつ》から構成され、踵骨《しょうこつ》にはアキレス腱が付着している
●外反母趾《がいはんぼし》など

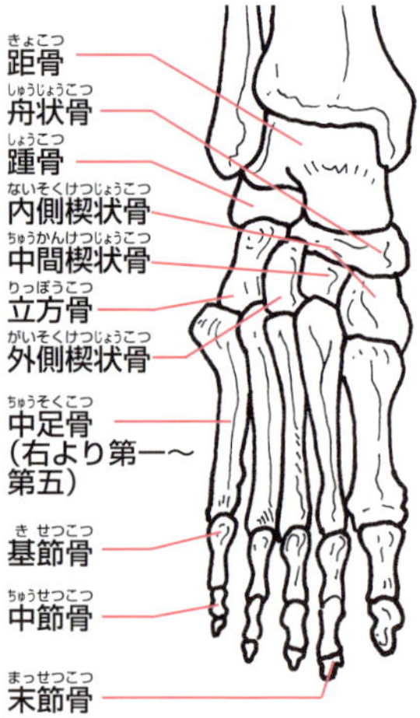

足の形や構造は手と似ていますが、手と違い、かかとがあること、指が短いことが特徴です。

足の骨は足根骨、中足骨《ちゅうそくこつ》、足指骨《そくしこつ》の３つに大きく分けられます。(1)足根骨《そくこんこつ》は距骨《きょこつ》、踵骨《しょうこつ》、舟状骨《しゅうじょうこつ》、内側楔状骨《ないそくけつじょうこつ》、中間楔状骨《ちゅうかんけつじょうこつ》、外側楔状骨《がいそくけつじょうこつ》、立方骨《りっぽうこつ》、(2)中足骨は各指に１本ずつ、計５本、(3)足指骨は基節骨《きせつこつ》、中節骨《ちゅうせつこつ》、末節骨《まっせつこつ》の３つからなり、親指のみ中節骨がありません。ほかに足底には数個の種子骨《しゅしこつ》があります。

足部を構成する骨のなかでも、踵骨は、人体で最も大きい腱《けん》であるアキレス腱が付着しているので重要です。また、足の骨をつなぐ関節は靱帯《じんたい》で補強され、つながっています。

足部のスポーツ傷害と対処法

■スポーツ障害

外反母趾《がいはんぼし》（→P33～35）

足の母指（親指）が変形し、外側に向かって「く」の字型に曲がる状態をいいます。多くは痛みや腫れを伴います。

ハイヒールなど先が細い靴をはく人特有のものと思われがちですが、スポーツをする人にもよくみられます。足を踏ん張るための筋力不足、中足関節の靭帯のゆるみが大きな原因です。足に合った靴をはくこと、踏ん張る力を養うことが予防に有効です。

外反母趾で曲がった母指を矯正するテーピング1

スポーツ選手にも多くみられる外反母趾ですが、「く」の字型に曲がった足の母指（親指）をテーピングによって、元の位置まで引っ張り矯正します。

使用するテープと用具

ホワイトテープ
25ミリ

正しい姿勢

台の上に座り、足首を台から出す。このとき、足首は90度に保つ。

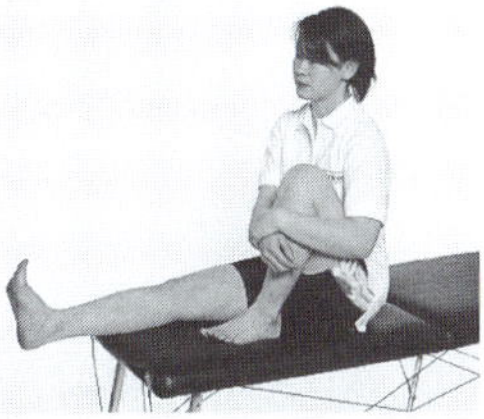

STEP

1. アンカー
2. 縦サポート
3. Xサポート
4. アンカー

完成

1 アンカー

25

P.16参照

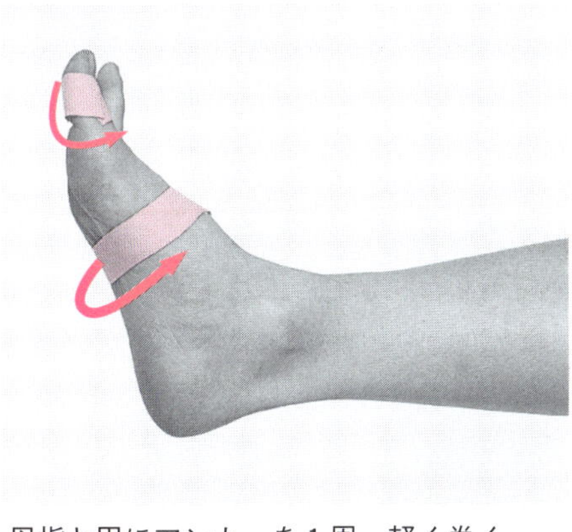

母指と甲にアンカーを１周、軽く巻く。

POINT 足の指にアンカーを巻くときの注意点

足の指にアンカーを巻くときは、足の爪にテープがかからないようにしましょう。

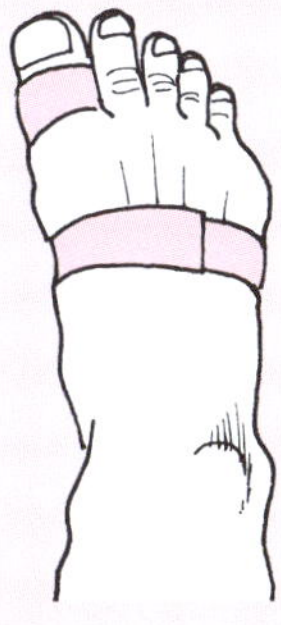

2 縦サポート

P.17参照

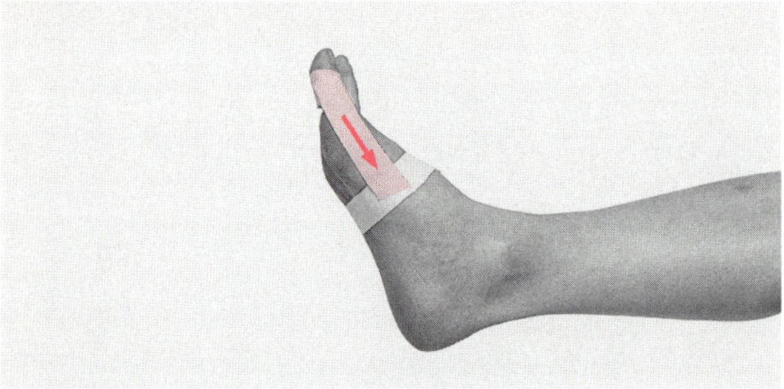

母指のアンカーから甲のアンカーに向かって、強く引っ張りながらテープを貼る。

3 Xサポート

P.17参照

1

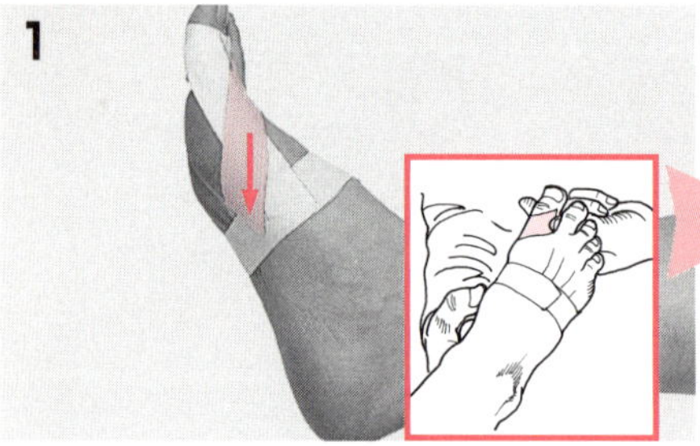

人差し指側の母指の内側から甲のアンカーの足裏に向かって引っ張りながらテープを貼る。このとき、母指の関節上を通過させる。

2

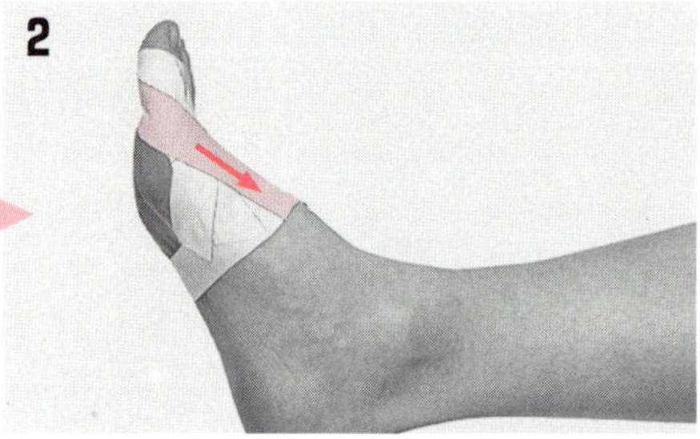

1と同じように、母指の内側から母指の裏を通って甲のアンカーまで、斜めに引き上げるようにテープを貼る。このとき、母指の関節上にXサポートの交点がくるようにする。

4 アンカー

P.16参照

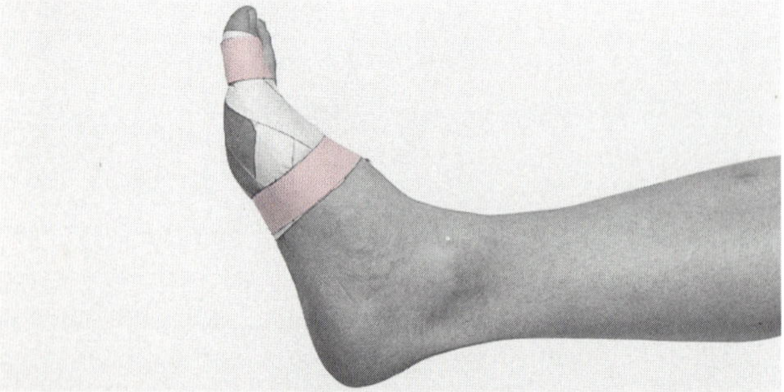

母指と甲にアンカー巻いて、いままで巻いたテープを固定して完成。

外反母趾で曲がった母指を矯正するテーピング2

1本のテープで外反母趾を矯正する方法を紹介します。ここではキネシオテープを使った巻き方を紹介します。

使用するテープと用具

キネシオテープ

正しい姿勢

台の上に座り、足首を台から出す。このとき、足首は90度に保つ。

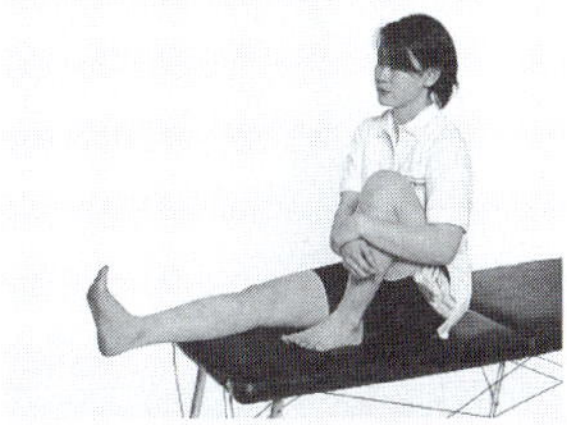

1 サポート

1

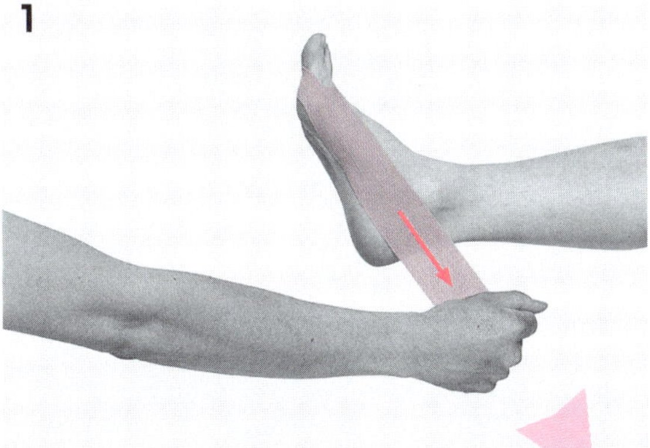

テープの先端を3㎝ほど裂き、母指に巻きつけます。母指がまっすぐになるように、かかとに向かってテープを強く引きます。

2

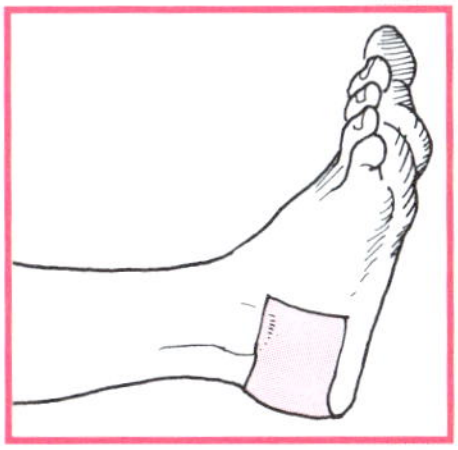

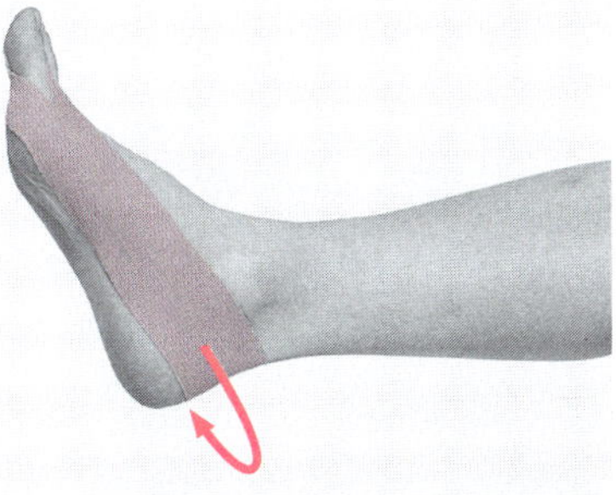

アキレス腱にかからないようにして、かかとを通り、足の外側でテープをとめて、完成。

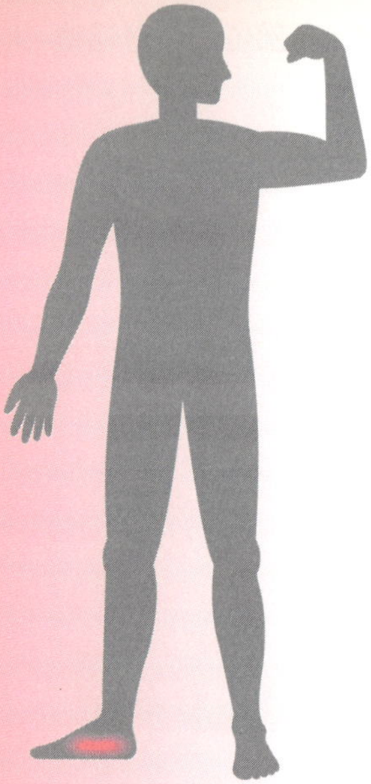

アーチ

アーチのしくみ

人間の足の裏には、土踏まずに代表されるアーチが縦2つ、横2つ、計4つあります。このアーチがジャンプ時の衝撃を吸収するクッションの役割を果たし、体重をバランスよく支えることを可能にしています。

土踏まずがない状態を「扁平足《へんぺいそく》」、逆に土踏まずのくぼみが大きい状態を「ハイアーチ」といいます。

- アーチは縦2つ、横2つある
- 扁平足、ハイアーチ、足底筋膜《そくていきんまく》炎《えん》など

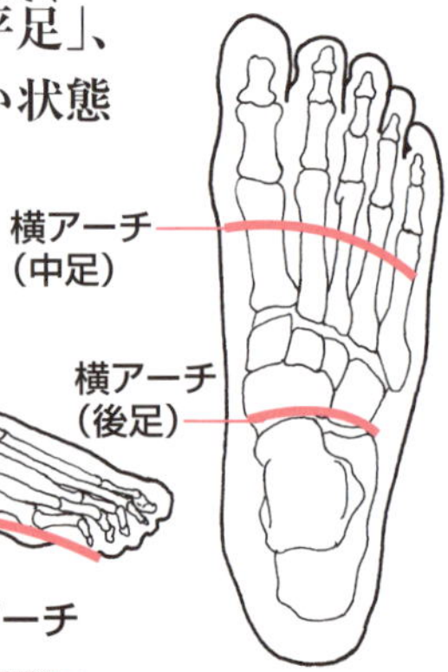

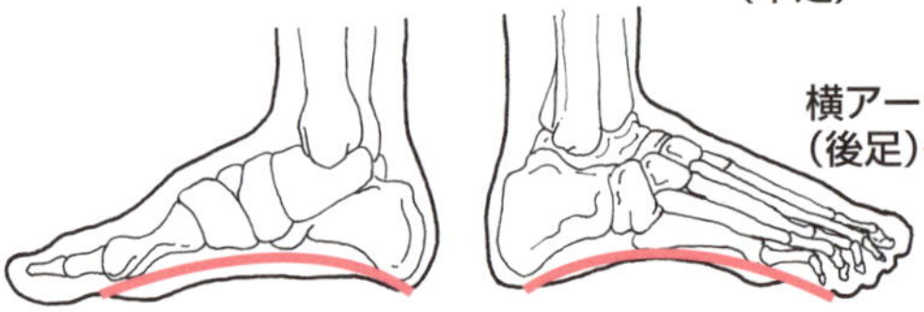

内側縦《ないそくたて》アーチ　外側縦《がいそくたて》アーチ

アーチのスポーツ傷害と対処法

■スポーツ障害

扁平足、ハイアーチなど（→P37、42）

扁平足やハイアーチは、スポーツ障害ではありませんが、これが原因でスポーツ障害を誘発するおそれがあります。

正常なアーチを形成することがスポーツ障害の予防につながりますので、扁平足やハイアーチを矯正、補助するテーピングを紹介します。

足底筋膜炎（→P42）

扁平足やハイアーチ、足が内反・外反している人が、足の裏の筋肉や腱を使いすぎて、足の裏の内側のかかと周辺に炎症を起こすものです。陸上競技やサッカーなど長時間走るスポーツで多くみられます。

痛みがなくなるまで足を休めるのが理想ですが、アーチパッドとテーピングを使って痛みを和らげ、矯正する方法を紹介します。

下がったアーチを補強するテーピング

扁平足の場合や、アーチの靭帯《じんたい》や筋肉が疲労して、アーチがつぶれたような状態になると、土踏まずが痛むことがあります。テープを使って、アーチを正常な形に近づけることにより、痛みを和らげます。

使用するテープと用具

ホワイトテープ
25ミリ

正しい姿勢

台の上に座り、足首を外に出し、90度に保つ。

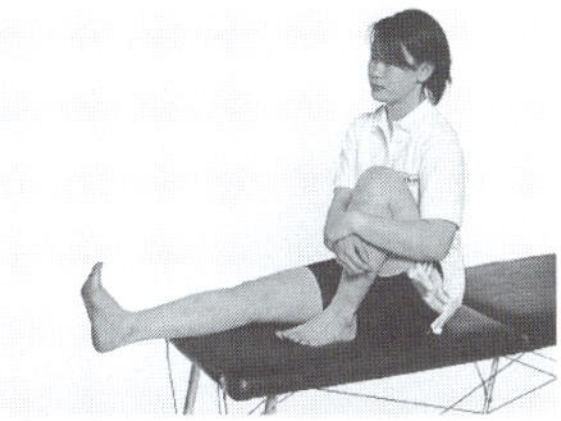

STEP

1. アンカー
2. サポート
3. 水平サポート
4. アンカー

完成

1 アンカー

25

P.16参照

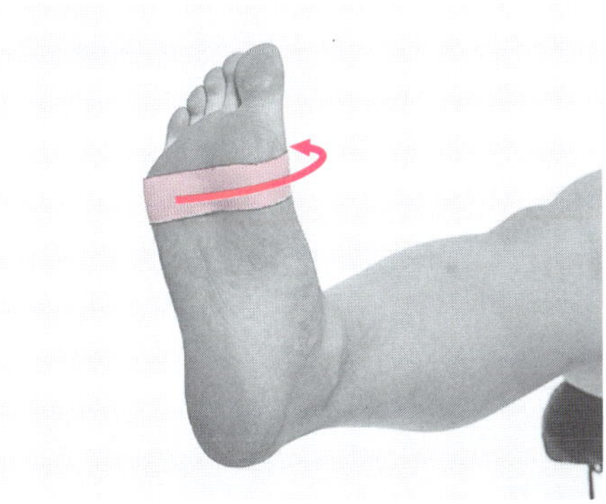

小指から母指側へアンカーを貼る。テープは足の甲を1周させない。

POINT 足の甲にアンカーを巻くときの注意

足の甲にアンカーを巻くとき、母指と小指の腱(イラスト参照)にかからないようにする場合があります。また、足に体重がかかったときに足が横に広がることを考慮して、きつく巻きすぎないように注意しましょう。

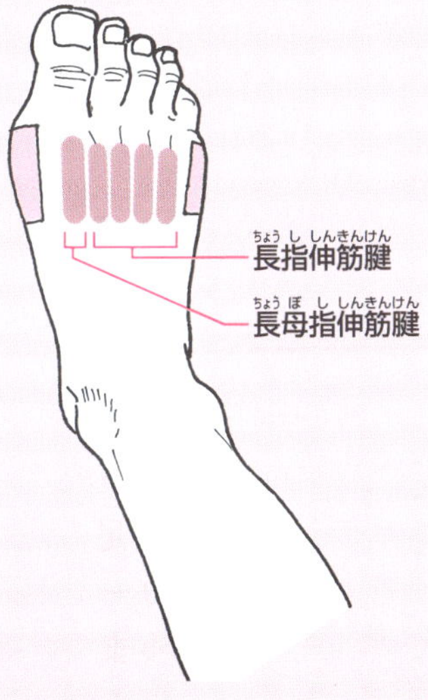

② サポート

25

P.17参照

1

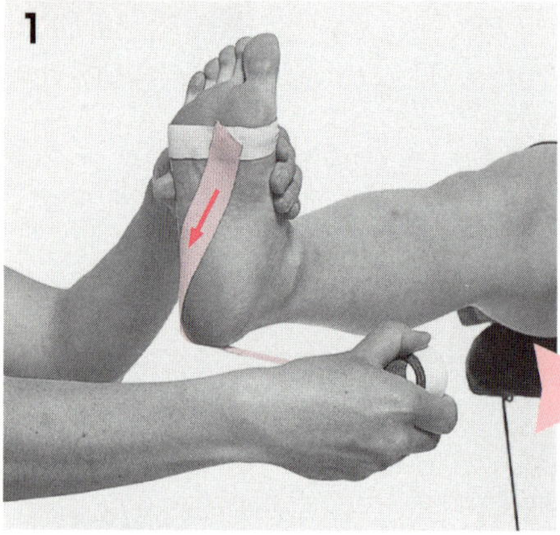

アンカーの母指側からかかとの外側へ、強く引っ張りながら、かかとに引っかけるような感じでテープを貼る。このとき、アキレス腱にかかると違和感が出るので、かからないように注意する。

2

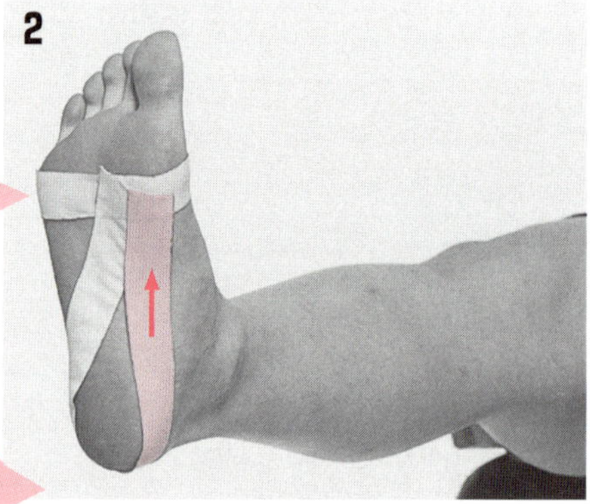

始点まで戻り、テープをとめる。

3

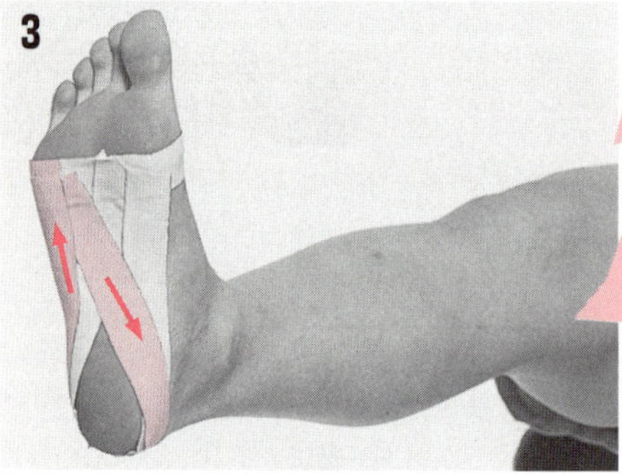

小指側から始め、逆回転にかかとをまわって、始点まで戻る。

4

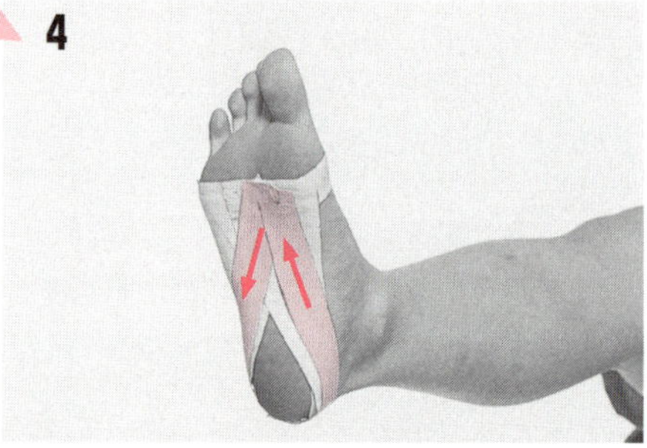

母指側の開始位置をテープの幅半分ほど内側へずらし、もう一度はじめと同じように貼る。

5

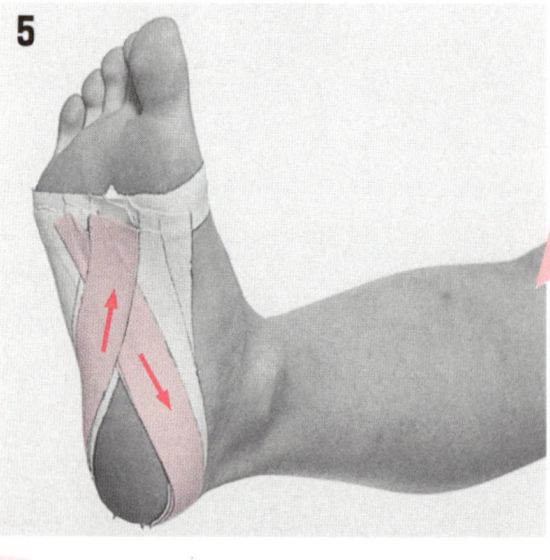

同様に小指側の開始位置を内側へ少しずらして、かかとを1周させて始点まで戻る。足底部の痛みやアーチの低下が著しいときは、このサポートの本数を増やす（最大2セット）。

3 水平サポート

ステップ❷のサポートに続いて小指側から母指側へ向かって足の裏に水平サポートを貼る。甲側は腱にかかる手前で止める。

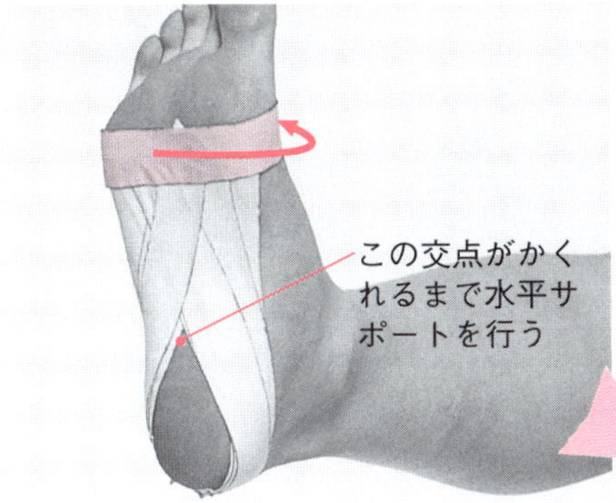
この交点がかくれるまで水平サポートを行う

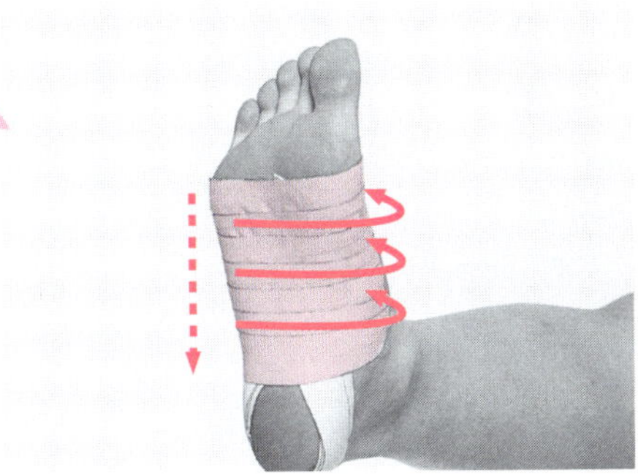

テープをかかと側に（テープの幅半分くらい）ずらしながら貼っていく。テープは強く引っ張らないで、軽く覆うように貼る。

4 アンカー

P.16参照

コンプレッションを固定するため、内側と外側にアンカーを貼って、完成。このとき、テープの縦半分が皮膚にかかるように貼る。

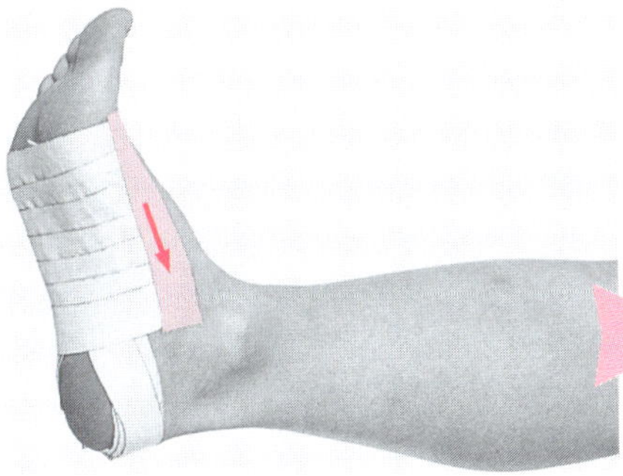

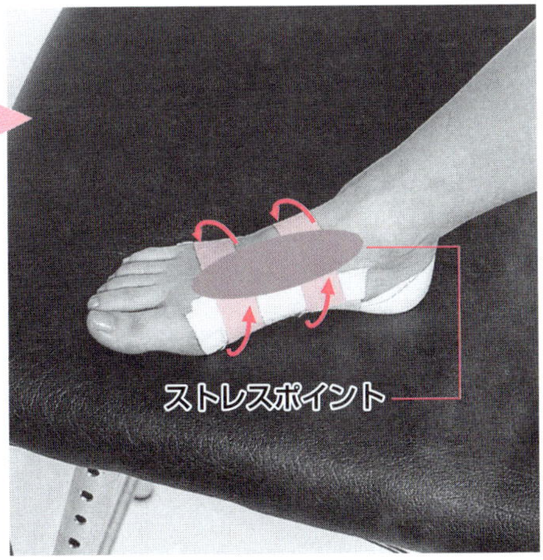
ストレスポイント

さらに補強するため足の甲に２本のテープを貼る。ストレスポイントにテープがかからないように注意。また、体重がかかったとき、足の裏が横に広がることを考慮に入れ、強く巻きすぎないよう注意する。

アーチを補強するためのラッピング

ホワイトテープで補強するほどではなく、アーチを軽く補強したいときに用いる巻き方です。また、ホワイトテープを巻いたあとに、さらに補強するためにラッピングを用いるのも有効です。

ラッピング

使用するテープと用具

伸縮テープ(ソフト)
50ミリ

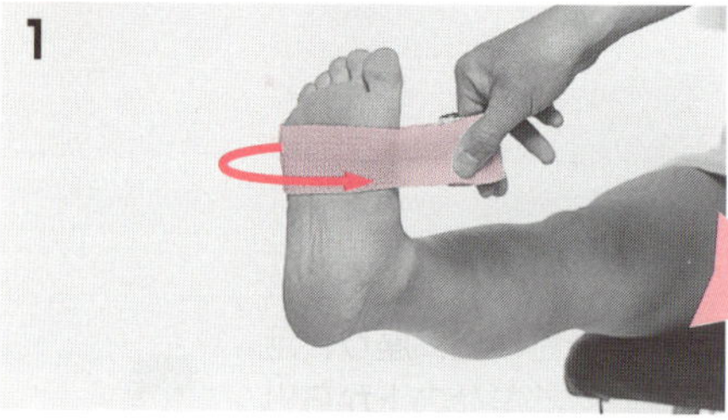

1

小指の付け根から始め、足の裏を水平に横切る。

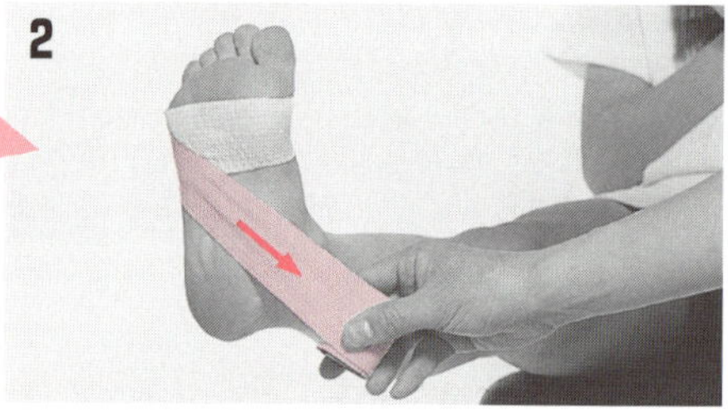

2

そのまま1周させたあと、土踏まずに向かう。

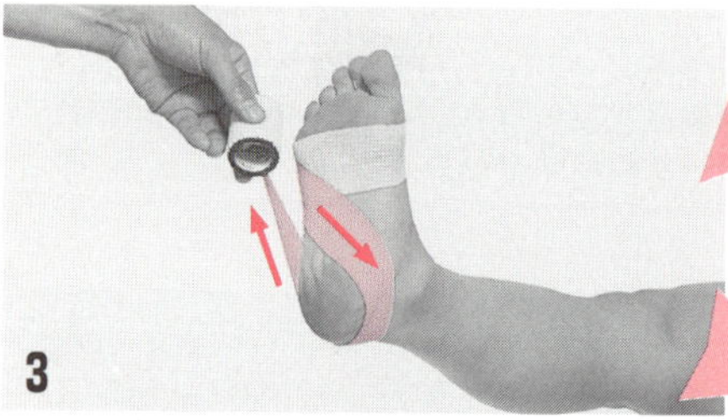

3

かかとにテープを引っかけるような感じで、内側から外側へ。このとき、アキレス腱にテープがかからないように注意。

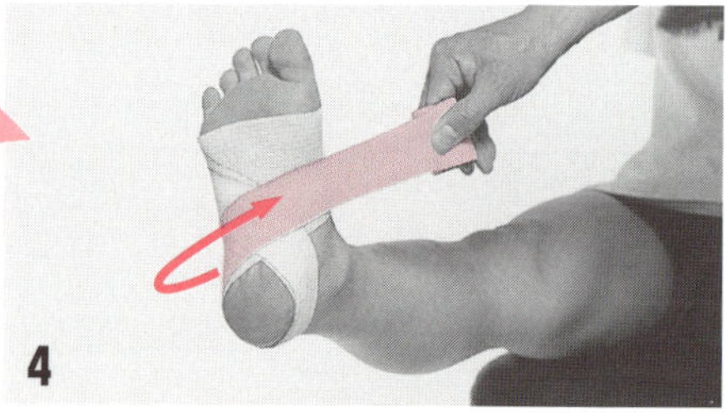

4

かかとの外側から土踏まずへ斜めに引き上げながらテープを貼る。

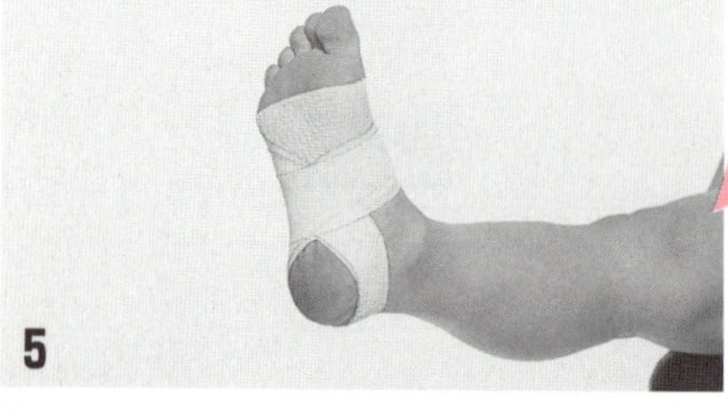

5

少しずつずらしながら、**2**～**4**までを症状に応じて繰り返す。最後は、足の甲でテープを切って、完成。

シンスプリントのテーピング

シンスプリントは、長距離走の選手に多くみられます。ふくらはぎの筋肉に疲労がたまることで、脛骨《けいこつ》の内側に痛みを感じます。また、アーチが下がって、衝撃を吸収できないことが原因になることもあります。その場合は下がったアーチを補強するテーピング（P37〜39）も参考にしてください。

使用するテープと用具

38 50 ホワイト38ミリ、伸縮テープ（ソフト）50ミリ

1 アンカー

50 P.16参照

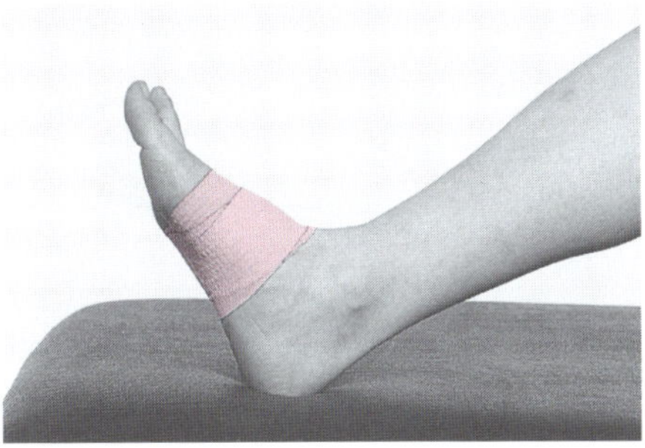

伸縮テープを足の甲に2〜3周巻く。

正しい姿勢

台の上に座り、足首を台の上から出し、90度に保つ。

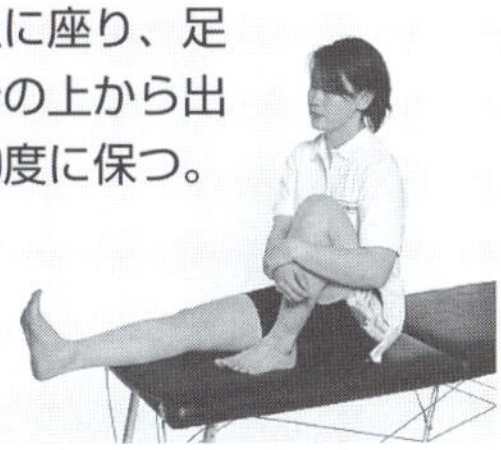

2 サーキュラー

38 P.19参照

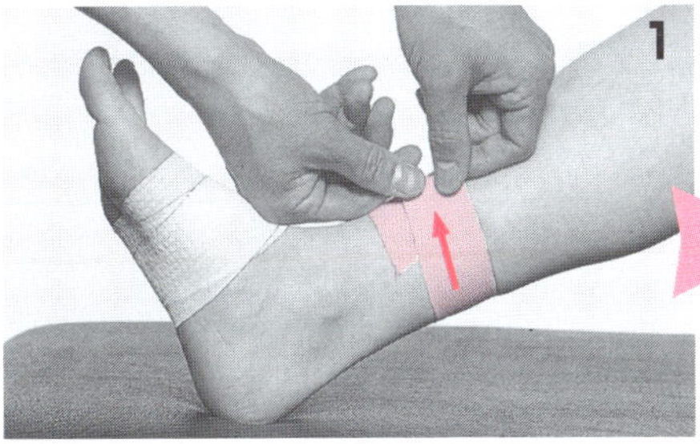

脛骨と、痛む筋肉とを引き寄せるため、内くるぶしから10㎝ほど上にホワイトテープを巻く。テープを足の内側から外側へと、引っ張りながら1周させ、始点へ戻ったところで切る。

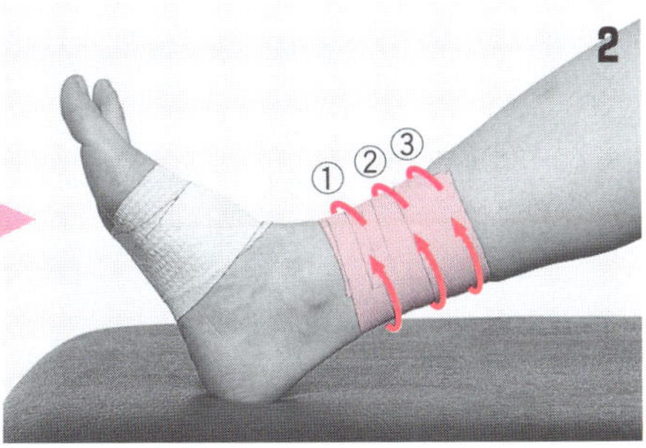

同様に、上にテープの幅半分くらいずつずらしながら3本巻いて、完成。

扁平足・ハイアーチを矯正し、痛みを緩和するためのアーチパッドの使い方

縦のアーチが下がり、土踏まずがなくなる「扁平足《へんぺいそく》」、それとは逆にアーチが高すぎる「ハイアーチ」は、痛みが伴うだけでなく、足底《そくてい》筋膜炎《きんまくえん》、踵骨骨端症《しょうこつこったんしょう》など、他の障害を誘発する原因になります。アーチを適当な高さに矯正し、痛みを緩和するためには、アーチパッドを使うのが有効です。

使用するテープと用具

ホワイトテープ 38ミリ　ラバーパッド

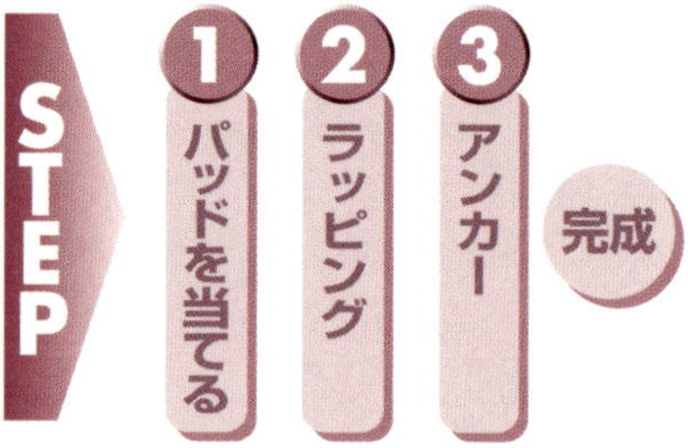

1 パッドを当てる

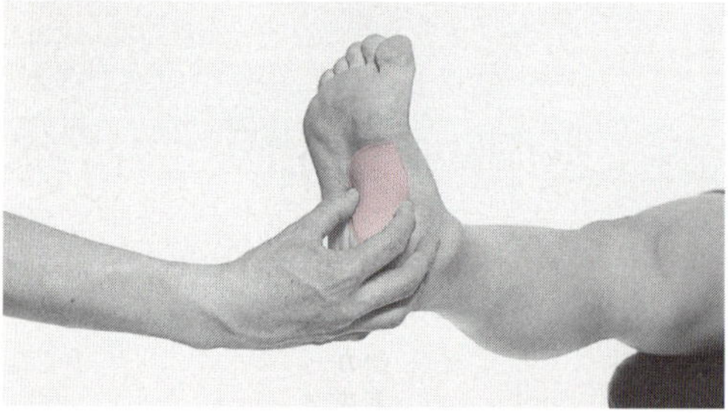

写真で使っている市販のアーチパッドがない場合、土踏まずのくぼみに合わせて、ラバーパッドを切り取って自作する。かかとでパッドを踏まないように大きさを調整する。

POINT アーチパッドの作り方

本書では市販のアーチパッドを使用していますが、ない場合はラバーパッドを切って使います。土踏まずにパッドを当て、くぼみに合わせて切り取ります。パッドを土踏まずにフィットさせるため、さらに、パッドのヘリをおとします。

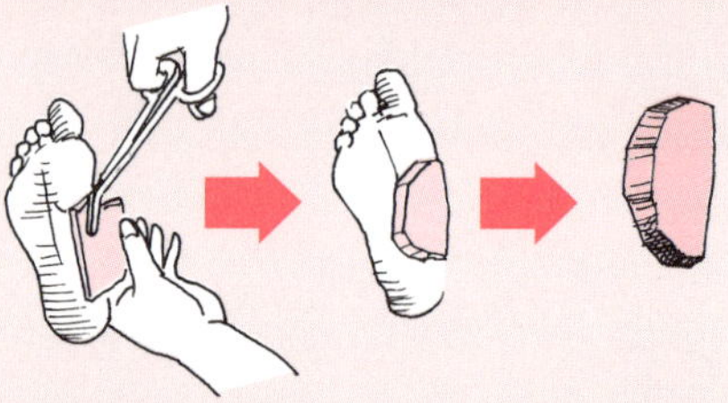

2 ラッピング

1

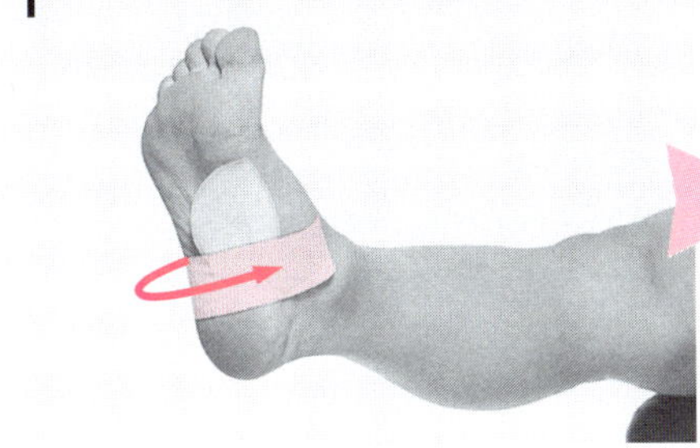

足の裏の小指側から母指側へテープを水平に１本貼ってパッドを止める。以降テープの幅半分ずつずらして横切らせ、アーチパッドを下から上に向かってとめていく。

2

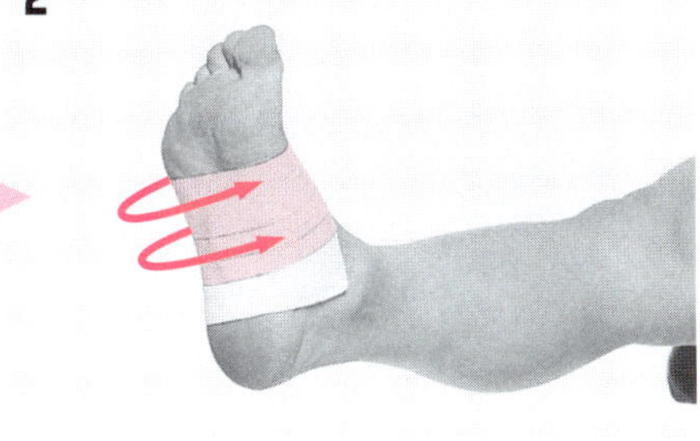

アーチパッドが見えなくなるまで、テープで覆っていく。このとき、母指と小指の腱（P37参照）にテープがかからないように注意。

3 アンカー

P.16参照

1

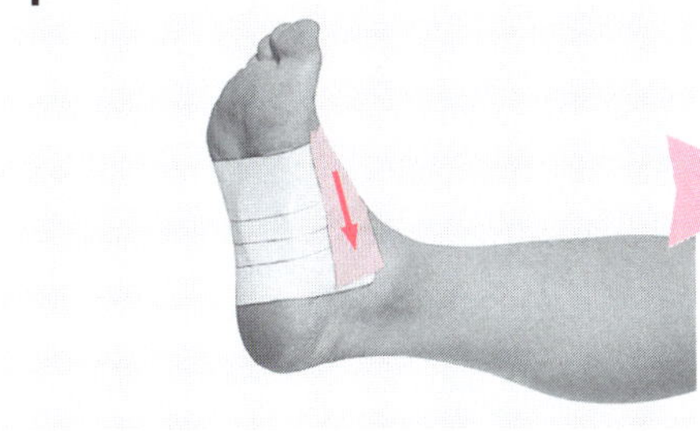

テープを固定するため、両側面にアンカーを貼る。

2

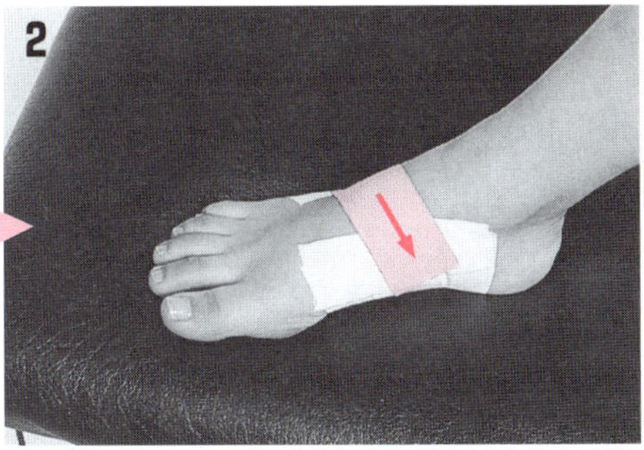

アンカーをとめるために足の甲をテープでとめる。体重がかかったとき、足の裏が横に広がることを考慮する。

応 用

足の裏の中央部や甲の中央部の骨に痛みを感じるときは、前側の横アーチである中足アーチが下がっています。この場合はおにぎり形のパッドを使い、パッドの位置を変えて対処します。

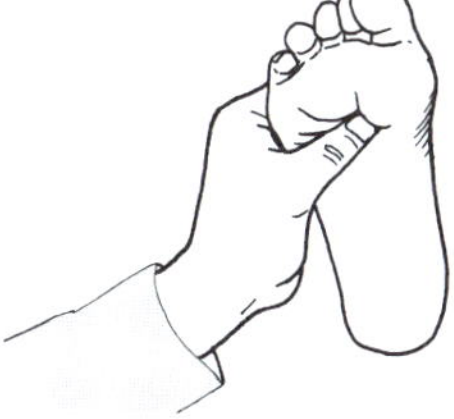

足の裏の中央部を押して、足の指が動くポイントを探す。

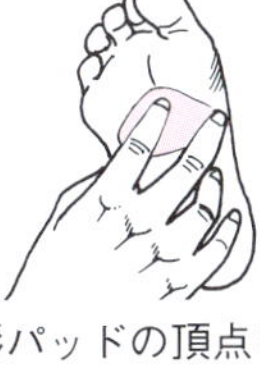

おにぎり形パッドの頂点をポイントに当て、このページで紹介しているラッピング、アンカーを貼って完成。

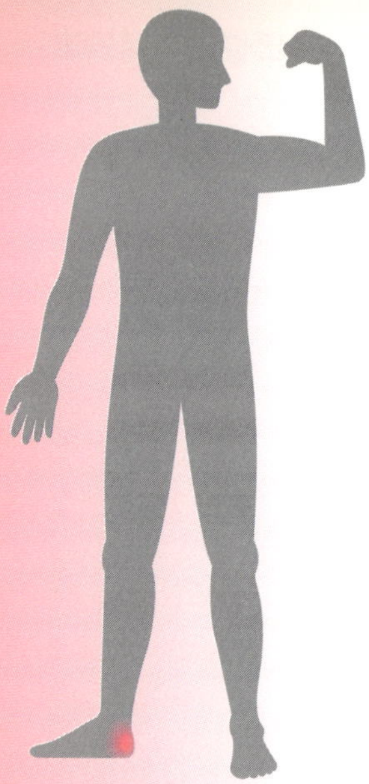

かかと

かかとのしくみ

直立したとき、体重のほとんどが、かかとにかかります。かかとは、アキレス腱がつながる踵骨《しょうこつ》、それを厚く覆っている丈夫な皮膚、衝撃を吸収するクッションの役目をする分厚い皮下脂肪層で構成されています。

ジャンプの着地時に強い衝撃が加わるなどして、脂肪組織の一部が壊れると、痛みが生じることがあります。

- 踵骨《しょうこつ》とそれを覆う皮膚、衝撃を吸収する皮下脂肪層で構成
- 踵骨骨端症《しょうこつこったんしょう》

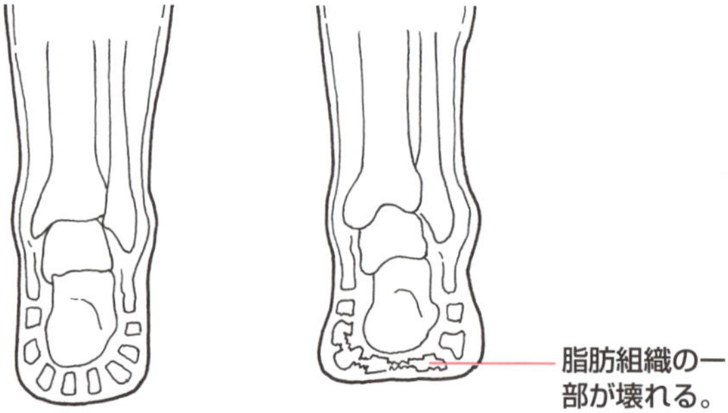

普通の状態　　強い衝撃が加わったとき

かかとのスポーツ傷害と対処法

■スポーツ外傷

踵部挫傷（→P45、46）

走り幅跳びや三段跳びなどでのジャンプ時の着地の際、かかとに強い衝撃が加わって皮下の脂肪層が壊されることがあります。これが踵部挫傷です（上図参照）。踵部に痛みや腫れをともないます。できるだけ早く壊れた皮下脂肪層を固定して元の状態に戻すため、テープとヒールパッドを用います。

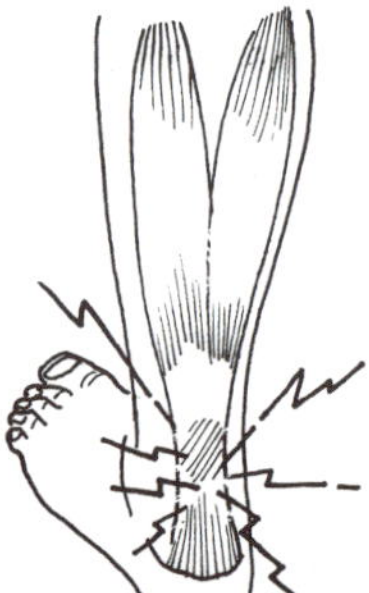

ヒールカップとヒールパッド

かかとに衝撃が加わると痛みを伴うときに使用する用具を紹介します。これらは、テーピングと併せて使用することで、より有効な道具になります。テーピング後に、伸縮包帯でラッピングする場合もあります。

ヒールカップ

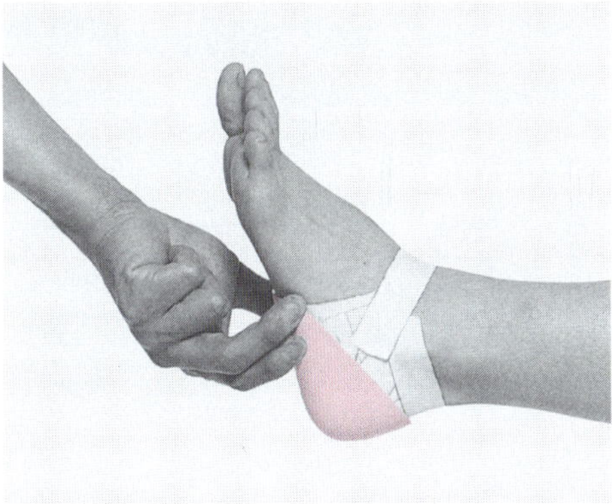

かかとの形に合わせて作られた市販のヒールカップをシューズの中に入れて、衝撃を緩和させます。

ヒールパッド

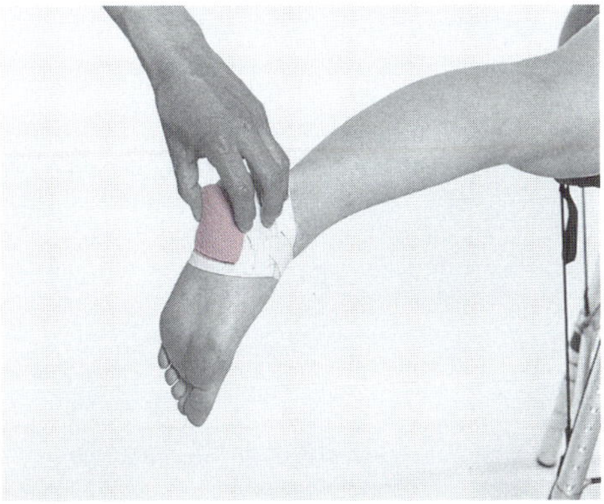

ラバーパッドをかかとの形に合わせて切ったものが、ヒールパッドです。痛みが激しいときは、圧痛部分（押して痛い部分）を直接圧迫するとより痛くなってしまうので、最も痛い部分に穴を開けます。

かかと打撲のテーピング

かかとは骨と皮膚の間に脂肪組織があり、着地時の衝撃を吸収しています。しかし、強い衝撃が加わり、脂肪組織が壊れると痛みが生じます。これを防ぐため、かかと周辺の脂肪が広がらないようにテープでサポートします。ヒールパッドやヒールカップを併用すれば、より効果的に痛みを緩和できます。

使用するテープと用具

ホワイトテープ
25ミリ

正しい姿勢

台の上にうつぶせになり、台から足首を出す。

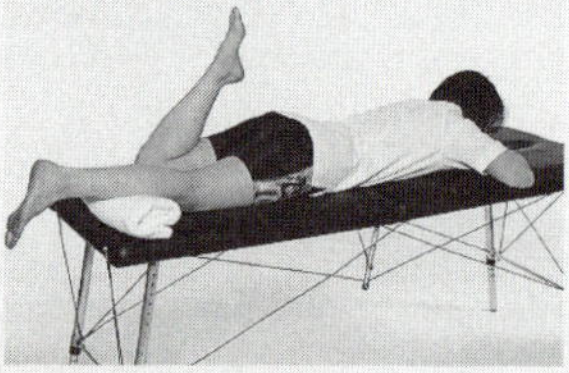

STEP

1. アンカー
2. サポート
3. アンカー
4. サポート
5. アンカー&サポート
6. Xサポート
7. アンカー

完成

1 アンカー

25

P.16参照

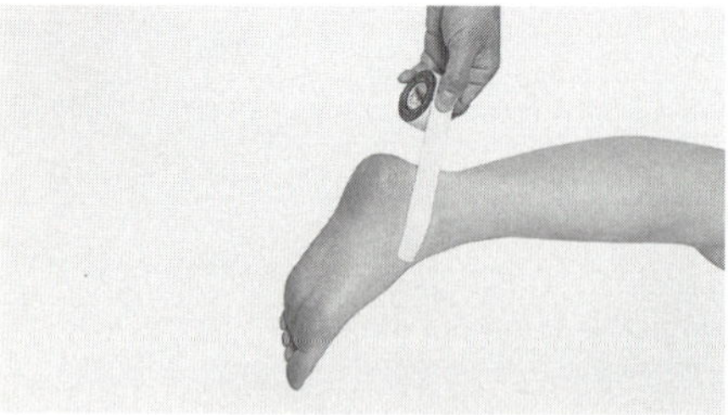

内くるぶしから、アキレス腱にかからないようにかかとを通り、外くるぶしに向かってアンカーを貼る。

2 サポート

25

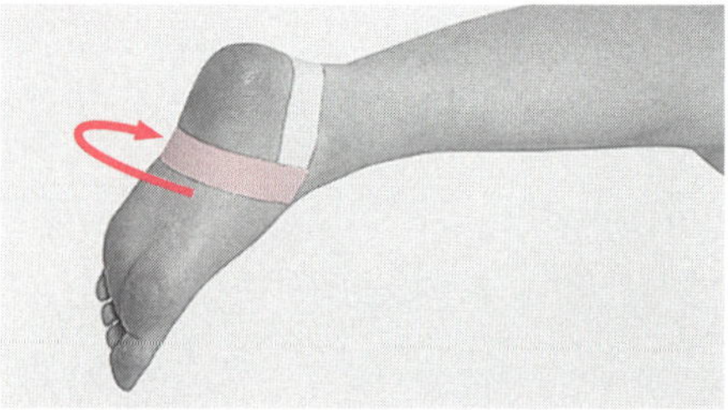

内側のアンカーの端に対して直角にテープを引き出し、足の裏を通り、外側のアンカーの端まで貼る。

3 アンカー

25

P.16参照

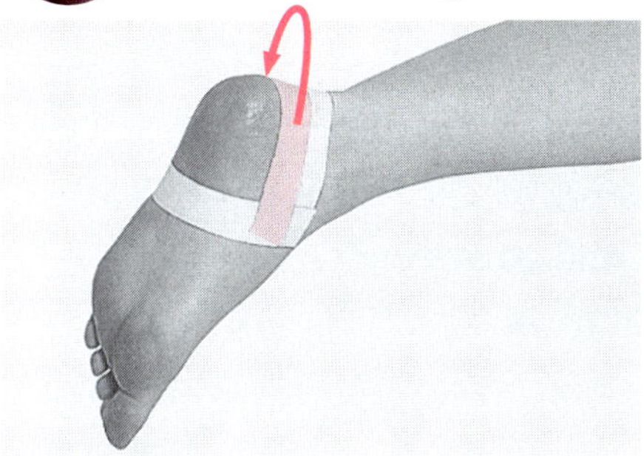

最初に貼ったアンカーから1/2ほどかかと側へずらして、同じように2本目も貼っていく。

4 サポート

25

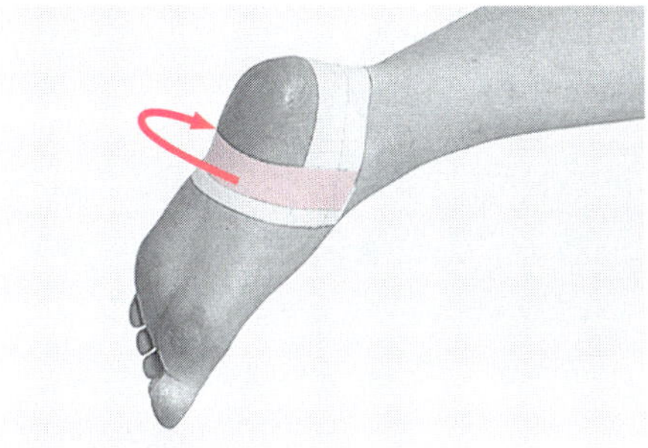

ステップ❷で巻いたテープから1/2ほどかかと側へずらして、同様に貼っていく。

5 アンカー&サポート

25

P.16参照

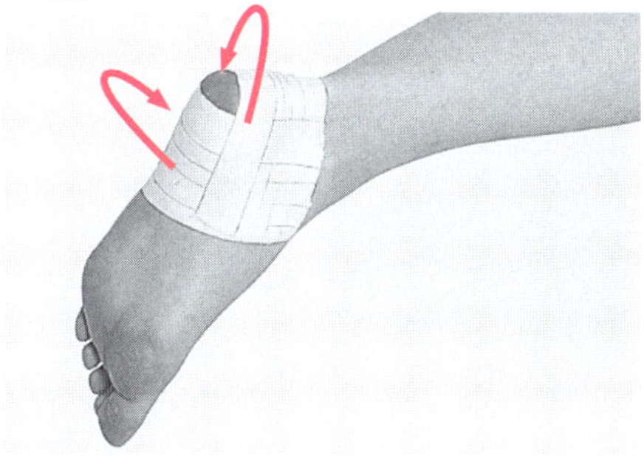

足の大きさに合わせて、かかとを覆うまでステップ❸と❹を交互に繰り返す。

6 Xサポート

25

P.17参照

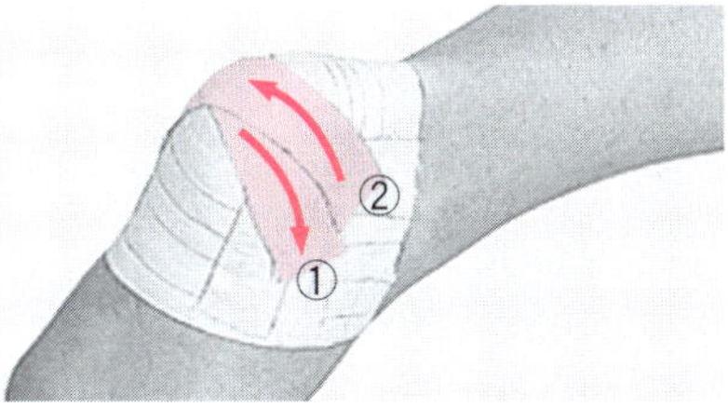

かかとの先端にすき間ができるので、テープの角度を変えて埋めていく。このとき、かかとの真ん中に脂肪を集めるようなイメージで、1本目は外から内へ、2本目は内から外へ巻く。

7 アンカー

25

P.16参照

1

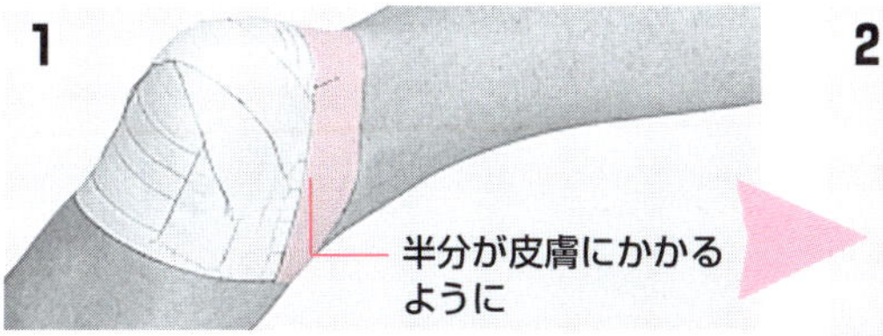

今までに貼ったテープの端を固定するため、内くるぶし→アキレス腱→外くるぶしを通るアンカーを貼る。このとき、アンカーの半分はテープの端、半分は皮膚にかかるようにする。

2

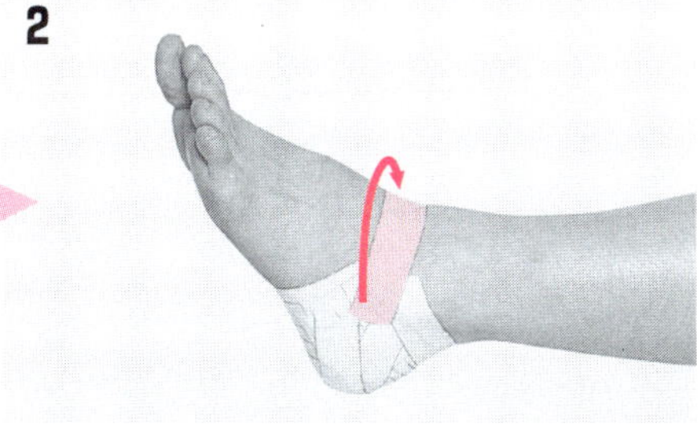

テープのずれを防ぐため、足首前面にも外から内に向かうアンカーを貼って、完成。

足部のリコンディショニング

足部は体を支えたり、ジャンプの踏み切りや着地などに関わる重要な部位です。疲労が蓄積されると、土踏まずがなくなる“扁平足《へんぺいそく》”になることがあります。疲労を癒すためのマッサージとともに、アーチの筋肉を強化するトレーニングを紹介します。

マッサージ

1 拳でさする（指顆軽擦《しかけいさつ》）

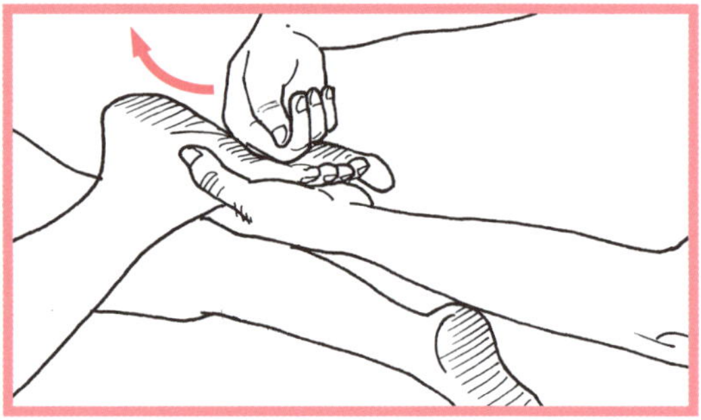

足の裏の硬さを確認しながら、指側からかかと側に向かって、拳を反り返しながら軽くさする。

2 両手の親指で押す（両母指圧迫《りょうぼしあっぱく》）

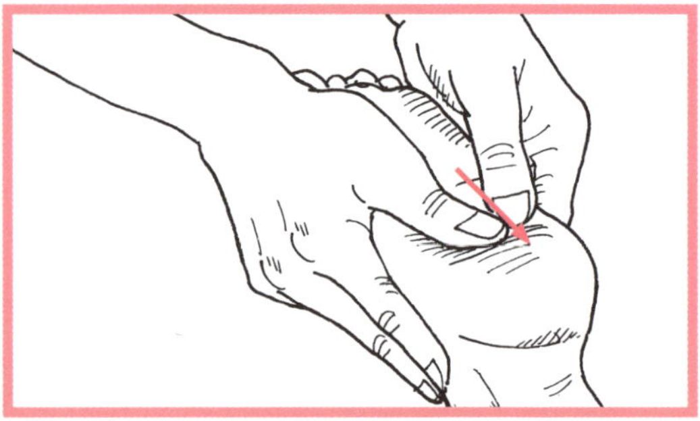

足の指からかかと側に向かって、足の裏を両手の親指で押す。このとき、小指側から親指側の順に行う。

3 親指でもむ（母指揉捏《ぼしじゅうねつ》）

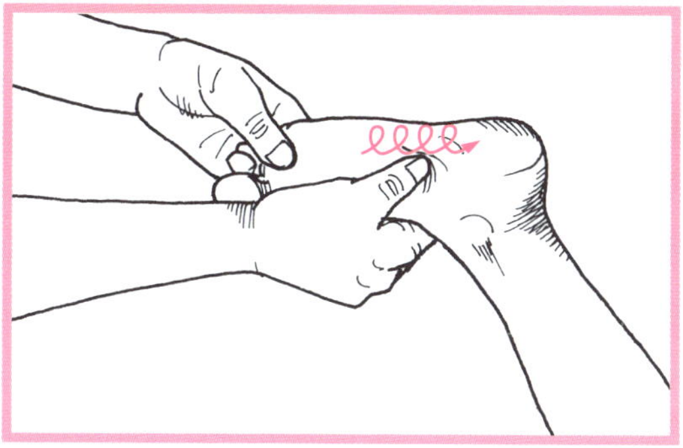

足の裏の指側からかかと側に向かって、両手の親指のはらを使い、しこりをもみほぐす。

4 足の指を引っ張る（腱移動法《けんいどうほう》）

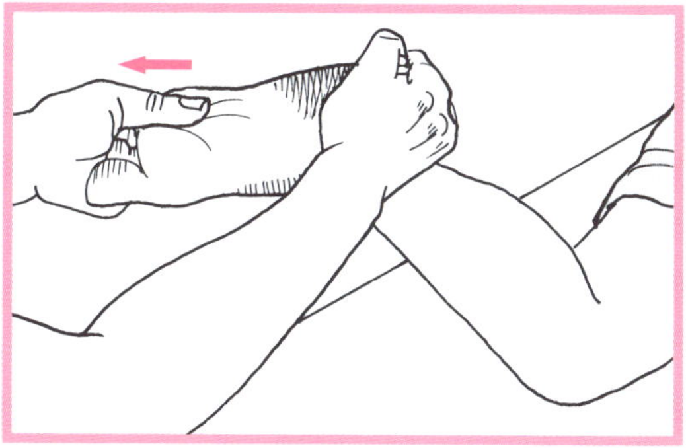

かかとを固定し、足の指を引き抜くような感じで引っ張る。このとき、指と指の間を伸ばすような意識で行うとよい。

5 両手で押す（間欠圧迫法《かんけつあっぱくほう》）

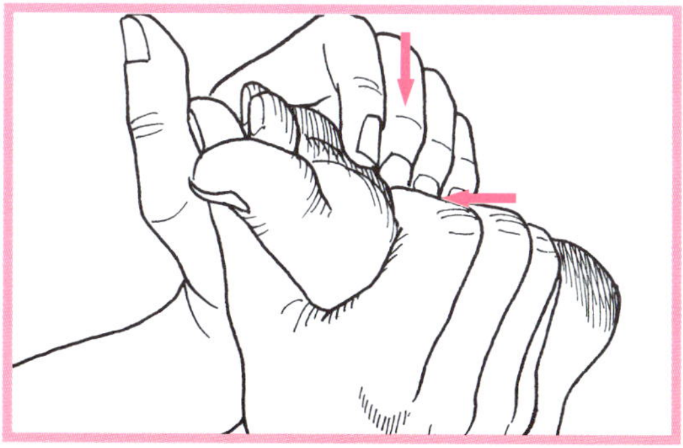

足の裏を両手の親指と手のひらで押さえ、残った４本の指を使って、押したりゆるめたりする。このとき、小指側から親指側の順に行う。

回復・傷害予防の

トレーニング

1 タオルギャザー

1回引き寄せる×1〜3セット

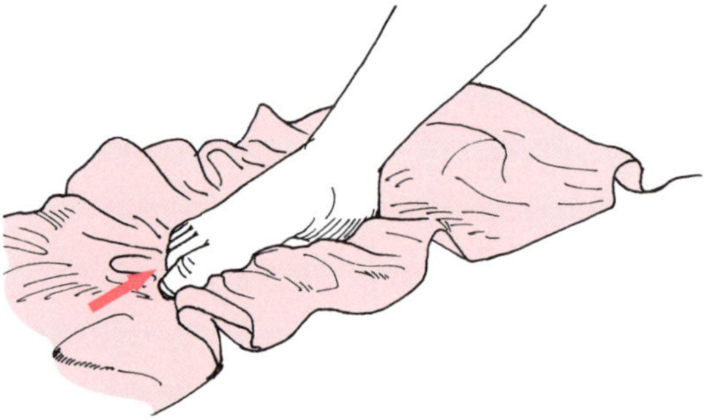

床に置いたタオルを足の指でつかみ、手前にたぐりよせる。

2 足趾《そくし》の屈曲運動

10回×3セット

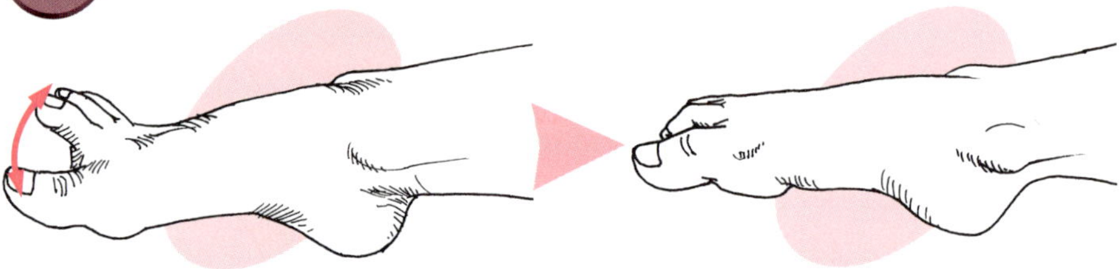

ジャンケンのパーのイメージで足の指を開く。

ジャンケンのグーのイメージで足の指を閉じる。

3 足趾の伸展

10回×3セット

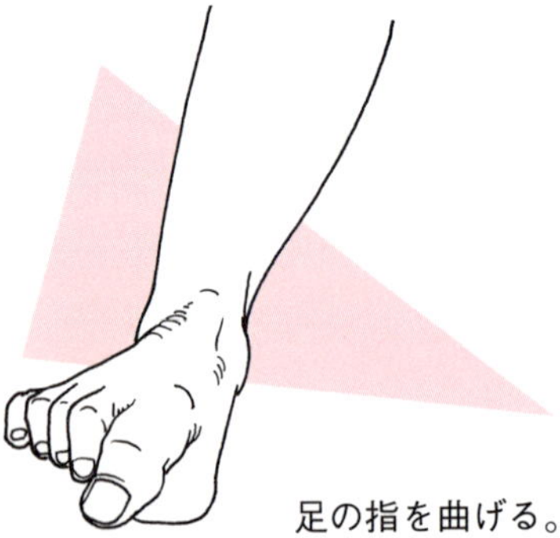

足の指を曲げる。

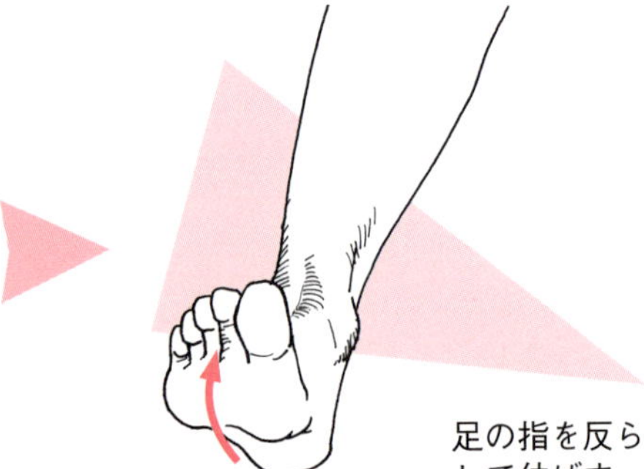

足の指を反らすようにして伸ばす。

4 マーブルピックアップ 10回×3セット

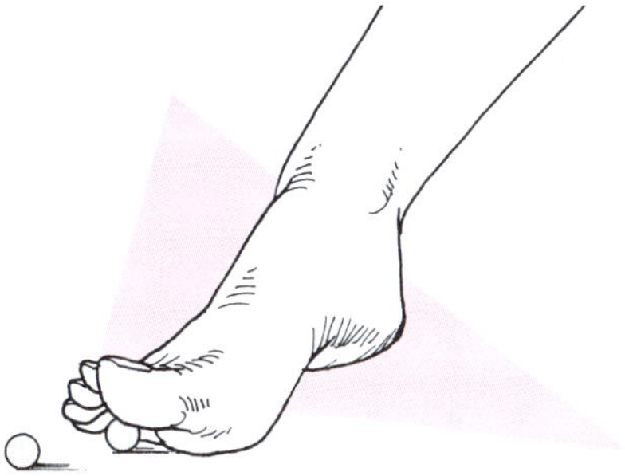

床に転がしたビー玉やおはじきを足の指でつかむ。

5 青竹踏み 10～20回

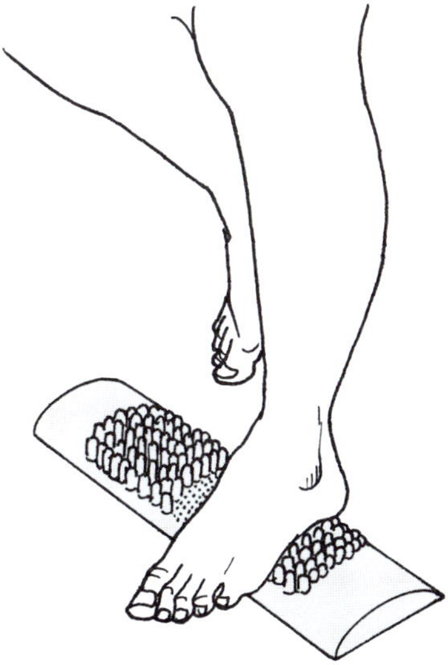

青竹の上にのって、左右交互に踏む。市販されている青竹踏み用器具を用いると便利。

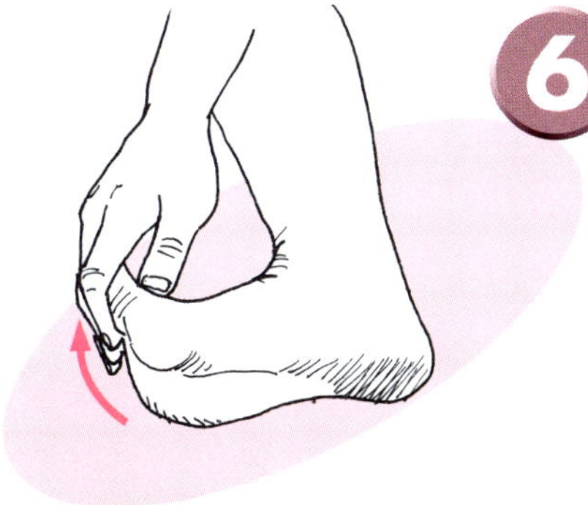

6 アーチのストレッチ

足の親指を持って、甲のほうに引っ張ってアーチを伸ばす。

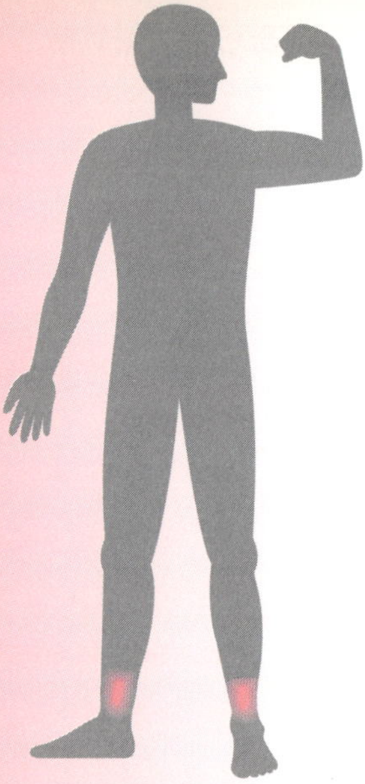

足首

足首のしくみ

一般に足首といわれる部分の関節は、足関節（または距腿《きょたい》〈距骨《きょこつ》下〉関節）と呼ばれています。足関節は、腓骨《ひこつ》、脛骨《けいこつ》、距骨《きょこつ》、踵骨《しょうこつ》で構成されています。腓骨の末端が外くるぶし、脛骨の末端が内くるぶしになります。軟骨で覆われた距骨は、脛骨、腓骨とちょうつがいのようにつながり、脛骨と腓骨の末端にできる空洞の中を前後に動くことで、足首の背屈、底屈を可能にしています。

内外のくるぶし周辺は、いくつかの靱帯《じんたい》でサポートされています。内側には三角靱帯、外側には、靱帯がつないでいる骨の名の頭の文字を組み合わせた名前がつけられた3つの靱帯（前距腓靱帯《ぜんきょひじんたい》、後距腓靱《こうきょひじん》帯《たい》、踵腓靱帯《しょうひじんたい》）があります。

足首のケガで最も多いのは、内側にひねる内反ねんざですが、外反ねんざが少ないのは、頑強な三角靱帯と内くるぶしの骨がブロックとなって、外反を防ぐからです。

- 4つの骨で構成
  腓骨《ひこつ》・脛骨《けいこつ》・
  距骨《きょこつ》・踵骨《しょうこつ》
- 内反ねんざが多い

●足首の靭帯《じんたい》

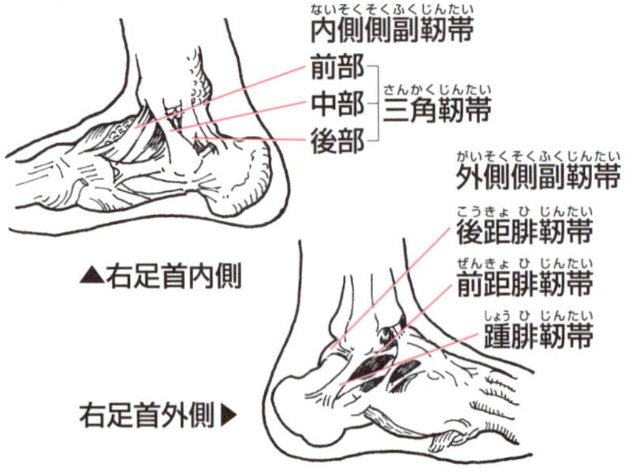

▲右足首内側

右足首外側▶

●足首の骨

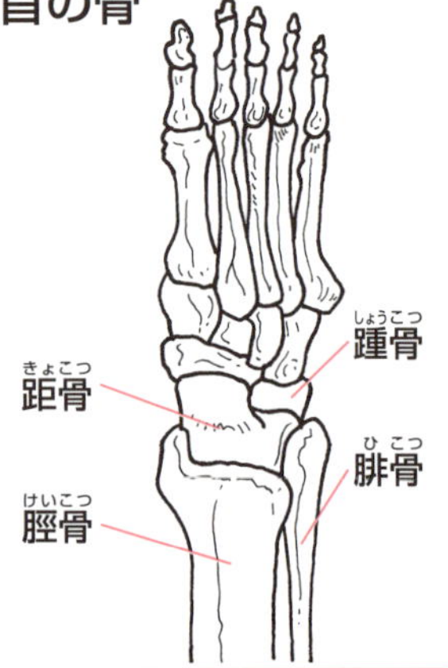

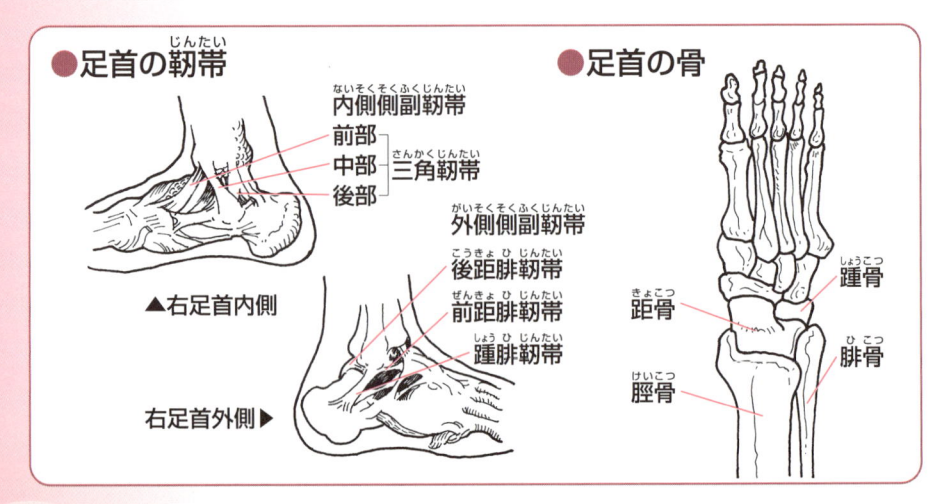

足関節の動き

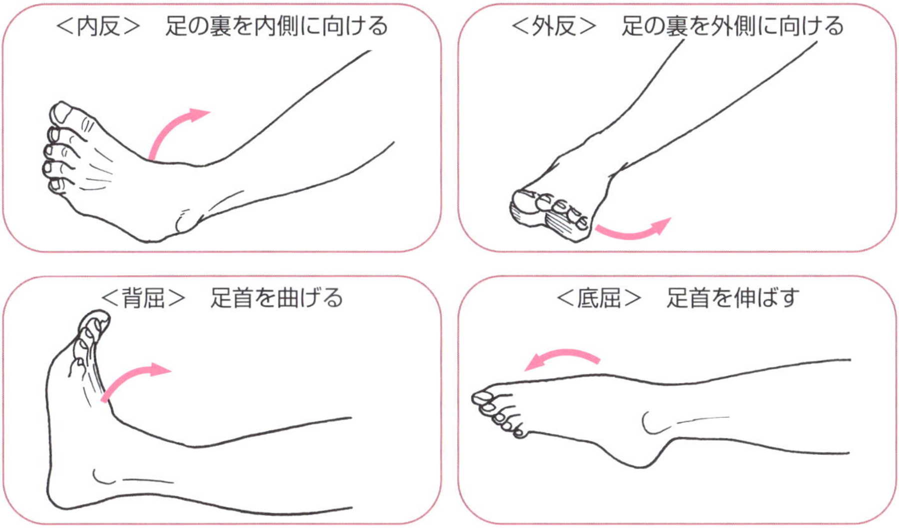

足首のスポーツ傷害と対処法

■スポーツ障害

フットボーラーズ・アンクル（衝撃性外骨腫）

背屈や底屈を繰り返し行うことで、脛骨と接する距骨に増殖性の骨ができ、背屈・底屈時に痛みを伴います。足首を触ると余分な骨の盛り上がりを感じます。サッカーだけでなく、バスケットボールをプレーする人にも多くみられます。

■スポーツ外傷 （→P68、72）

内反ねんざ

足首のケガで最も多いのは、内反ねんざです。ジャンプして着地するときや、サッカーのドリブル中に足を取られたり、格闘技などでも多く起こります。内反ねんざは、ケガのなかでも最も起こりやすいもののひとつです。あらかじめテーピングをすることで予防することができます。ねんざをしたら、すばやくR.I.C.E.処置を行うのが基本です。

足首ねんざの応急処置

スポーツ中のケガ（スポーツ外傷）で最も多いのが、足首を内側にひねる内反ねんざです。ねんざはその状態により、3段階に分けることができます。

1.軽症　靱帯が伸び、わずかな腫れや痛みを伴う。

2.中症　靱帯の一部が断裂し、腫れや痛みを伴う。

3.重症　靱帯が完全に断裂。腫れもひどく、激痛を伴うだけでなく、関節が通常の可動範囲を超えて動く。

その程度にかかわらず、ねんざをした場合は、すばやくR.I.C.E.処置（P20参照）を行います。そのあと、患部を固定するために、テーピングで応急処置をします。ここでは、より確実に患部を圧迫できるパッドを用いた応急処置も紹介します。

ねんざで腫れた足首の応急処置をするテーピング

使用するテープと用具

ホワイトテープ
38ミリ

正しい姿勢

台の上に座り、足首を台の上から出し、90度に保つ。

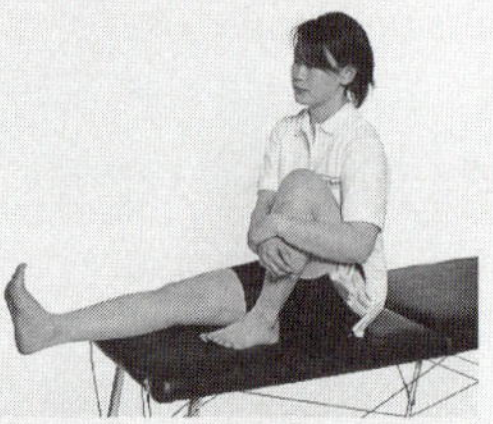

STEP

1. アンカー
2. スターアップ
3. ホースシュー
4. スターアップ
5. ホースシュー
6. スターアップ＆ホースシュー
7. ホースシュー
8. アンカー

完成

1 アンカー

38

P.16参照

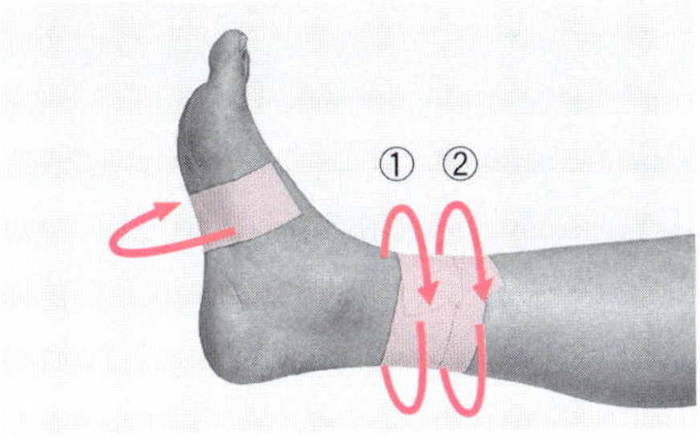

すねに2本のアンカーを貼る。甲の部分をあけて、足の裏にもアンカーを貼る。

POINT アンダーラップを巻かないわけ

このテーピングは足の甲をあけて巻くため、固定力がそれほど強くありません。アンダーラップを巻いてしまうと、さらに固定力が低下してしまうので、ここではあえてアンダーラップを巻きません。男性はテープをはがすときのことを考えて、剃毛しておいたほうがよいでしょう。

2 スターアップ

38

P.61参照

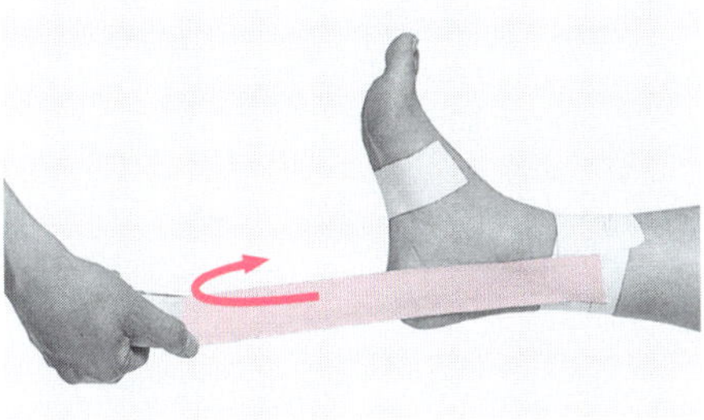

すねのアンカーの内側から外側までスターアップを貼る。

3 ホースシュー

38

P.62参照

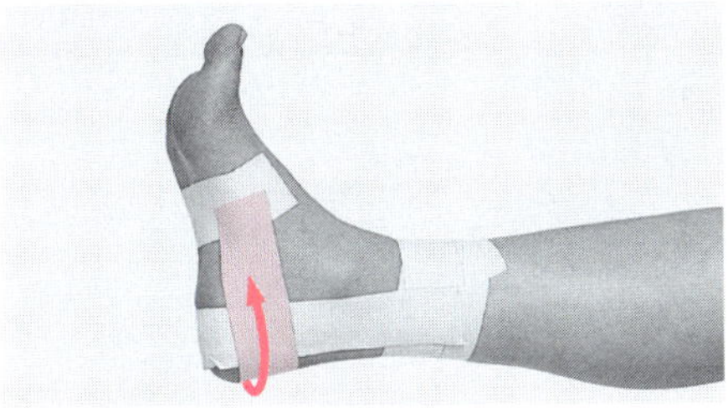

足の裏に貼ったアンカーの外側からアキレス腱を通り、内側のアンカーまでホースシューを貼る。

4 スターアップ

38

P.61参照

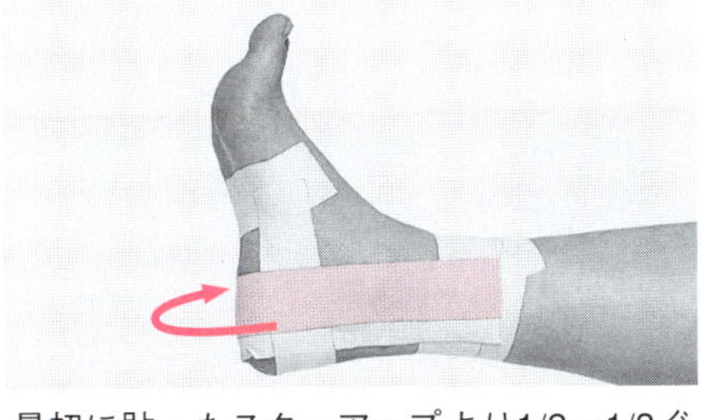

最初に貼ったスターアップより1/2～1/3ぐらい上にずらして、2本目のスターアップを貼る。

5 ホースシュー

38

P.62参照

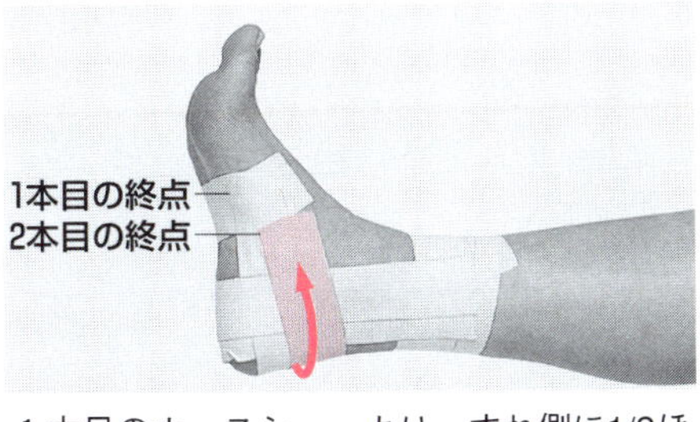

1本目のホースシューより、すね側に1/2ほどずらして、2本目のホースシューを貼る。1本目より短く貼るようにする。

6 スターアップ&ホースシュー

38

P.61、62参照

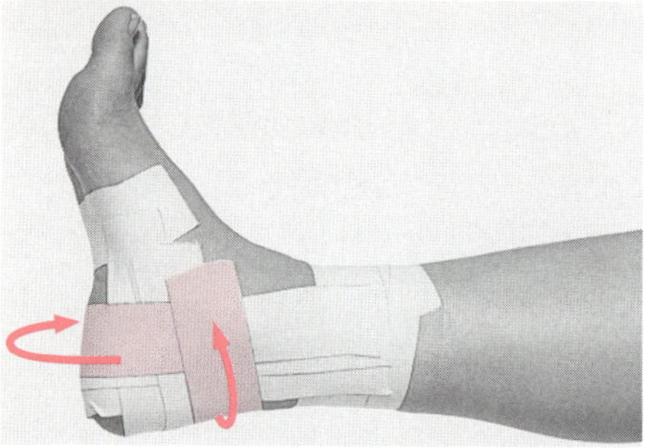

再度、スターアップ、ホースシューの順で同様にずらして3本目を貼る。

7 ホースシュー

38

P.62参照

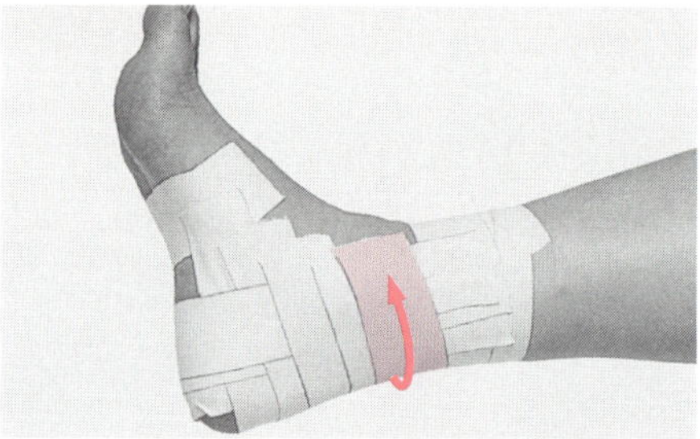

3本目のホースシューとすねのアンカーの間を埋めるようにホースシューを短めに巻く。

8 アンカー

38

P.16参照

1

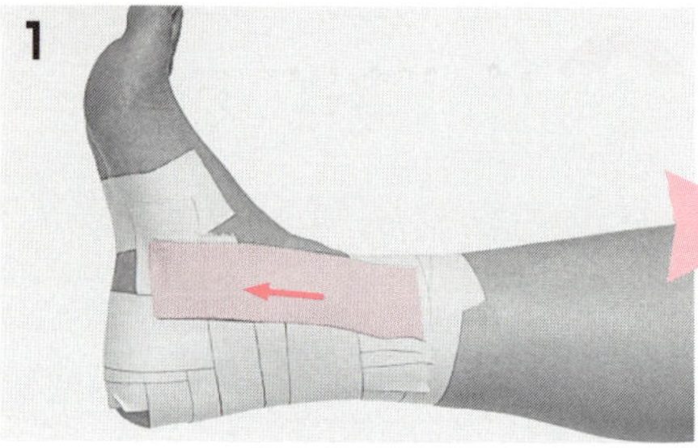

ホースシューを固定するため、内側と外側それぞれにアンカーを貼る。

2

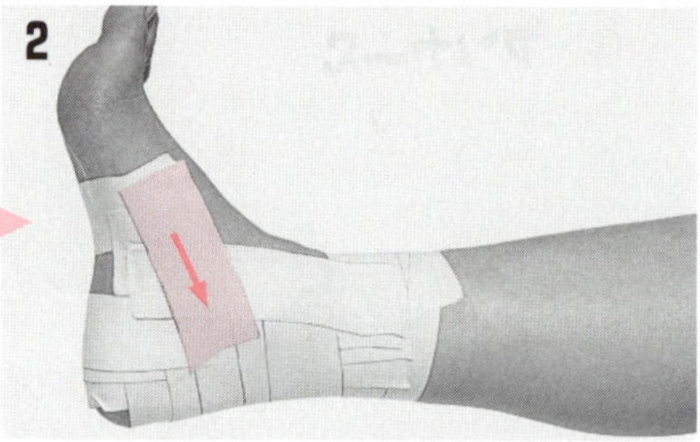

貼ってあるテープの端を固定するため、内側と外側それぞれに、かかとに向かって縦にテープを貼る。

3

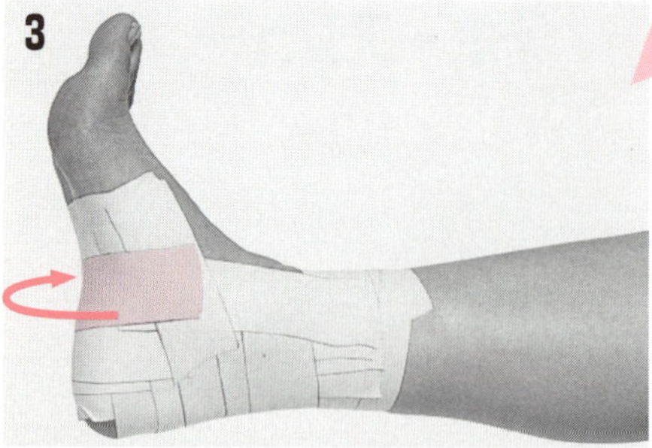

足の裏中央にできたスキ間を埋めるように、内側から外側に向かってテープを貼って、完成。このとき、足首前面はあけるようにすること（右POINT参照）。

POINT 足首の前面をあけて貼るメリット

内反ねんざをすると、足首が腫れることがあります。このとき足首を1周させてテープを巻くと、血行障害が起こったり、神経が圧迫され、痛みが増してしまいます。また、甲のアンカーやホースシューを短めに貼り、足首前面をあけることによって、腫れの逃げ場を作るというメリットもあります。

パッドを使った応急処置１

腫れそうな箇所にパッドを当てることにより、腫れを抑えることができます。ここでは、外側が腫れる内反ねんざを想定して、外側のみにパッドを当てていますが、内側が腫れそうであれば、内側にパッドを当てます。

使用するテープと用具

ホワイトテープ38ミリ　伸縮包帯　ラバーパッド

STEP

1. アンカー&スターアップ
2. パッドを当てる
3. ラッピング
4. アンカー

完成

1 アンカー&スターアップ

P.16、61参照

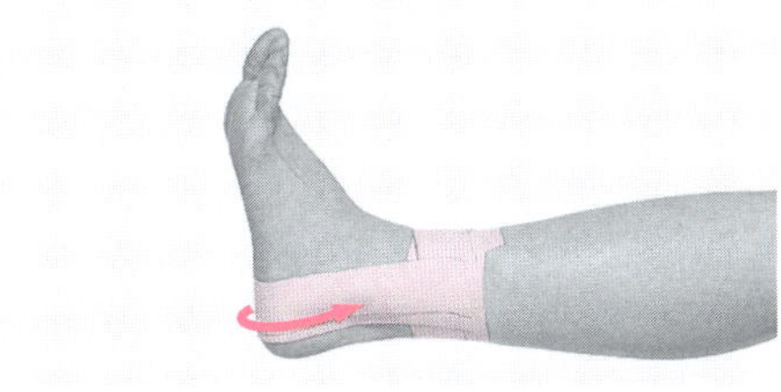

すねにアンカーを２本巻き、すねの内側から外側に向かってスターアップを２本貼る。

2 パッドを当てる

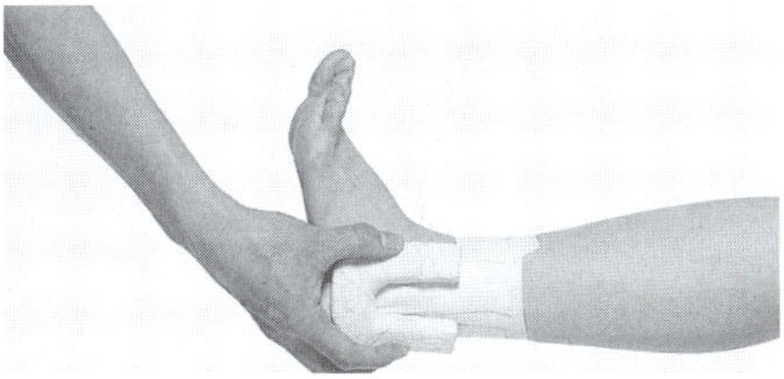

外くるぶしに外くるぶしの形と腫れに合わせてU字型に切ったパッドを当てる。

3 ラッピング

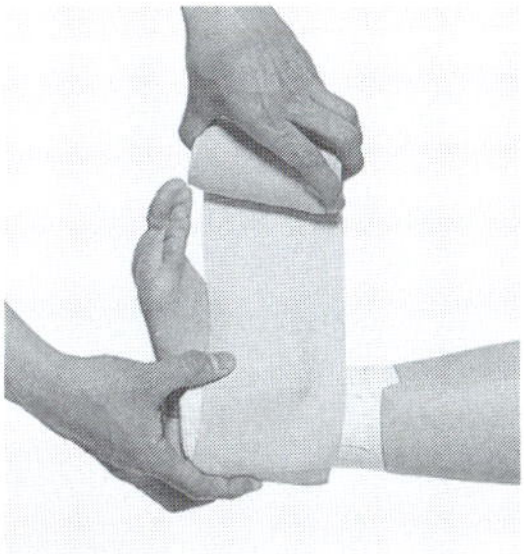

伸縮包帯で外くるぶしからラッピング開始。甲から足の裏を内から外に横切り、足首へ。足首を数周させてパッドが固定したら包帯を切る。

4 アンカー

P.16参照

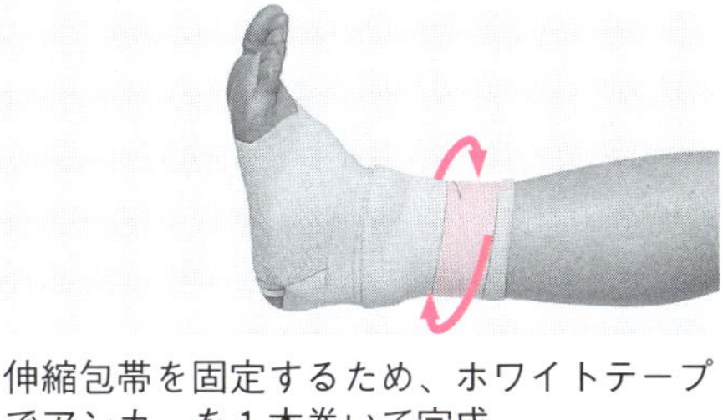

伸縮包帯を固定するため、ホワイトテープでアンカーを１本巻いて完成。

パッドを使った応急処置2

ここでは伸縮包帯がなくても、伸縮テープとパッドだけで可能な足首ねんざの応急処置の方法を紹介します。

使用するテープと用具

伸縮テープ（ハード）50ミリ

ラバーパッド

STEP

1 パッドを当てる → 2 固定する → 完成

1 パッドを当てる

P.57参照

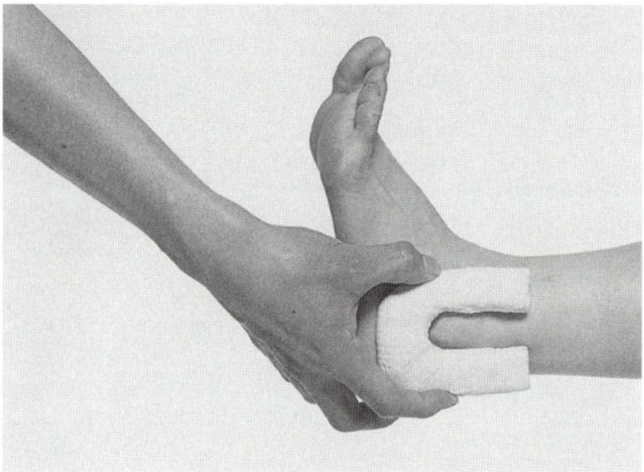

U字型に切ったラバーパッドを外くるぶしに当てる。

2 固定する

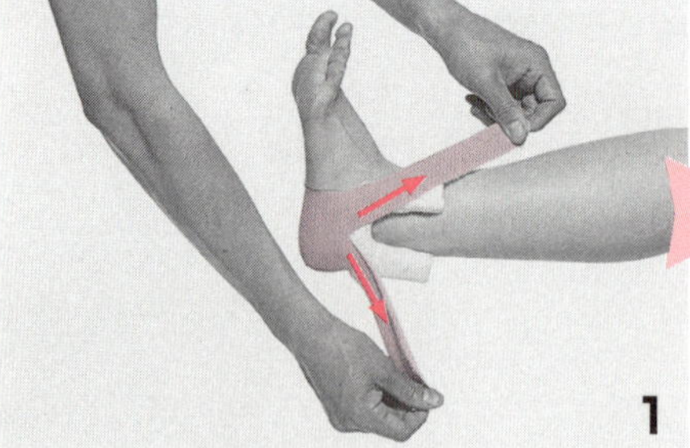

あらかじめ伸縮テープを30㎝ほど引き出しておく。伸縮テープの長さが、内と外で均等になるようにして内側だけ貼る。外側はテープの中心から２つに裂き、パッドの上下をとめる。

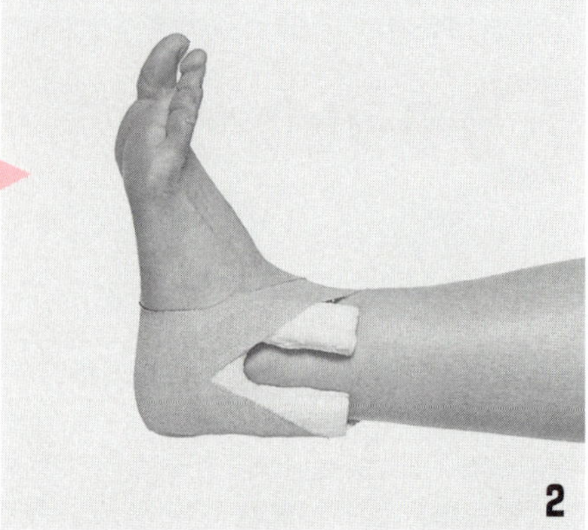

そのままテープを足首に巻きつけて完成。

アンダーラップの巻き方

アンダーラップは患部の皮膚を保護します。頻繁にテーピングする人や肌が荒れやすい人は特に行いたいものです。基本的に足首、膝、肘、大腿部に巻きます。ここでは足首への巻き方を紹介しますが、他の部位については、巻き方にこだわる必要はありません。

使用するテープと用具

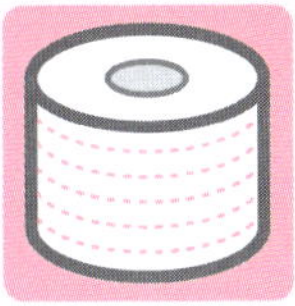

アンダーラップ

正しい姿勢

台の上に座り、足首を台の上から出し、90度に保つ。

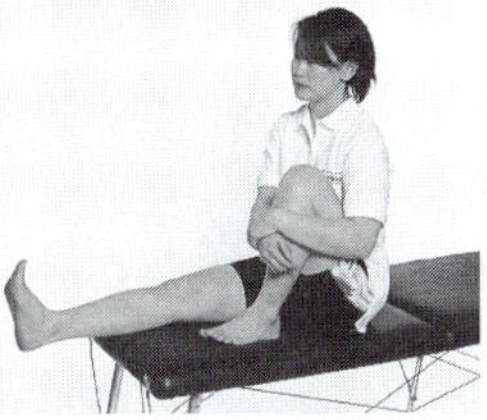

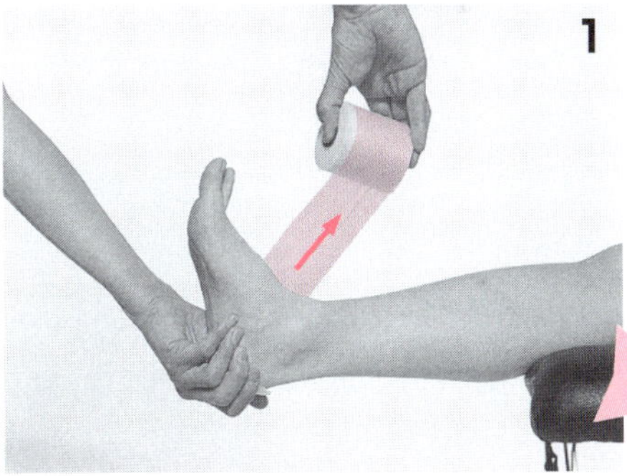

1 かかとから始める。

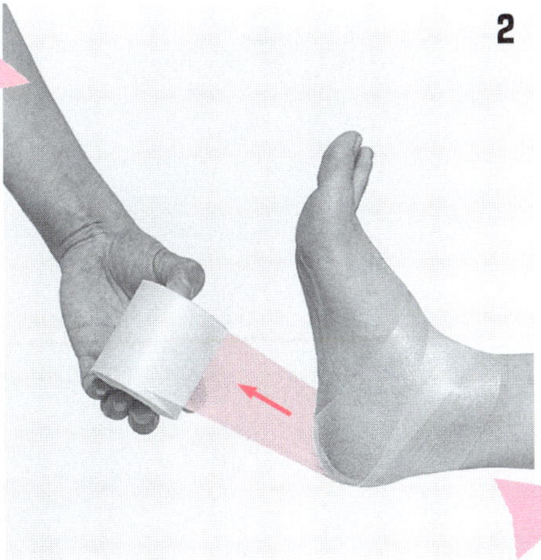

2 足首の前面からかかとに向かい、再び足首の前面へ。そのままアキレス腱を通って、斜めに引き上げる。

POINT アンダーラップが丸まってしまったら…

アンダーラップは端が丸まりやすいので、伸ばしながら貼ります。常に伸ばしながら貼ることを心がけてください。万一、端が丸まってしまったら、そこで一旦引きちぎり、ちぎった部分を整えて、そこから続きを貼ります。ちぎった部分がはがれてしまうようであれば、もう一度貼り直したほうがよいでしょう。

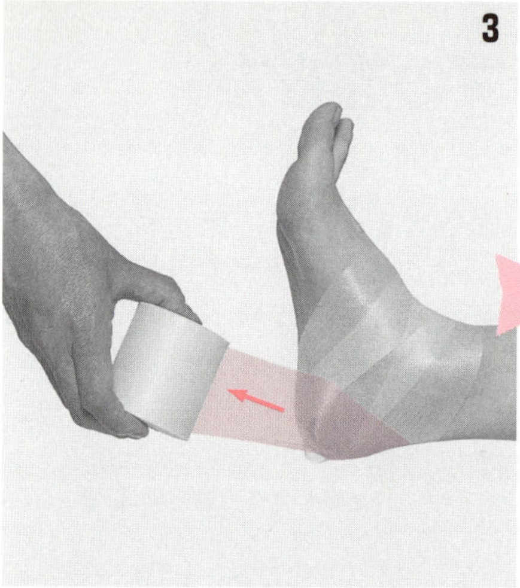

土踏まずへ向かって、足の裏を横切り、足首前面→アキレス腱を通って、かかと内側をロックするように斜め上方に引き上げる。

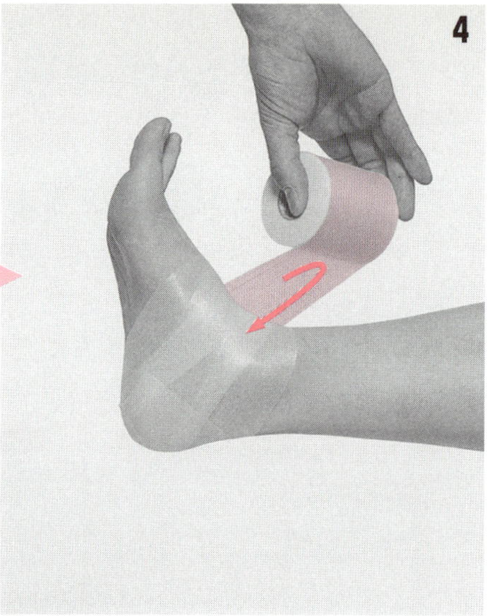

足の裏を横切り、足首の前面へ向かう。

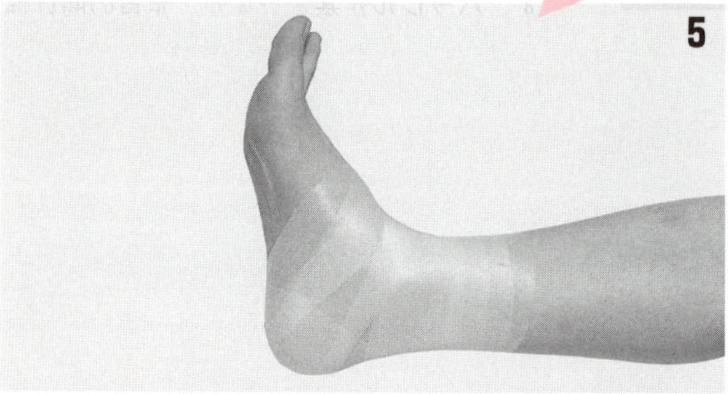

もう一度かかとを1周させて、足首の前面へ。そのまま、ぐるぐるとすねまで巻き上げて完成。

POINT

アンダーラップを切るコツ

アンダーラップは粘着性がないため、巻き終わって切るときに、うまく切らないとゆるんでしまいます。テープがずれないように切るには、切りたい部分をしっかりと押さえ、テープのロールを持った側を強く引っ張りながら切ります。

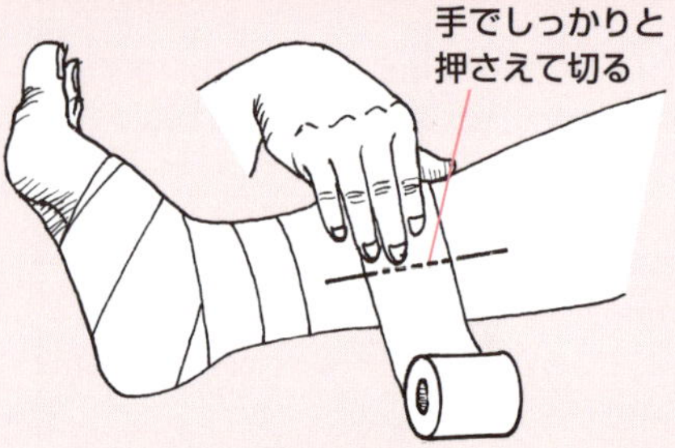

足首・基本のテーピング

テーピングをする部位として、最も多いのが足首です。足首に巻くテーピングには、いくつかの基本的な巻き方があり、それらを組み合わせて、効果的なテーピングをします。ここで挙げる巻き方はどれも重要です。しっかり覚えておきましょう。

使用するテープと用具

ホワイトテープ
38ミリ

正しい姿勢

台の上に座り、足首を台の上から出し、90度に保つ。

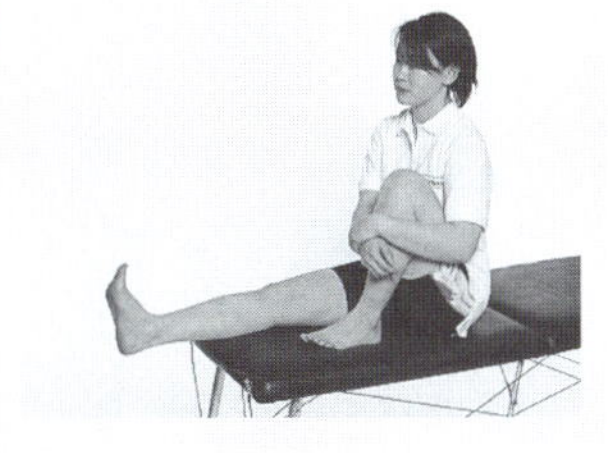

スターアップ

足首にのみに用いられ、靭帯の補強を目的としています。足首のケガの多くは内反ねんざなので、通常は内側から外側に貼ります。パラレルが基本ですが、足首の曲げ伸ばしを制限したくない場合はVロックを、パラレルとVロックをさらに固定したいときにはハーフスターアップを用います。

●パラレル

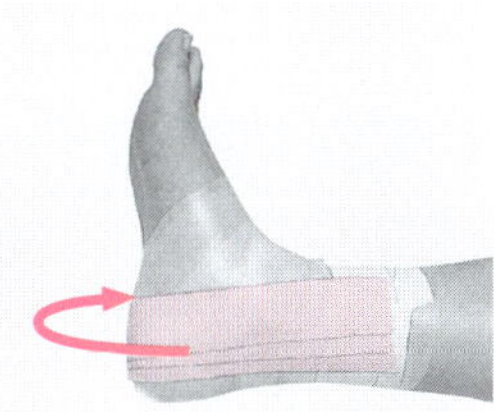

足の内側から外側に向かって、1/2から1/3ずつ上へずらして貼る。

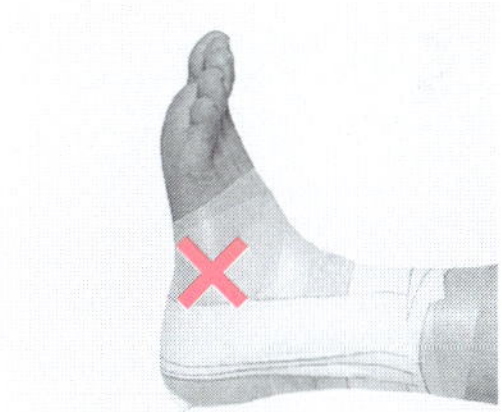

×印（他の場所より骨が出ている部分）にテープを貼ると、違和感や不快感があるのでテープがかからないように注意。

●Vロック

1

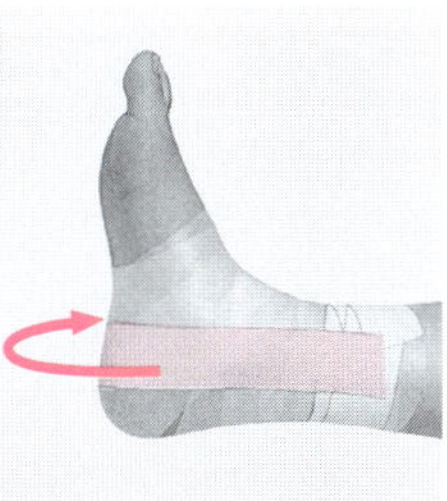

すねのアンカーの内側から内くるぶし、外くるぶしを通って、アンカーの外側へ。

2

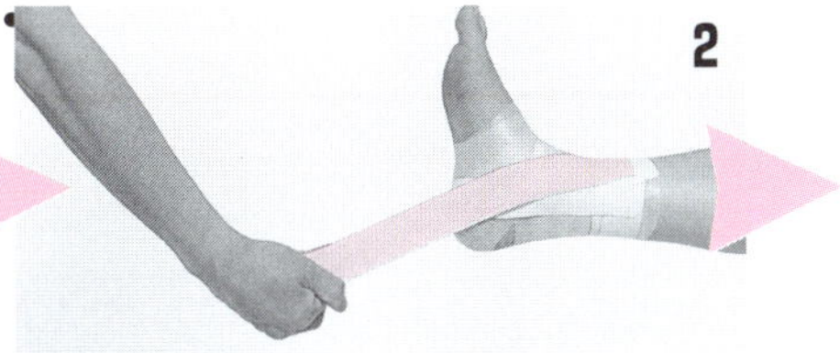

最初のテープより上から始め、足の裏に向かって斜めに貼る。足の裏の中心でクロスして、外側のアンカーでは最初のテープより下の位置で終わる。

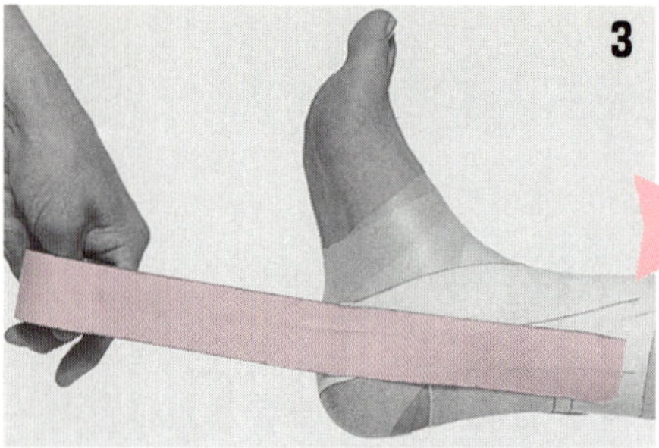

写真**2**のテープとは逆に最初に貼ったテープの下側から貼る。

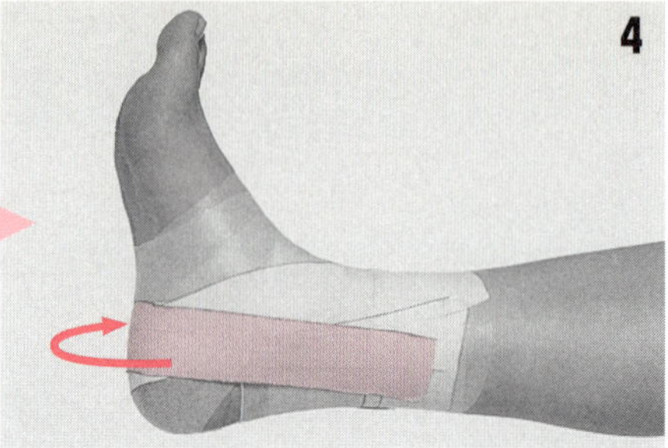

足の裏の中心で写真**2**のテープと交わり、外側に出て、アンカーの上方で終わる。

●ハーフスターアップ

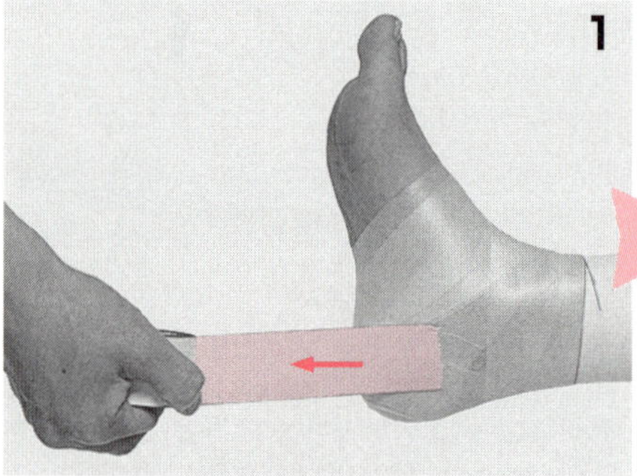

内くるぶしの下から始める。

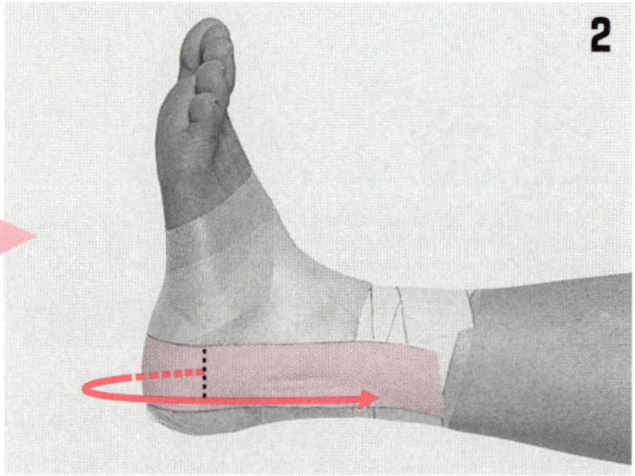

外側はすねのアンカーまで貼る（写真は足の外側）。

ホースシュー

馬のてい鉄の形に貼ることからホースシューと呼ばれます。足首の左右の動きを制限します。

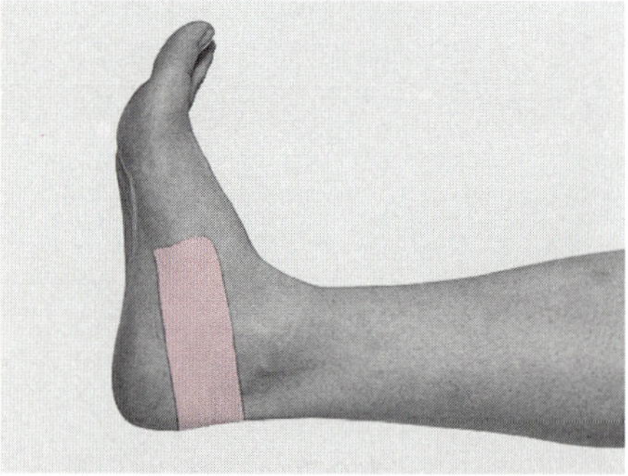

足首の内側側面からアキレス腱を通り、外側も同じ高さまで貼る。たるみがでないよう足のラインに合わせて貼ること。

<悪い例>

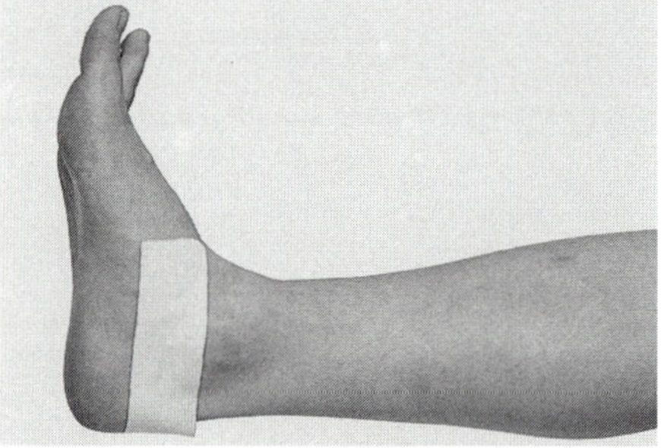

アキレス腱のあたりにたるみがてしまっている。

ヒールロック

かかとを固定して、足首のねじれを防ぎます。状況に応じて、いくつかあるヒールロックを使い分けます。固定力の強いヒールロック1をさらに強化したものがヒールロック3です。ヒールロック2は、足首前面にテープを貼らないため、底屈・背屈をしやすいのが特徴です。

●ヒールロック1（固定力が強い。連続して巻く）・・・・・・・・・

1

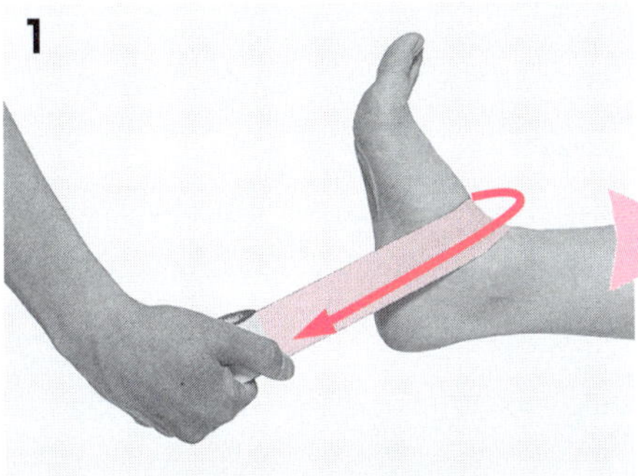

外くるぶしから始め、足首前面を通って土踏まずへ向かう。足首前面は腱があるのでテープがかからないよう注意。

2

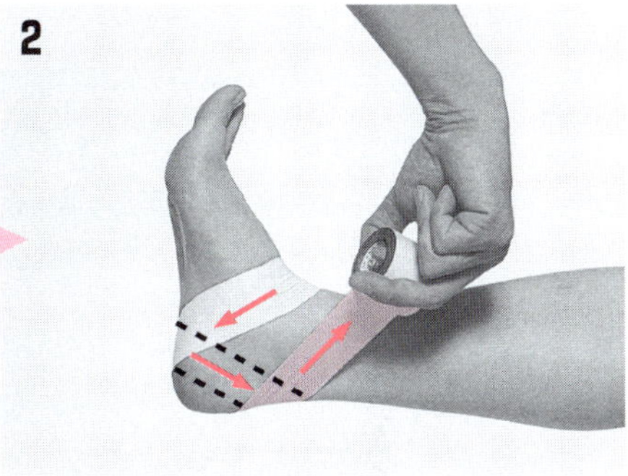

足の裏を斜め下方に横切り、かかとの外側へ出たら、そのままかかとにひっかけるようにしてアキレス腱へ。

3

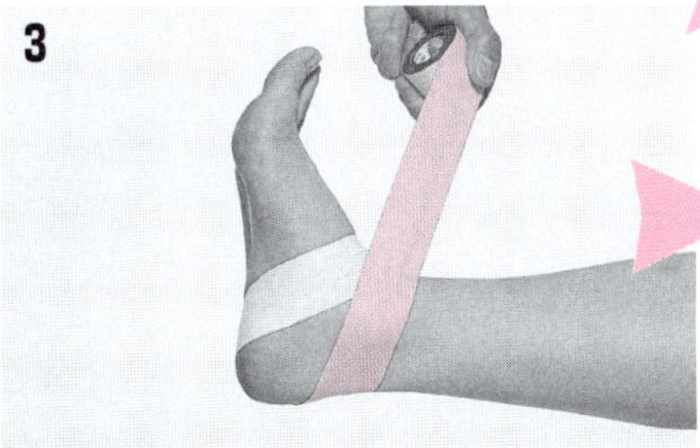

アキレス腱から内くるぶしを通って、足首前面で写真**1**のテープと交わるように巻く。

4

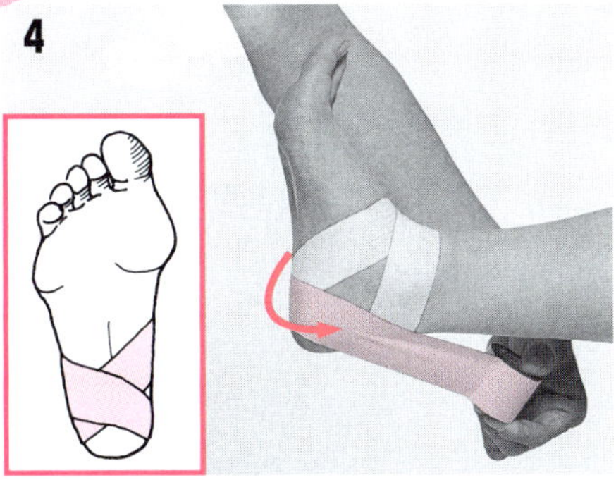

そのまま今度は外側から足の裏を斜め下に横切り、内側に出る。そのままアキレス腱へ向かう。このとき、足の裏を見ると、イラストのようにテープが交差している。

5

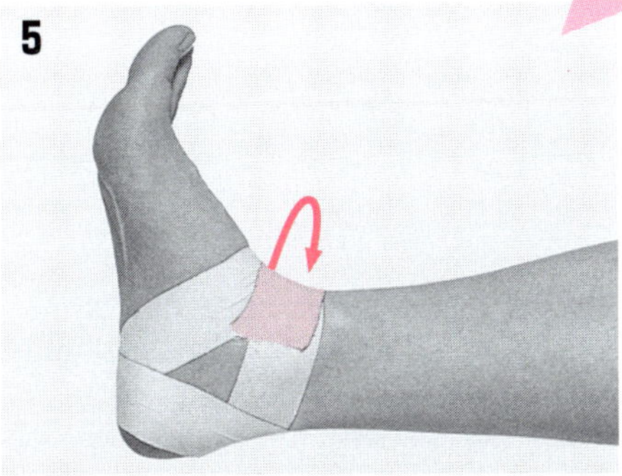

アキレス腱から外側へ抜け、真上に引き上げるようにして足首前面へ。このとき外くるぶしを通る。足首前面のテープが交差しているところでテープを切って、完成。

●ヒールロック2（底屈・背屈ができる。テープを切って巻く）・・・・・

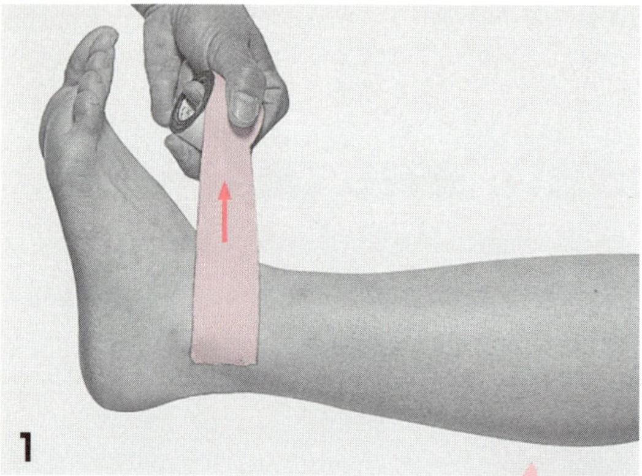

1

外くるぶしから開始。

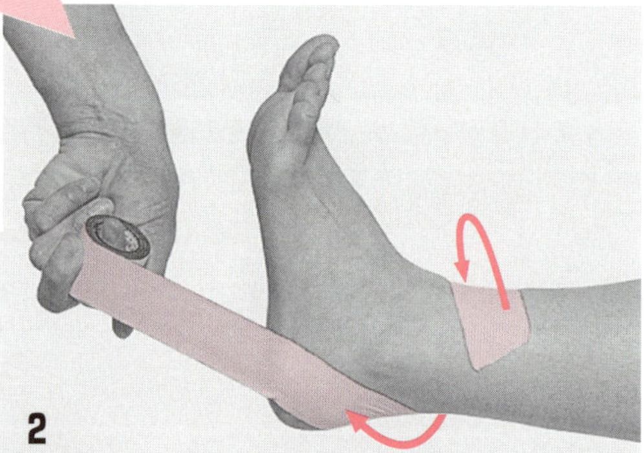

2

足首前面の可動する箇所（ストレスポイント）を避けて内側へ。そこからアキレス腱を横切るように斜めに下りて、外側へ抜ける。

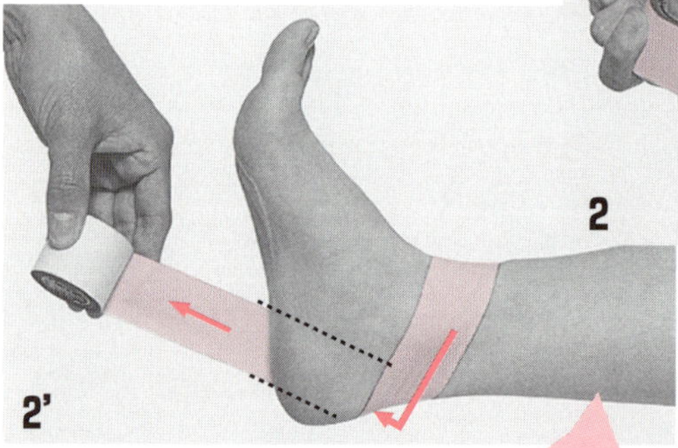

2’

写真 **2** は足首の外側から、写真 **2’**は内側から見たもの。

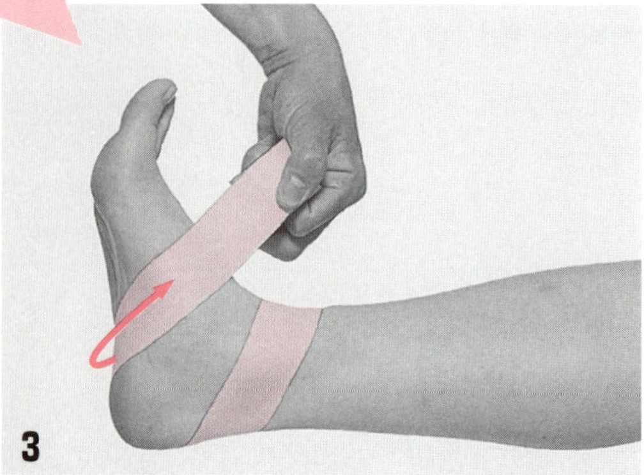

3

テープを引きながら、足の裏を斜めに上がる。土踏まずを通り、ストレスポイントを避け、甲の中心でテープを切る。

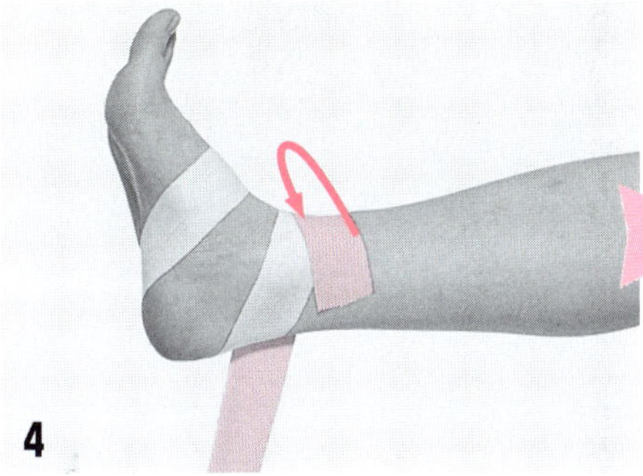

同様に内くるぶしの上から開始。そのまま斜めに下がって外くるぶし→アキレス腱へ。

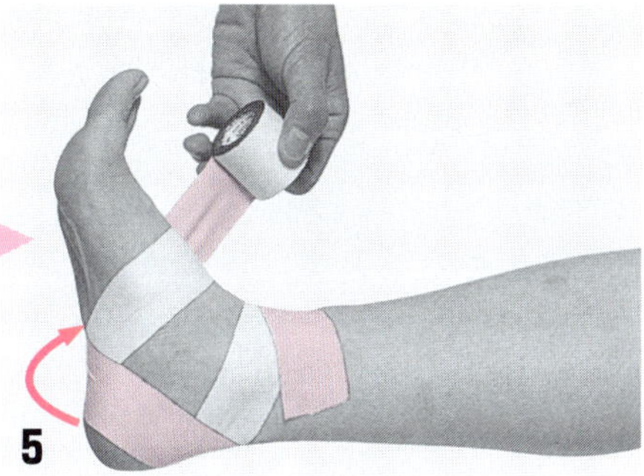

アキレス腱を横切り、足の裏へ向かう。足の裏を斜めに上がって外側に出る。

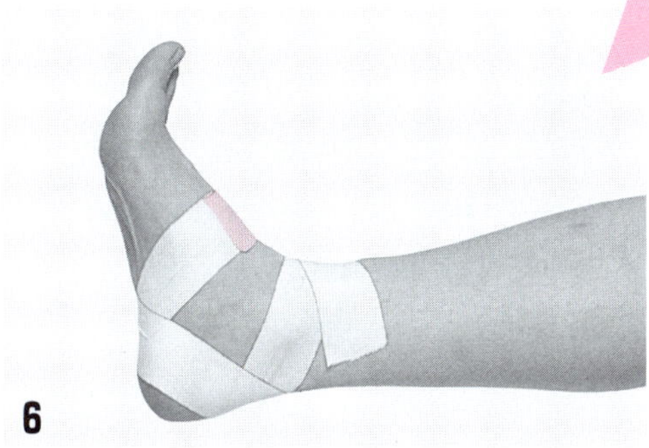

すでに貼ってあるテープと重ねて、甲の真ん中で切って完成。このとき、足首前面のストレスポイントに、テープがかからないように。

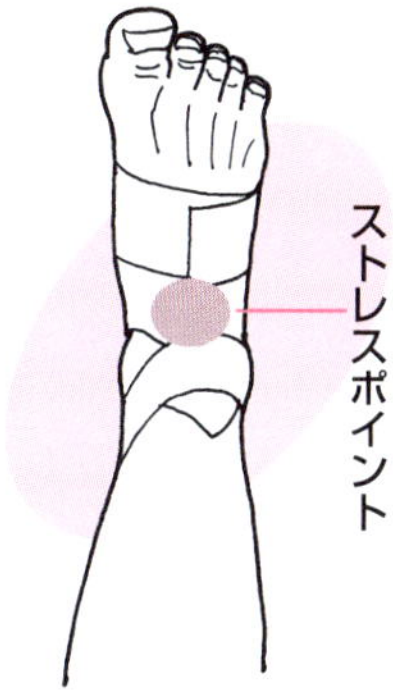

▲上から見た状態

●ヒールロック3（フィギュアエイト＋ヒールロック1）・・・・・

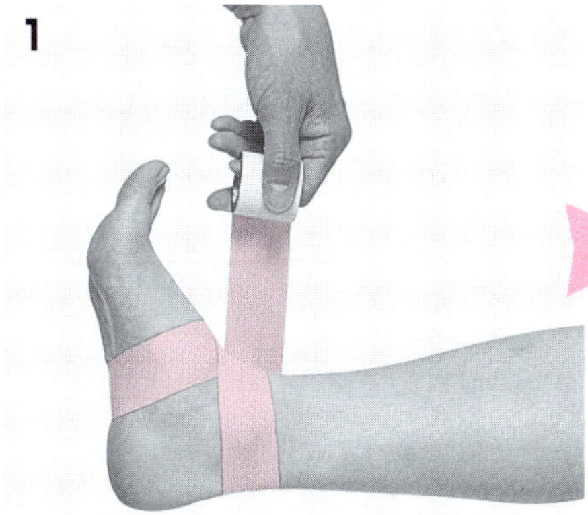

フィギュアエイトを巻く。（P67参照）

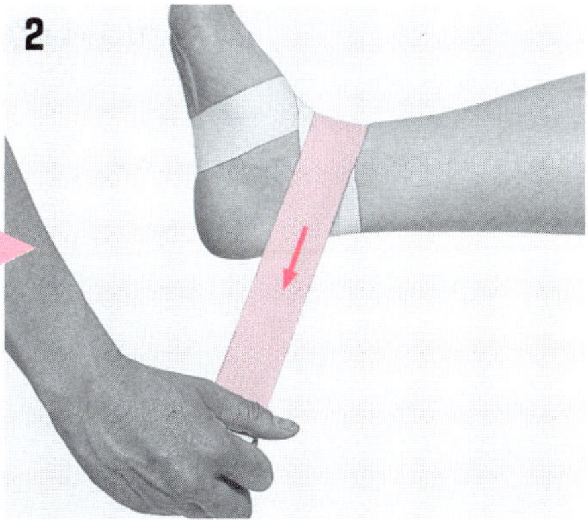

そのままヒールロックに入る。足首前面からアキレス腱へ向かう。

3

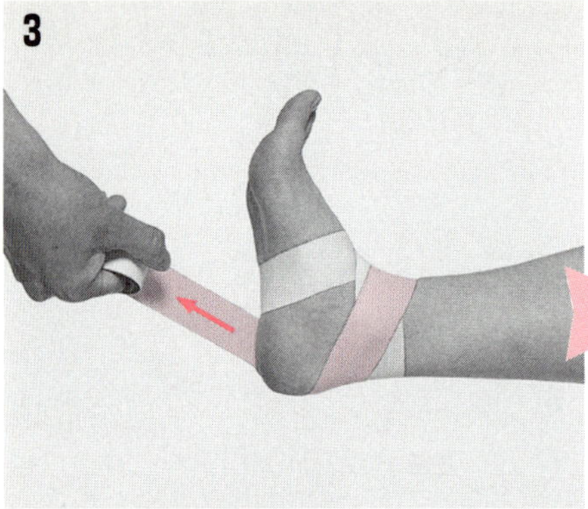

アキレス腱を横切り、斜めにテープを引き上げる。

4

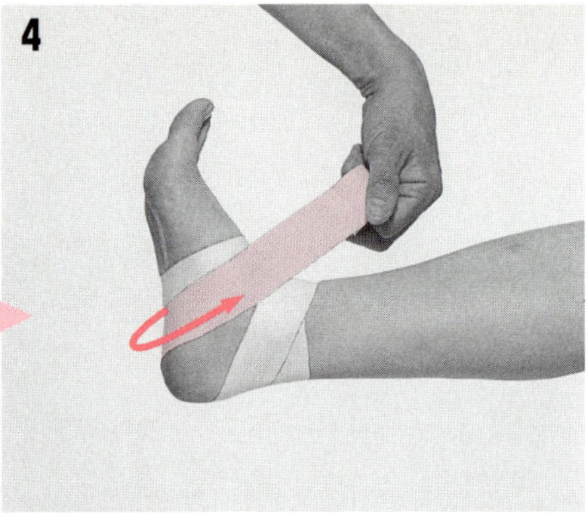

足の裏を横切り、内側へ抜けて、足首前面へ。

5

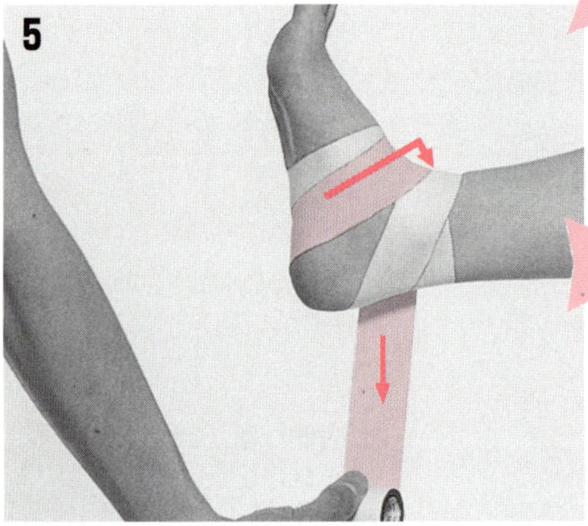

アキレス腱へ向かう。

6

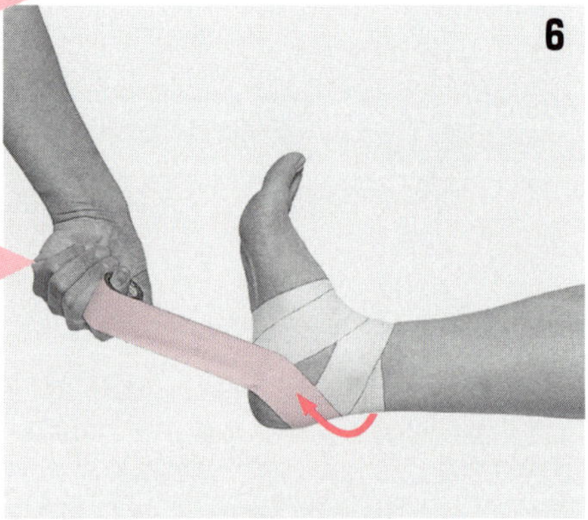

アキレス腱を横切り、斜めにテープを引き上げ、かかとを内側から固定する。

7

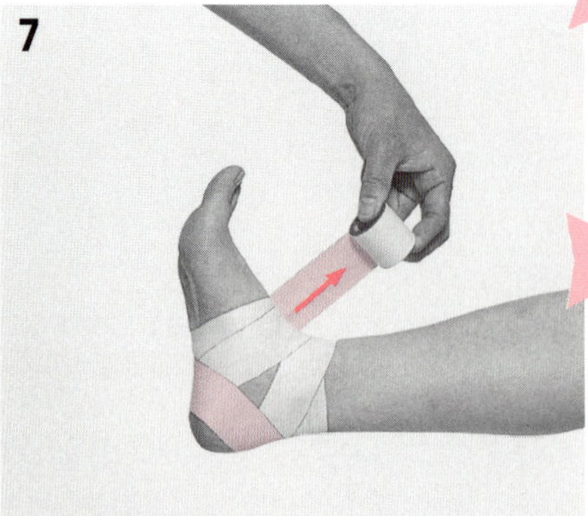

テープを斜めに引き上げながら、足の裏を横切り、外側へ抜ける。

8

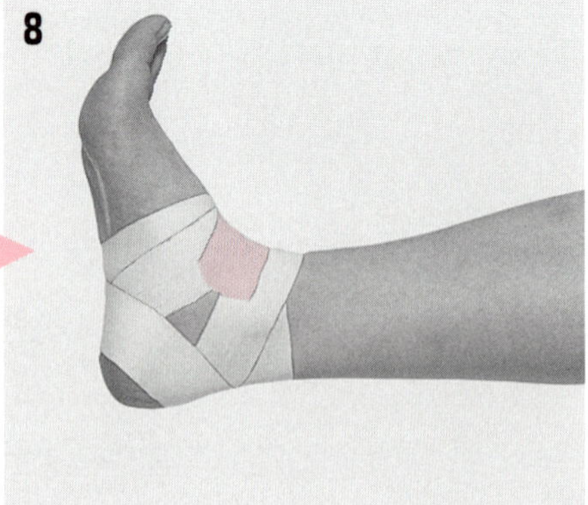

足首前面でテープを切って、完成。

フィギュアエイト

８の字を描くように足首を巻いて、底屈・背屈を制限します。また、足首を外側に引き上げる効果もあります。

1

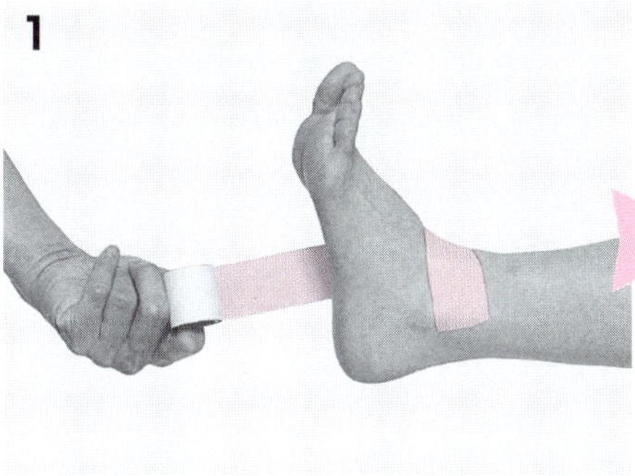

外くるぶしから開始。足首の前面を通って、土踏まずへ。

2

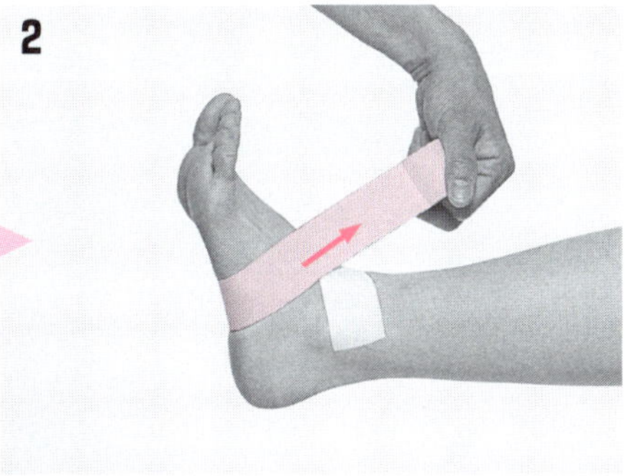

足の裏を水平に横切り、足首前面へ向かう。

3

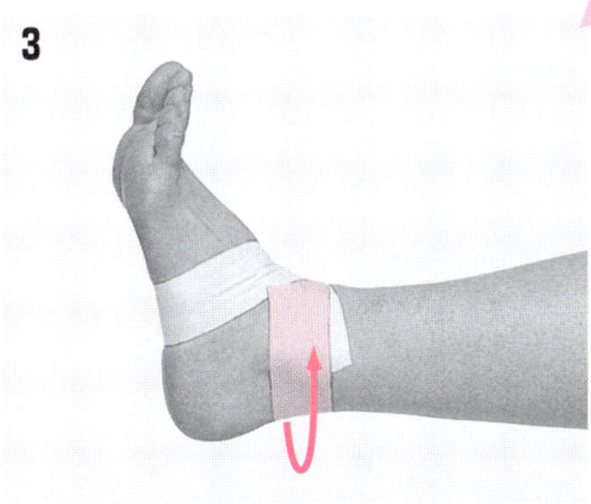

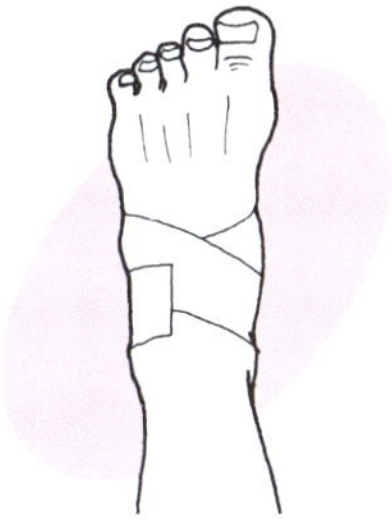

足首前面を通って内側へ抜け、そのまま垂直に下がって、アキレス腱を横切る。テープの始点でテープを切り、完成。このとき、上のイラストのように足首前面でテープが交差する。

POINT フィギュアエイトを上手に貼るコツ

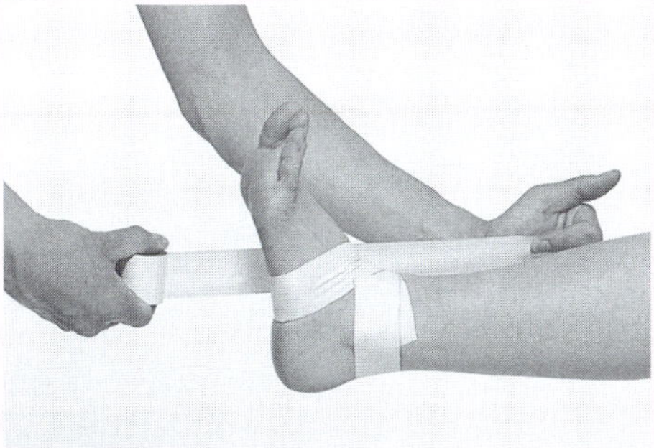

テープと足の裏が直角に交わるようにして、足の裏を水平に横切るように巻くと、フィギュアエイトの固定力は安定します。そこで、すねの延長線上にテープを引き出し、足の裏と直角になっているか確認してから巻くのがよいでしょう（写真ではすでに巻いてあります）。

足首ねんざ再発防止・予防のためのテーピング1

すべてホワイトテープで巻くため、伸縮テープを使うテーピング2に比べて固定力が強いのが特徴です。ハードなスポーツでよく用いられます。

使用するテープと用具

スプレー、ワセリンを塗ったガーゼ、アンダーラップ、ホワイトテープ38ミリ

正しい姿勢

台の上に座り、足首を台から出し、90度に保つ。

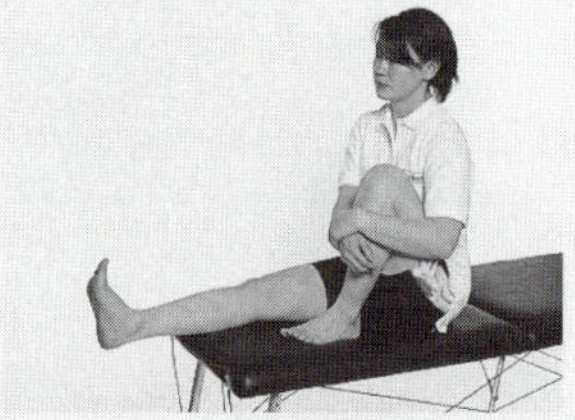

STEP

1. アンダーラップ
2. アンカー
3. スターアップ
4. ホースシュー
5. サーキュラー
6. アンカー
7. フィギュアエイト
8. ヒールロック1

完成

1 アンダーラップ

P.71参照

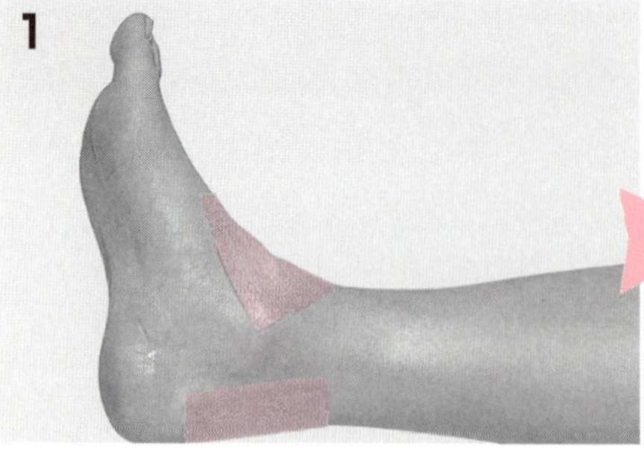

1

粘着スプレーをテーピングする部位にかける。ストレスポイントである足首前面、アキレス腱にワセリンを塗ったガーゼを当てて保護する。

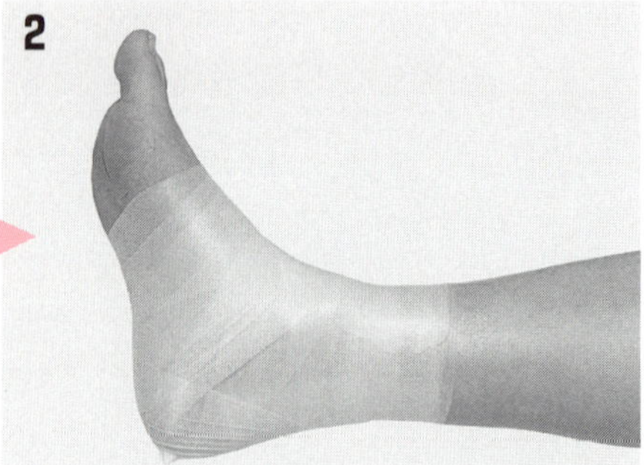

2

アンダーラップを巻く(P59参照)。すねは、くるぶしから握りこぶし1つ分を目安に巻き上げる。

② アンカー

38

P.16参照

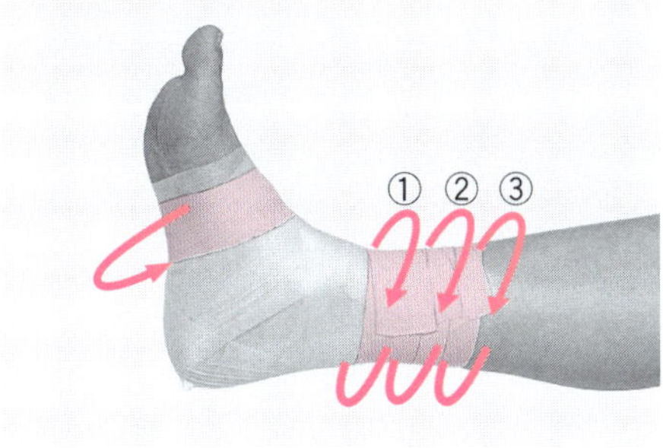

甲に1本（1周させる）とすねに1/2から1/3ずつずらし、アンカーを3本巻く。

③ スターアップ

38

P.61参照

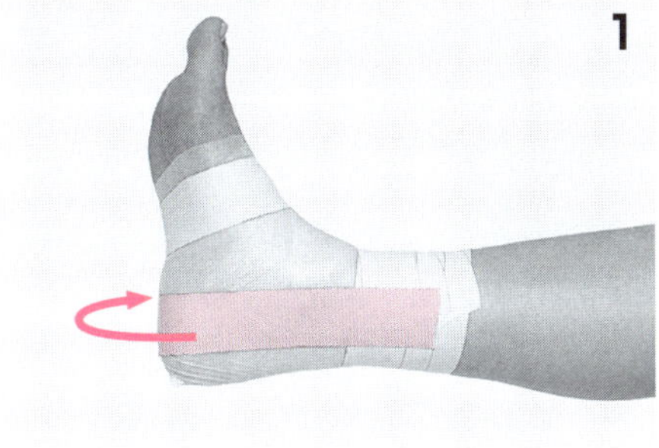

すねのアンカーの内側から外側へスターアップを貼る。1本目はアキレス腱に近いところに貼り、かかとを通る。

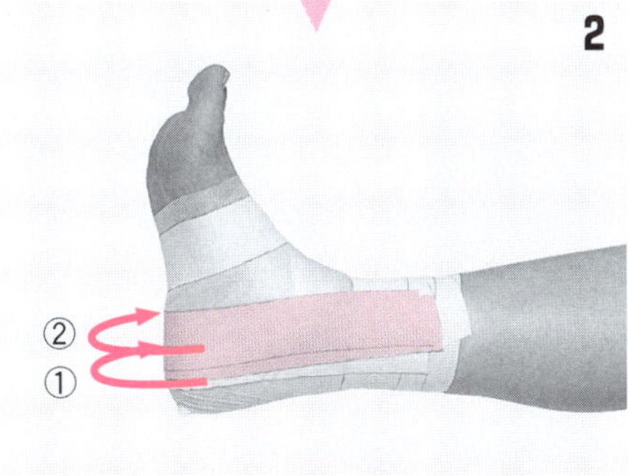

テープを1/2ずつ上にずらしながら、スターアップを平行にもう2本貼る。

④ ホースシュー

38

P.62参照

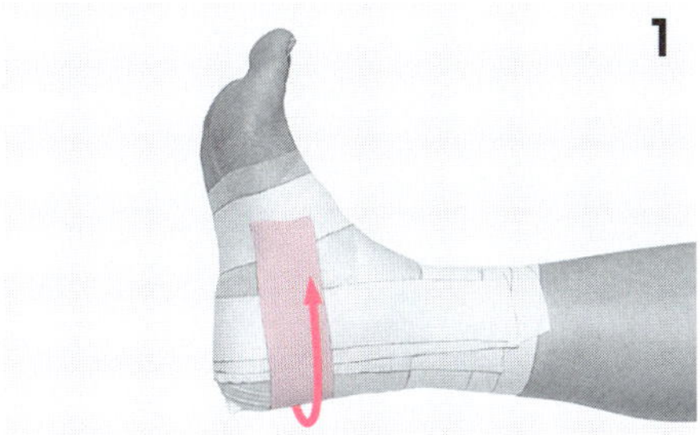

甲のアンカーの外側から、かかとを横切り、内側までホースシューを貼る。

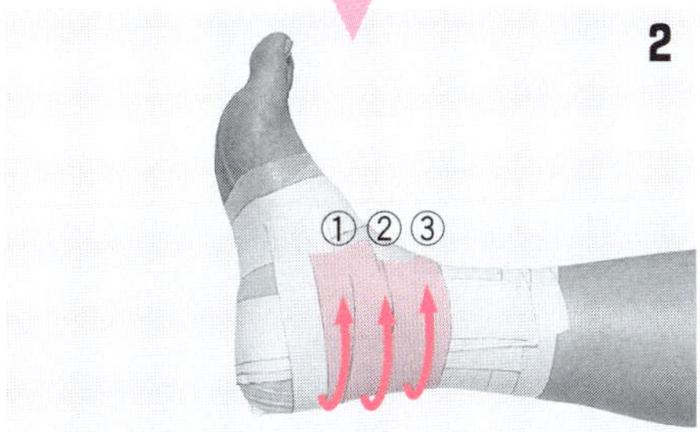

1/2以上重ねて、3本のホースシューを貼る。足の形に合わせて、短くする。足首前面でホースシューの両端が重ならないようにする。

POINT スターアップの本数を決める目安

このページで紹介しているスターアップは3本となっていますが、必ずしも3本ということではありません。テーピングをする人の体重によって、スターアップの本数は変わってきます。体重15～20kgにつき1本のスターアップが目安です。たとえば、体重が60kgなら3～4本、80kgなら4～5本になります。このようにテーピングはその人の体重、症状などをみて、臨機応変に変えていくことが大切です。

5 サーキュラー

38

P.19参照

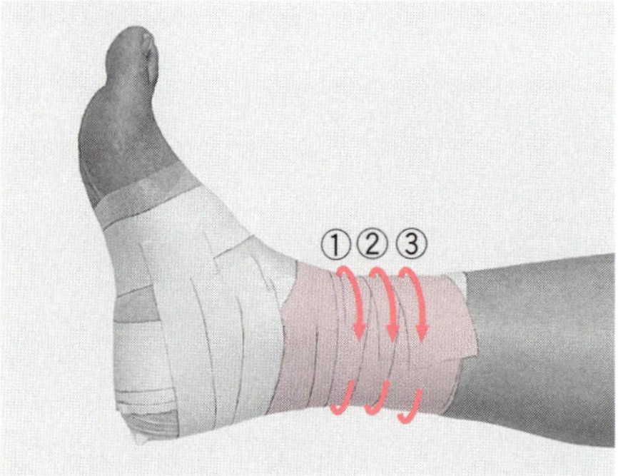

ホースシューとすねのアンカーまでを埋めるようにテープを1周ずつ3本巻く。

6 アンカー

38

P.16参照

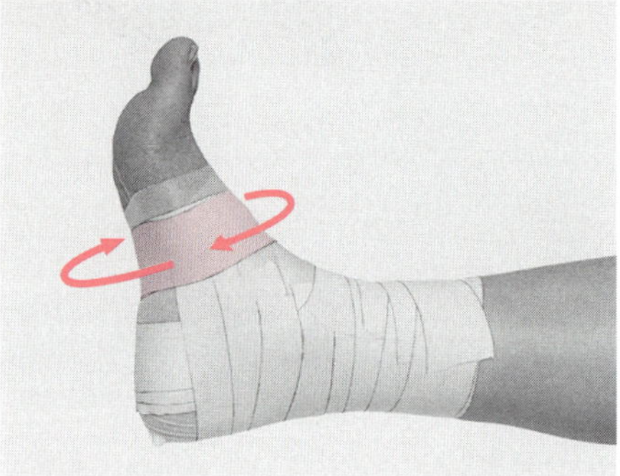

ホースシューがはがれないように、甲にアンカー（1周する）を巻く。

7 フィギュアエイト

38

P.67参照

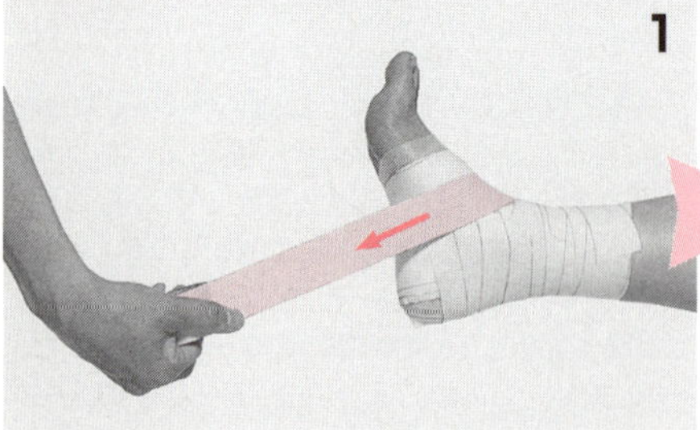

外側のくるぶしから甲を通り、足の裏を水平に横切る。

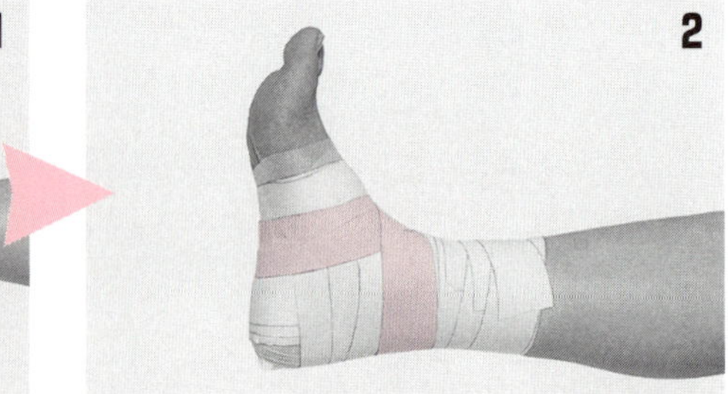

足首前面を通り､内くるぶし､アキレス腱を経て、スタートしたところでテープを切る。

8 ヒールロック 1

38

P.63参照

1

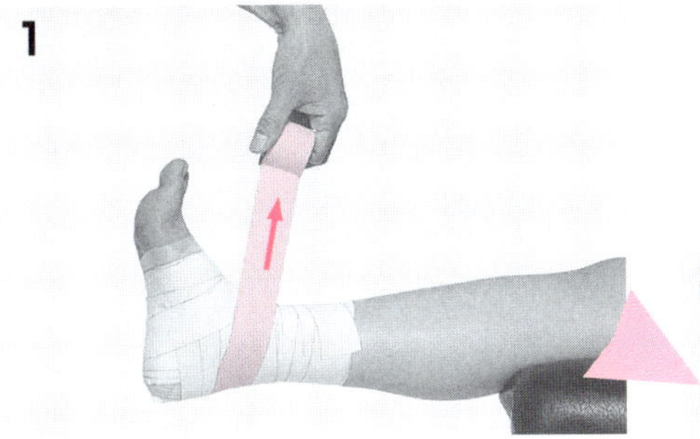

外くるぶしからヒールロック 1 を開始。足首前面から土踏まずへ向かう。

2

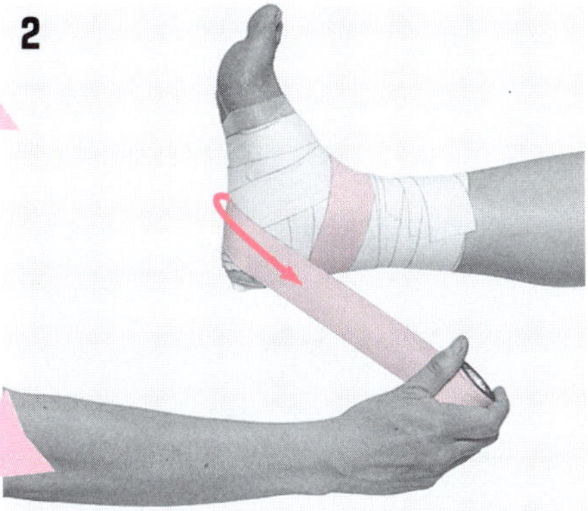

土踏まずから内側のかかとの底の外側に向かって斜めに巻き、アキレス腱を通って斜めに引き上げるようにテープを巻く。

3

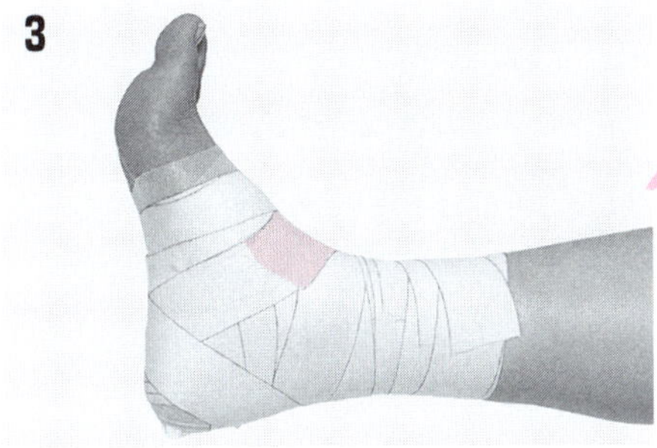

さらに、足首前面、足の外側から足の裏を斜めに降りるように土踏まずへ。そのままアキレス腱を横切り、外くるぶしを通って、足首前面でテープを切って、完成。

POINT 正しく巻けたか確認する

「足首ねんざ再発防止・予防のためのテーピング 1」は、完成までのステップが多いため、初心者にとっては難しいかもしれません。きちんと巻けているか不安な人は、簡単に確認することができる方法があるので、参考にしてください。

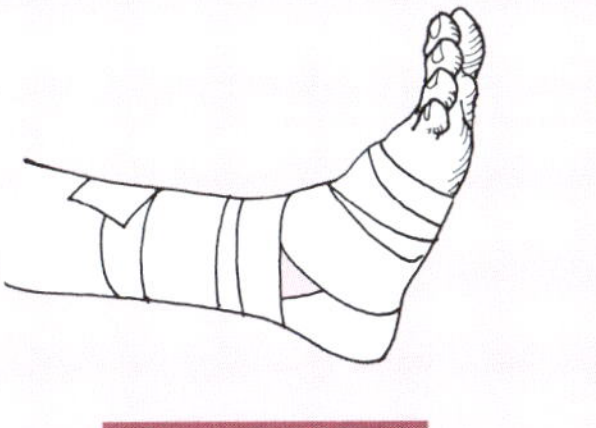

チェックその1

外くるぶしのあたりに、きれいな正三角形ができていればOK。

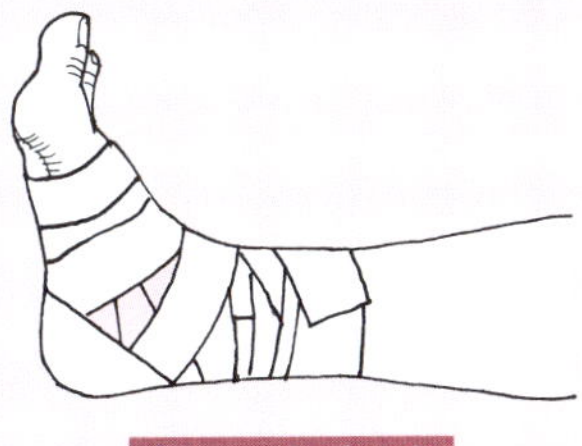

チェックその2

内くるぶしあたりに、二等辺三角形ができていればOK。

足首ねんざ再発防止・予防のためのテーピング2

伸縮テープで巻くため、ホワイトテープを使うテーピング1より足首を動かしやすいのが特徴です。

使用するテープと用具

アンダーラップ

ホワイトテープ38ミリ

伸縮テープ(ソフト)50ミリ

STEP

1. アンダーラップ&アンカー
2. スターアップ(Vロック)
3. アンカー
4. フィギュアエイト
5. ヒールロック3
6. アンカー

完成

1 アンダーラップ&アンカー

P.59参照

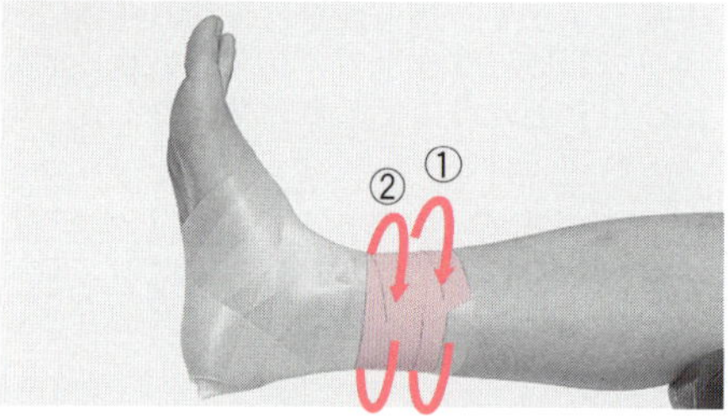

アンダーラップを巻き、1/2から1/3ずつずらしながら、ホワイトテープですねにアンカーを2本巻く。

2 スターアップ(Vロック)

P.61参照

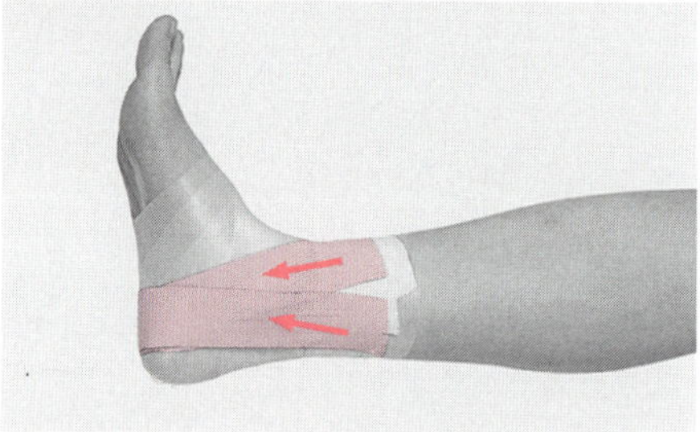

スターアップをVロックで貼る。

3 アンカー

P.16参照

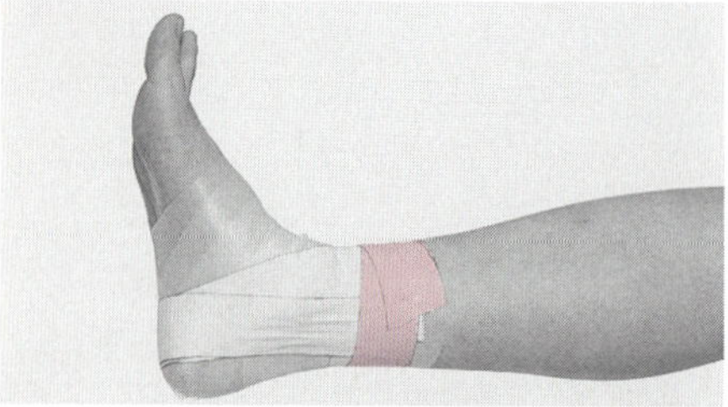

Vロックを固定するためアンカーを1本巻く。

4 フィギュアエイト

P.67参照

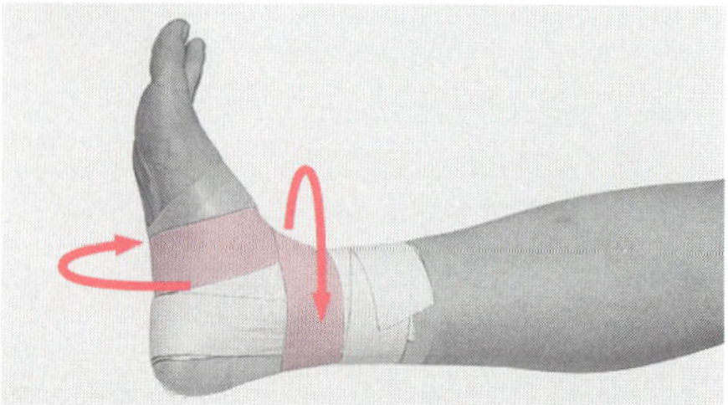

フィギュアエイトを巻く。

5 ヒールロック3

P.65参照

1

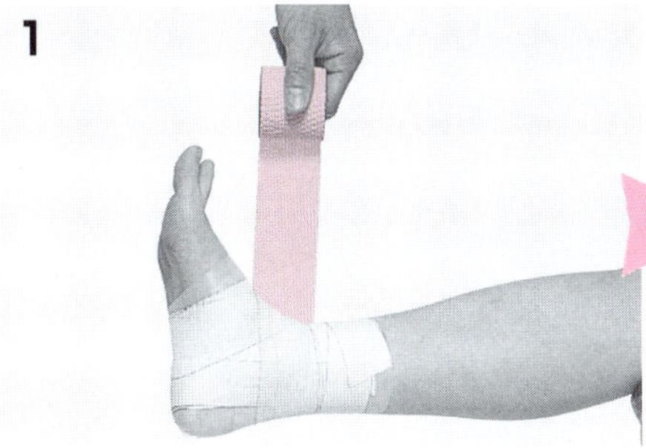

ここから伸縮テープを使って、ヒールロック3（フィギュアエイト＋ヒールロック1）を開始。外くるぶしから始め、足首を1周させる。

2

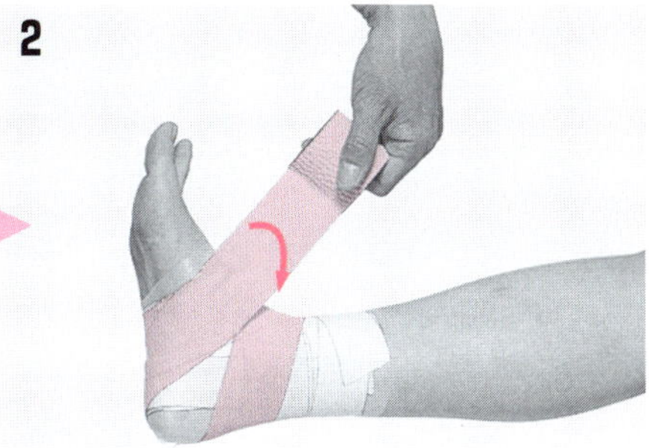

そのままフィギュアエイトを巻く。

3

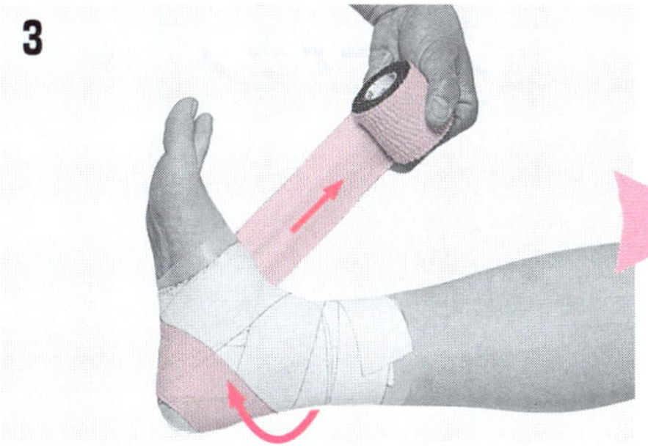

続けてヒールロック1へ。

4

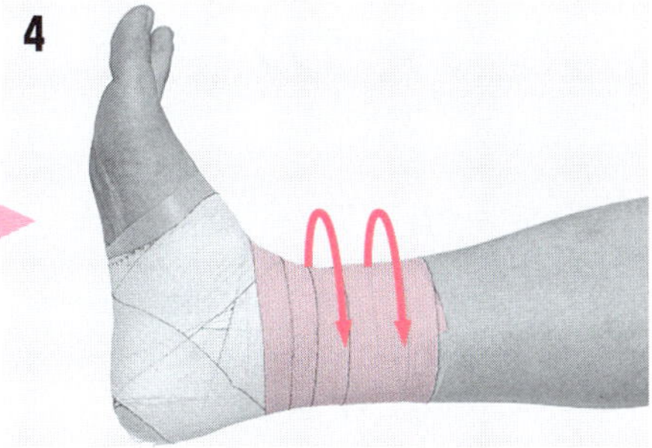

テープを切らずに、そのまますねのアンカーまでぐるぐる巻き上げる。巻き上げたところでテープを切る。

6 アンカー

P.16参照

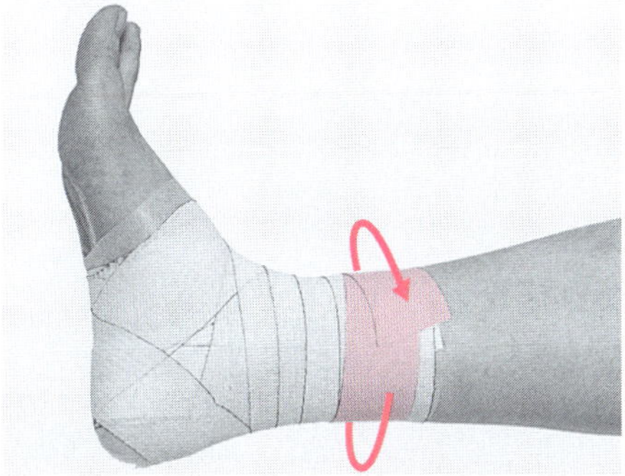

ヒールロック3が完成したら、伸縮テープをとめるため、ホワイトテープでアンカーを入れ、完成。

足首のリコンディショニング

内側にひねる内反ねんざが多く、そのためのトレーニングを中心に紹介します。きちんと治らないまま、トレーニングを開始したり、テーピングに頼りすぎると、ねんざグセがつくので注意しましょう。

マッサージ

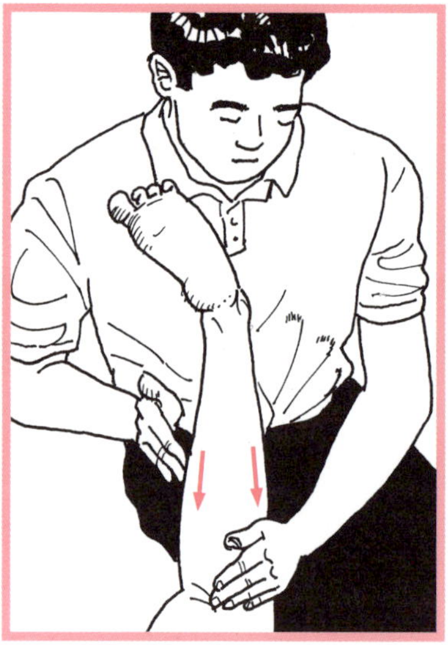

1 ふくらはぎを手のひらでさする（両《りょう》手《しゅ》掌《しょう》軽《けい》擦《さつ》）

足首から膝の裏に向かって、ふくらはぎの外側、内側を手のひらでさする。このとき、膝を曲げて行うと、ふくらはぎの筋肉がゆるみ、マッサージ効果が高まる。

2 ふくらはぎをもむ（把《は》握《あく》揉《じゅう》捏《ねつ》）

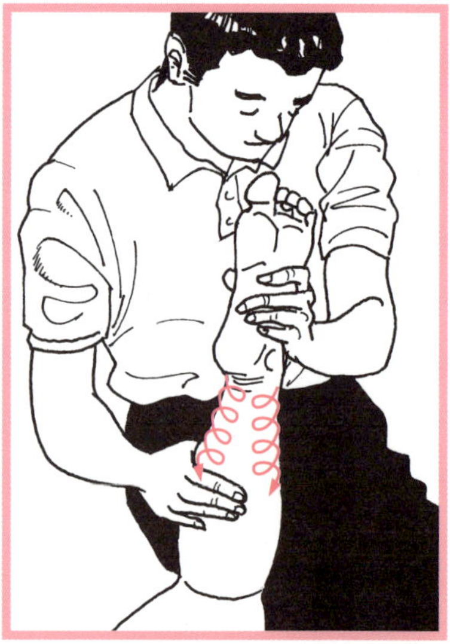

膝を曲げた状態で、ふくらはぎを手でつかみ、足首から膝に向かって、外側と内側をもむ。

3 ふくらはぎをもむ（把握揉捏《はあくじゅうねつ》）

あお向けになって、膝を立てる。ふくらはぎを手でつかんで、足首から膝に向かってもむ。
両手でも片手でもよい。

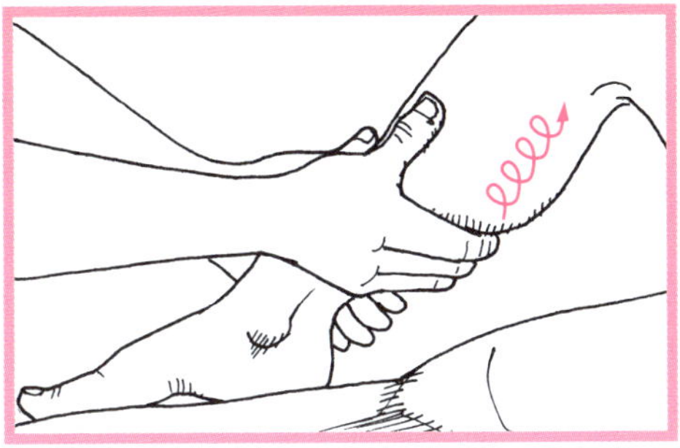

4 すねを手のひらでさする（手掌軽擦《しゅしょうけいさつ》）

脛骨の外側を足首から膝に向かって手のひらでさする。

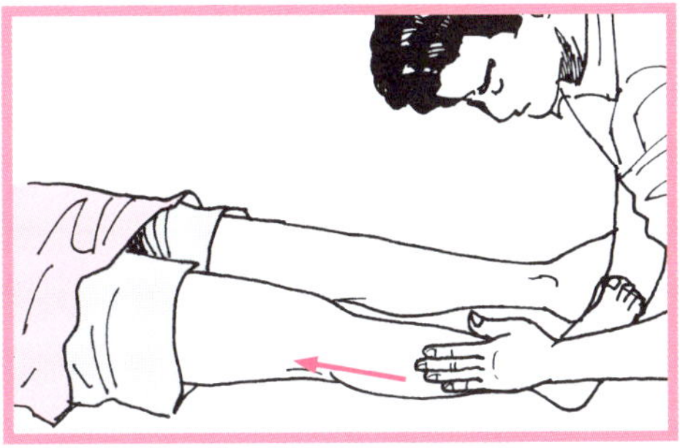

5 すねを両親指で押す（両母指圧迫《りょうぼしあっぱく》）

脛骨の外側を足首から膝に向かって、両手の親指で圧迫する。

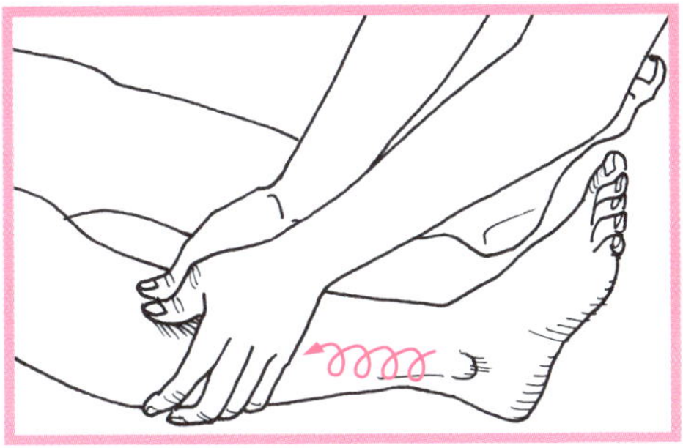

6 すねを手の根元でもむ（手根揉捏《しゅこんじゅうねつ》）

手のひらの根元を脛骨の外側に置いて、足首から膝に向かって、こねるようにもむ。

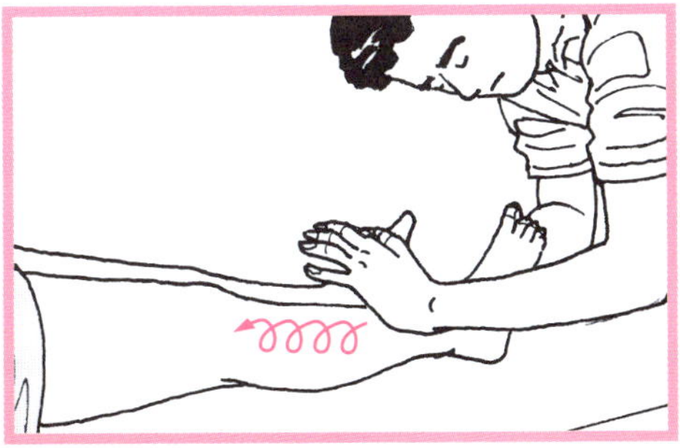

回復・傷害予防の

トレーニング

1 チューブトレーニング（外反）

10〜20回×3セット

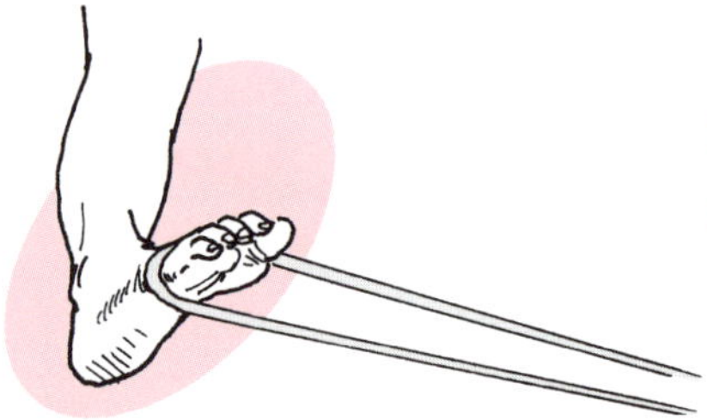

足の甲にチューブをかける。

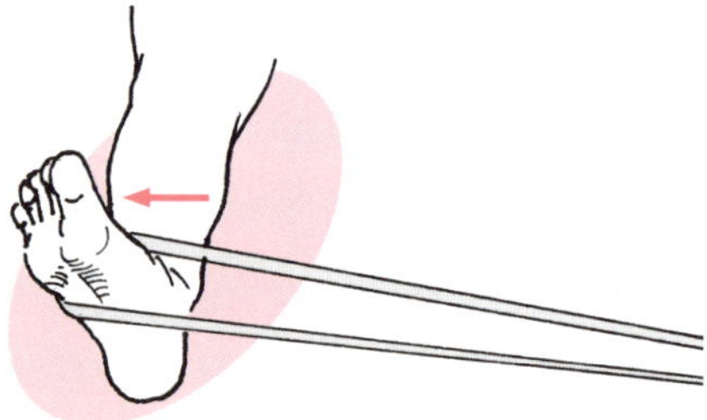

膝を押さえて、そのまま足を外側に倒す。

2 チューブトレーニング（内反）

10〜20回×3セット

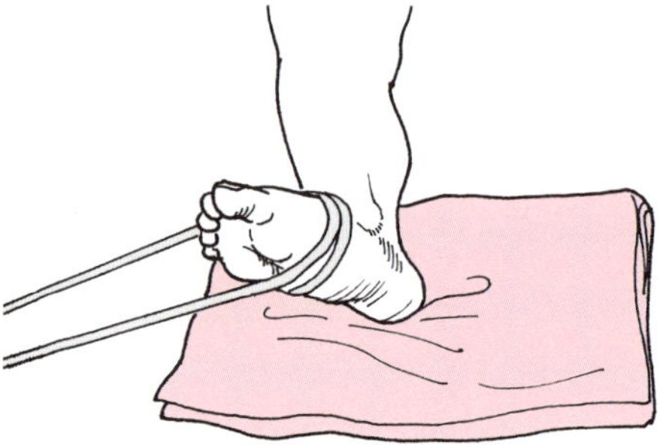

足の親指側にチューブをかける。

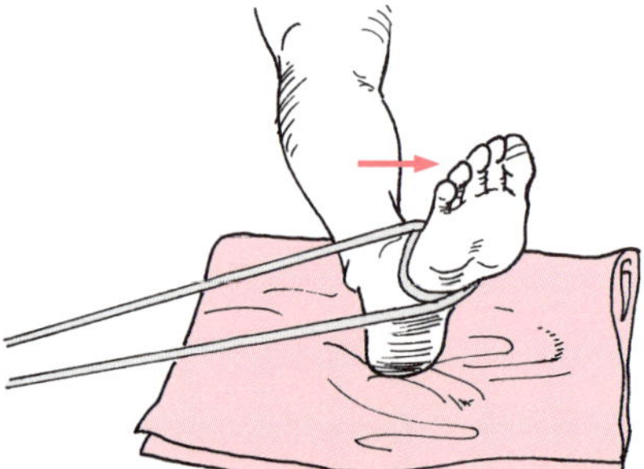

膝を押さえて、足を内側に倒す。内反ねんざがある程度回復した安定期に入ってから行うこと。

3 チューブトレーニング（背屈）

10〜20回×3セット

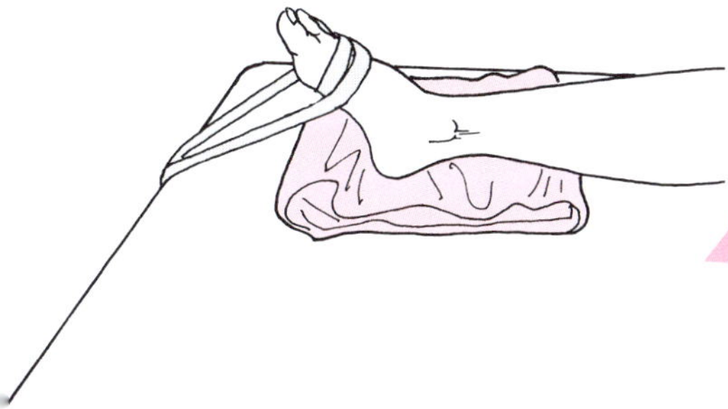

足の甲にチューブを巻きつける。足の裏の方向に引っ張った状態でチューブを固定する。

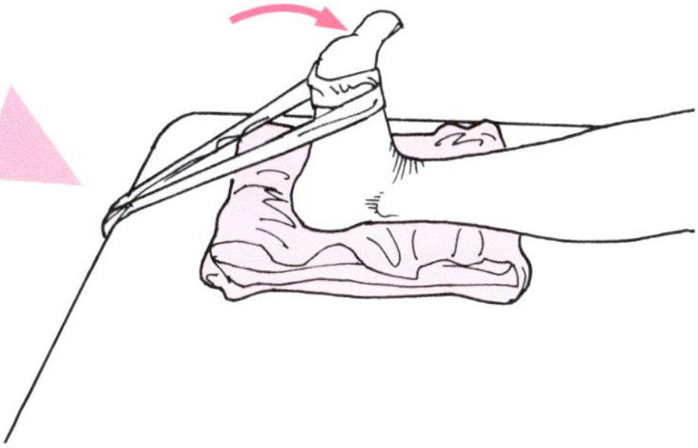

足先を体のほうへ曲げる。関節の可動域を広げ、脛骨の筋肉を強化できる。

4 チューブトレーニング（底屈）

10〜20回×3セット

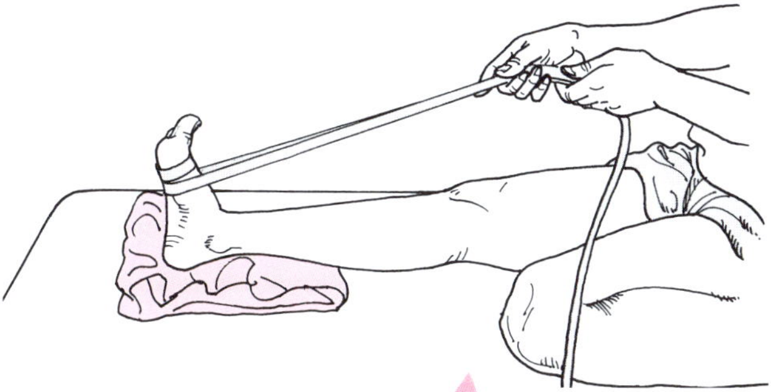

足首を直角に保ち、足の甲にチューブを巻きつけて、たるまないように持つ。

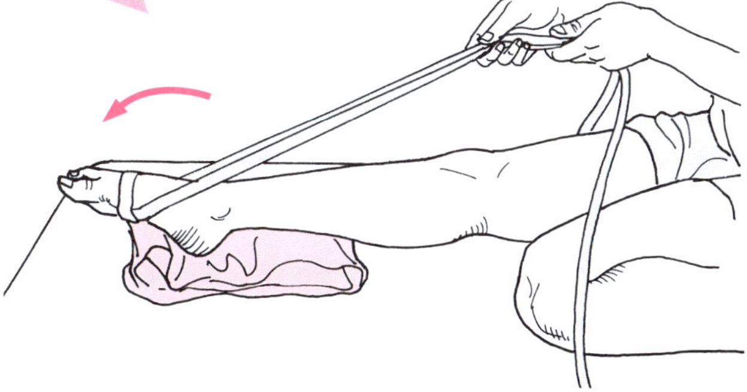

チューブを持っている手が動かないように注意しながら、足首を伸ばす。関節の可動域を広げ、下腿三頭筋を強化できる。

5 ヒールウォーク 10〜15回×3セット

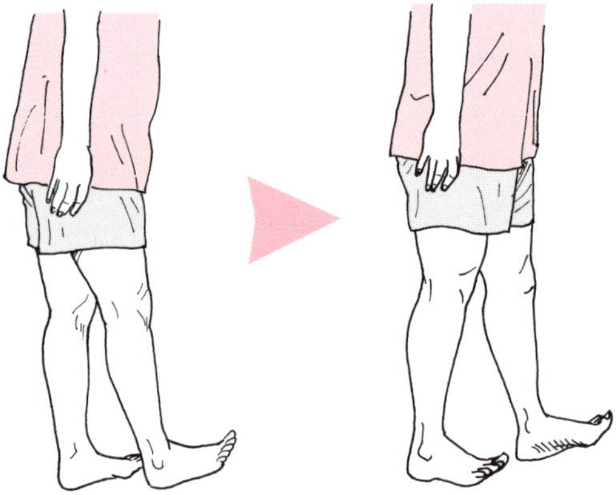

足の指先を上げて、かかとだけで歩く。すねの筋肉を強化する。

6 バランスボード

10〜20秒×3セット

バランスボードに片足でのって倒れないようにバランスをとる。ねんざの回復が最終段階になったところで行う。慣れてきたら、投げてもらった物を取るようにすると効果的。バランスよく足部の筋肉を鍛えることができる。

7 アンクルストレッチ1

10〜15秒×3セット

片足を前に出して、もう片方の足は後ろに引く。後ろに引いた足の足首の後ろとふくらはぎを伸ばすような意識で、下方向に体重をかける感覚で行う。

8 アンクルストレッチ2

10〜15秒×3セット

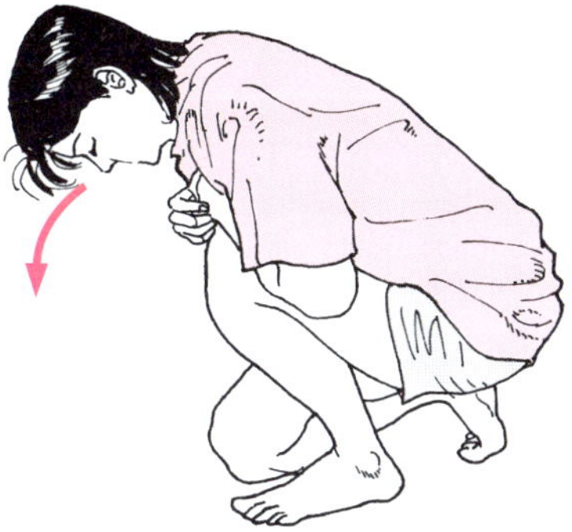

床に一方の膝をつき、逆の足は膝を立てる。膝を立てている足のかかとが床から離れないようにしながら、胸を膝に押し付けるように体を前傾させていく。立てた足の足首の後ろをのばす。

9 アンクルストレッチ3

10〜15秒×3セット

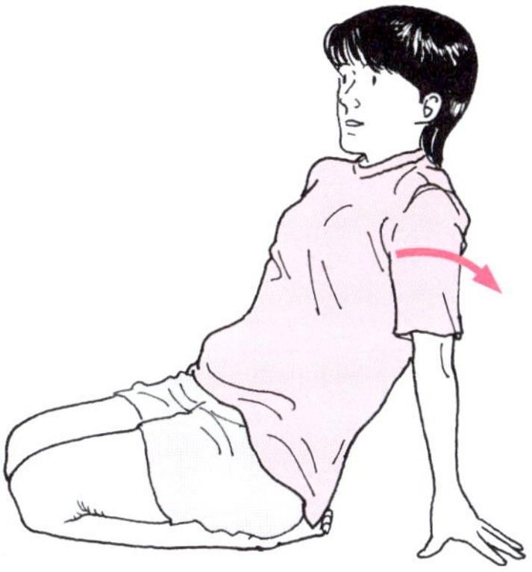

床に正座して座り、後方に手をつく。重心を手にかけ、少しずつ体を後ろに倒しながら、膝を上げる。足の甲と足首の前面が伸びる。このとき膝を上げ過ぎると、足首を傷めるので注意する。

10 カーフレイズ

5秒間静止を10〜20回×3セット

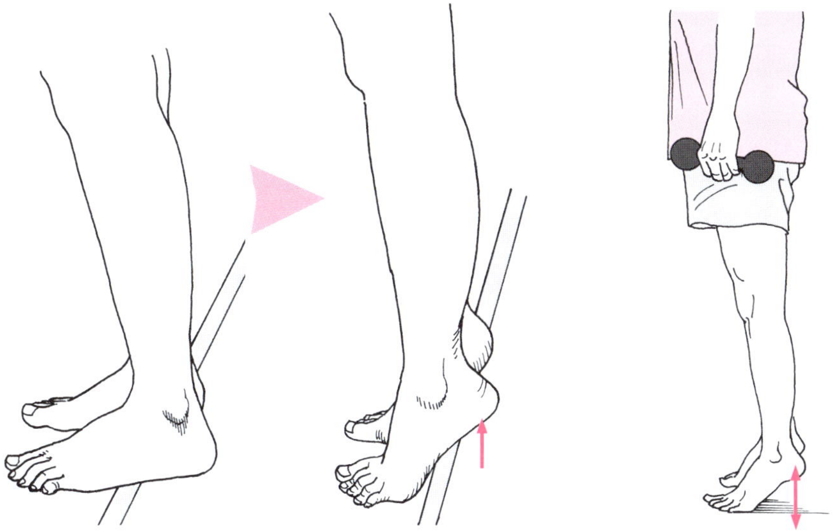

段差やテーブルなどの端でかかとがはみ出すように立つ。

つま先立ちになって5秒間静止したあと、かかとを下げる。

状態がよくなってきたら、ダンベルを両手に持って、負荷をかけながらカーフレイズを行う。

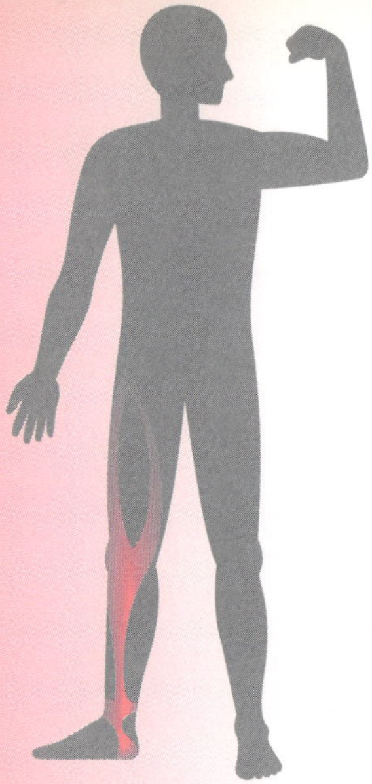

アキレス腱

アキレス腱のしくみ

ふくらはぎを構成する下腿《かたい》三頭筋《さんとうきん》（腓腹筋《ひふくきん》、ヒラメ筋）がひとつになった部分から踵《しょう》骨《こつ》につながる部分までがアキレス腱《けん》です。

アキレス腱を伸ばすことで足首は背屈し、ゆるませると底屈します。腱のなかで最も太くできており、走ったり跳んだりするとき中心になる腱です。

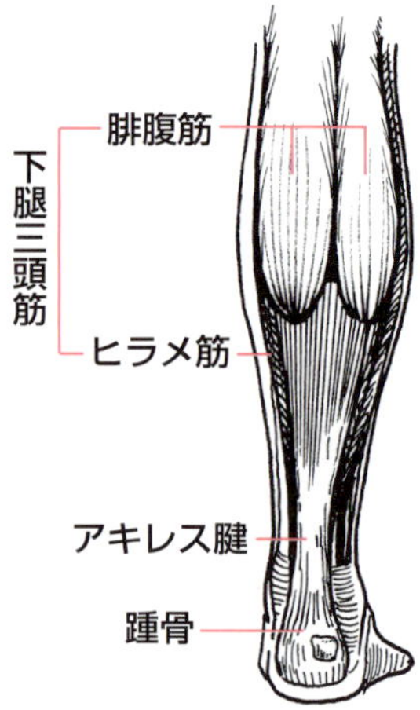

- 下腿三頭筋《かたいさんとうきん》（腓《ひ》腹筋《ふくきん》、ヒラメ筋）から踵骨《しょうこつ》までの部分
- アキレス腱断裂などが多い

アキレス腱のスポーツ傷害と対処法

■スポーツ障害

アキレス腱炎（→P89）

バレーボールやバスケットボールでよくみられる症状です。原因はジャンプと着地を繰り返す動作により、アキレス腱に大きな衝撃が加わるためです。

■スポーツ外傷

アキレス腱断裂（→P81〜）

アキレス腱に大きな負担がかかると、アキレス腱が断裂することがあります。その疑いがあるときはトンプソンテスト（右ページ参照）で断裂しているか確認し、すぐに医師の診断をあおぎましょう。

アキレス腱断裂の応急処置

アキレス腱に無理な力が加わると、断裂することがあります。アキレス腱が切れると、切れた音がしたり、蹴られたような違和感があることが多いのですが、必ずしもアキレス腱が切れたと自覚できるとは限りません。その断裂には、部分断裂と完全断裂がありますが、どちらにしても、できるだけ早く医師の診断を受け、治療を行う必要があります。

断裂の疑いがあるときは、トンプソンテストを行い、病院に行く前に、R.I.C.E.処置（P20参照）を行うことが大切です。断裂していれば患部を冷やし、伸縮包帯で軽く圧迫したあと、副木やテーピングでアキレス腱が伸びないように固定します。

ここでは、医師の診断を受けるまでの応急処置のためのテーピングを紹介します。

■アキレス腱の断裂を確認するテスト（トンプソンテスト）

ふくらはぎの一番太い部分を手で握ってアキレス腱の断裂を確認します。

正しい姿勢

台の上にうつぶせになり、足首を台から出す。

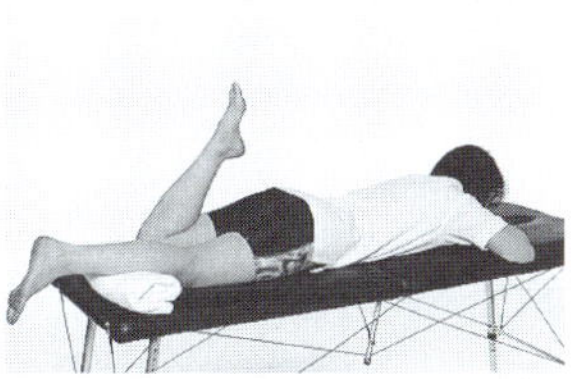

＜断裂している場合＞

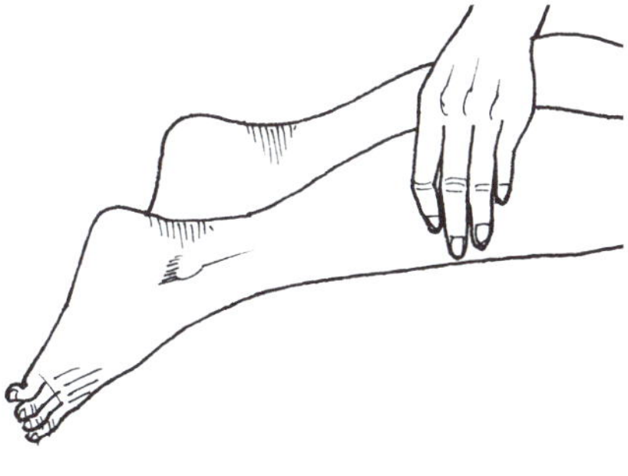

ふくらはぎを握っても足首が動かなければ、断裂している可能性が高い。

＜断裂していない場合＞

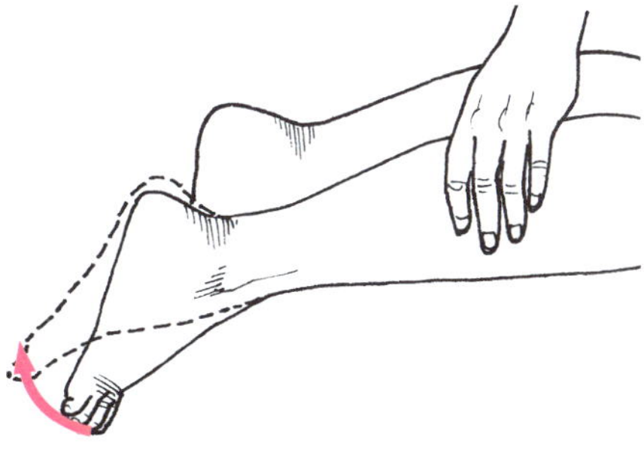

ふくらはぎを握って、足首が伸びれば（底屈）、断裂していない。

アキレス腱断裂時の応急処置テーピング

断裂して、伸びた状態のアキレス腱を動かないように固定します。

使用するテープと用具

ホワイトテープ38ミリ　伸縮テープ(ソフト)50ミリ　伸縮包帯

正しい姿勢

台の上にうつぶせになる。ふくらはぎより下を台から出す。

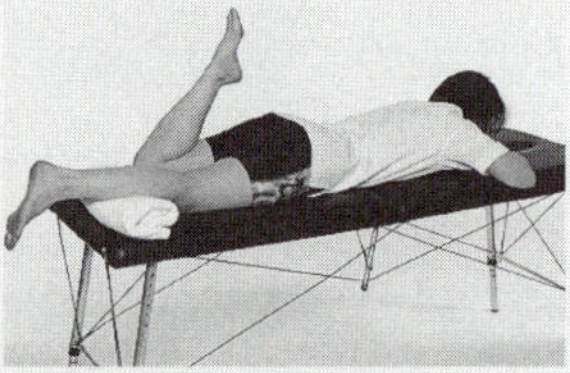

1 アンカー

P.16参照

STEP

1. アンカー
2. 縦サポート
3. アンカー
4. ラッピング&アンカー

完成

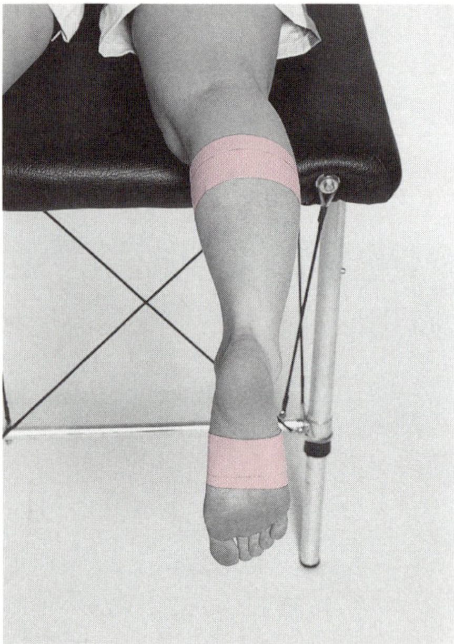

ホワイトテープで、足の裏に2本、ふくらはぎの一番太い部分に2本のアンカーを巻く。このとき、腫れの逃げ場を作るため、足の裏のアンカーは足の甲側、ふくらはぎのアンカーはすね側にテープを巻かない。

POINT　アキレス腱をゆるませてテーピングする

断裂したアキレス腱の応急処置でテーピングをするときは、足首は底屈させて、アキレス腱を最大限までゆるませた状態で行います。

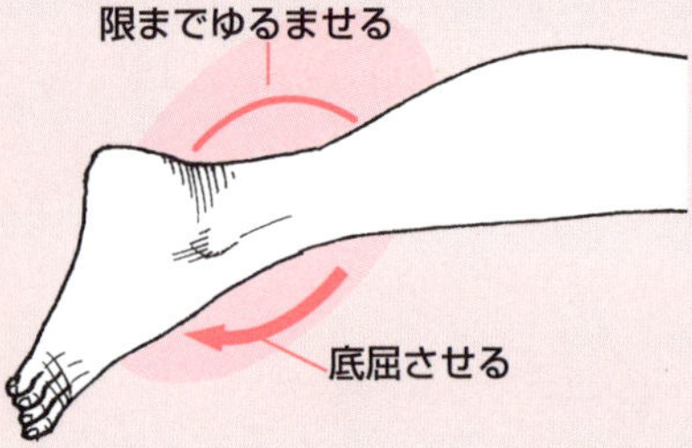

2 縦サポート

50

P.17参照

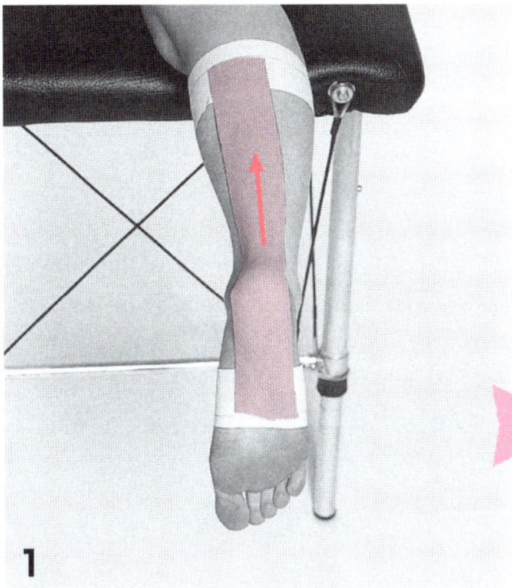

伸縮テープに変え、足の裏のアンカーからかかとを通って、ふくらはぎのアンカーまで、引っ張りながら縦サポートを貼る。

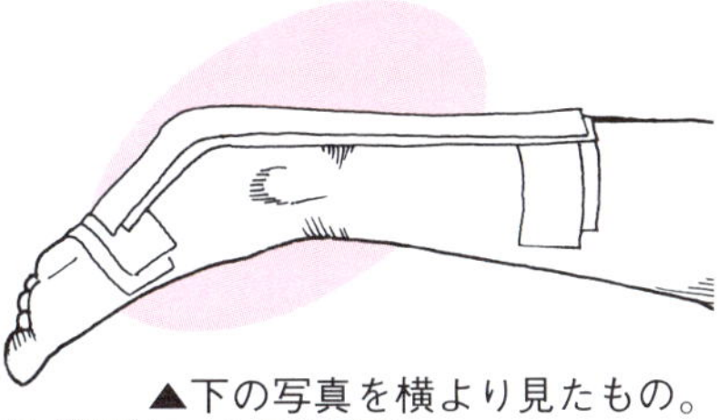

▲下の写真を横より見たもの。

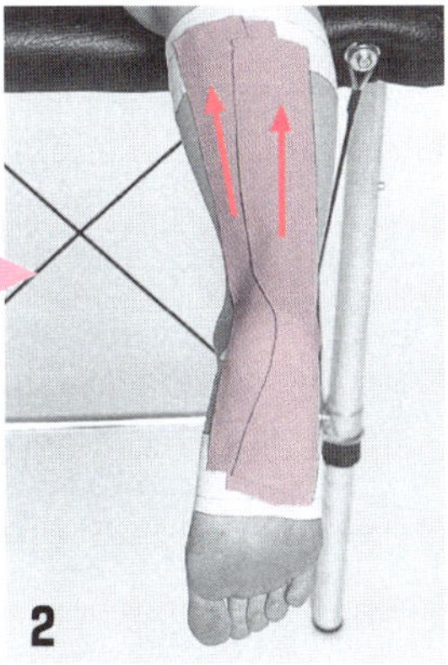

左右に1/3ずつずらした縦サポートそれぞれ1本ずつを貼る。

3 アンカー

38

P.16参照

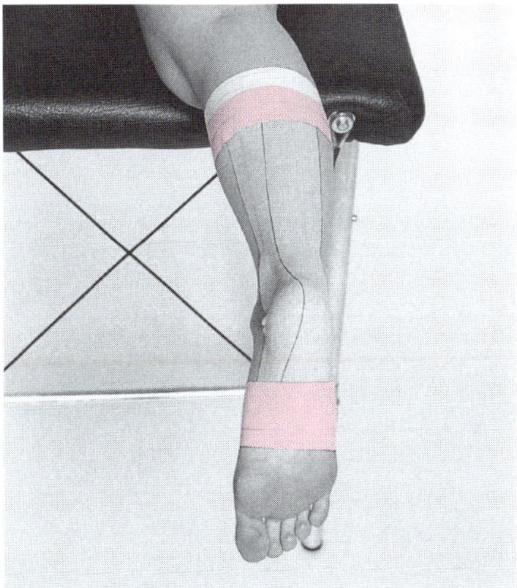

ふくらはぎと甲にホワイトテープで、アンカー（1周させる）を軽く巻く。

4 ラッピング&アンカー

38

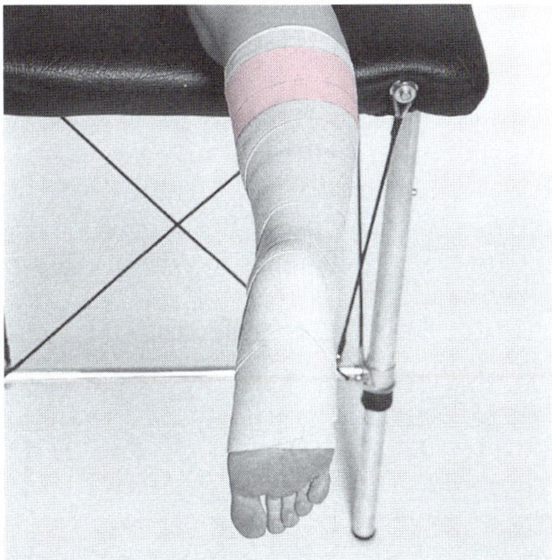

足の裏から患部を覆うように伸縮包帯でラッピングしていく。最後にホワイトテープでふくらはぎにアンカーを巻き、付属の留め金などで止めて完成。

足首の背屈を制限する固定力が強いアキレス腱のテーピング

足首が背屈すると、アキレス腱《けん》が伸びて、アキレス腱にストレスがかかります。そのストレスを軽減するため、背屈する動きをテーピングで制限します。

使用するテープと用具

ホワイトテープ38ミリ

伸縮テープ（ソフト）50ミリ

正しい姿勢

台上でうつぶせになる。下腿を台から出し、足首はケガの状況に合わせて角度を調節する。

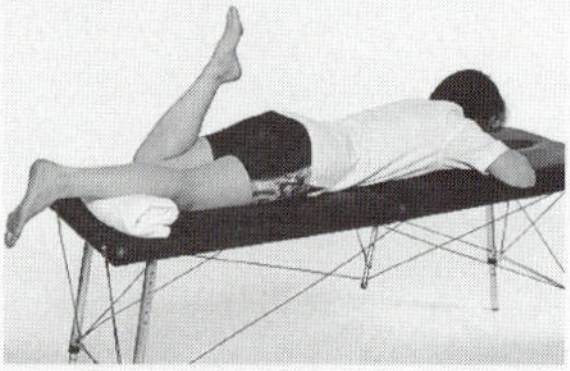

STEP

1. アンダーラップ&アンカー
2. Xサポート
3. 縦サポート
4. アンカー
5. ホースシュー
6. ヒールロック3

完成

1 アンダーラップ&アンカー

50 38 P.16参照

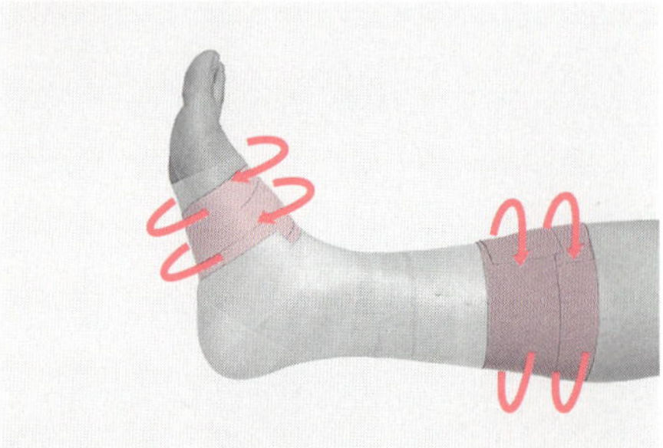

アンダーラップを巻く。ふくらはぎの最も太い部分に伸縮テープで、足の甲にはホワイトテープでそれぞれ2本ずつ（1周させる）アンカーを巻く。

POINT テーピングするときの足首の角度に注意

足首を90度にすると、アキレス腱が伸び、底屈を制限するテーピングの効果が得られません。症状やプレーするスポーツにおける足首の動きを考慮して調節しましょう。逆に足首を大きく伸ばした状態でテーピングをすると、走りづらくなるので注意してください。

② Xサポート

P.17参照

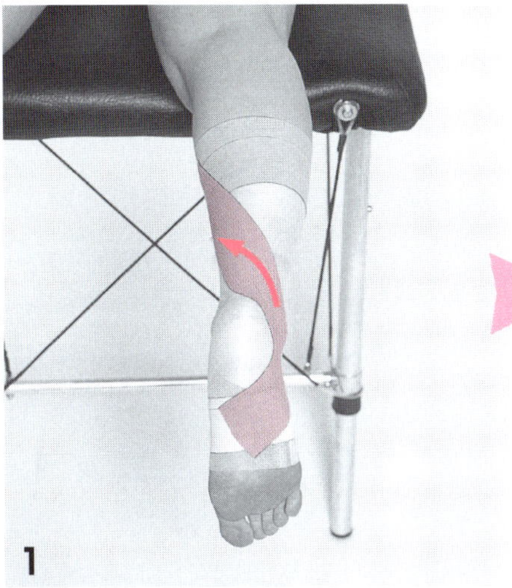

1

伸縮テープを足の裏のアンカー→かかとの外側→アキレス腱→ふくらはぎの内側面へ貼る。ふくらはぎのアンカーの内側でテープをとめる。

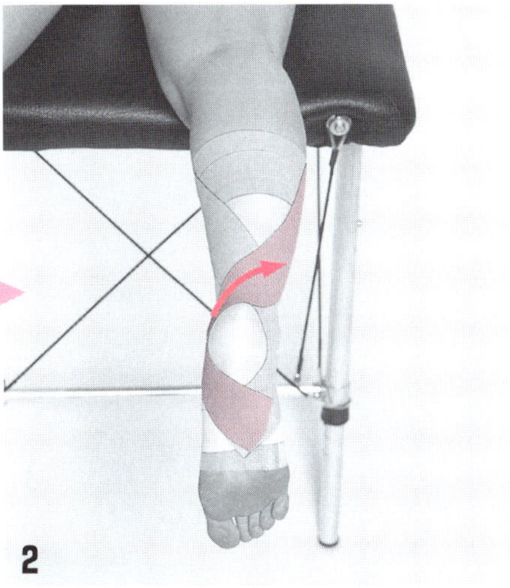

2

足の裏のアンカー→かかとの内側→アキレス腱→ふくらはぎの外側へ。アキレス腱でX字型に交差するXサポートにすること。

③ 縦サポート

P.17参照

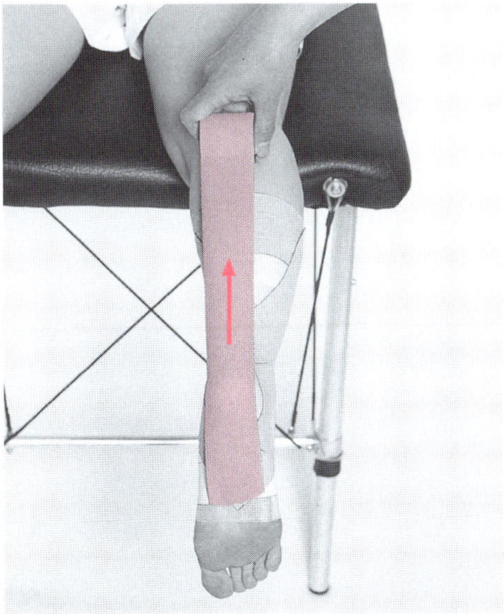

足の裏のアンカーから、かかとを通って、ふくらはぎのアンカーまでまっすぐ伸縮テープを貼る。

4 アンカー

38 50

P.16参照

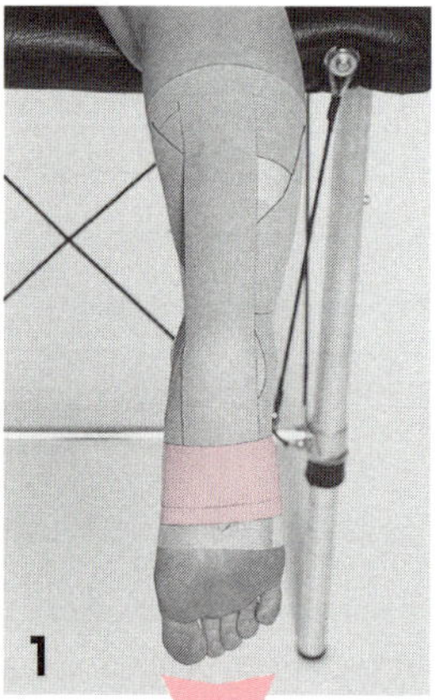

サポートテープを固定するため、ホワイトテープ（38ミリ）で甲にアンカーを巻く。

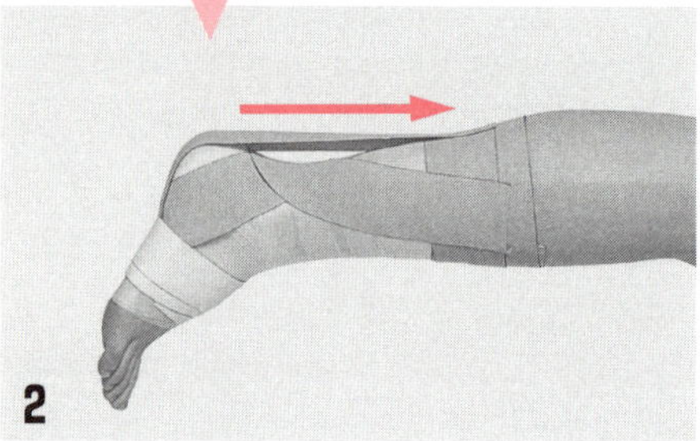

❸で貼った伸縮テープをふくらはぎ方向へ引っ張り、可動させたい範囲に足首の角度を合わせる。

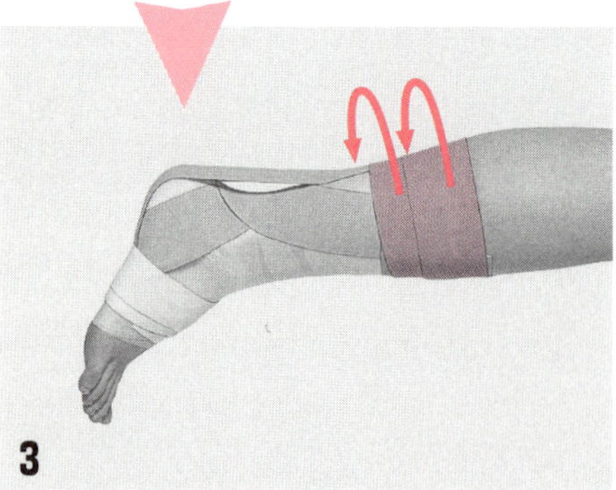

テープを固定するため、伸縮テープでふくらはぎにアンカーを巻く。

5 ホースシュー

38

P.62参照

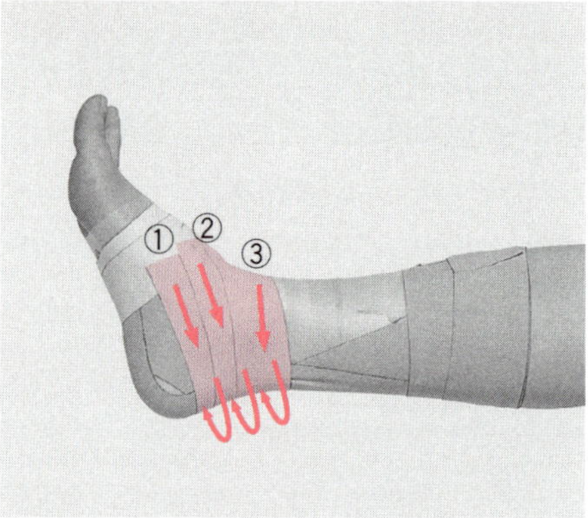

Xサポートと縦サポートを固定するため、ホワイトテープでホースシューを3本貼る。

6 ヒールロック3

50

P.65参照

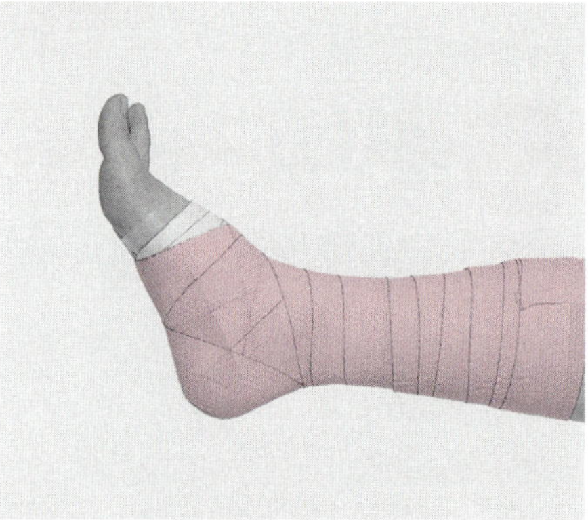

補強するために伸縮テープでヒールロック3（フィギュアエイト＋ヒールロック）を巻き、そのままふくらはぎのアンカーまで巻き上げていき、完成。

足首の背屈を制限する固定力が弱いアキレス腱のテーピング

ここで紹介するテーピングは、足首の背屈を制限する力が弱いテーピングです。状況に合わせて使い分けてください。

使用するテープと用具

アンダーラップ、ホワイトテープ38ミリ、伸縮テープ（ソフト）75ミリ、50ミリ

STEP

1. アンカー
2. 縦サポート
3. アンカー
4. Xサポート
5. ヒールロック3

完成

1 アンカー

P.16参照

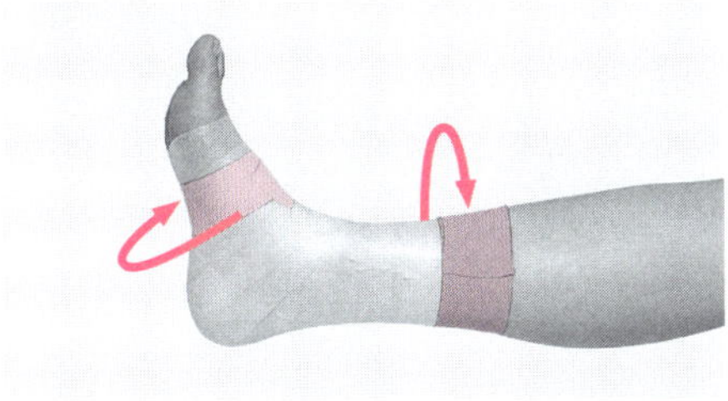

アンダーラップを巻いておく。ふくらはぎは最も太い部分より少し下に伸縮テープ（50ミリ）で、足の甲はホワイトテープでそれぞれ1本ずつアンカー（1周）を巻く。

2 縦サポート

P.17参照

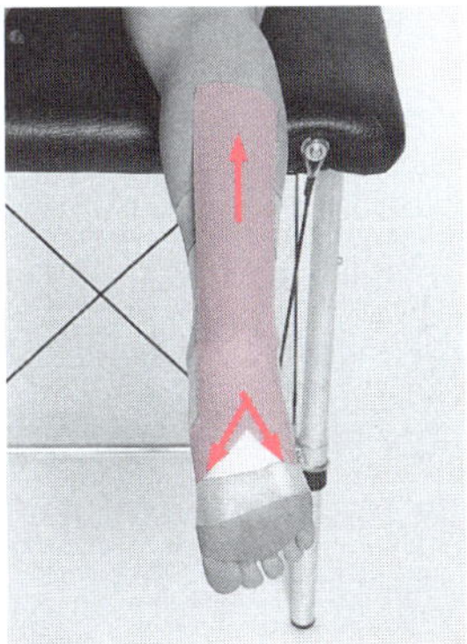

伸縮テープ（75ミリ）を50㎝ほど引き出し、真ん中からふたつに15㎝ほど引き裂く。引き裂いた側を足の裏から甲に巻きつけて固定し、残った側はふくらはぎに貼る。

POINT 足の甲とふくらはぎのアンカーでサポートの強度を調整

アキレス腱のテーピングで強度を変えたいときは足の甲に巻くアンカーと、ふくらはぎに巻くアンカーの距離を変えることで簡単に調節できます。

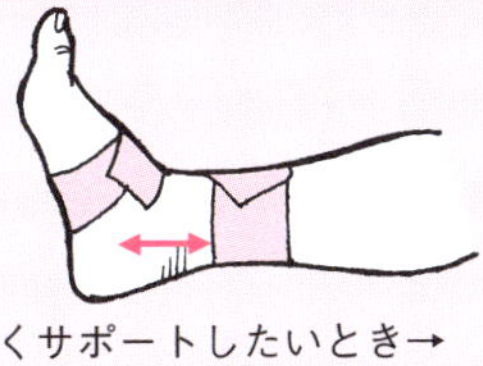

軽くサポートしたいとき→
アンカー間の距離を短くする

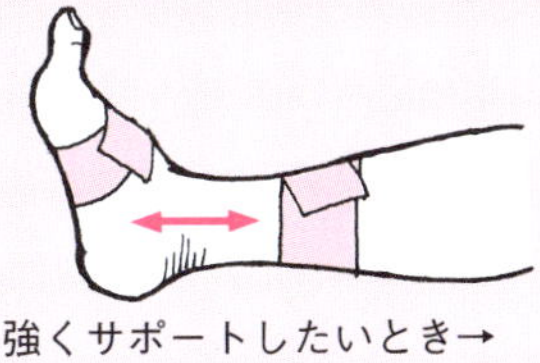

強くサポートしたいとき→
アンカー間の距離を長くする

3 アンカー

P.16参照

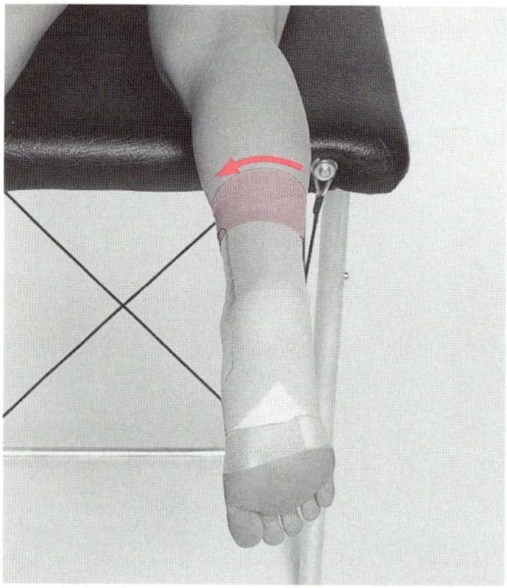

ふくらはぎに巻いたアンカーの下に伸縮テープ（50ミリ）を１周させて、縦サポートを固定する。

4 Xサポート

P.17参照

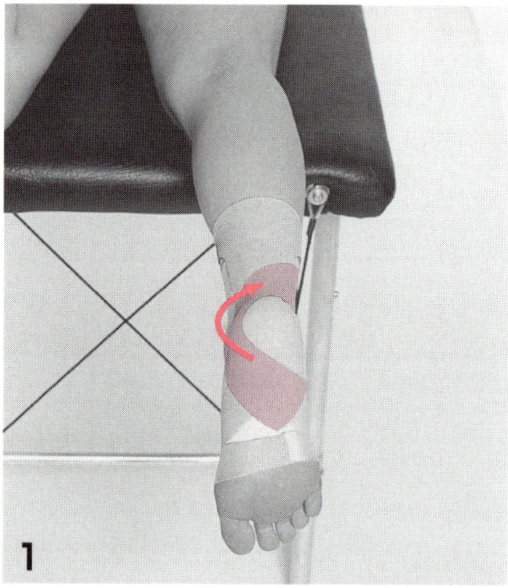

伸縮テープ50ミリを足の裏のアンカー→かかとの内側→アキレス腱→ふくらはぎの外側へ。ふくらはぎのアンカーの内側でテープをとめる。

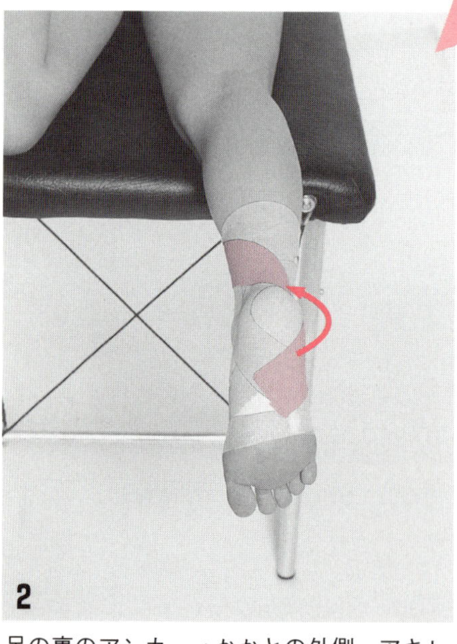

足の裏のアンカー→かかとの外側→アキレス腱→ふくらはぎの内側面へ。アキレス腱でX字型に交差するXサポートにすること。

5 ヒールロック3

P.65参照

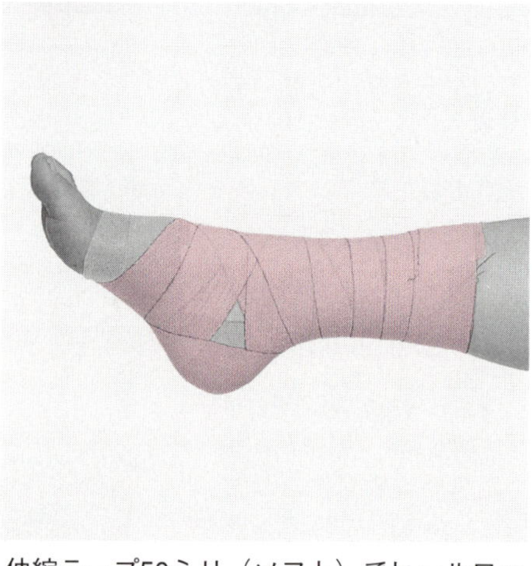

伸縮テープ50ミリ（ソフト）でヒールロック３を巻き、そのままふくらはぎのアンカーまで巻き上げて完成。

アキレス腱炎防止のテーピング

ジャンプや着地を繰り返し行うと、アキレス腱が炎症を起こします。それを未然に防ぐため、テーピングでアキレス腱をサポートします。ここではアンダーラップを巻かずキネシオテープで行います。

使用するテープと用具

キネシオテープ

STEP 1 縦サポート → 2 Xサポート → 完成

1 縦サポート

P.17参照

足首を直角に保ち、アキレス腱に沿ってキネシオテープを貼る。

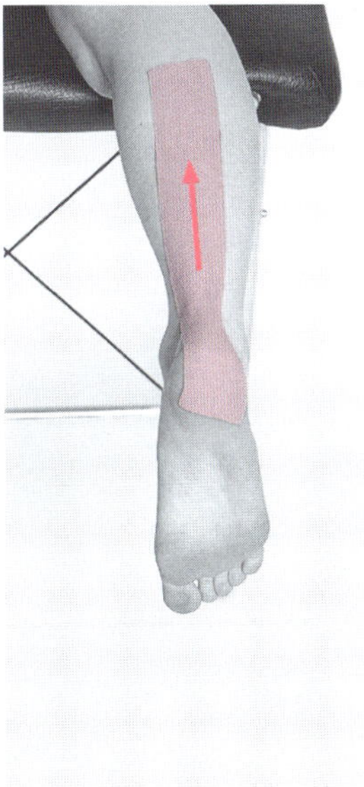

2 Xサポート

P.17参照

最初に貼ったテープの2倍の長さのテープを用意し、かかとを中心にして内外同じ長さに合わせて、アキレス腱上で交わるように連続して最初の縦サポートの内側から始め、外側まで巻く。

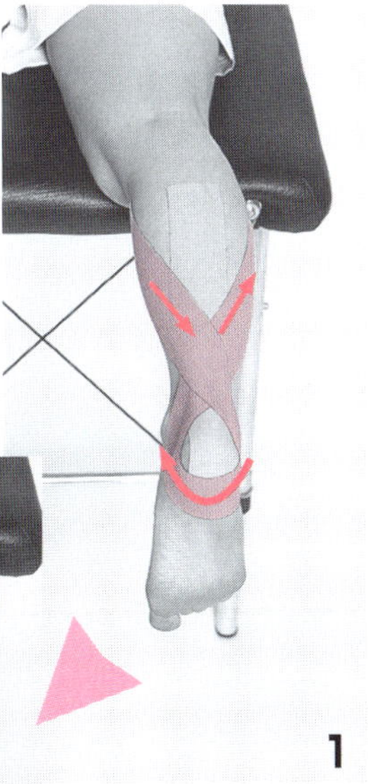

1

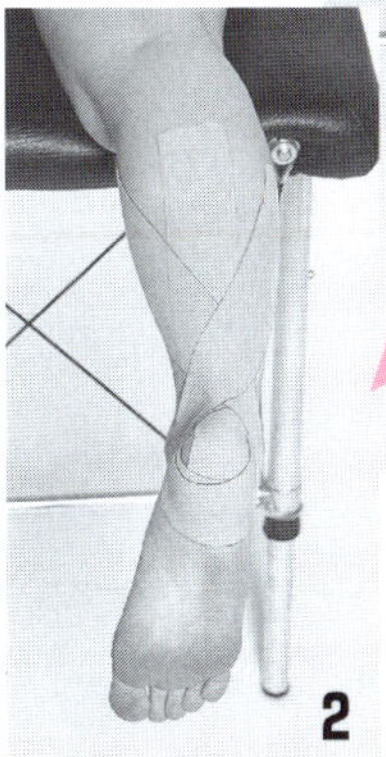

2

もう一度、**1** と **2** を繰り返して完成。

アキレス腱のリコンディショニング

アキレス腱は、柔軟性の不足や酷使による疲労で傷つきやすくなります。アキレス腱炎などのスポーツ障害が起こる前に、リコンディショニングを行い防止に努めましょう。またアキレス腱につながるふくらはぎのリコンディショニングを併せて行うとよいでしょう。

マッサージ

1 親指と人差し指でさする（二《に》指《し》軽擦《けいさつ》）

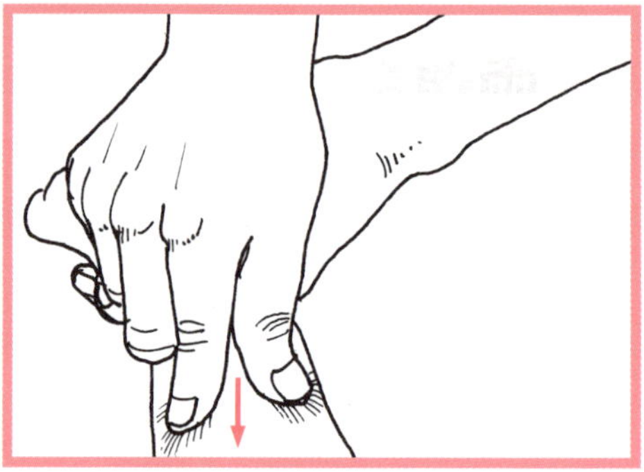

親指と人差し指でアキレス腱をつまむようにして、足首からふくらはぎまでさすっていく。

2 両親指でさする（両《りょう》母《ぼ》指《し》軽擦《けいさつ》）

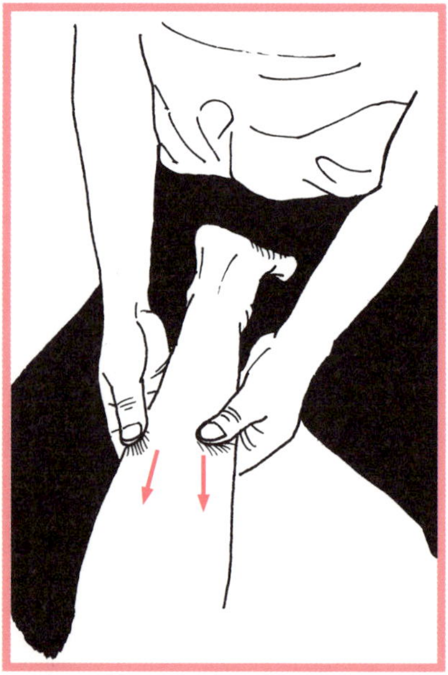

自分の体で相手の足を支え、両手の親指でアキレス腱をはさんで、足首からふくらはぎに向かって軽くさする。

3 両親指で押す（両《りょう》母《ぼ》指《し》圧迫《あっぱく》）

両手の親指でアキレス腱をはさみ、圧迫しながら足首からふくらはぎまでずらしていく。

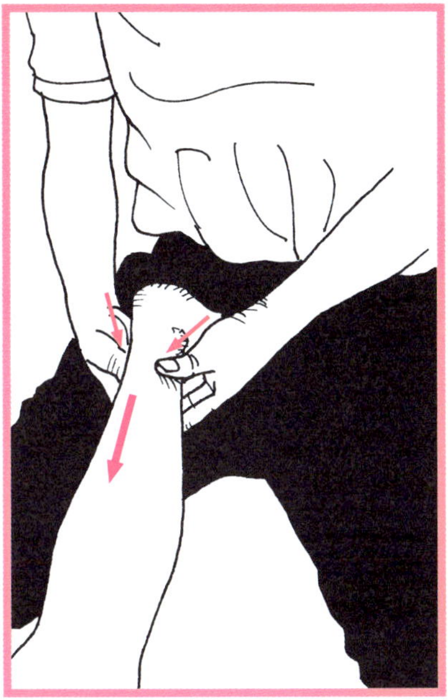

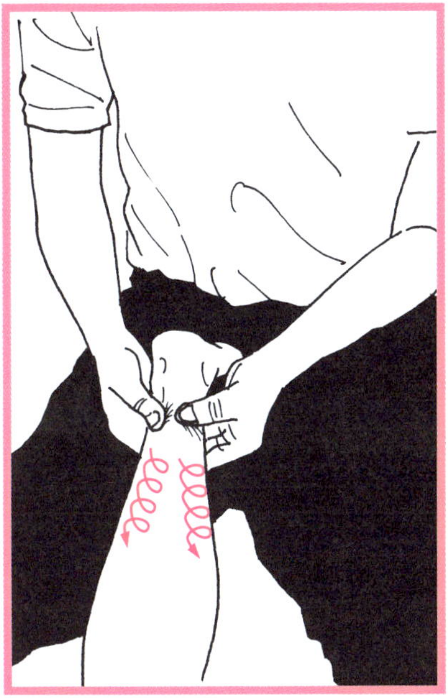

4 両親指でもむ（両《りょう》母《ぼ》指《し》揉捏《じゅうねつ》）

両手の親指でアキレス腱をはさみ、もみながら足首からふくらはぎまでずらしていく。

5 アキレス腱をずらす（腱《けん》移《い》動法《どうほう》）

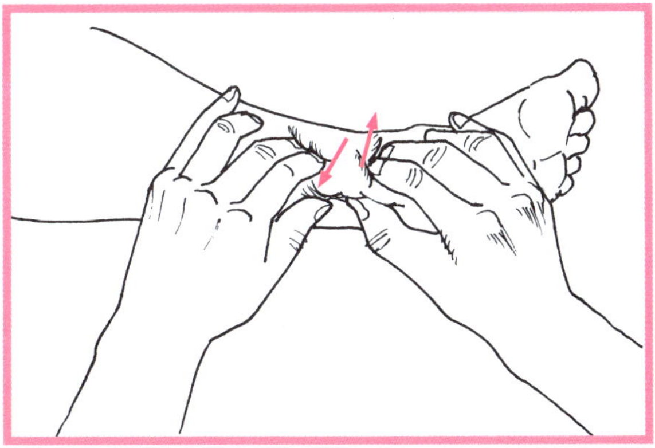

両手の親指と人差し指でアキレス腱をつまみ、腱をずらすような感じで、左右の手を逆方向に動かす。

6 ふくらはぎの内側を手のひらでさする（手掌軽擦《しゅしょうけいさつ》）

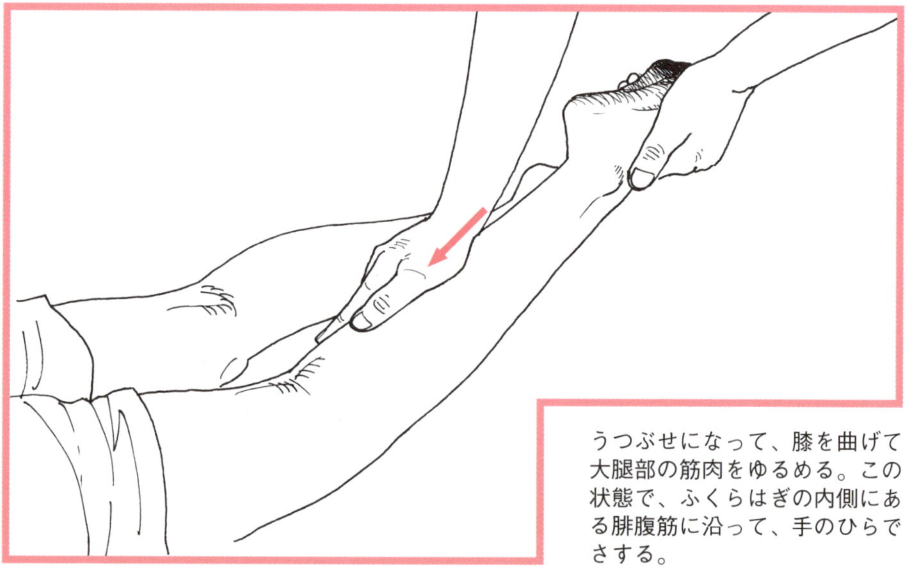

うつぶせになって、膝を曲げて大腿部の筋肉をゆるめる。この状態で、ふくらはぎの内側にある腓腹筋に沿って、手のひらでさする。

7 ふくらはぎの外側を手のひらでさする（手掌軽擦《しゅしょうけいさつ》）

❻と同じ状態で外側の腓腹筋に沿って手のひらでさする。

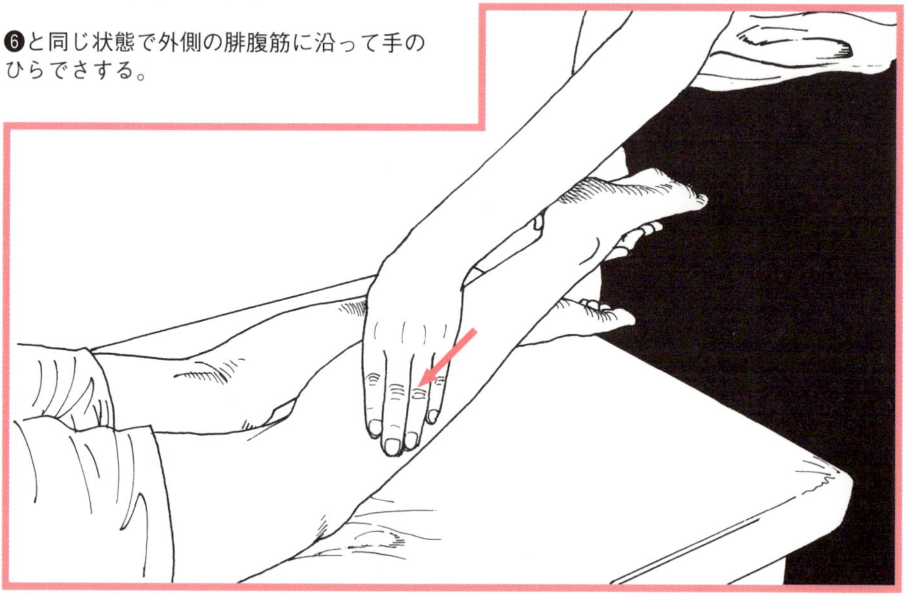

8 ふくらはぎをつかむようにもむ（把《は》握《あく》揉《じゅう》捏《ねつ》）

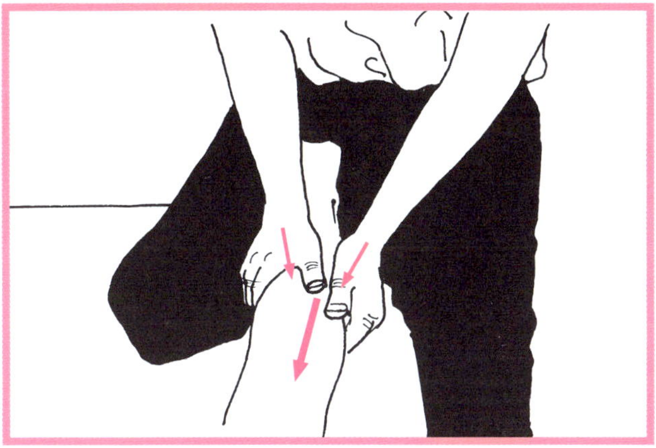

両手でふくらはぎの内側と外側をそれぞれつかむようにして持ち、足首から膝に向けて大きくもむ。

9 ふくらはぎを伸ばす（伸展法《しんてんほう》）

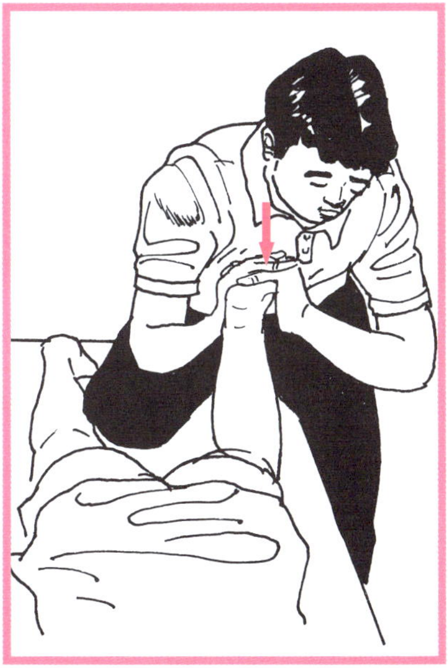

うつぶせになって膝を曲げた状態で、足の裏の指側に両手をかけ、下方向に体重をかけて、ふくらはぎを伸ばす。

回復・傷害予防の

トレーニング

1 ふくらはぎ・すねのストレッチ　10～15秒×3セット

片足を一歩引いて、壁に手をつく。

そのまま両膝を曲げて、腰を落としていく。このとき、引いた足のふくらはぎを伸ばすように意識する。アキレス腱と腓腹筋が伸びる。

2 片脚カーフレイズ　10～15回×3セット

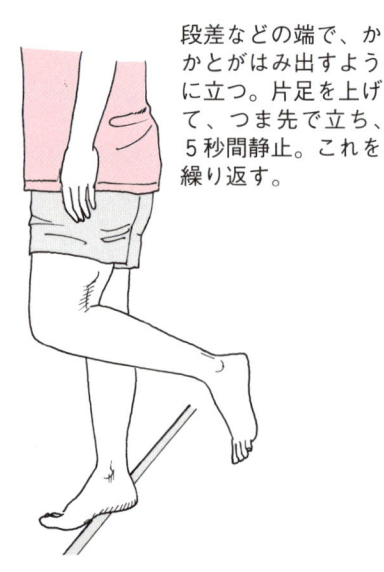

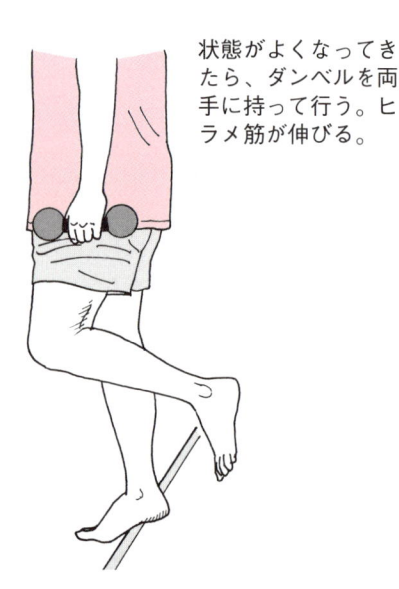

段差などの端で、かかとがはみ出すように立つ。片足を上げて、つま先で立ち、5秒間静止。これを繰り返す。

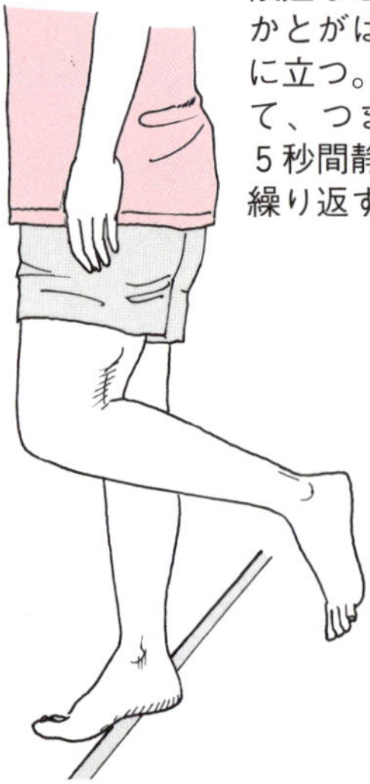

状態がよくなってきたら、ダンベルを両手に持って行う。ヒラメ筋が伸びる。

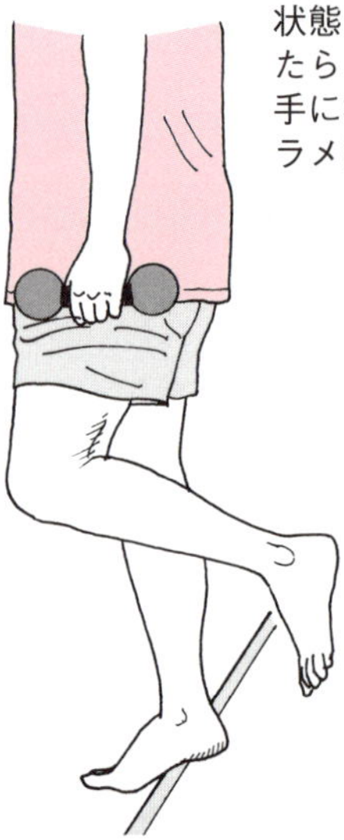

③ ヒールトゥウォーク 10m×3〜5セット

つま先で地面を蹴り上げるようにして地面から離し、かかとで着地する。

かかとで着地した足は、そのまま下ろして足の裏全体を接地させる。このような動きでウォーキングをする。

④ タオルギャザー

P50①参照

⑤ チューブトレーニング（背屈）

P77③参照

⑥ チューブトレーニング（底屈）

P77④参照

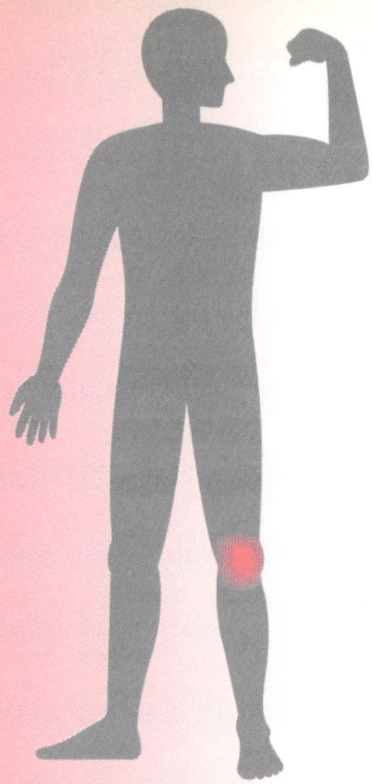

膝

膝のしくみ

膝の関節は、大腿骨《だいたいこつ》、脛骨《けいこつ》、膝の“お皿”と言われる膝蓋骨《しつがいこつ》からできています。大腿骨と脛骨に挟まれるように半月板があり、関節を円滑に動かすはたらきをしています。

膝は、人体で最も大きな関節ですが、その関節を構成する大腿骨、脛骨のふたつの骨がぴったり噛み合わないため、非常に不安定です。その不安定な骨を補強するために、４つの靱帯《じんたい》があります。

膝の内側にある内側側副靱帯《ないそくそくふくじんたい》、外側にある外側側《がいそくそく》副靱帯《ふくじんたい》が左右の動きを制限します。大腿骨《だいたいこつ》と脛骨《けいこつ》を交差して結ぶ、前十字靱帯《ぜんじゅうじじんたい》と後十字靱帯《こうじゅうじじんたい》は、前後の動きを制限します。

- 大腿骨《だいたいこつ》、脛骨《けいこつ》、膝蓋骨《しつがいこつ》と４つの靭帯《じんたい》（内側側副《ないそくそくふく》靭帯《じんたい》、外側側副《がいそくそくふく》靭帯《じんたい》、前十字靭《ぜんじゅうじじん》帯《たい》、後十字靭帯《こうじゅうじじんたい》）からなる
- 内側側副靭帯《ないそくそくふくじんたい》損傷、前十字靭帯《ぜんじゅうじじんたい》損傷など

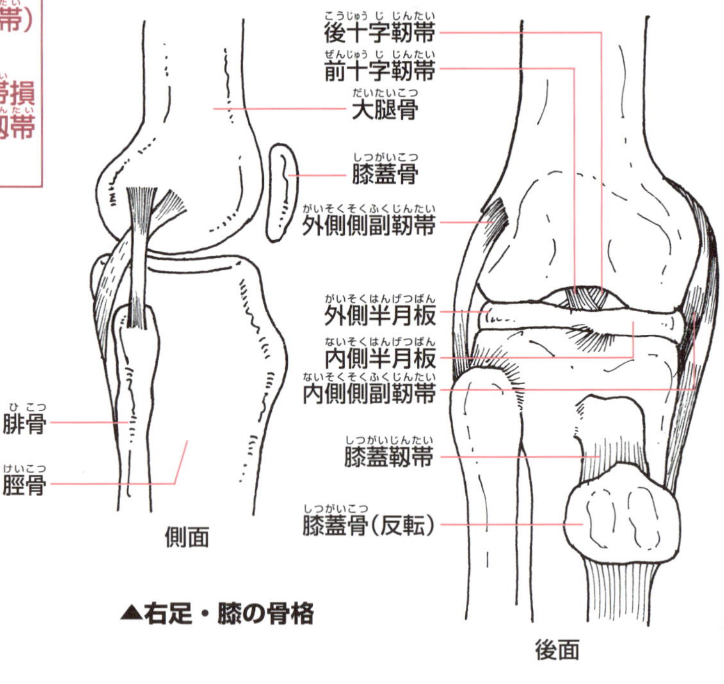

▲右足・膝の骨格

膝のスポーツ傷害と対処法

■スポーツ障害

ジャンパーズ・ニー（→P111）

ジャンパーズ・ニーは膝蓋靭帯炎ともいわれ、ジャンプを繰り返すバレーボールやバスケットボールでよく起きる障害です。大腿前部にある大腿四頭筋が疲労によって緊張し、膝蓋骨（お皿）の下にある膝蓋靭帯が炎症を起こします。回復には大腿四頭筋のストレッチが効果的です。

■スポーツ外傷

内側側副靭帯損傷（→P102）

膝の内側が痛んだり、ぐらぐらしたり、完全に伸ばすことができなくなります。スキーの転倒やラグビーのタックルなどで、膝が外側へ強く曲げられたりすることによって起こります。放置しておくと痛みや腫れはなくなるものの、慢性化の原因ともなるので、できるだけ早く治療しましょう。

前十字靭帯損傷（→P107）

バレーボールやバスケットボールなどで多くみられます。ジャンプして着地するときや、走っていて急に止まった衝撃で膝が前にずれることがあります。これは脛骨が前に押し出され、前十字靭帯が損傷したために起こります。対処法としてテーピングで前十字靭帯を補強するのが有効です。

膝の応急処置

膝は不安定な構造になっていますが、4つの靱帯《じんたい》で支えることによって、安定しています。膝のケガでいちばん多いのは、この靱帯のねんざです。膝のケガは、痛みや腫《は》れがなくても重傷というケースもあるので、応急処置の基本であるR.I.C.E.処置を行ったら、すぐに医師に診断してもらうことが大切です。

膝のR.I.C.E.処置

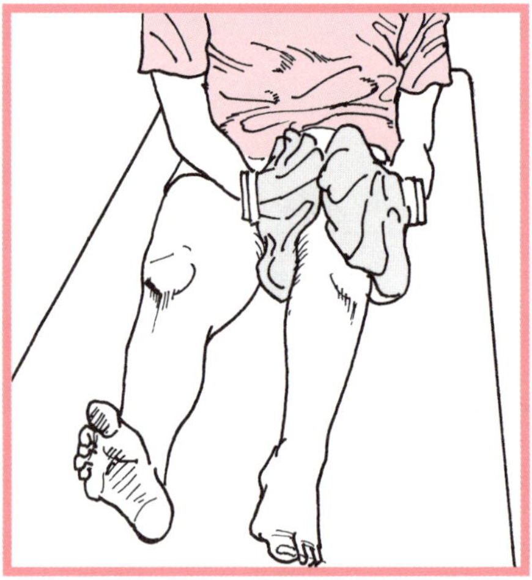

まず患部を動かすのをやめて安静にする（REST）。膝の両側面を氷のうなどのアイスパックを使って冷やす（ICE）。

伸縮包帯で氷のうなどのアイスパックを固定し、患部を圧迫する（COMPRESSION）。その際、膝の下に物を置くなどして、患部を心臓より高く保つ（ELEVATION）。

膝関節損傷を確認するテスト

膝関節の損傷を確認する目安でしかないことを念頭において、このテストを行ってください。実際には、これだけでケガの状況を知ることは難しいといえます。これは、膝関節の周りにある４つの靱帯のうち、どの靱帯を傷めたのかを確認する目安になるテストですので、応急処置後、様子を見て医師に診断してもらいましょう。

■内側側副靱帯損傷のテスト

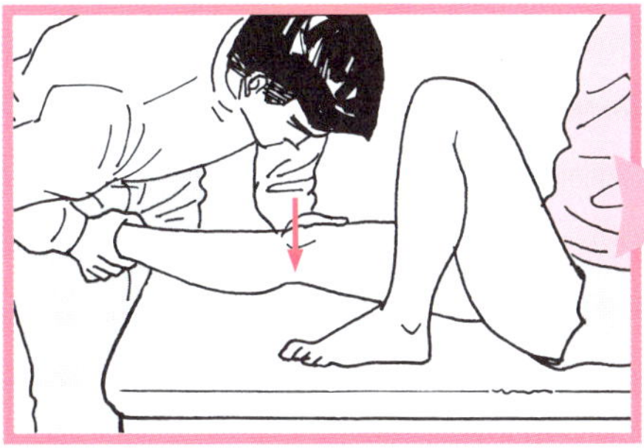

ケガをした人は、膝を伸ばして座ります。調べる人は、かかとを押さえ動かないようにします。あいているほうの手で、膝の外側に手をかけ、内側に力を加えます。靱帯が伸びたり、切れていたりすれば、内側の靱帯が広がるような感じがします。

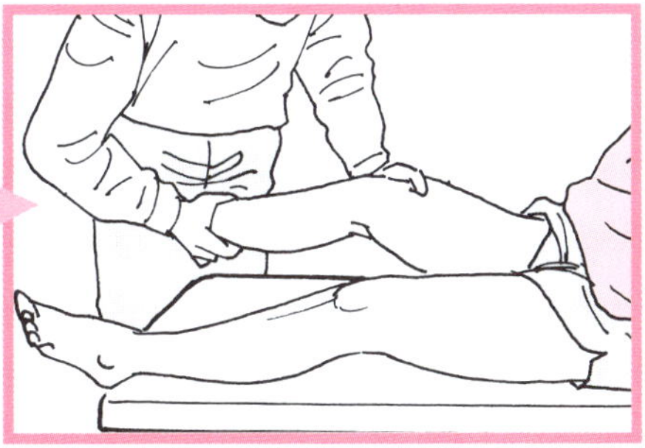

膝を30度ほど曲げて、筋肉を少しゆるめた状態で、同様に試します。

■外側側副靱帯損傷のテスト

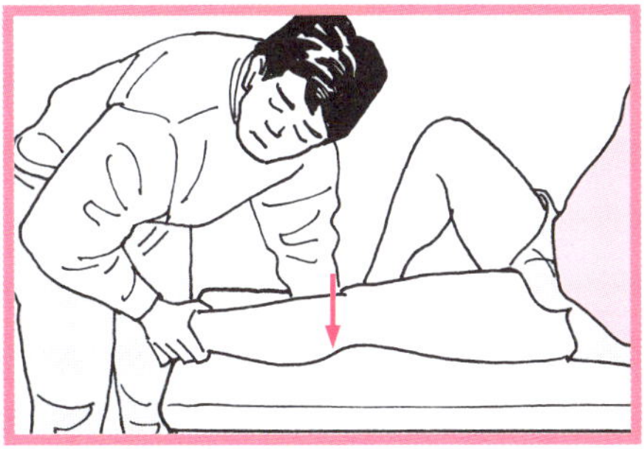

膝を伸ばして座ります。調べる人はかかとを押さえ、もう片方の手で膝の内側から外側に向かって力を加えていきます。靱帯が伸びたり切れていたりすれば、外側の靱帯が広がるような感じがします。膝を30度ほど曲げて、同じようにテストします。

■前十字靱帯と後十字靱帯損傷のテスト

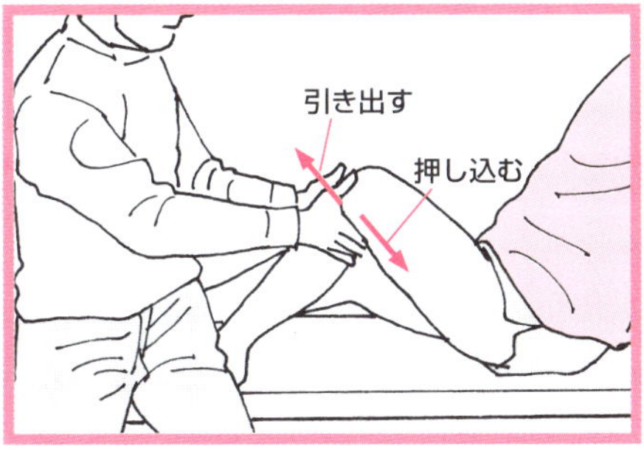

膝を90度に曲げて座ります。調べる人は、両手の親指をお皿の下に当て、残りの指は膝の裏側にまわして押さえます。かかととお尻が動かないように注意して、膝を前に引き出します。ケガしていない脚と比較して、痛みが強かったり、膝が前に動いた場合、前十字靱帯を損傷している恐れが強まります。後十字靱帯のテストは同じ姿勢で、膝を奥に押し込んで調べます。

膝・基本のテーピング

膝のテーピングには、頻繁に用いられる基本的な巻き方がいくつかあります。ここで基本のテーピングの特徴を覚えましょう。

スパイラル

右回りと左回りのテープを左右対称に１本ずつ、らせん状に巻いていきます。

1

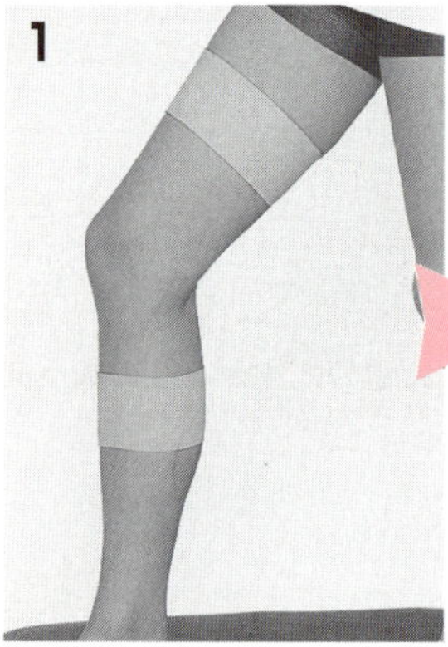

下腿と大腿にアンカーを巻く。

2

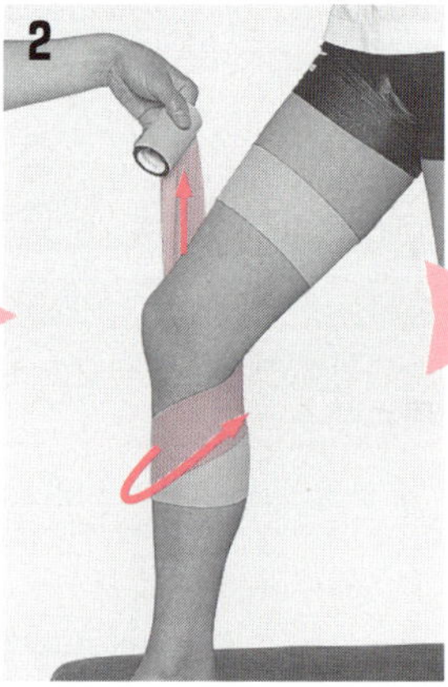

下腿に巻いたアンカーのやや外側から始め、膝の裏を通るように、約45度の角度で内側へ巻き上げていく。

3

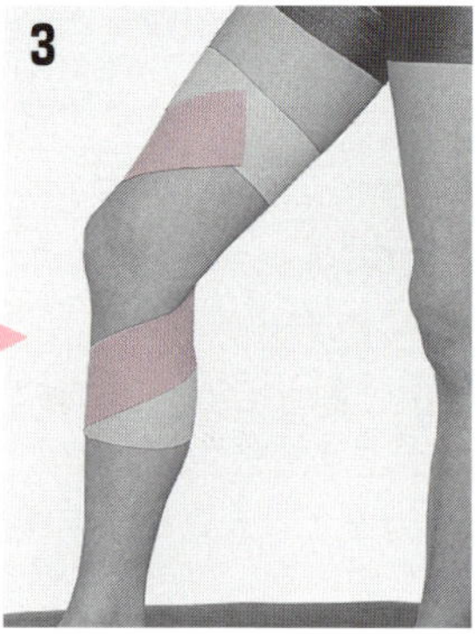

大腿に巻いたアンカーのやや内側で終わる。

4

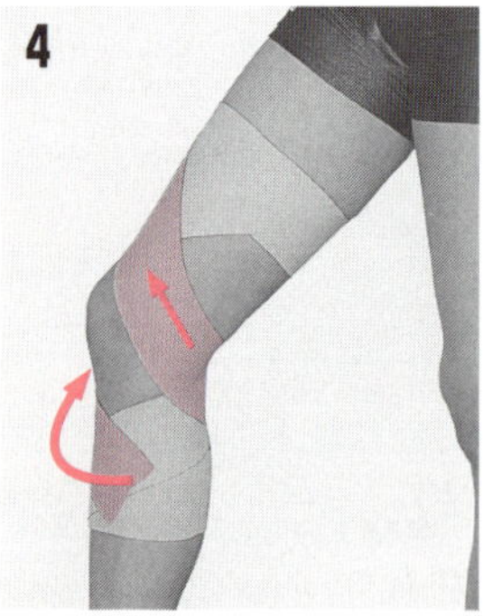

下腿のアンカーのやや内側から始め、約45度の角度で外側へ巻き上げていく。すでに巻いてあるスパイラルと交差するように膝の裏を通り、大腿のやや外側で終了。

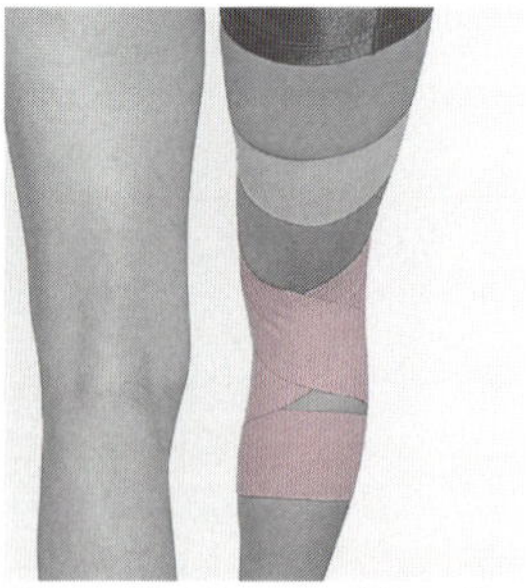

後ろから見ると、膝の裏できれいにX字型になって交差している。

POINT 下腿と大腿にアンカーを巻くときの注意点

下腿と大腿にアンカーを巻くときは、脚全体に力を入れて、脚をいちばん太い状態にして巻きます。力が入っていない状態でアンカーを巻くと、力が入ったとき、きつくなってしまうので注意しましょう。

フィギュアエイト

名前のとおり、「8の字」に巻き、膝の伸展を制限します。

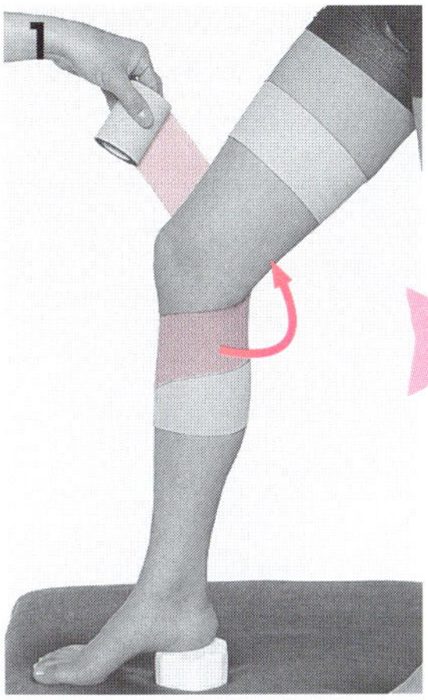

大腿と下腿にアンカーを巻く。お皿の下から内側に向かって巻き始め、膝の裏を通るように巻き上げる。

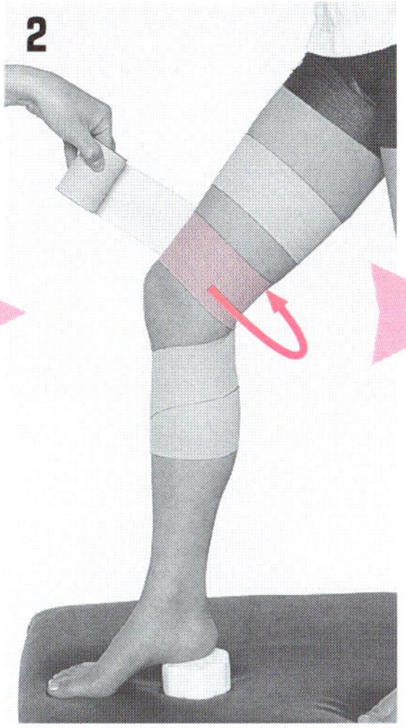

膝のお皿の上でテープを1周させる。

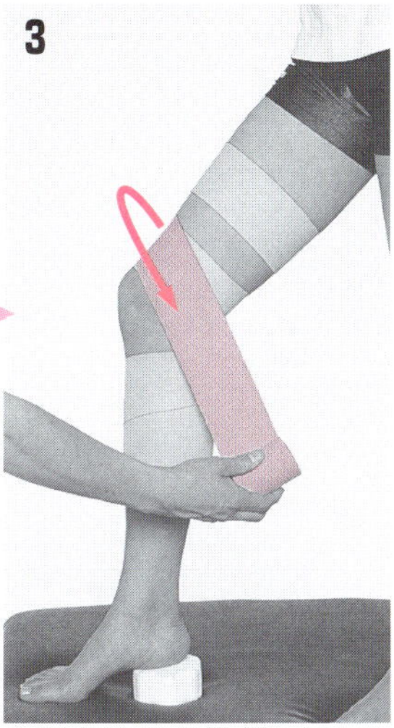

大腿の内側から膝の裏へ向かう。

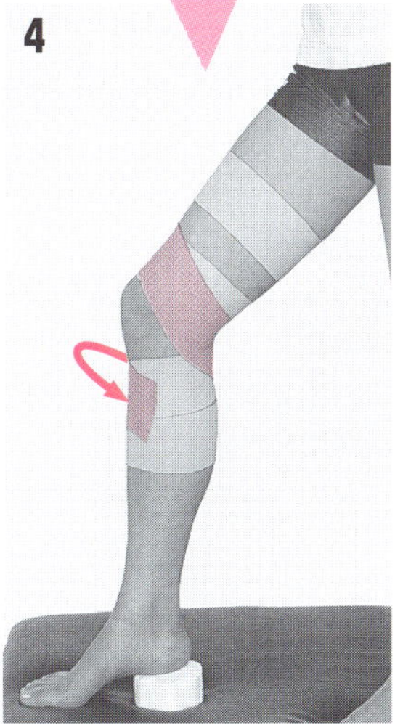

膝の裏から膝の外側へ下りていく。お皿の下でテープをとめて完成。

Xサポート

靭帯を補強するために用います。靭帯上でテープを交差させます。テープの幅を広げれば、強度が上がります。

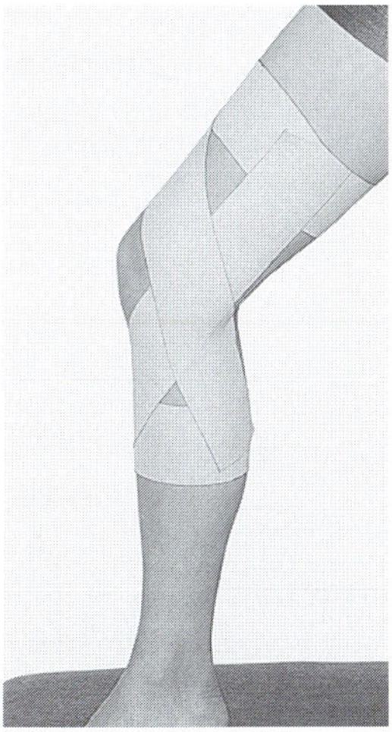

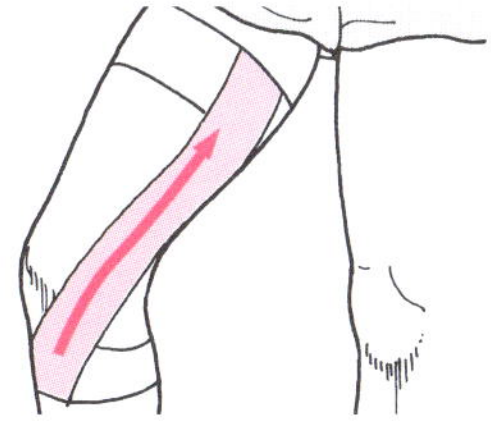

下腿のアンカーの外側から、大腿のアンカーの内側までテープを引き上げる。

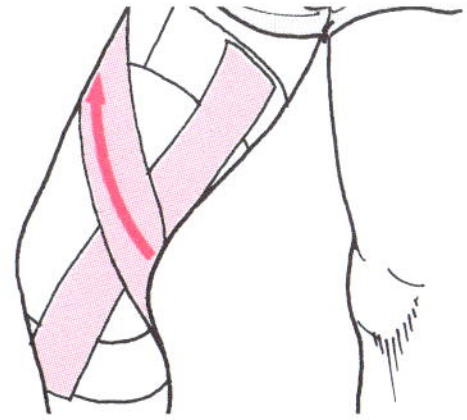

下腿のアンカーの内側から、大腿のアンカーの外側までテープを引き上げて完成。

膝を内側へ押すと痛い 内側側副靭帯ねんざのテーピング

内側側副靭帯《じんたい》を補強するために、膝の内側にXサポートと縦サポートを貼って補強します。ねんざがひどい場合はサポートを何回か貼って、さらに補強します。

使用するテープと用具

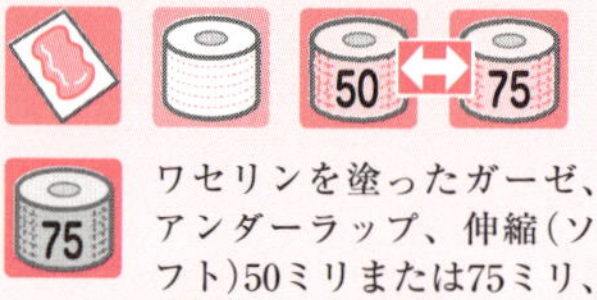

ワセリンを塗ったガーゼ、アンダーラップ、伸縮（ソフト）50ミリまたは75ミリ、伸縮（ハード）75ミリ

正しい姿勢

台の上に立ち、前方に軽く体重をかけて、テーピングする脚を前に出す。かかとの下に物を置いて膝を軽く曲げる。

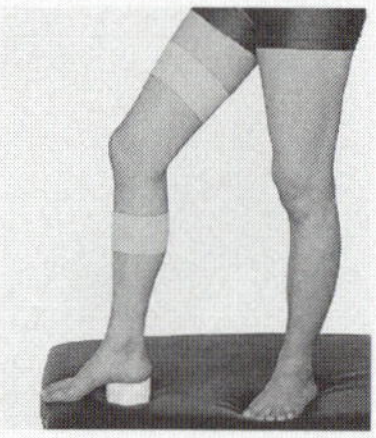

STEP

1. アンカー
2. Xサポート
3. 縦サポート
4. スパイラル
5. スプリット
6. アンカー
7. ラッピング

完成

1 アンカー

P.16参照

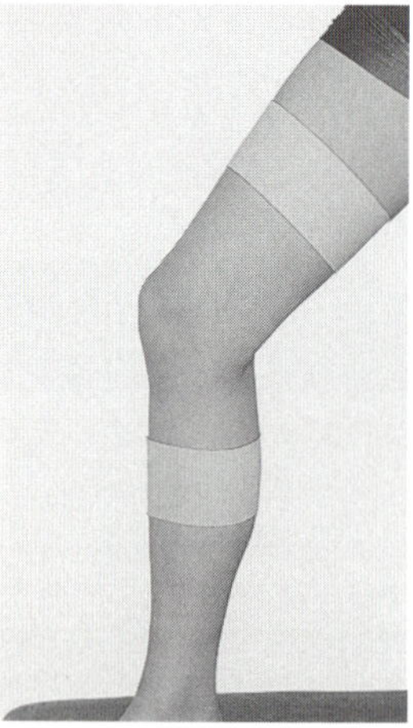

脚に力を入れた状態で、大腿と下腿に伸縮（ハード）75ミリのテープでアンカーを巻く。

※写真にはないが、膝の裏にワセリン付きのガーゼを当てて、腱がテープで圧迫されるのを防いでもよい。また、必要であればアンダーラップを巻く。

2 Xサポート

P.17、101参照

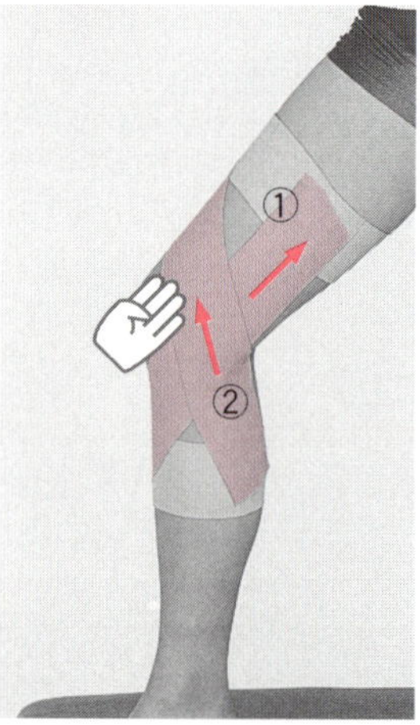

内側側副靭帯を補強するため、下腿のアンカーから大腿のアンカーに向かって、かなり強く引っ張りながらXサポートを貼る。Xサポートの交点が内側側副靭帯を通るようにする。内側側副靭帯の位置は、膝頭から指4本分ほど内側が目安。

3 縦サポート

75 P.17参照

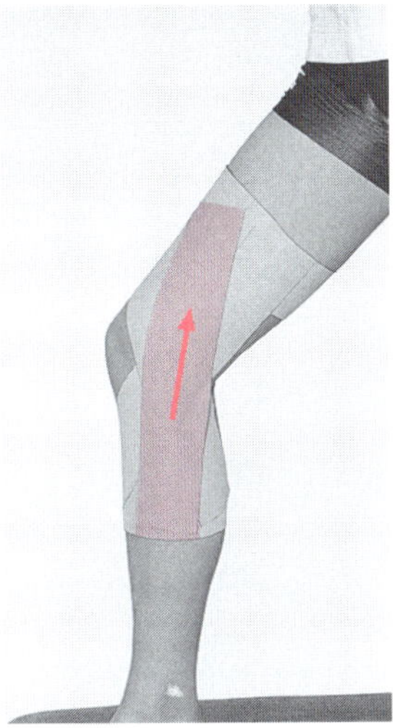

さらに補強するため、Xサポートの交点を通るように、下腿のアンカーから大腿のアンカーへ縦サポートを貼る。ねんざがひどいときは、Xサポートと縦サポートを繰り返し数セット行う。

4 スパイラル

75

1

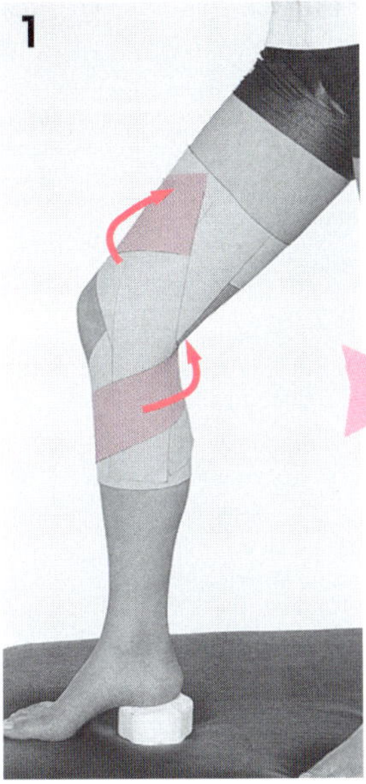

下腿のアンカーの外側から内側に向かってスパイラルを始める。膝の裏を通り、大腿のアンカーの内側でテープをとめる。

2

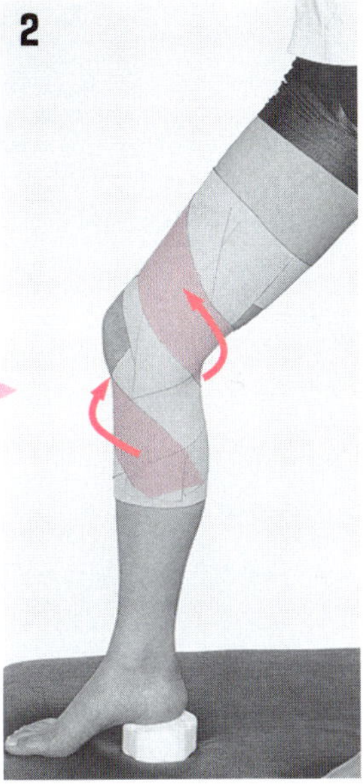

下腿のアンカーの内側から外側に向かってスパイラルを始める。膝の裏を通り、大腿のアンカーの外側でテープをとめる。

応用　Xサポートを強化する方法

応用1

一度、Xサポートと縦サポートを貼ってから、その上に同じようにテープを貼る。Xサポートの交点、Xサポートと縦サポートが交わる部分のテープを3㎜ほど内側へ折り曲げると強度が増す（イラストの点線部）。

応用2

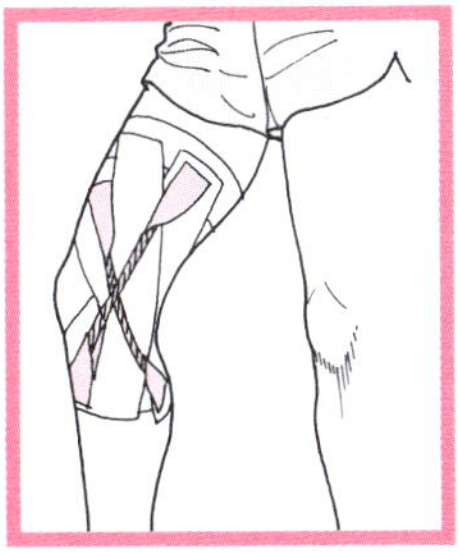

応用1より、さらに強度を増して貼りたいときは、ホワイトテープをねじって、Xサポートを貼る。

5 スプリット

P.18参照

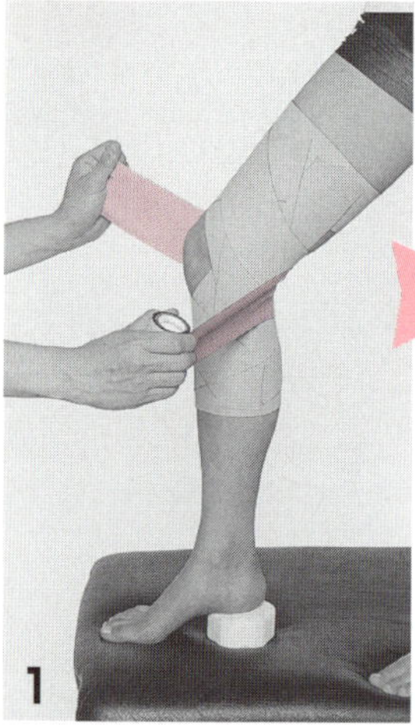

1

50㎝ほどテープを引き出し、膝の裏に当てて、左右の長さが同じになるように合わせる。

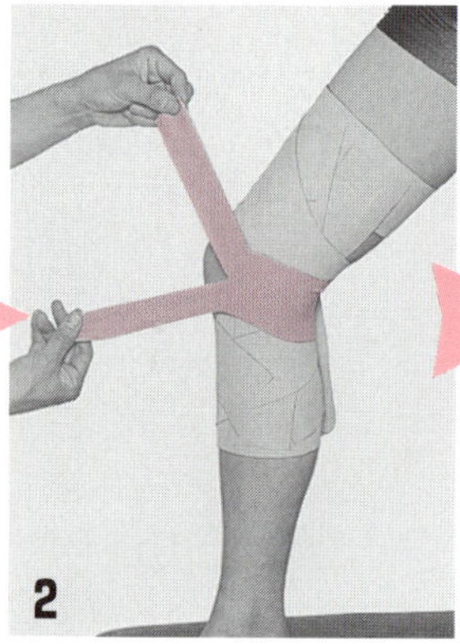

2

左右のテープともに、ちょうど真ん中にハサミで切れ目を入れて、上下にお皿の横まで引き裂く（これをスプリットという）。このとき、引き裂きすぎないように注意すること。

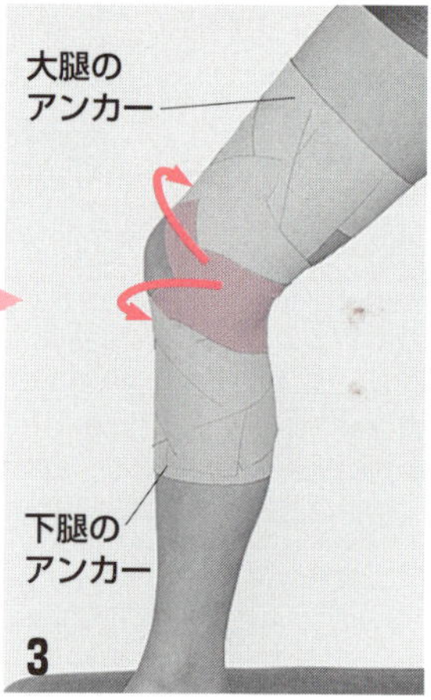

3

上下に引き裂いたテープはそれぞれ膝頭を避けて、引っ張りながら下腿と大腿のアンカー付近までそれぞれ巻きつけるように貼る。

6 アンカー

P.16参照

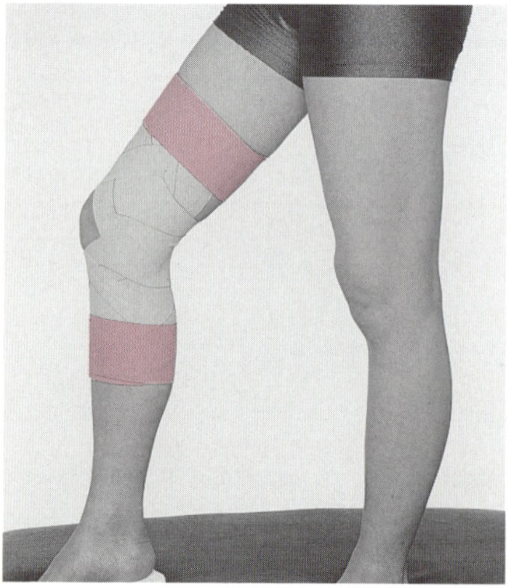

今まで貼ったテープを固定するため、大腿と下腿にアンカーを巻く。

7 ラッピング

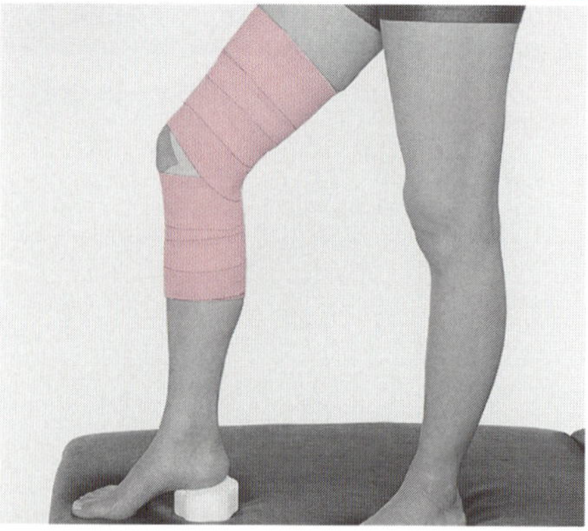

下腿のアンカーから大腿のアンカーに向かって、全体を覆うようにラッピングしていく。写真では75㎜の伸縮テープ（ハンディカット）を使用しているが、伸縮包帯か50㎜の伸縮テープ（ソフト）でもかまわない。

膝を外側へ押すと痛い
外側側副靭帯ねんざのテーピング

P102で紹介している内側側副靭帯のテーピングと同様にXサポートと縦サポートで膝の外側にある靭帯を補強します。

使用するテープと用具

伸縮テープ（ソフト）75ミリ　伸縮包帯

STEP

1. アンカー
2. Xサポート
3. 縦サポート
4. スプリット
5. ラッピング

完成

1 アンカー 75

P.16参照

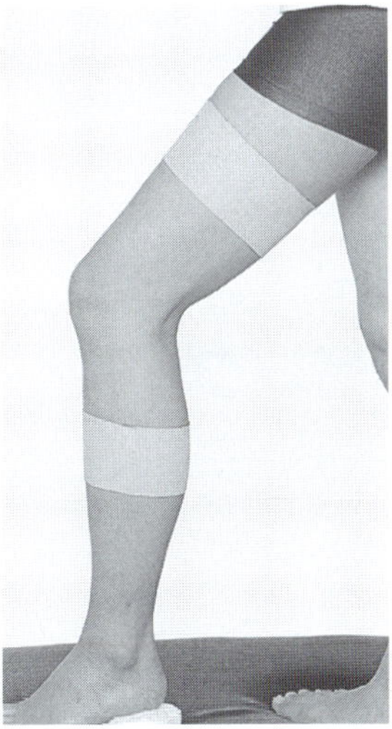

脚に力を入れた状態で、大腿と下腿にアンカーを巻く。※写真にはないが膝の裏にワセリン付きのガーゼを当てて、腱がテープで圧迫されるのを防ぐとよい。

2 Xサポート 75

P.17、101参照

1

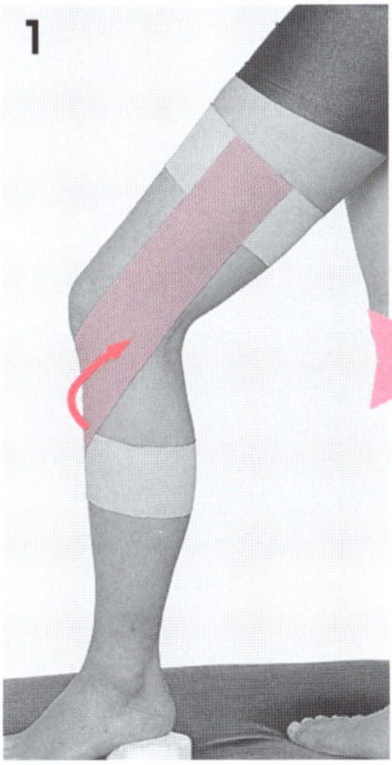

外側側副靭帯を補強するため、下腿のアンカー内側から大腿のアンカーの外側に向かって、かなり強く引っ張りながらサポートを貼る。膝のお皿にかからないように注意。

2

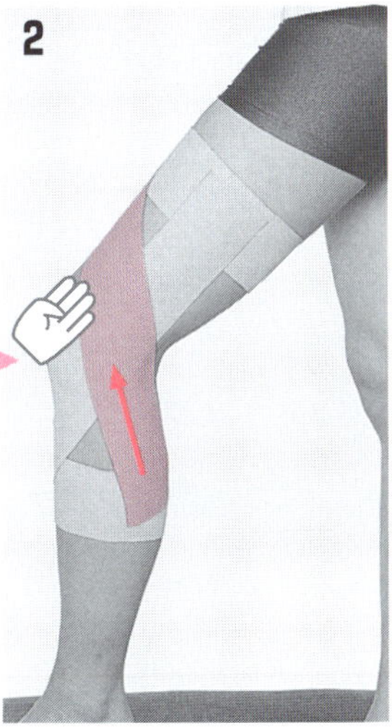

下腿のアンカーの外側から大腿のアンカーの内側に向かって強く引っ張りながらサポートを貼る。Xサポートの交点が外側側副靭帯を通るようにする。外側側副靭帯の位置は、膝頭から指4本分ほど外側が目安。

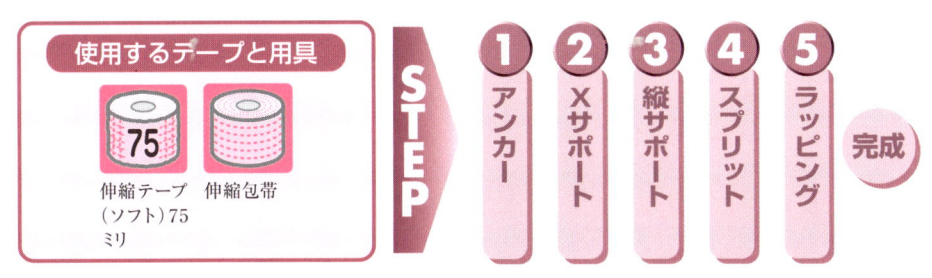

3 縦サポート

P.17参照

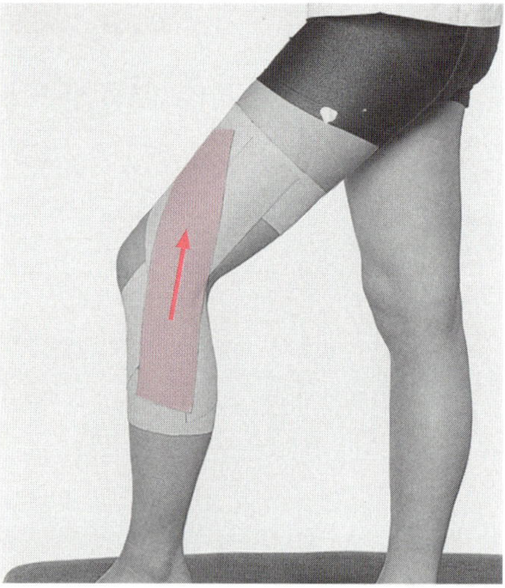

下腿のアンカーからXサポートの交点に向かって、まっすぐ引き上げるようにサポートを貼る。そのまま大腿のアンカーまで引っ張りながら伸縮テープを貼る。

4 スプリット

P.18参照

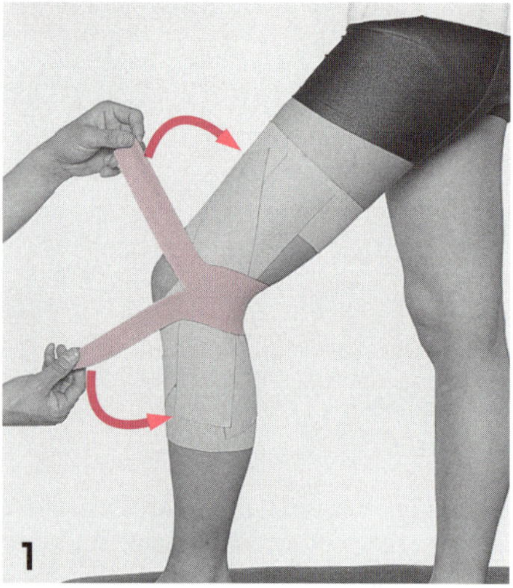

50cmほどテープを引き出し、膝の裏に当てて、左右を同じ長さにする。左右のテープともに、ちょうど真ん中から上下にお皿の横まで引き裂く。引き裂いたテープはそれぞれ膝頭を避けて、引っ張りながら下腿と大腿アンカーまで巻きつけるように貼る。

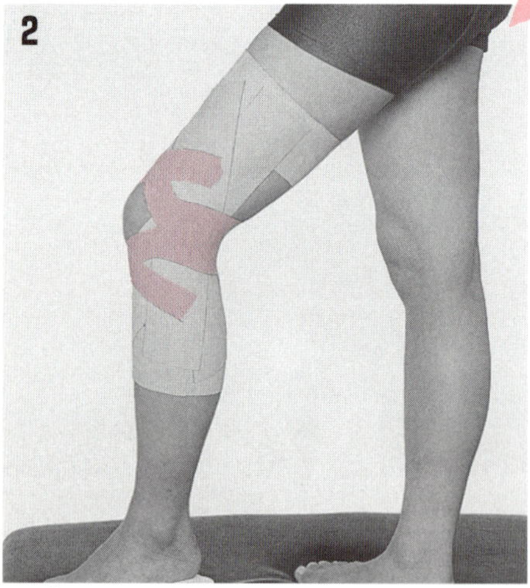

スプリットの完成。

5 ラッピング

P.57参照

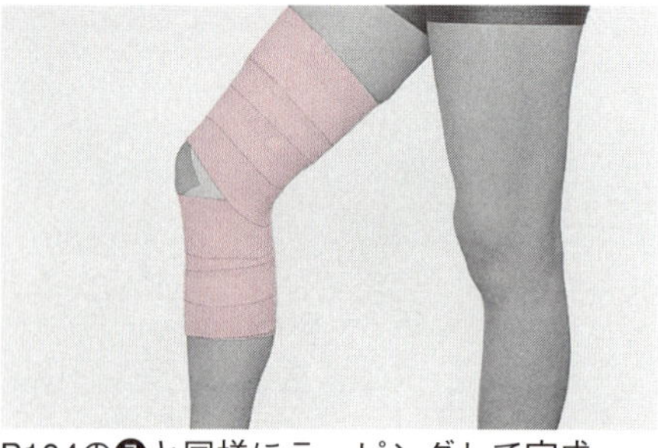

P104の❼と同様にラッピングして完成。

膝を曲げると痛いときのテーピング

膝を曲げたときに膝が痛む場合、前十字靱帯《じんたい》を傷めている可能性があります。前十字靱帯を補強して、痛みを緩和します。

使用するテープと用具

伸縮テープ(ソフト)75ミリ

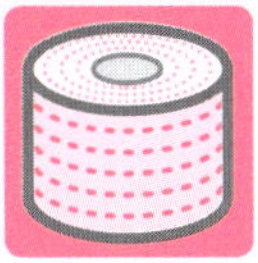

伸縮包帯

STEP

1. アンカー
2. スパイラル
3. Xサポート
4. フィギュアエイト

完成

1 アンカー

P.16参照

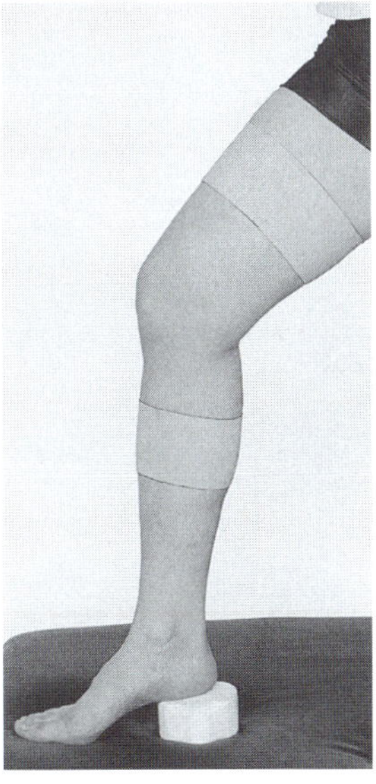

下腿と大腿にアンカーを巻く。

2 スパイラル

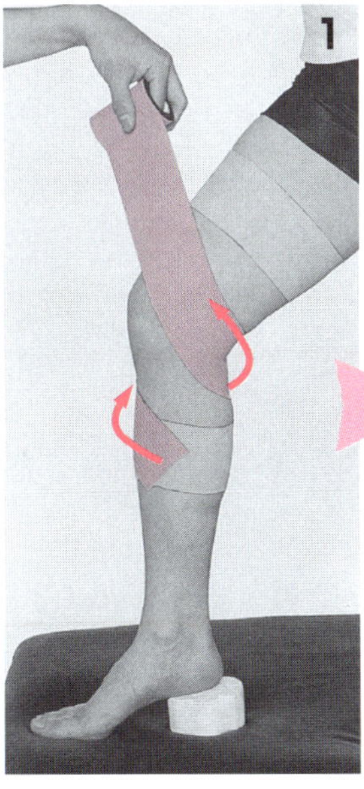

下腿に巻いたアンカーのやや内側から膝の裏を通って、大腿のアンカーまで約45度の角度で引っ張りながら巻いていく。

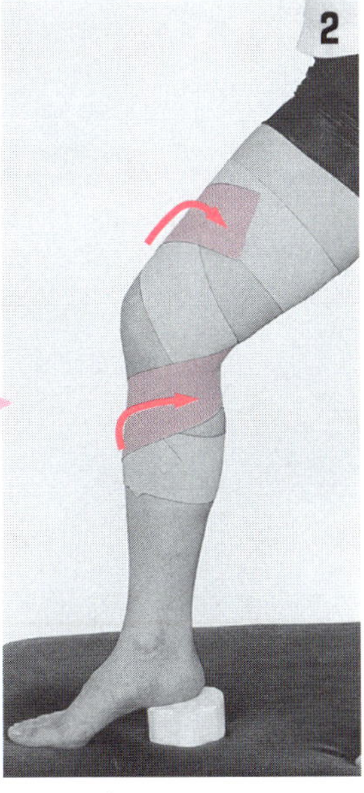

下腿に巻いたアンカーのやや外側から膝の裏でスパイラルが交差するように大腿まで引っ張りながら巻いていく。

③ Xサポート

P.17、101参照

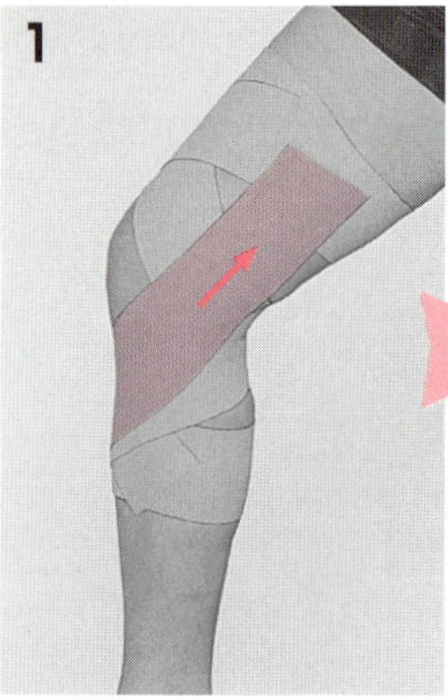

下腿に巻いたアンカーのやや外側から、膝の内側を通して、大腿のアンカーまでテープを貼る。このとき、真上に引き上げるような感じで巻くこと。

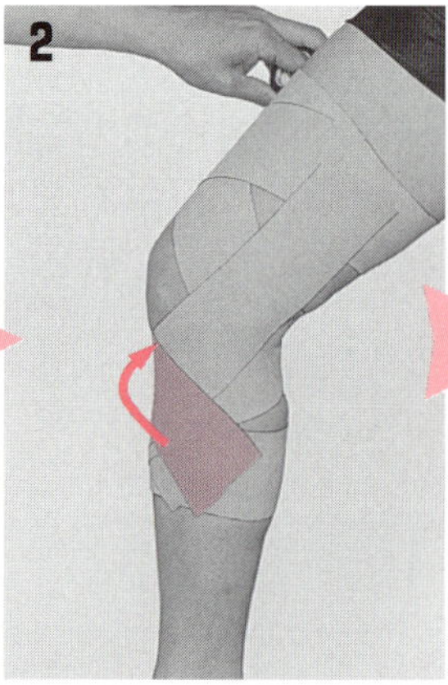

次に下腿のアンカーのやや内側から、膝の外側を通して、大腿のアンカーまでテープを貼る。同じく、真上に引き上げるような感じで巻くこと。

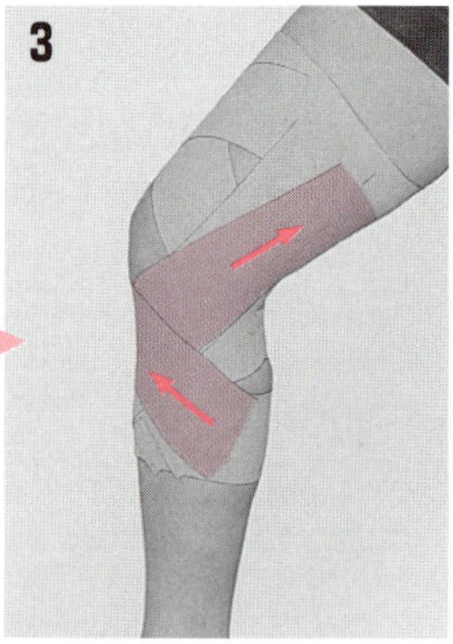

最初に巻いたサポートより、それぞれさらに内側と外側から巻き始め、膝の外・内側を通して、大腿のアンカーまでテープを貼る。このように角度を変えて、Xサポートを数回繰り返す。

④ フィギュアエイト

P.101参照

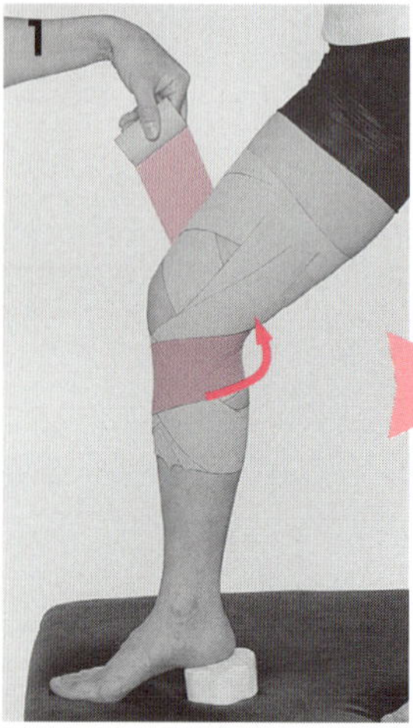

お皿の下から膝の裏を通って、伸縮包帯を斜めに巻き上げていく。

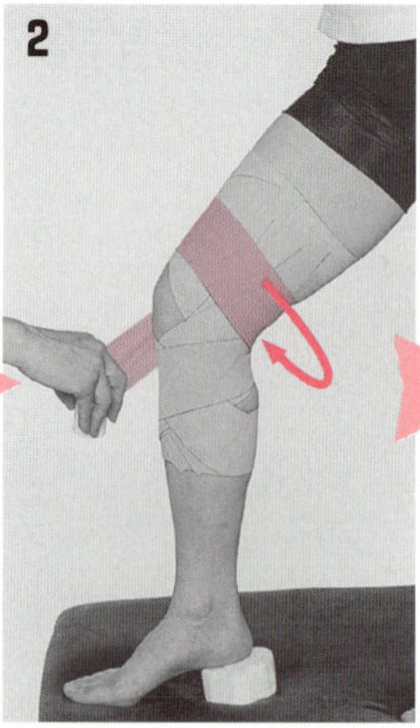

膝の皿の上を1周させ、大腿の内側から膝の裏を通るように斜めに下りる。

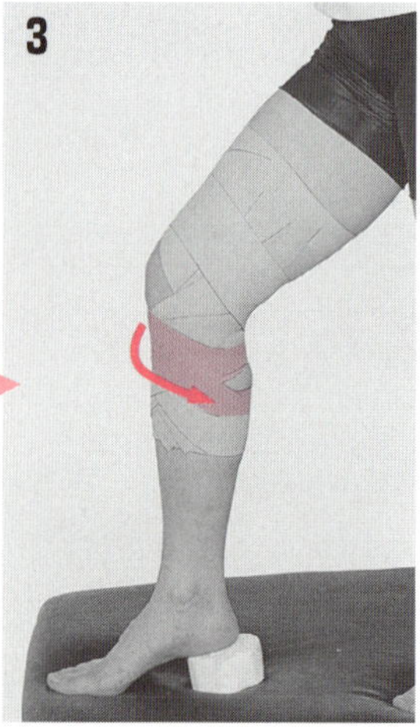

膝の後ろを通り、膝のお皿の下でテープをとめて完成。

膝を伸ばすと膝の裏が痛いときのテーピング

膝を伸ばしたとき、膝の裏が痛むのは、後十字靱帯が可動範囲を超えて伸びたときなどに起こります。膝の裏側にXサポートと縦サポートを貼って、後十字靱帯をサポートします。

使用するテープと用具

伸縮テープ(ソフト)75ミリ、伸縮包帯

STEP 1 アンカー → 2 Xサポート → 3 縦サポート → 4 アンカー → 5 スプリット → 6 ラッピング → 完成

1 アンカー

P.16参照

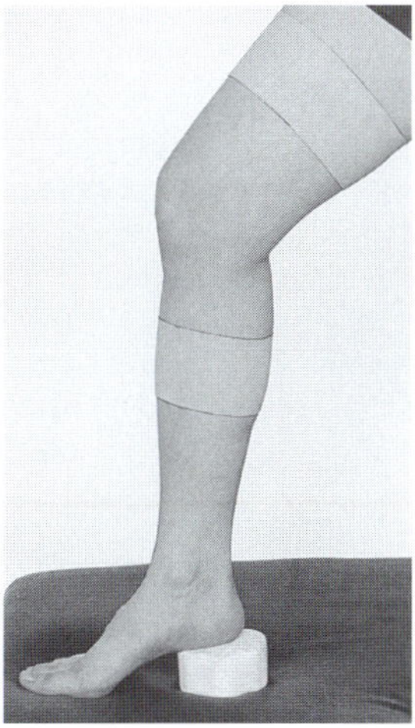

下腿と大腿にアンカーを巻く。

2 Xサポート

P.17、101参照

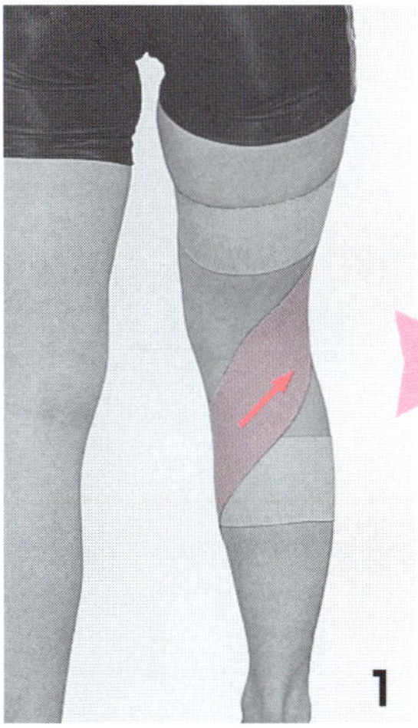

膝のやや内側から膝の裏を通って、大腿のアンカーまで約45度の角度で引っ張りながら巻いていく。

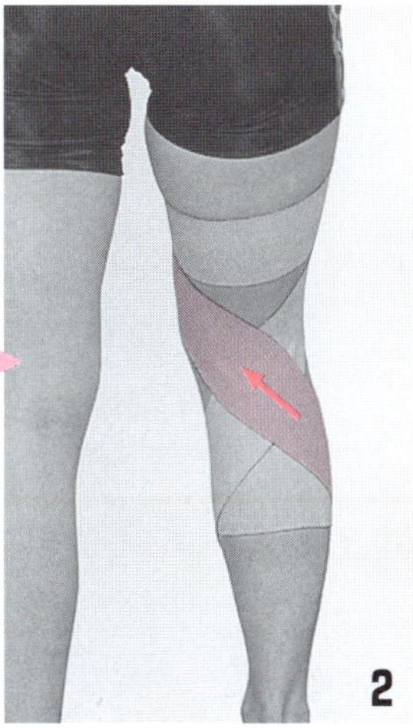

膝のやや外側から膝の裏でサポートが交差するように大腿のアンカーまで引っ張りながら巻いていく。

③ 縦サポート

P.17参照

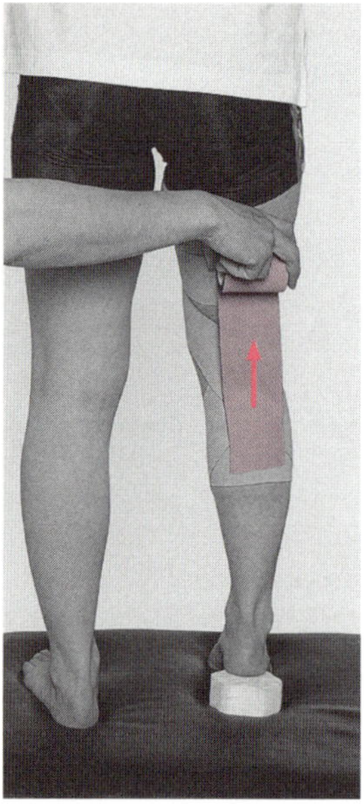

膝の角度（ポイント参照）を決めてから、ふくらはぎのアンカーから膝の裏のXサポートの交点を通って、大腿のアンカーまで縦にサポートを貼る。

POINT

膝の角度の決め方

曲げた状態の膝を少しずつ伸ばしていき、痛みが出る寸前で止めます。この角度で縦サポートを貼っていき、膝が伸展しすぎないように固定します。

④ アンカー

P.16参照

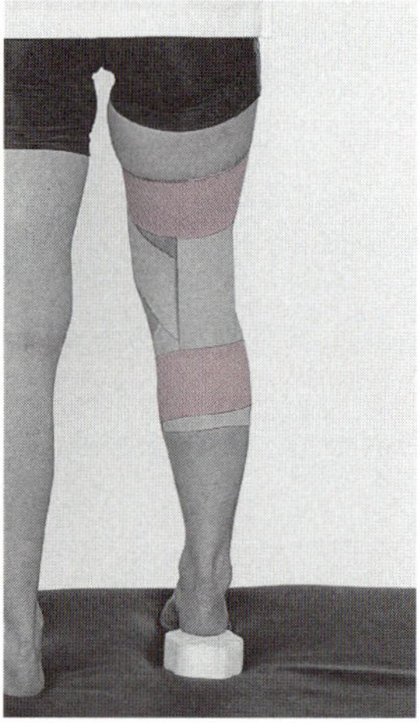

Xサポートと縦サポートをとめるため、大腿と下腿にアンカーを貼る。

⑤ スプリット

P.18参照

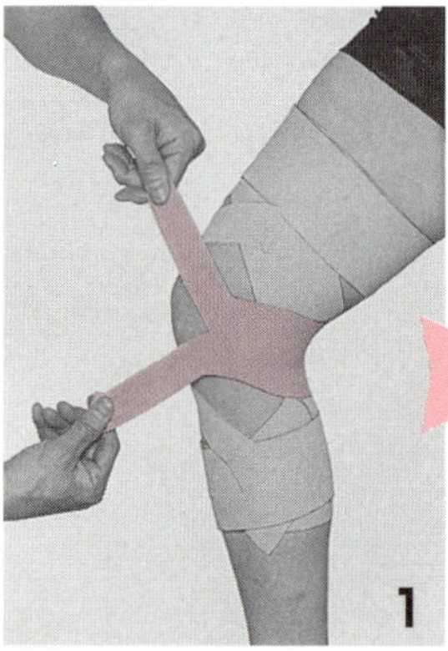

50㎝ほどテープを引き出し、膝の裏に当てて、左右の長さを同じに合わせ、ともに真ん中から上下にお皿の横まで引き裂く。

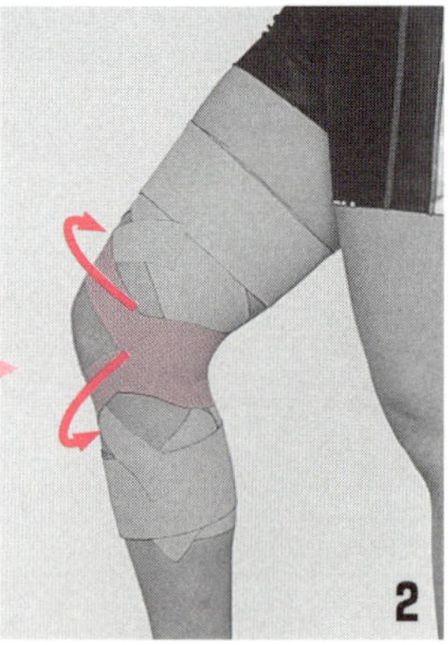

それぞれ膝頭を避けて、引っ張りながら上のテープを膝下に、下のテープを膝上になるように下腿と大腿のアンカーまで巻きつけるように貼る。

⑥ ラッピング

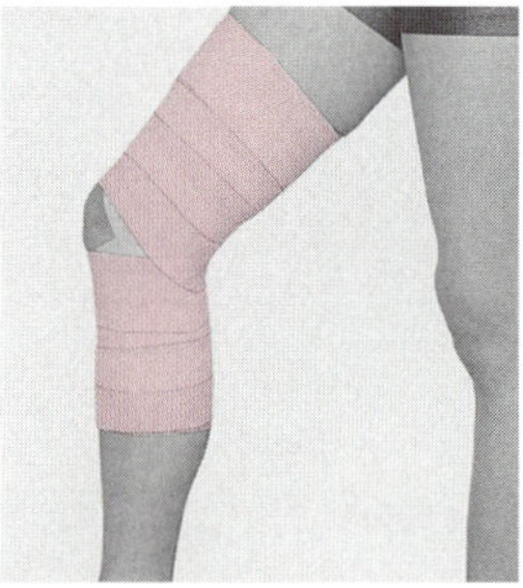

下腿のアンカーから大腿のアンカーに向かって、全体を覆うように伸縮包帯でラッピングして完成。このとき、膝頭には巻かないようにすること。

ジャンパーズ・ニーのテーピング

ジャンパーズ・ニーは、バスケットボールやバレーボールなどジャンプする競技に多いスポーツ障害です。膝のお皿の下にある膝蓋靱帯が炎症を起こし、痛みを伴います。パッドを当てテーピングすることにより、痛みを緩和します。

使用するテープと用具

伸縮テープ75ミリ（ソフト・ハード）、ラバーパッド

STEP
1 アンカー
2 コンプレッション
3 フィギュアエイト
完成

1 アンカー

P.16参照

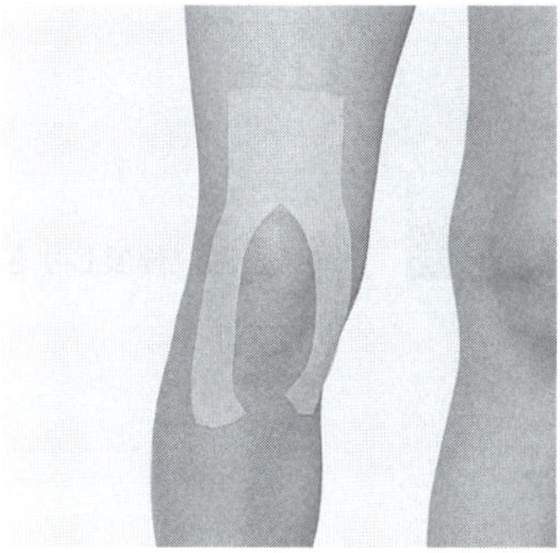

膝の上から伸縮テープ（ハード）を貼り、膝頭のすぐ上でふたつに裂く。裂いたテープは膝頭を避けて下腿まで貼る。

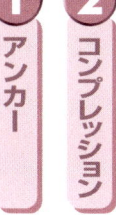

2 コンプレッション

1

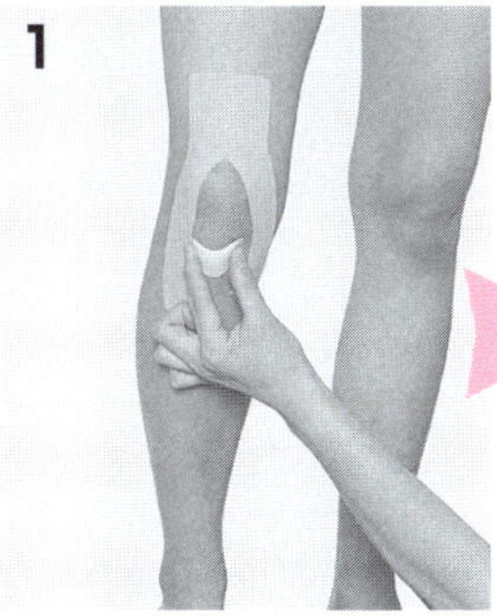

患部を圧迫（＝コンプレッション）するため、まず、U字型に切ったパッドをお皿の下に当てる。

2

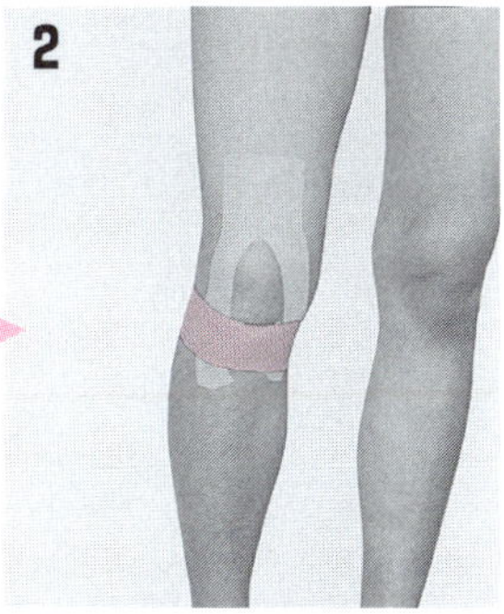

パッドを持ち上げるような感じで伸縮テープを1周巻き、固定する。膝の裏の腱にかからないように注意すること。

3 フィギュアエイト

P.101参照

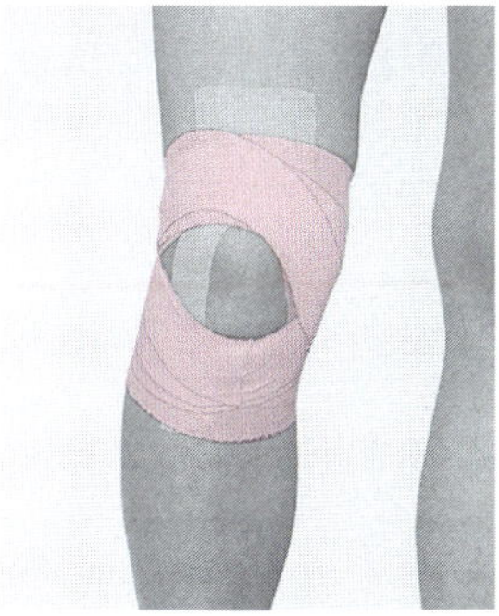

膝の皿にかからないように注意して、フィギュアエイトを２セット巻いて完成。

膝のリコンディショニング

膝は、関節が不安定な構造をしているため、ケガが多い部位です。また、膝の痛みは、多くが大腿部の筋力低下が原因です。日ごろから大腿四頭筋のトレーニングやストレッチを行い、ケガを未然に防ぎましょう。通常、膝に対してマッサージはあまりしませんが、膝の裏に痛みがあれば、大腿部と下腿部のあとにマッサージを行います。

マッサージ

1 膝を手のひらでさする（手掌軽擦《しゅしょうけいさつ》）

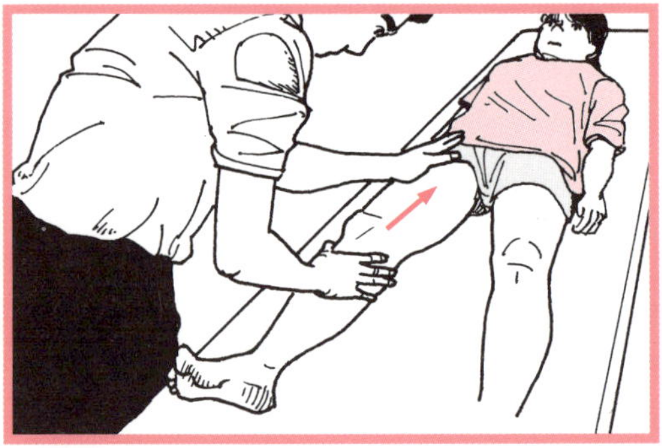

膝から大腿部を通り、足の付け根まで手のひらでさする。このとき、大腿部の内側→外側→中央の順に行う。

2 膝を手の根元でもむ（手根揉捏《しゅこんじゅうねつ》）

膝に手を当て、体重をかけながら大腿部に向かって、手の根元でもみほぐす。内側→外側の順に行う。

3 膝を両手でつかむようにもむ（双手《そうしゅ》把握《はあく》揉捏《じゅうねつ》）

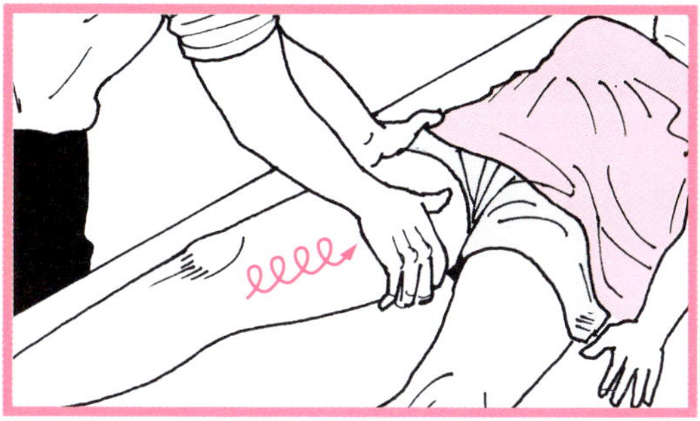

両手で内側と外側の筋肉をつかみ、膝から足の付け根に向けてもむ。外側の筋肉が張っているときは、両手の親指で、圧迫しながら行うとよい。

4 内転筋を手の根元でもむ

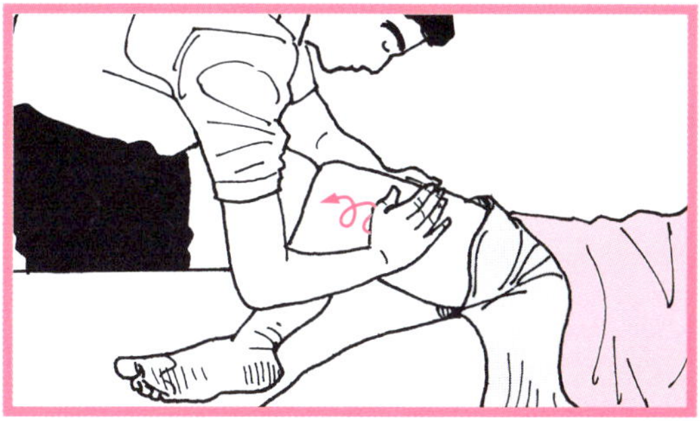

膝を曲げて、外側に軽く倒す。この状態で大腿部内側の筋肉を手の根元で大きくこねるようにもむ。

回復・傷害予防の トレーニング

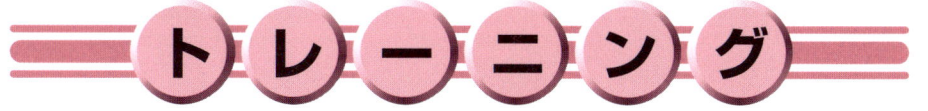

1 クォードセッティング 10秒×3セット

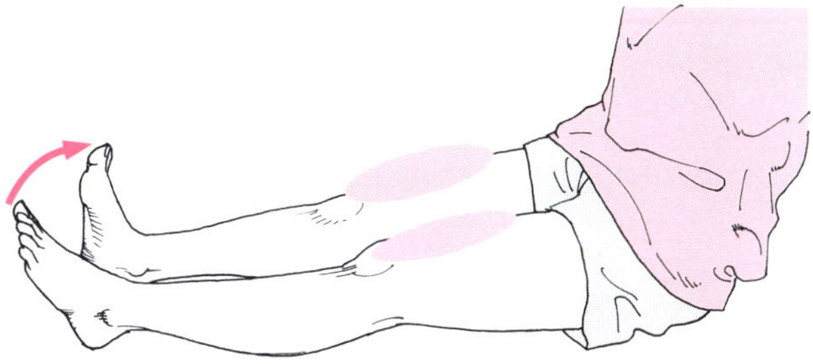

膝を伸ばした状態で片方の足首を曲げ、太ももの前面に力をいれる（大腿四頭筋、特に内側広筋を収縮させる）。

2 SLR（ストレート・レッグ・レイジング）

10～15回×3セット

足を投げ出して座り、後方に手をついて上体を倒す。そのまま伸ばした足をまっすぐ上げていく。

3 レッグエクステンション

10回×3セット

慣れてきたら、ダンベルを足に巻きつけて行ってもよい。

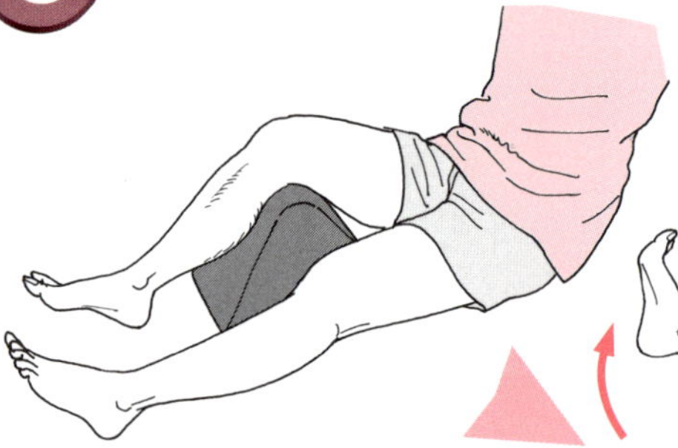

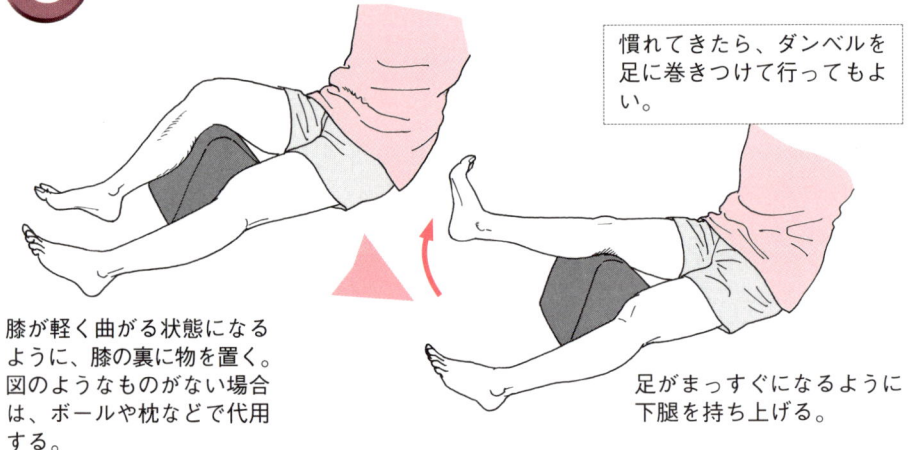

膝が軽く曲がる状態になるように、膝の裏に物を置く。図のようなものがない場合は、ボールや枕などで代用する。

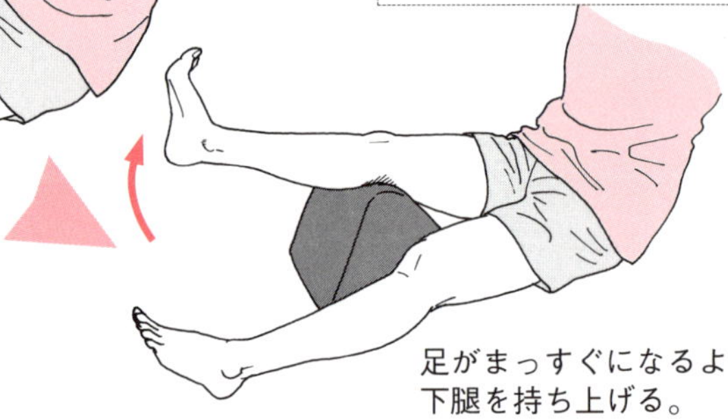

足がまっすぐになるように下腿を持ち上げる。

4 ニーフレクション

10秒×3セット

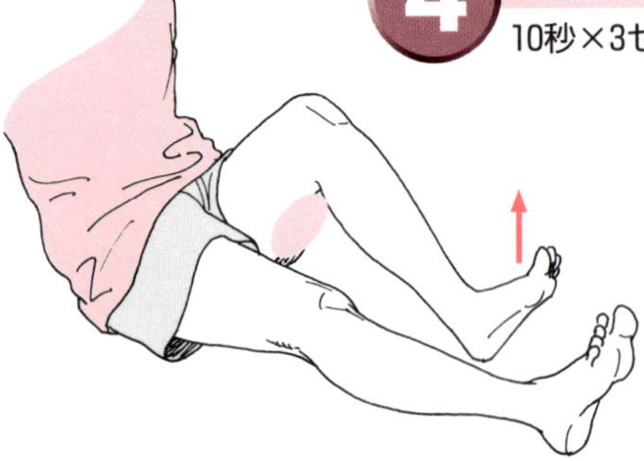

膝を曲げて座り、つま先を上げる。このとき意識を集中させて、ハムストリングスを伸ばす。

5 四動作 10回×3セット

足の裏にダンベル（1～2kgのもの）を巻きつける。膝が軽く曲がる状態になるように膝の裏に枕などを置いて、脚を伸ばす。

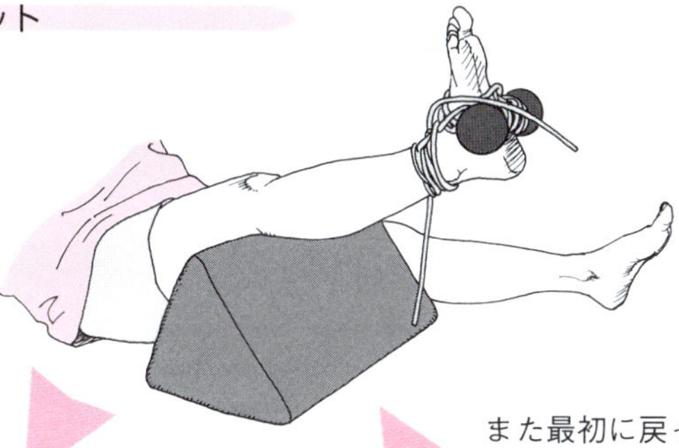

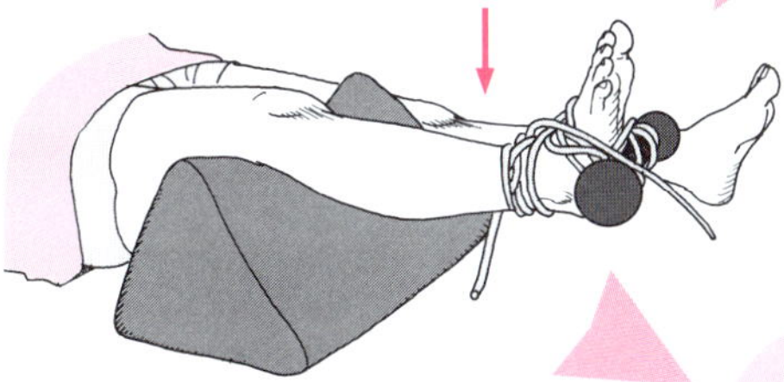

脚を伸ばしたまま、膝の裏に置いた枕をつぶすような感じで、下腿を下ろす。

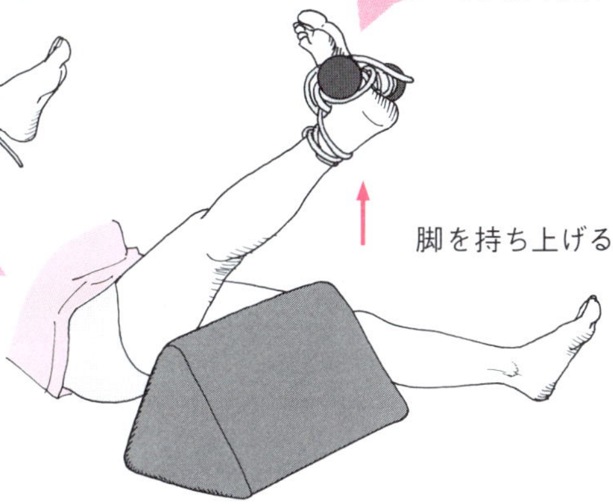

脚を持ち上げる。

また最初に戻って、繰り返す。

6 マシンを使ったレッグカール
10回×3セット

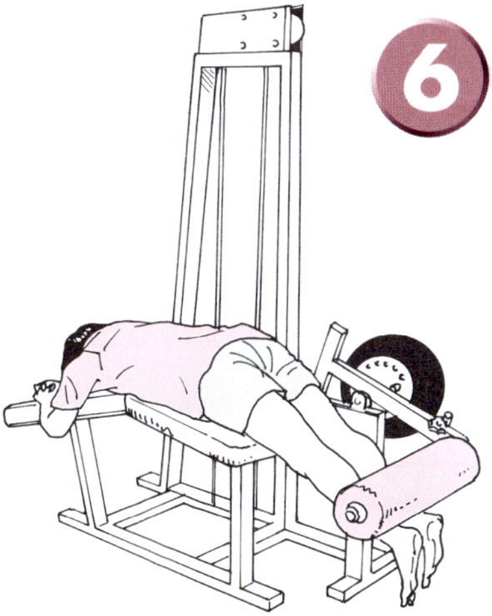

トレーニングマシンに図のようにうつぶせになり、円柱形をしたパーツの下にふくらはぎを入れる。図のようなトレーニングマシンは、ジムなどに置いてある。詳しい使用方法はインストラクターに聞くこと。

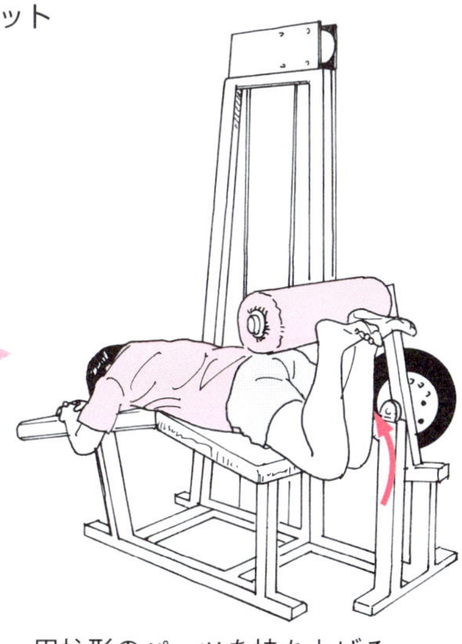

円柱形のパーツを持ち上げる。

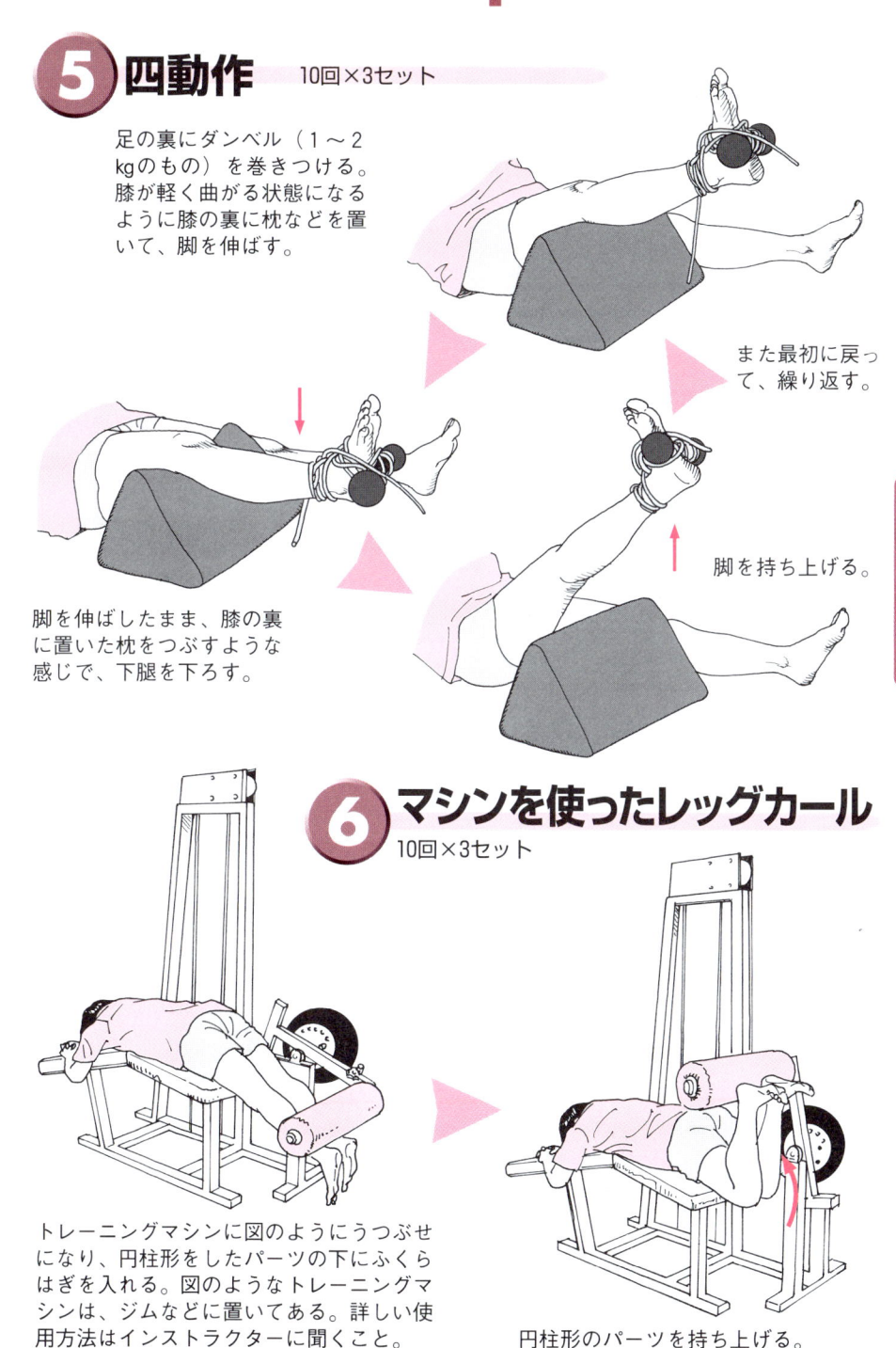

7 マシンを使ったレッグエクステンション

10〜15回×3セット

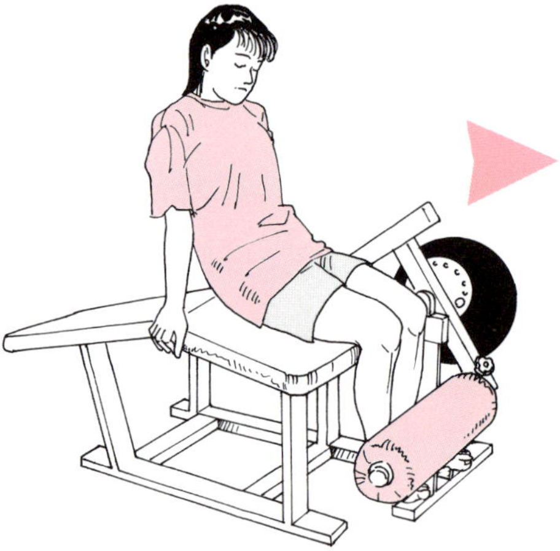

トレーニングマシンに座り、円柱形のパーツの下に足を入れる。

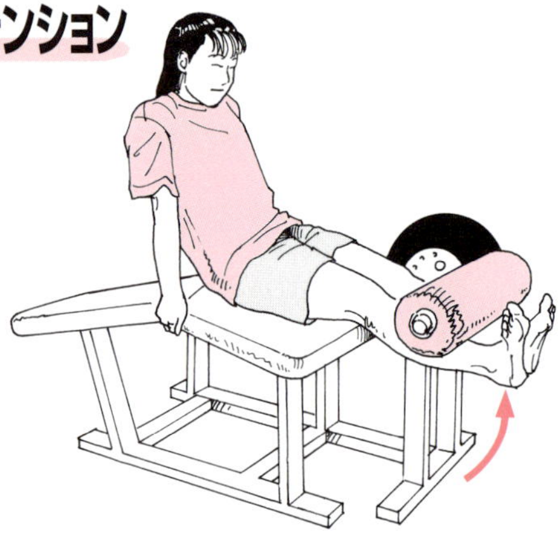

足がまっすぐになるまで、円柱形のパーツを持ち上げる。

8 ボールはさみ

10秒×3セット

大腿の内側でボールをはさみ、その状態を維持する。内転筋を強化する。

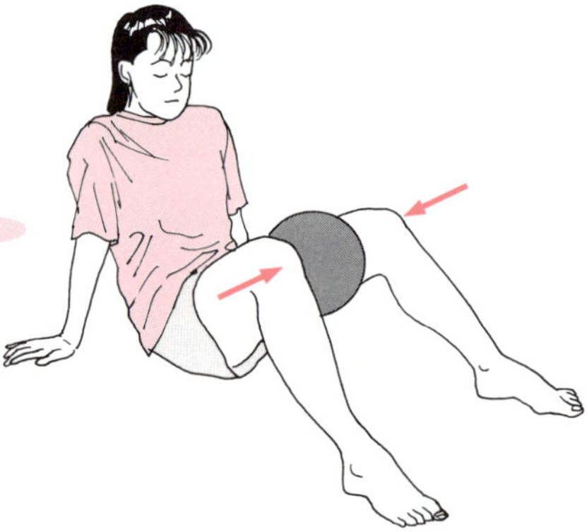

9 股関節開脚

10〜15回×3セット

両足の大腿部をチューブでしばる。

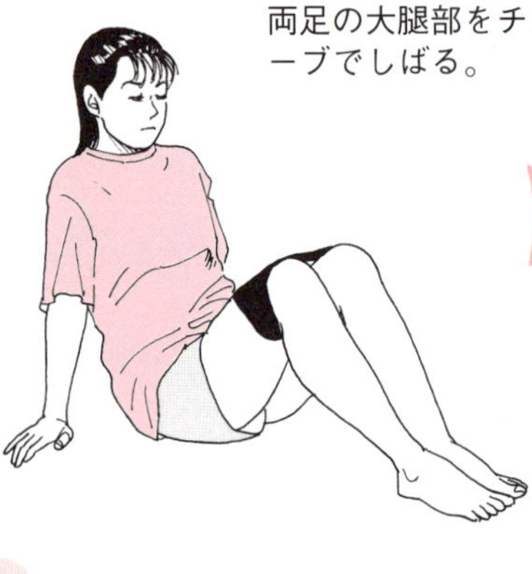

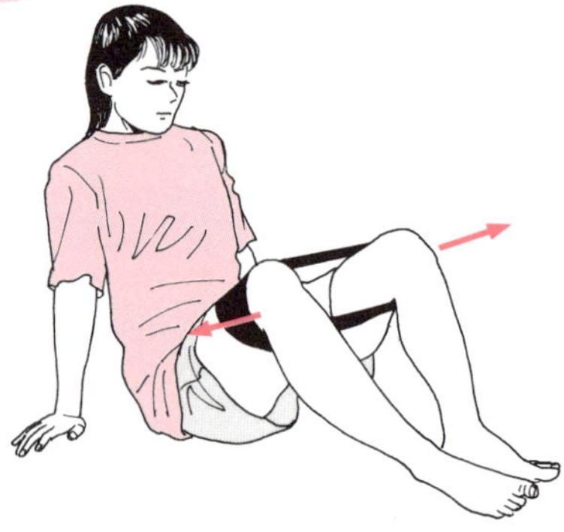

大腿部を広げられるところまで広げたら閉じる。

10 スクワット

30回×3セット

足を肩幅に開き、胸を張って立つ。両手は後頭部で組む。

膝の関節がつま先よりも出ないように、お尻を突き出すようにしながら体を沈めていく。このとき、前傾が深くならないように注意する。大腿部が床に対して平行になったら元に戻す。このとき背筋を伸ばした状態を維持すること。

11 シングルスクワット

30回×3セット

体の後方に台を置き、片脚をのせて、一本足で立つ。手は頭の後ろで組んでおく。

膝を曲げて体を適度に沈ませてから、立っている足の力だけで体を上方に押し上げる。

12 ウォールプッシュ

10秒×3セット

あお向けに寝転がり、膝と足首を直角に曲げて、足で壁を押す。このとき体が動かないようにする。四頭筋を強化できる。

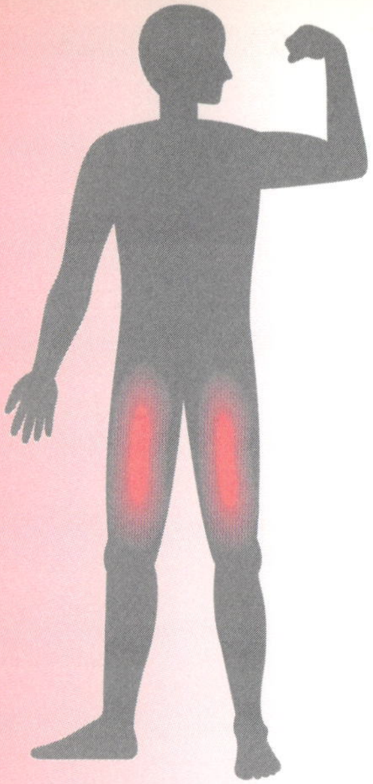

大腿部

大腿部のしくみ

大腿《だいたい》部は大腿骨を中心として、その周りを覆うように筋肉が広がっています。これらは、主に膝の屈伸をするのに必要な筋肉群となっています。前面にある膝の伸展を調節する筋肉群は、大腿四頭筋《だいたいしとうきん》と呼ばれ、内側広筋《ないそくこうきん》・中間広筋《ちゅうかんこうきん》・外側広筋《がいそくこうきん》・大腿直筋《だいたいちょっきん》より構成されています。後面には膝の屈曲をコントロールする筋肉群があり、ハムストリングスと呼ばれています。ハムストリングスは大腿二頭筋《だいたいにとうきん》・半腱様《はんけんよう》筋《きん》・半膜様筋《はんまくようきん》からなっています。

●大腿骨《だいたいこつ》を中心として前面に大腿《だいたい》四頭筋《しとうきん》、後面にはハムストリングスといった筋肉群で構成

●肉離れ

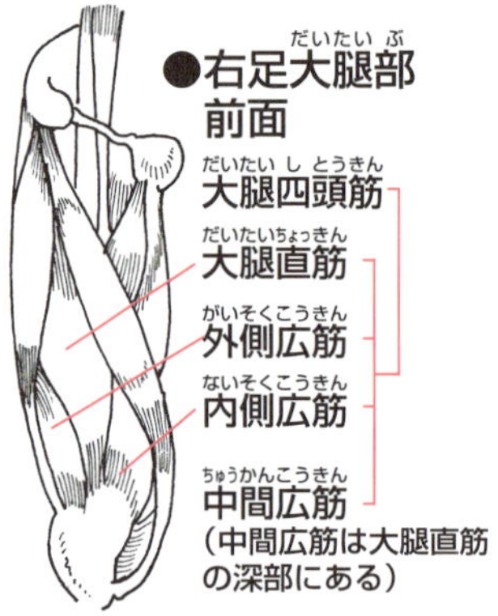

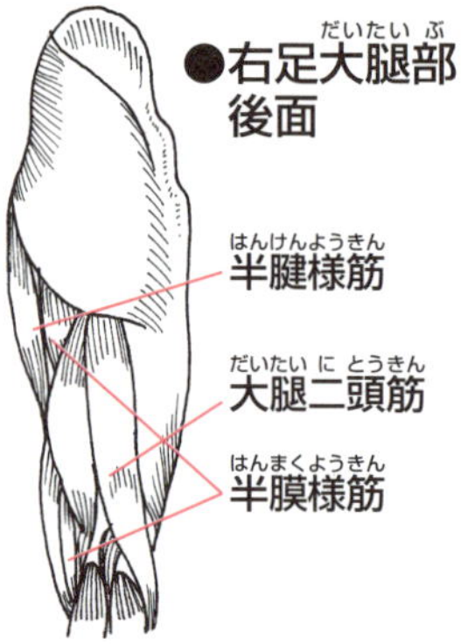

大腿部のスポーツ傷害と対処法

■スポーツ外傷

ハムストリングスの肉離れ(→P121)

肉離れとは、筋線維を傷めた場合でも筋肉を切ってしまった場合でも、こう呼びます。軽度の場合は大腿部後面に筋肉痛のような痛みがあり、完全に断裂している場合には、筋肉の異常な盛り上がりがみられるのが特徴です。疲労や柔軟性の不足などによって起こりやすいとされています。肉離れを起こした場合、まずは傷めた筋肉をリラックスさせ力を抜くことが必要です。

チャーリーホース(→P123)

大腿部前面に受ける打撲傷のことをチャーリーホースいいます。とくにサッカーやラグビーなど、当たりの激しいスポーツによくみられます。この部位に強い打撃が加わることによって、大腿四頭筋が大腿骨にぶつかり、強い痛みや内出血などを引き起こします。

大腿部の応急処置

大腿部で多いケガは、前面の打撲(チャーリーホース)とハムストリングスの肉離れです。肉離れをしたら、R.I.C.E.処置をするのが基本です。1～3日過ぎて、腫れや痛みがひいたら、患部を温めたり、マッサージをして血行を促進します。痛みが消えたら、テーピングをして、段階的に運動復帰していきます。ストレッチテスト（P120参照）で復帰できるかどうかを調べましょう。

ハムストリングスの肉離れを予防するには、日ごろから、筋力アップと柔軟性を高めるトレーニングを行うことが効果的です。

打撲した場合は、R.I.C.E.処置をすぐに行います。十分な処置をしたあとは、患部を温め、マッサージやストレッチをしていきましょう。打撲の程度が軽くても、患部を十分に保護しなければなりません。これを怠ると、筋肉の中に仮骨ができる「骨《こっ》化《か》性《せい》筋《きん》炎《えん》」になってしまうことがあります。運動に復帰するときは、パッドを使って患部を保護するのがよいでしょう。

ハムストリングス・肉離れの応急処置

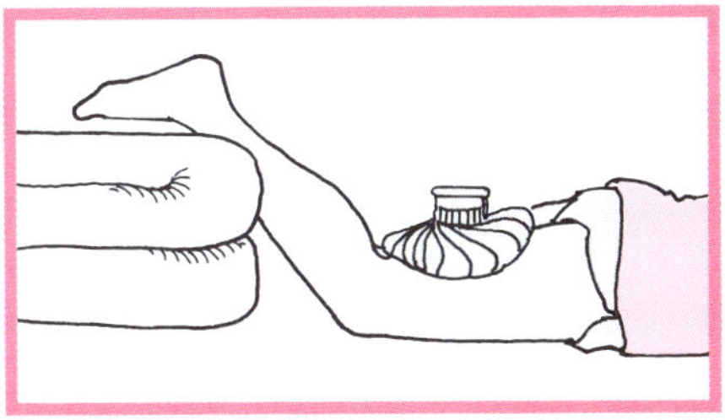

うつぶせに寝て、大腿部と心臓を平行にする。足首を高さ30㎝ほどの物にのせて膝を曲げるとラク。この姿勢で氷のうなどのアイスパックをのせて患部を冷やす。

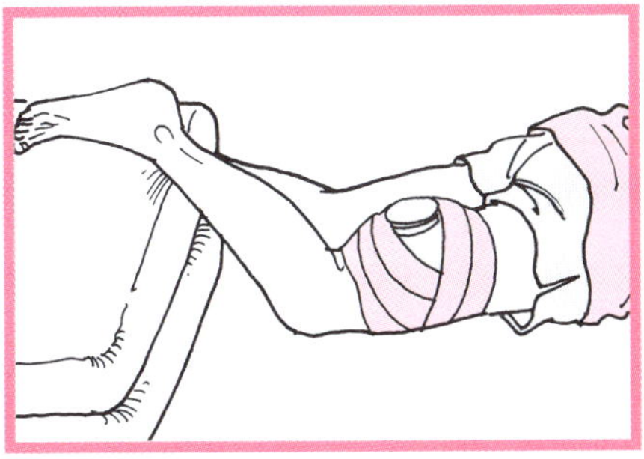

氷のうなどのアイスパックを伸縮テープで固定して、圧迫。

肉離れのテスト

筋力テスト

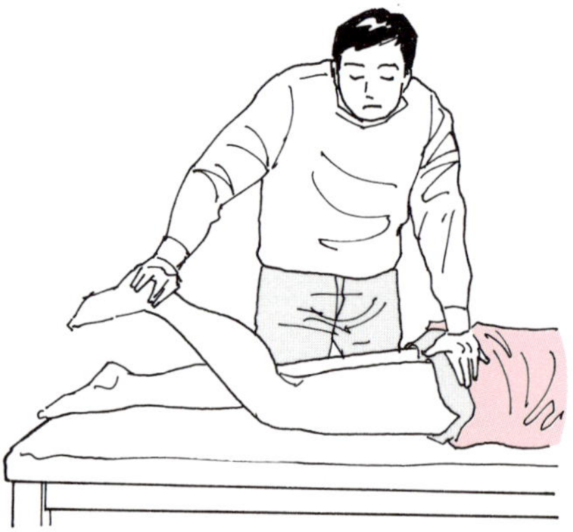

肉離れした脚と正常な脚を比較して、筋力を比較するテストです。

ケガをした人は、うつぶせになり、膝を曲げて、かかとを自分の方向に近づけます。このとき、お尻を押さえて動かないようにし、かかとにも負荷をかけます。まず、正常な脚からはじめ、次にケガをしている脚にも同様のテストをします。ケガをしている脚が、正常な脚の力からみて80%以下であれば、テーピングの有無にかかわらず、運動への復帰はお勧めできません。

ストレッチテスト

肉離れをした脚の柔軟性をチェックします。あお向けになり、膝を伸ばしたまま、調べる人にかかとを持ってもらい、脚を上げていきます。

正常であれば90度以上上がる。

約50度以上まで上げて痛みを感じたら、テーピングの力を借りても、運動復帰しないほうが賢明。

ハムストリングス・肉離れのテーピング

大腿部のケガのなかでも最も多い、大腿部裏の筋肉（ハムストリングス）の肉離れを保護するテーピングです。まずは、テーピングをする前に、ストレッチテストと筋力テスト（P120）で、患部の状態を確認しましょう。ケガの程度がひどい場合は、テーピングしたからといって、無理に運動するのはやめましょう。

使用するテープと用具

ホワイトテープ38ミリ

伸縮テープ（ソフト）50ミリ

正しい姿勢

うつぶせに寝て、下腿の下に板などを置き、ハムストリングスをリラックスさせる。

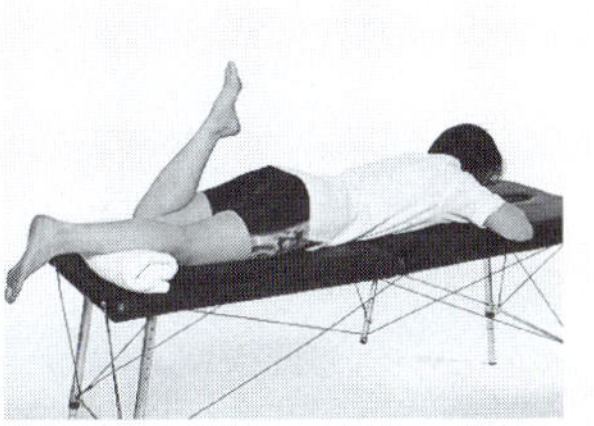

STEP

1. アンカー
2. Xサポート
3. 水平サポート
4. アンカー
5. ラッピング

完成

❶ アンカー

P.16参照

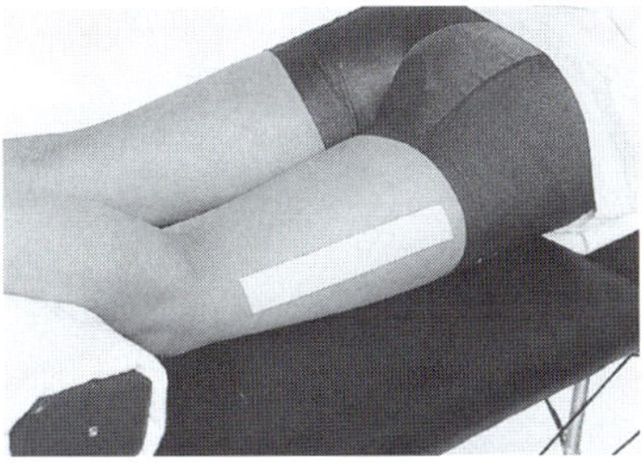

肉離れした部分を中心にして、大腿部の内側と外側にアンカーを貼る。

❷ Xサポート

P.17参照

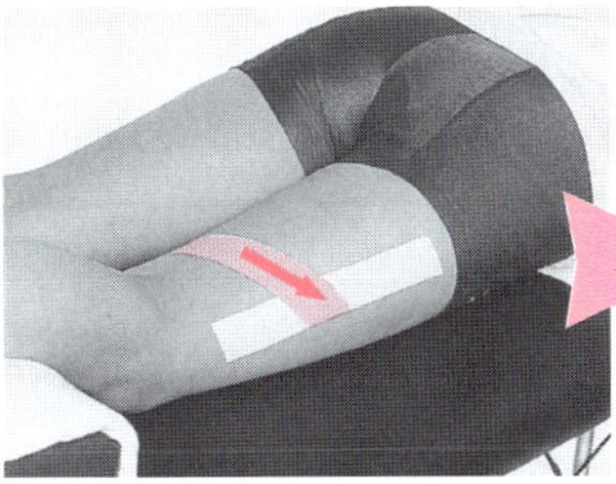

内側のアンカーの最下部から30〜40度の角度をつけて斜めに引き上げるようにして外側のアンカーまでホワイトテープを貼る。

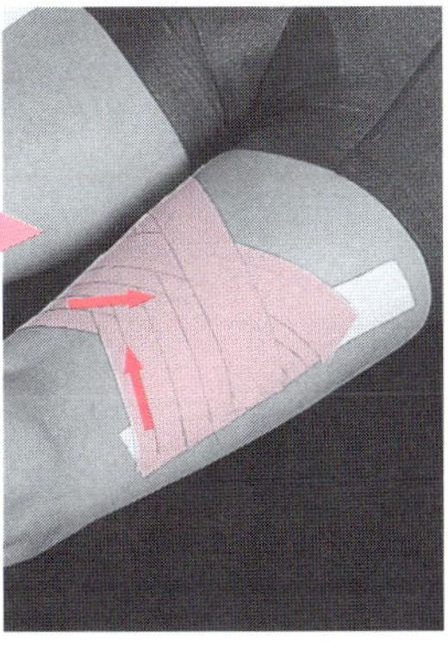

外側のアンカーの最下部からも同様に角度をつけて内側のアンカーまでテープを貼る。テープを1/2ほどずらして❷を繰り返し、患部を覆うようにアンカーの上端まで貼っていく。

3 水平サポート

P.17参照

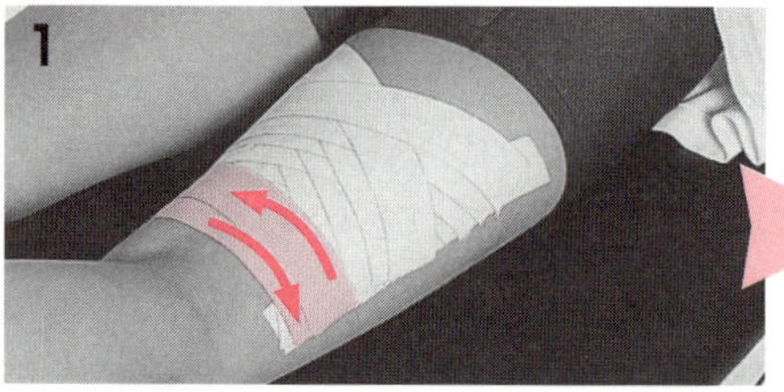

Xサポートを補強するため、内側のアンカーの最下部から外側のアンカーに水平にサポートテープを貼る。テープを1/2ぐらいずらして、外から内に同じくテープを貼る。

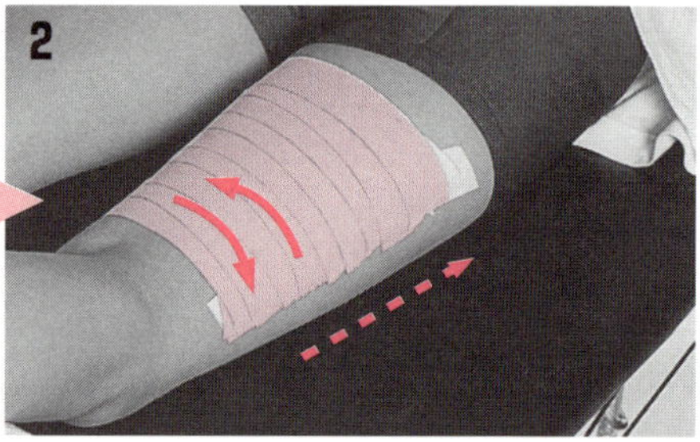

内から外、外から内とアンカーの最上部まで交互に水平サポートを貼っていく。

4 アンカー

P.16参照

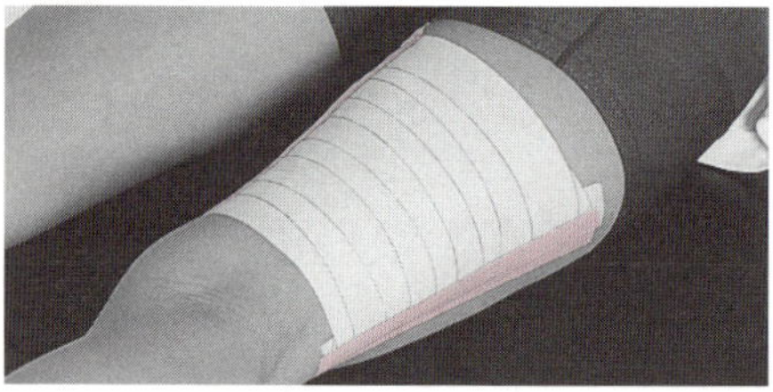

サポートテープを固定するため、内側と外側にアンカーを貼る。最初に貼ったアンカーより外側へずらして、テープの半分は皮膚にかかるように貼る。

POINT 中央に筋肉を集めるようなイメージで

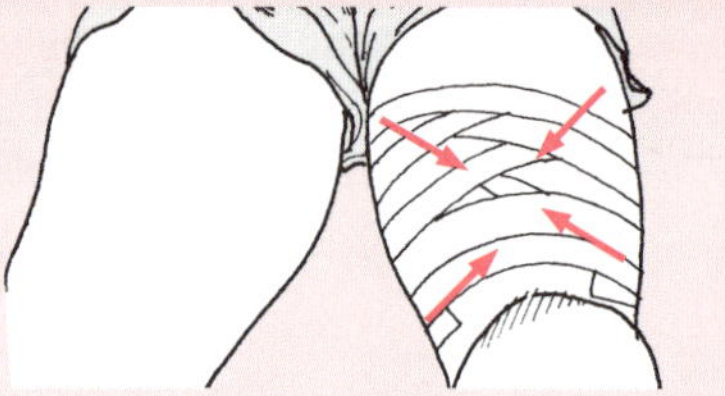

Xサポートと水平サポートは、内→外、外→内と交互に貼っていきますが、このとき周囲の筋肉を患部周辺に集めるイメージで巻いていきましょう。

5 ラッピング

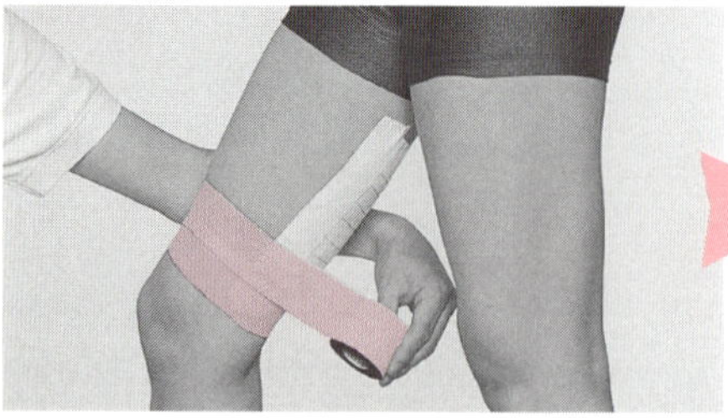

立ち上がってテーピングをした脚に体重をかけ、筋がいちばん太くなったところでラッピングする。

伸縮テープをぐるぐると巻いていき、全体を覆って、完成。

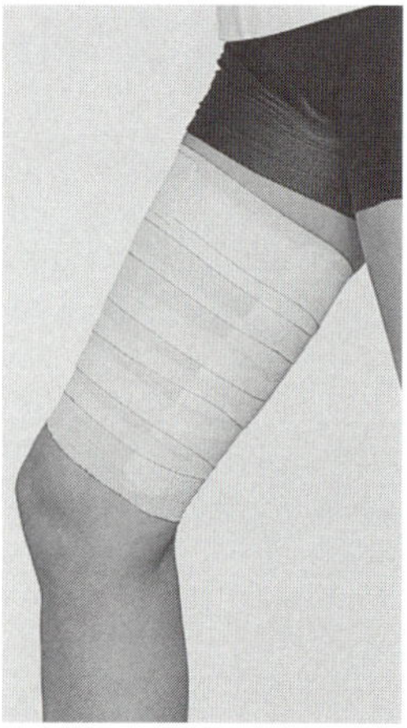

大腿前部を打撲(チャーリーホース)したときのテーピング

　サッカーやラグビーなどの激しいスポーツでは、大腿前部の打撲が頻繁にみられます。強い痛みや内出血を伴うことが多いため、患部をパッドで保護するテーピングを紹介します。

使用するテープと用具

ホワイトテープ38ミリ　伸縮テープ(ソフト)50ミリ　ラバーパッド

STEP

1. アンカー
2. Xサポート
3. 水平サポート&アンカー
4. パッドを当てる
5. ラッピング

完成

正しい姿勢

テーピングする足を前に出し、体重をかけ、膝は軽く曲げる。

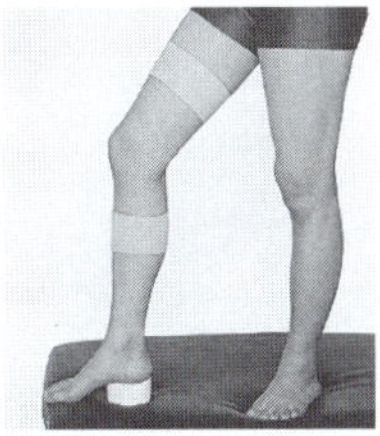

1 アンカー

38

P.16参照

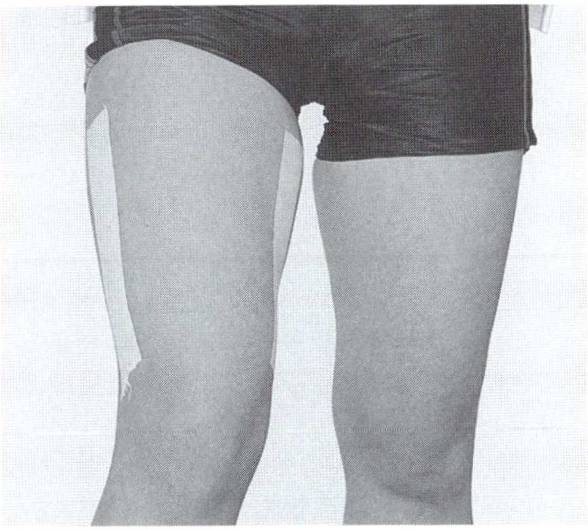

打撲した部位を中心にして等間隔に、内側と外側にアンカーを貼る。

2 Xサポート

38

P.17参照

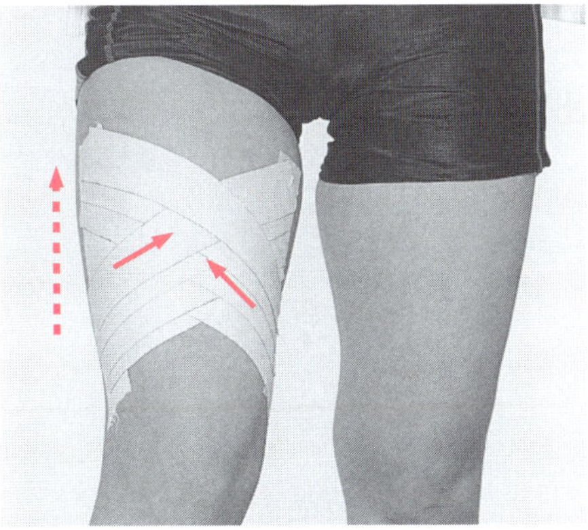

内側のアンカーから外側のアンカーへ斜めに引っ張りながらテープを貼る。同様に外側から内側に向かって貼る。下から上にずらしながら、これを繰り返す。打撲した部位に周囲の筋肉を集めるような感覚で貼ること。

3 水平サポート&アンカー 38

P.16、17参照

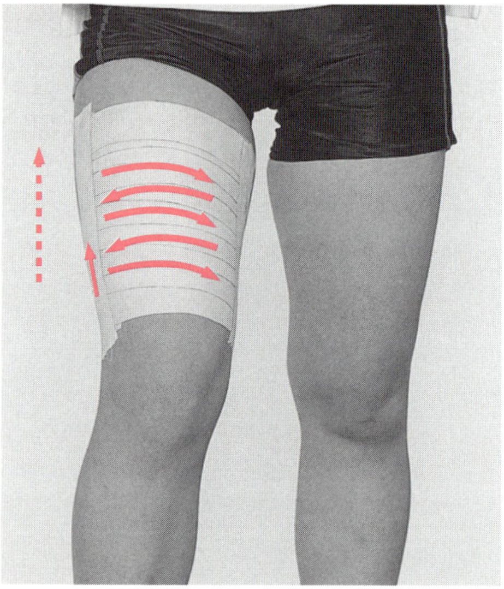

外側のアンカーから内側のアンカー、内側のアンカーから外側のアンカーと交互に、下から上へテープの幅1/2〜1/3くらいずらしながら水平サポートを貼っていく。上まで貼れたら、内側と外側にアンカーを貼りサポートを固定する。

4 パッドを当てる

P.57参照

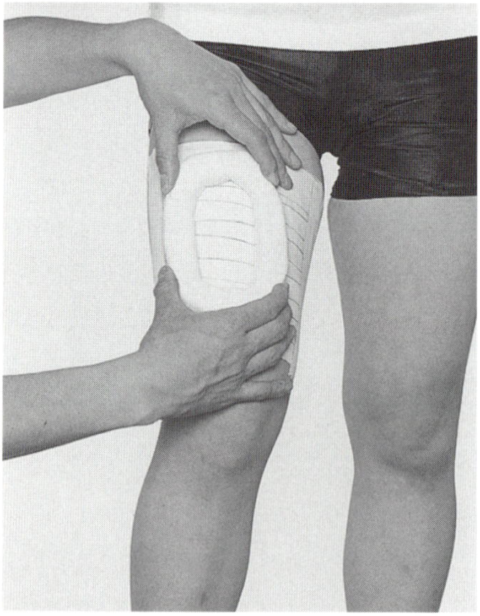

患部の大きさに合わせて、真ん中をくりぬいたパッドを作り、患部に当てる。

5 ラッピング 50

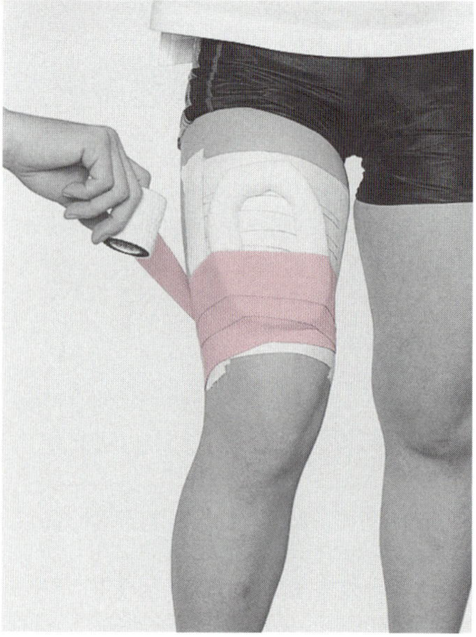

伸縮テープでラッピングして、完成。

大腿部のリコンディショニング

大腿前部は打撲（チャーリーホース）、大腿後部（ハムストリングス）は肉離れが多く起こります。肉離れは柔軟性の不足や疲労が原因となるので、マッサージやストレッチで疲れをとって柔軟性を保ち、トレーニングで強化して予防に努めましょう。肉離れになったときは、医師の診断をあおぎ、あせらずに患部の回復を待ってからリコンディショニングを行います。

大腿前部を打撲した場合の マッサージ

1 大腿前部を手のひらでさする（手掌軽擦《しゅしょうけいさつ》）

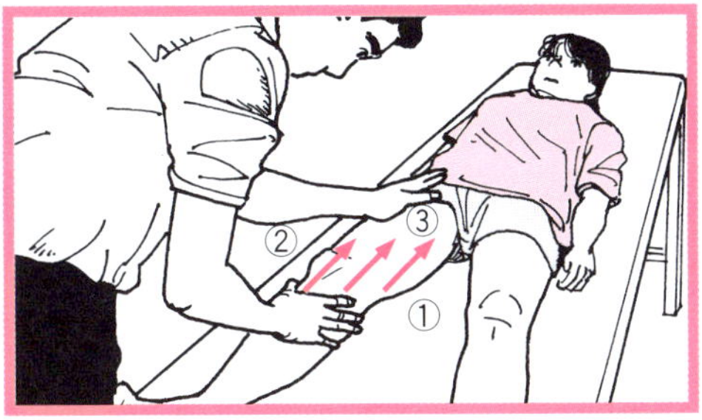

膝から大腿部を通り、腹部まで手のひらでさする。このとき、イラストのように①大腿部の内側→②外側→③中央の順に行う。

2 大腿前部を手の根元でもむ（手根揉捏《しゅこんじゅうねつ》）

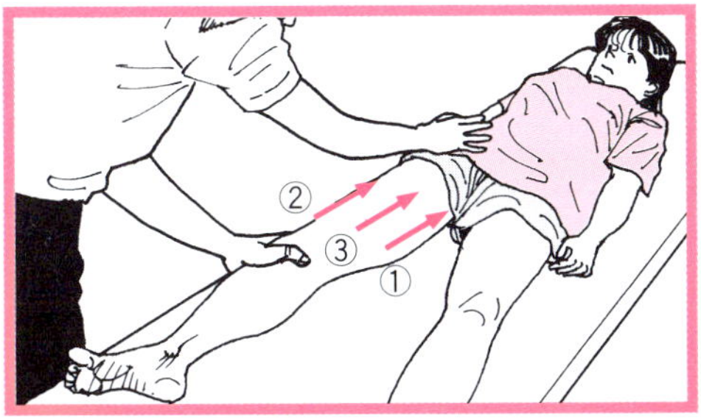

膝から大腿部を通り、腹部まで手の根元でもむ。このとき、イラストのように①大腿部の内側→②外側→③中央の順に行う。

3 大腿前部を4本指でもむ（四《し》指《し》揉捏《じゅうねつ》）

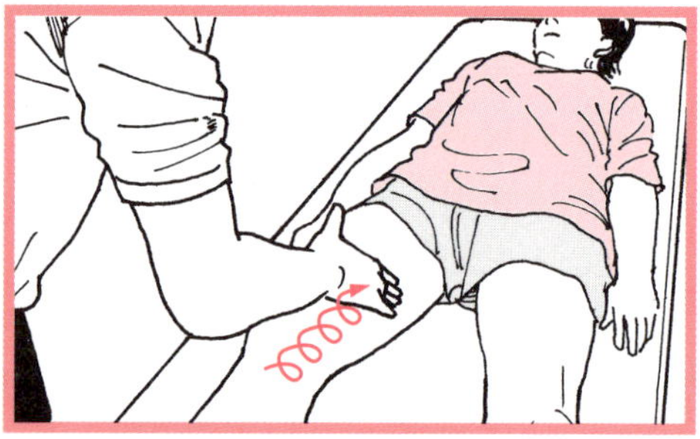

膝から大腿部を通り、足のつけ根まで4本の指でこねながらもむ。前ページの❶、❷と同様に大腿部の内側→外側→中央の順に行う。

4 大腿前部を伸ばす（伸展法《しんてんほう》）

10～30秒静止

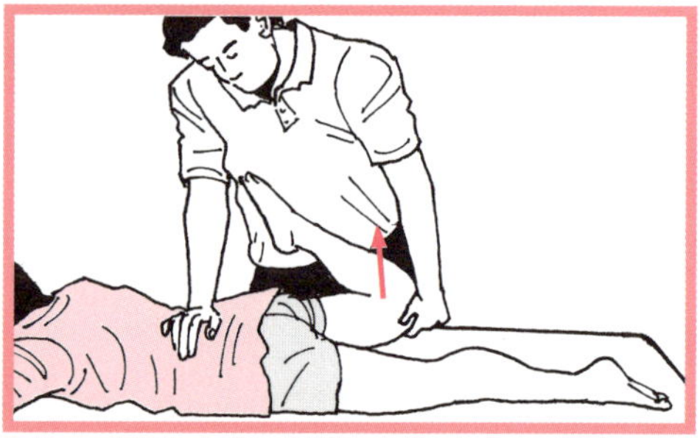

うつぶせに寝かせた状態で、膝の下に手を入れて持ち上げ、大腿前部を伸ばす。

ハムストリングスが肉離れした場合の

マッサージ

1 大腿後部を手のひらでさする（手掌軽擦《しゅしょうけいさつ》）

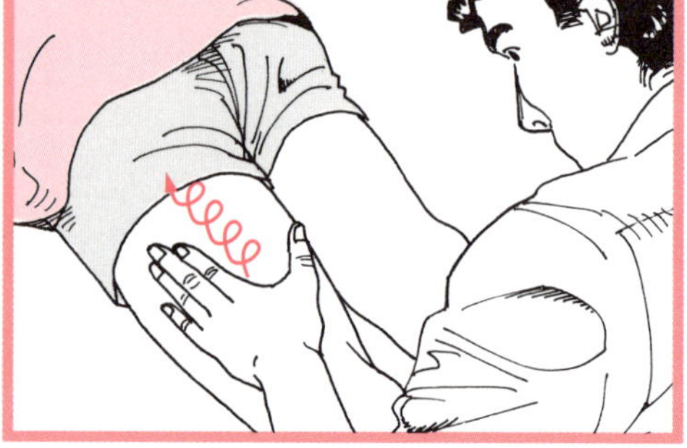

うつぶせに寝かせた状態で、膝からお尻まで手のひらでさする。足のつけ根までで止めず、お尻まで行うこと。

2 手の根元でさする

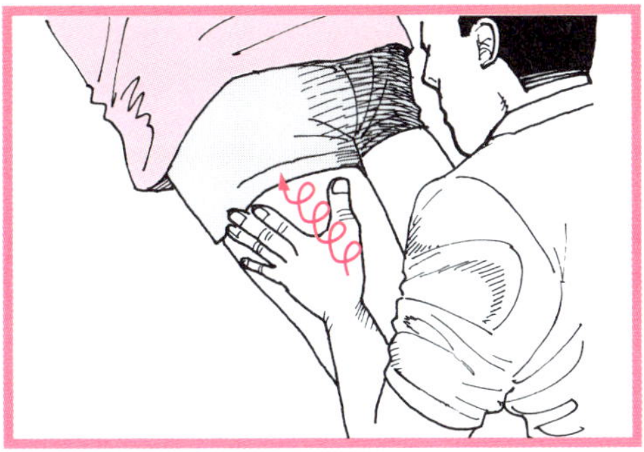

ハムストリングスの外側を、手の根元を使って膝からお尻までさする。内側も同様に行う。

3 手のひらでもむ

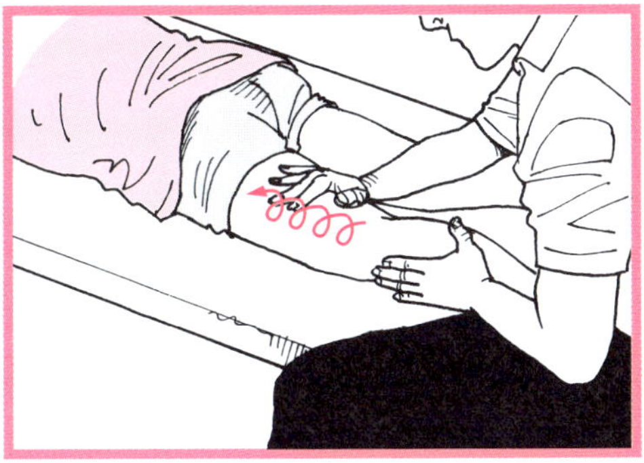

ハムストリングスの内側を、膝からお尻にかけて手のひらでもむ。外側も同様に。

4 両手でつかむようにもむ

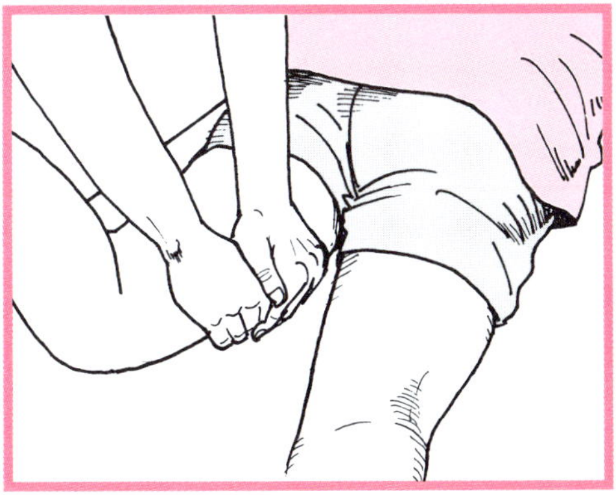

ハムストリングスの内側を片手でつかみ、その上にもう一方の手を添える。添えた手で圧迫しながら、つかんでいる手でもむ。膝からお尻まで行ったら、外側も同様に行う。

5 大腿後部の筋肉を伸ばす（伸展法《しんてんほう》）

10〜30秒静止

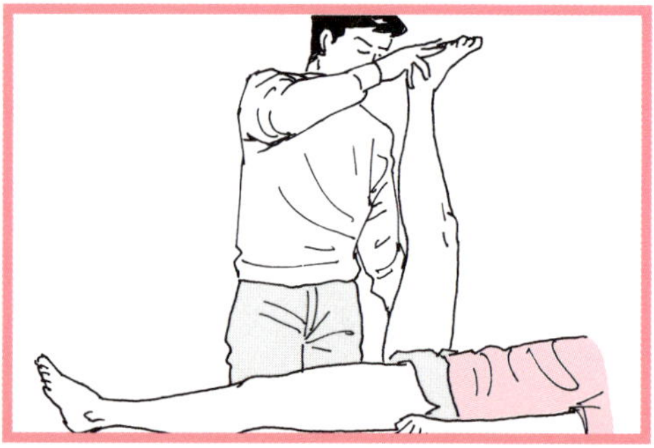

あお向けに寝かせた状態で、足首を90度に固定させる。そのまま、膝の裏と足首を持って、膝が曲がらないようにゆっくり持ち上げる。

大腿前部を打撲した場合の

トレーニング

1 クォードストレッチ

10〜15秒×3セット

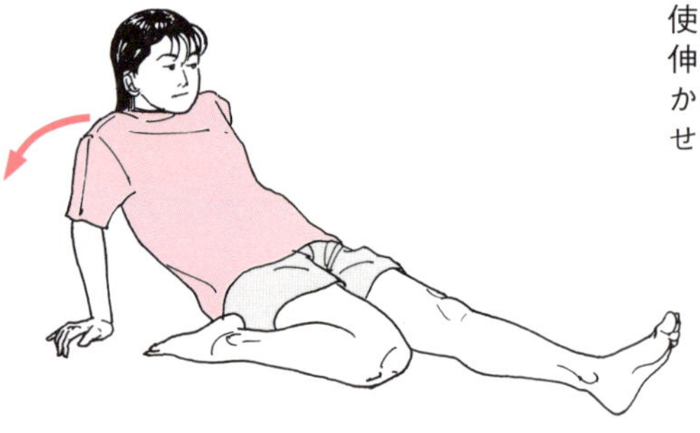

両足を揃えて床に座り、両手を後ろにつく。片足の膝を折って、かかとをお尻の横につける。この状態で大腿部前面の筋肉は伸ばせるが、さらに伸ばしたい場合は、上体を後ろに倒すとよい。

クォードストレッチ2

直立した状態で片方の足を曲げ、お尻の後ろで両手を使って足をつかむ。背筋を伸ばした状態を維持し、つかんだ足をお尻側に引き寄せる。

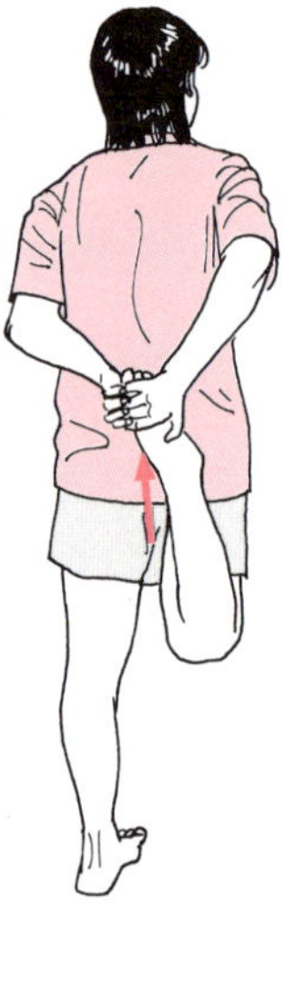

② ニーフレクション（ダンベル転がし）

10～15回×3セット

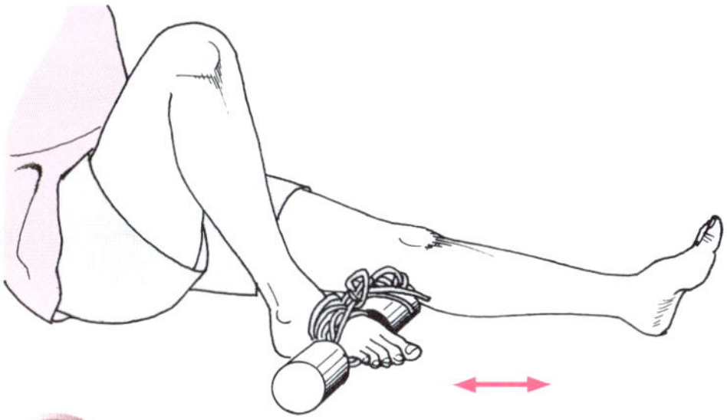

足を前に投げ出して座り、ひもを使ってダンベル（1～2kgのもの）を足に固定する。ダンベルを転がしながら、足を伸ばす。足が伸びきったら、今度は足を体のほうに引き寄せる。この動きを繰り返す。

③ SLR

P114②参照

④ レッグエクステンション

P114③、P116⑦参照

ハムストリングスが肉離れした場合のトレーニング

① ハムストリングスのストレッチ1

左右それぞれ10秒×3セット

股下ぐらいの高さの机かイスを用意する。まっすぐに立った状態で、片足をのせる。そのまま、のせた片足に両手をおき、上体をゆっくり倒していく。足にのせた手で上体の傾き具合を調整する。

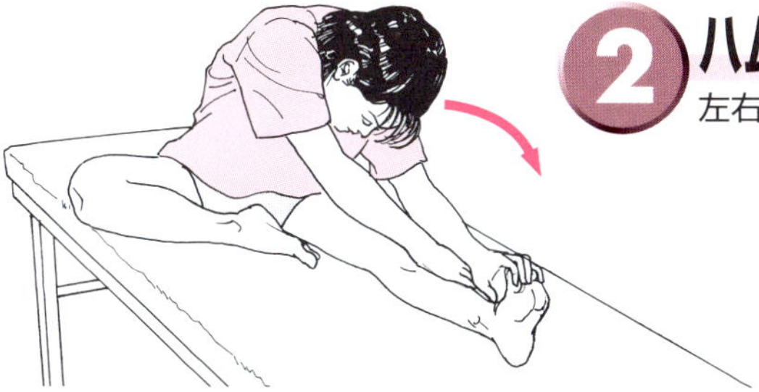

② ハムストリングスのストレッチ2

左右それぞれ10秒×3セット

両足を90度くらいに開き、片足は内側に折り曲げ、逆の足は伸ばして座る。このとき、曲げた足の足底部が、伸ばした足の内ももにつくようにする。そのまま、伸ばした足のつま先を両手で持ちながら、上体をゆっくり倒す。

3 ハムストリングスのストレッチ3

左右それぞれ10秒×3セット

あお向けになり片方の足の下腿を両手で持つ。そのまま足首を持ち上げて、胸のほうに引き寄せる。このとき、膝は無理しない程度に伸ばしておくこと。

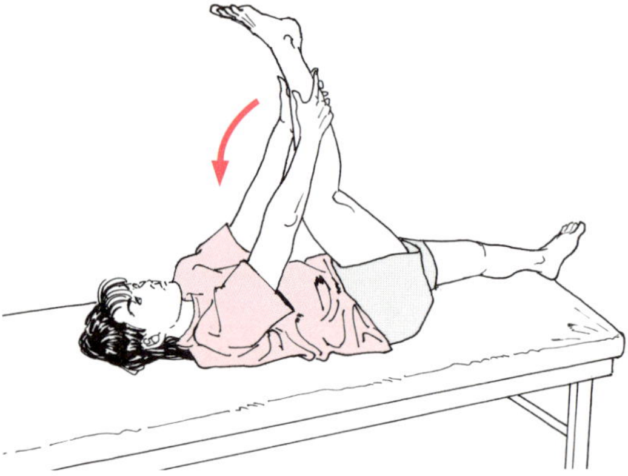

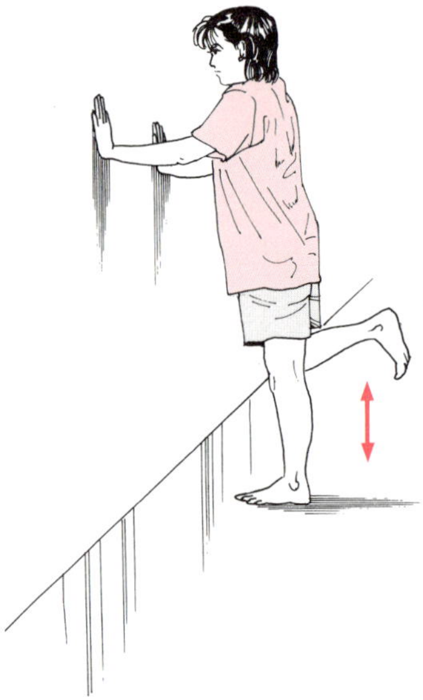

4 スタンディングレッグカール

10〜15回×3セット

壁に手をついて、片足で立ち、逆の足を90度になるまで持ち上げる。90度になるまで持ち上げたら、足を下げ、再び90度になるまで持ち上げる。慣れてきたらダンベルをくくりつけ、負荷（痛みを感じない重さ）をかける。

5 チューブを使ったレッグカール

10〜15回×3セット

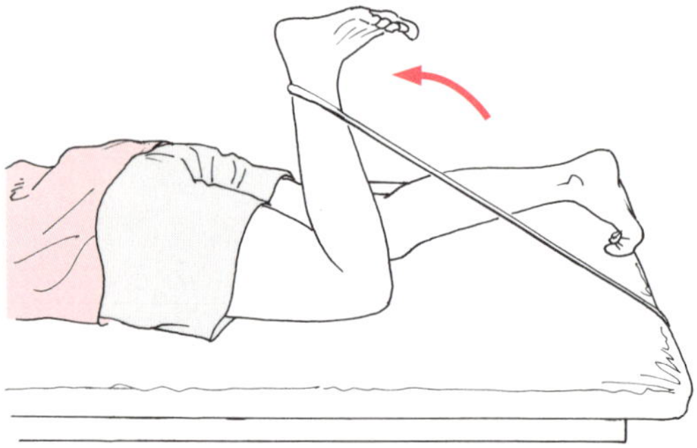

台の上にうつぶせに寝転がり、片方の足首にチューブを引っ掛ける。チューブにたるみが出ない程度に引っ張って台の脚にしばりつける。90度になるまで足を引き上げる。

6 チューブを使ったヒップエクステンション

10〜15回×3セット

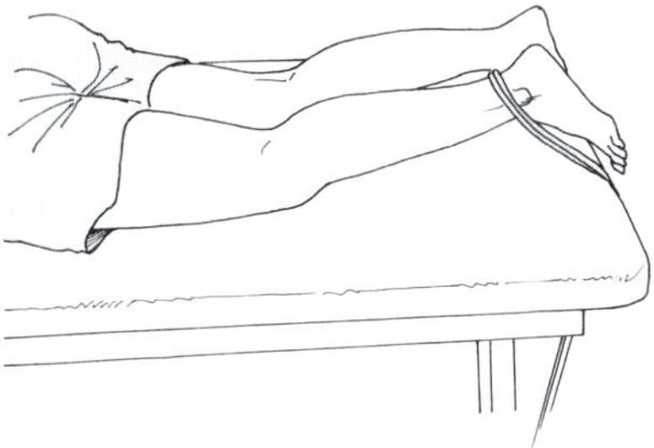

台の上にうつぶせに寝転がり、片方の足首にチューブを引っ掛ける。チューブはたるみが出ない程度に引っ張って台の脚にしばりつける。

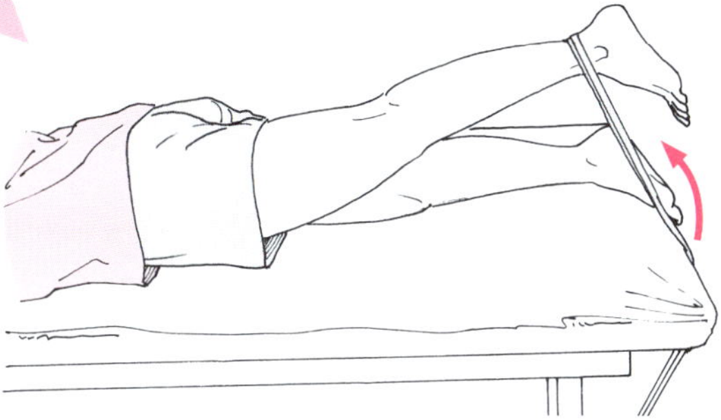

膝を伸ばしたまま、足をできるだけ持ち上げる。

7 ブリッジ

10回×3セット

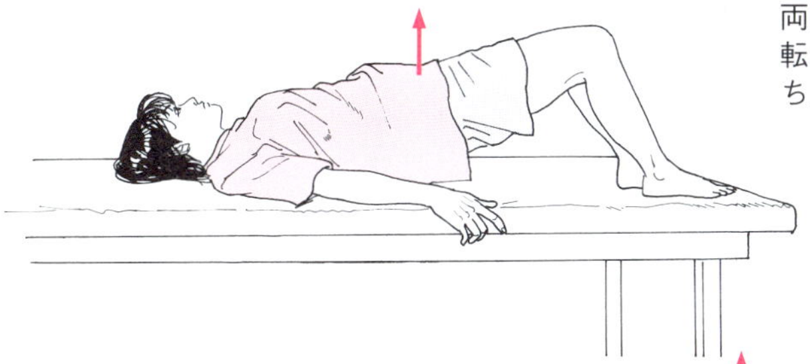

両膝を立ててあお向けに寝転がる。そのままお尻を持ち上げる。

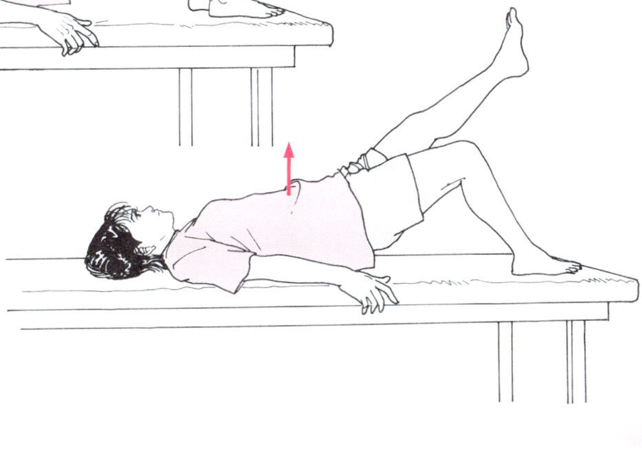

状態がよくなってくれば、片足を上げて、ブリッジを行う。

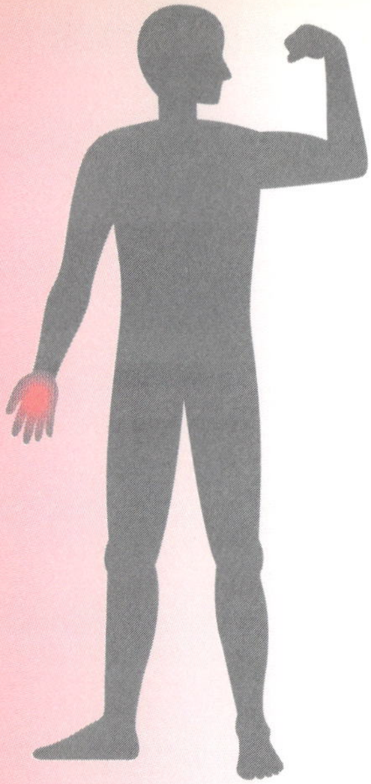

手部

手部のしくみ

手部の骨は、大きく分けて指と甲、そして手首の3つからなります。指を構成する骨は指骨《しこつ》と呼ばれ、基節骨《きせつこつ》、中節骨《ちゅうせつこつ》、末節骨《まっせつこつ》の3つからなりますが、親指のみ基節骨と末節骨からなっています。甲には中《ちゅう》手骨《しゅこつ》、手首には手根骨《しゅこんこつ》があります。手根骨と上腕の橈骨《とうこつ》・尺骨《しゃくこつ》の間にある手関節は、背屈《はいくつ》と掌屈《しょうくつ》、橈屈《とうくつ》と尺屈《しゃっくつ》という、4方向への動きを行います。

- 14個の指骨《しこつ》、5個の中手骨《ちゅうしゅこつ》、8個の手根骨《しゅこんこつ》から構成
- 突き指、親指付け根の内側、外側のケガ多い

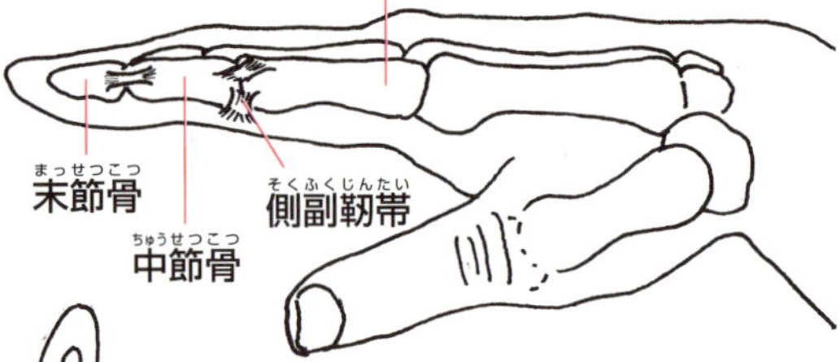

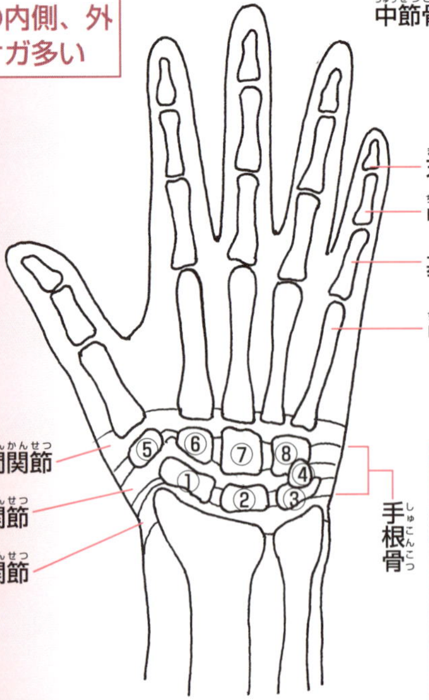

●手根骨《しゅこんこつ》
①舟状骨《しゅうじょうこつ》②月状骨《げつじょうこつ》③三角骨《さんかくこつ》④豆状骨《とうじょうこつ》⑤大菱形骨《だいりょうけいこつ》⑥小菱《しょうりょう》形骨《けいこつ》⑦有頭骨《ゆうずこつ》⑧有鉤骨《ゆうこうこつ》

●**親指の外転**（親指が手のひらから離れる動き）**内転**（親指が手のひらへ近づく動き）

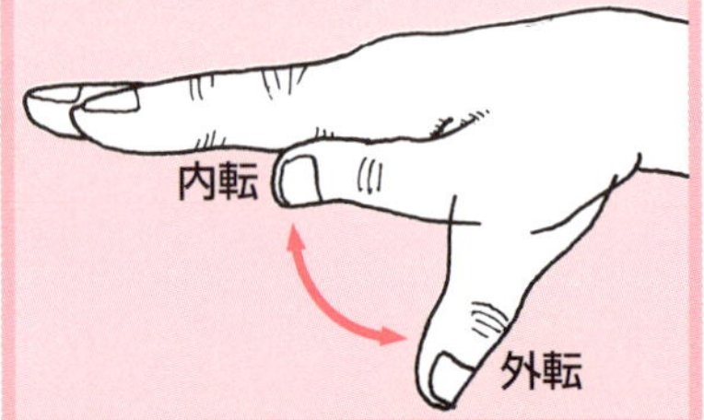

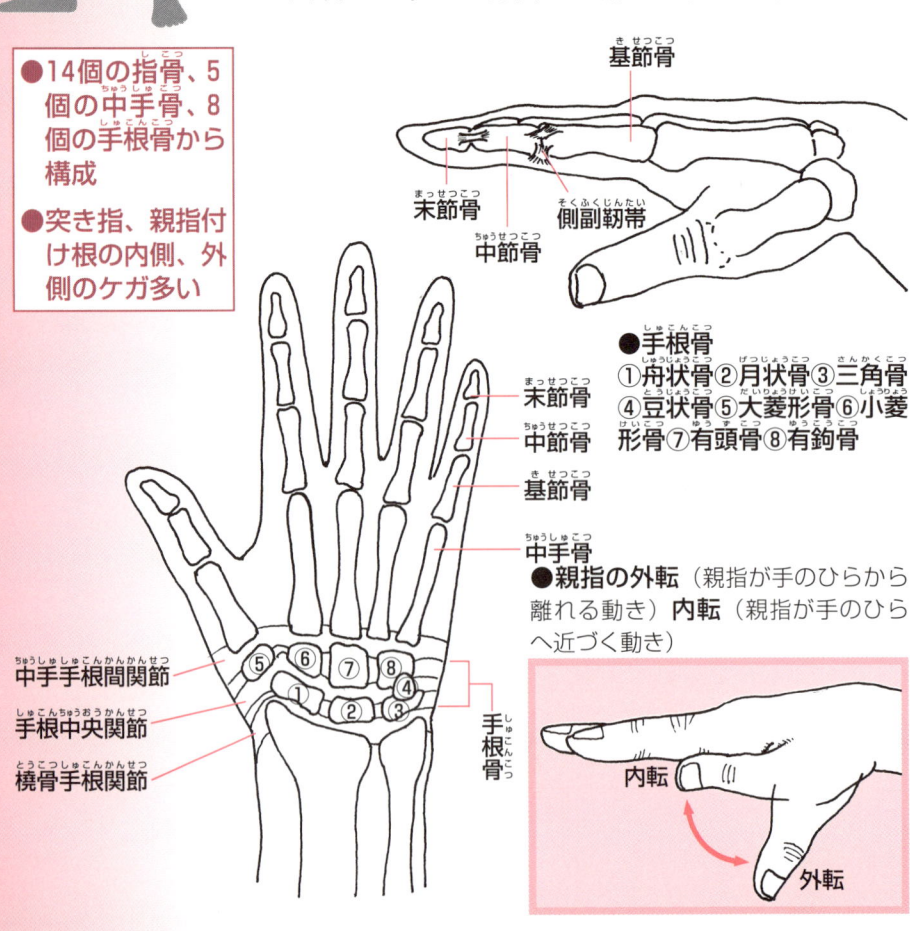

手首の動き

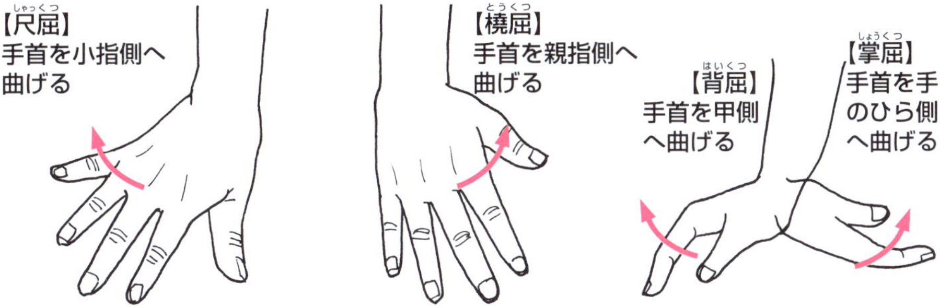

手部のスポーツ傷害と対処法

■スポーツ外傷

親指付け根外側の痛み（→P134）

手のひら側へ曲げたときに痛んだり、付け根の関節に押されるような痛みがあるなどの症状があります。これは親指を曲げた状態で外からの衝撃を受けるなどして、親指を過度に曲げてしまうことなどが原因になります。 この場合、内側に曲げられないよう固定することが必要です。

親指付け根内側の痛み（→P136）

ボールをとり損なうなどして親指を過度に伸ばしてしまうと、親指を開くとき、内側に痛みを感じます。この場合は、外側に開かないように固定します。

突き指（→P138、139、142）

指を伸ばした状態でボールを受け損なったり、壁などに指を突いてしまったことが原因で起こります。指の関節に痛みや腫れが起こり、曲げるとさらに痛みが増します。突き指といっても、単なるねんざだけでなく、指関節の脱臼《だっきゅう》や骨折、靱帯《じんたい》の損傷などの可能性もあります。むやみに引っ張ったりするのは、症状を悪化させることにもなりかねないので注意が必要です。

親指を手のひら側に曲げると痛いときのテーピング

親指を手のひら側に動かす（内転）を制限することにより、痛みが出ないようにします。親指を手の甲側に引っ張るイメージでテープを巻きましょう。

使用するテープと用具

ホワイトテープ19ミリまたは25ミリ

正しい姿勢

指を広げ、少し反らせるような感じで、親指をなるべく立てておく。

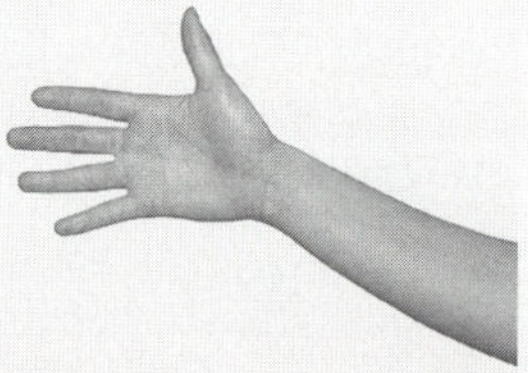

STEP

1 アンカー → 2 縦サポート → 3 Xサポート → 4 フィギュアエイト → 完成

POINT テープの使い分け

指のテーピングでは、指の大きさに合わせて、フィットする幅のテープを選んで使ってください。P142までのテーピングでは、どちらかを選ぶようになっています。

1 アンカー

P.16参照

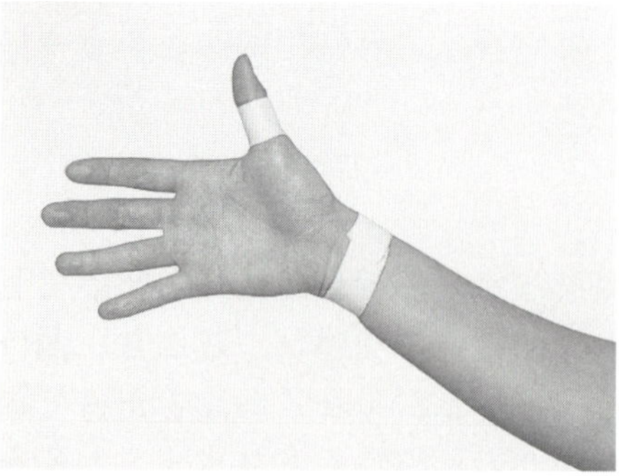

親指の付け根と手首にアンカーを巻く。

2 縦サポート

P.17参照

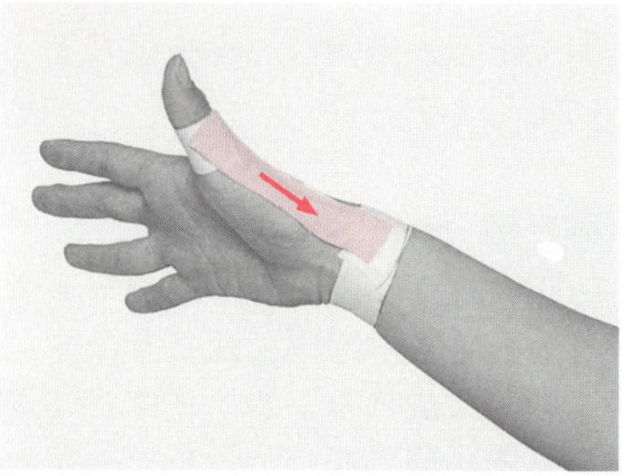

親指の付け根に貼ったアンカーから手首のアンカーに向かって、テープをまっすぐ貼る。

③ Xサポート

19 ⇔ 25

P.17参照

1

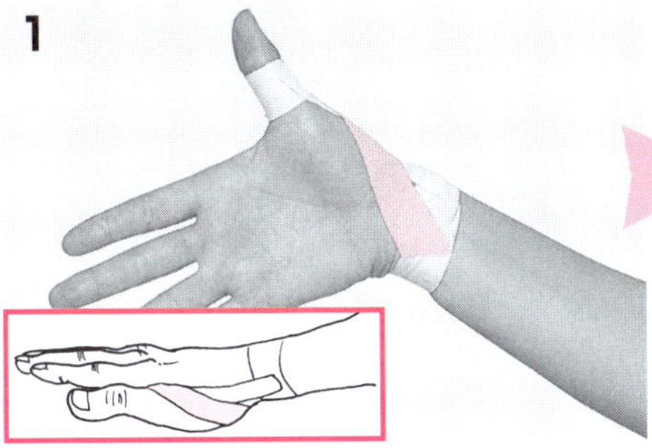

親指のアンカーにテープを巻きつけ、手のひらの下へ斜めに横切って、手首のアンカーの小指側へ。

2

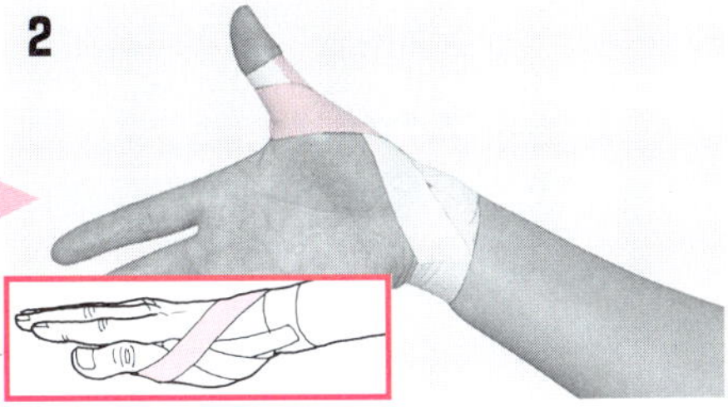

親指のアンカーにテープを巻きつけ、手の甲を斜めに横切って、手首のアンカーの小指側へ。Xサポートの交点は親指の付け根にくるように。症状がひどいときはXサポートを繰り返す。

④ フィギュアエイト

19 ⇔ 25

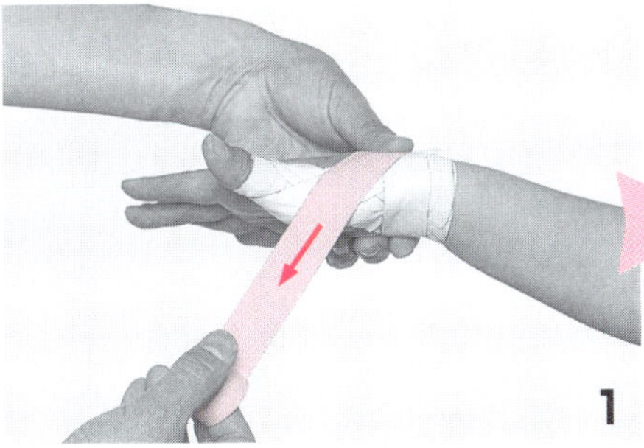

1

手首に巻いたアンカーの手の甲側から開始。

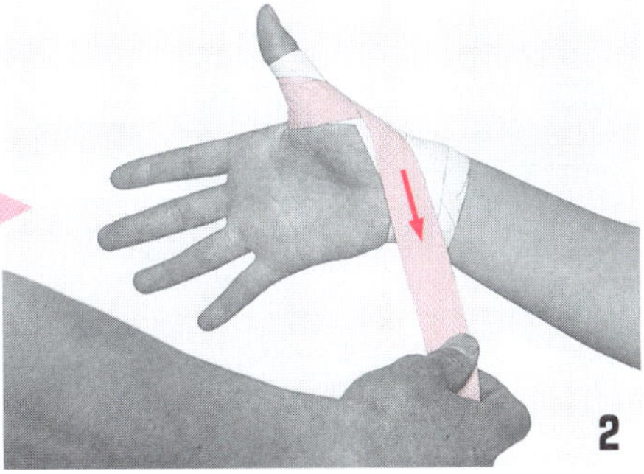

2

親指を1周して、小指側へ。

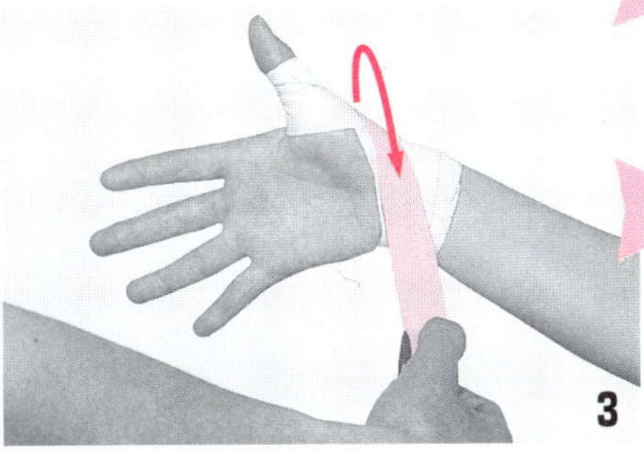

3

手首を1周させる。症状に合わせてフィギュアエイトを繰り返す。

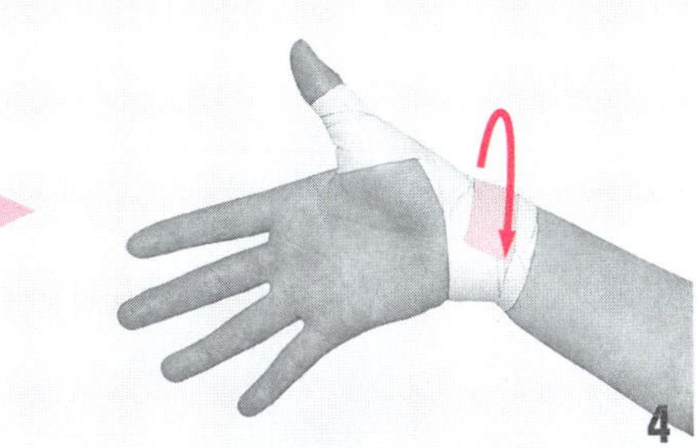

4

手首のアンカー部分でテープを切って完成。

親指を反らすと痛いときのテーピング

親指を手の甲側に動かす（外転）を制限することにより、痛みが出ないようにします。内転制限とは逆に親指を手のひら側に引っ張るイメージでテープを巻きましょう。

使用するテープと用具

ホワイトテープ19ミリまたは25ミリ

伸縮テープ（ハード）25ミリ

正しい姿勢

指を広げ、親指と人差し指の角度を30〜40度にする。それでも痛いときは、もっと指を寝かせて巻く。

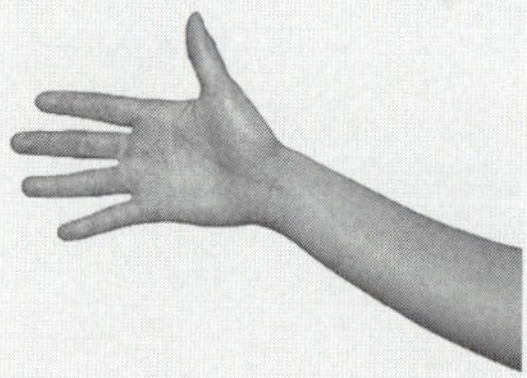

フィギュアエイト

1

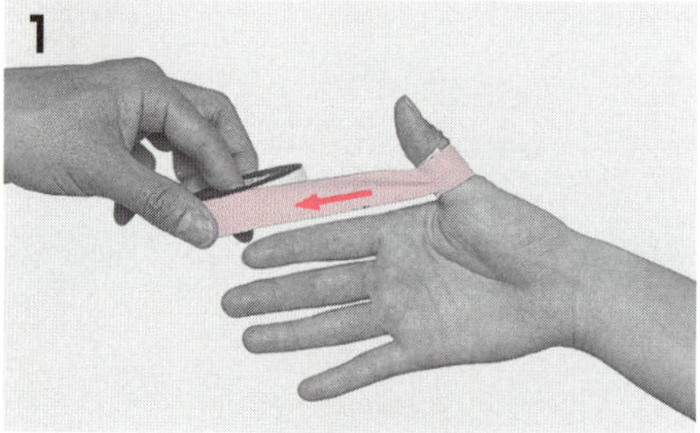

ホワイトテープを親指の付け根に巻く。

POINT 余分なテープの処理

親指の付け根にできる余分なテープはきれいにつまんで整えます。

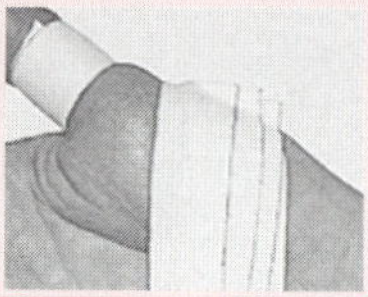

2

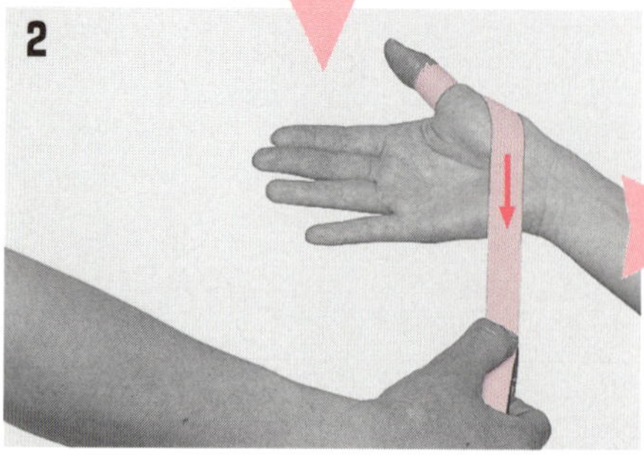

親指を１周してから手のひらへまっすぐ下りる。

3

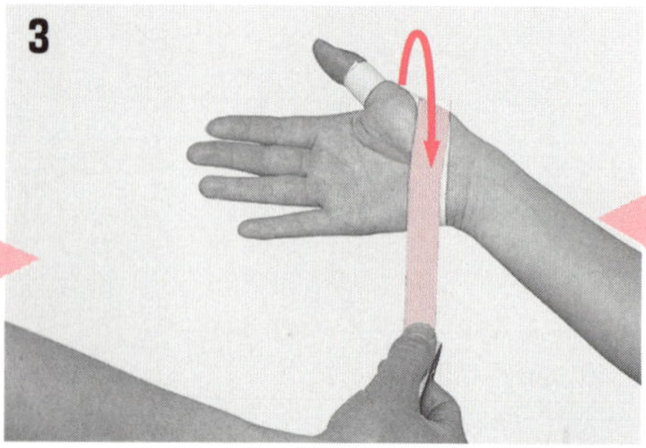

手の甲から手のひらへ。このとき、親指のすぐ下にテープのたるみができる（POINT参照）。

4

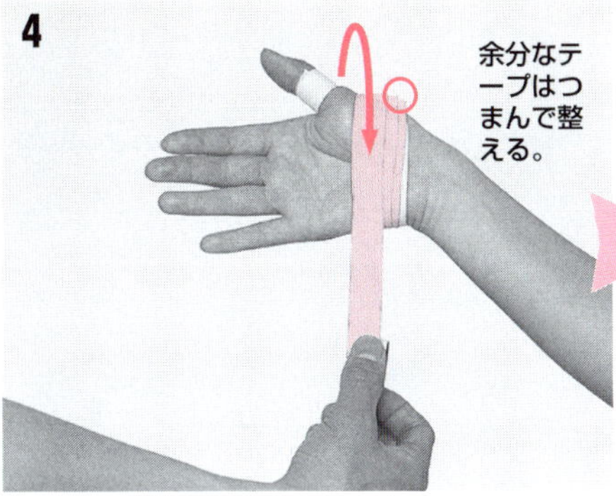

手首側に少しずつずらしながら3周巻く。余分なテープはつまんで、3つが並ぶように整える（POINT参照）。

5

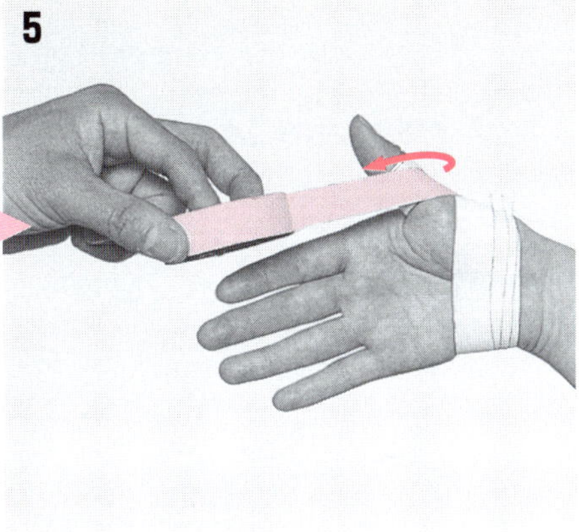

手の甲側から親指を1周させる。

6

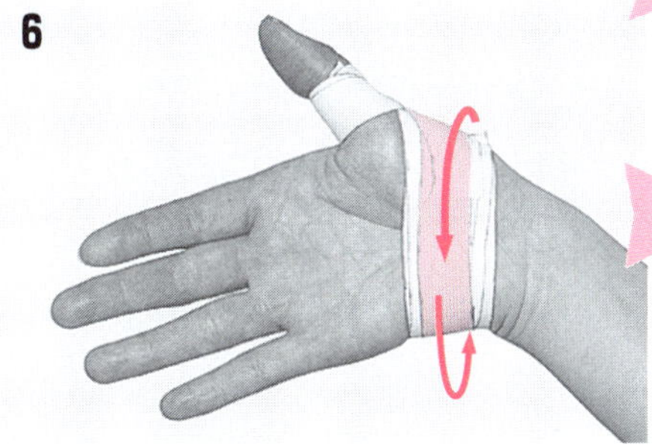

写真**3**、**4**でできた3つ並んだ余分なテープを手のひら側に倒して、その上からテープを巻く。余分なテープが隠れるまで数周させてから、手のひら側でテープをとめる。

7

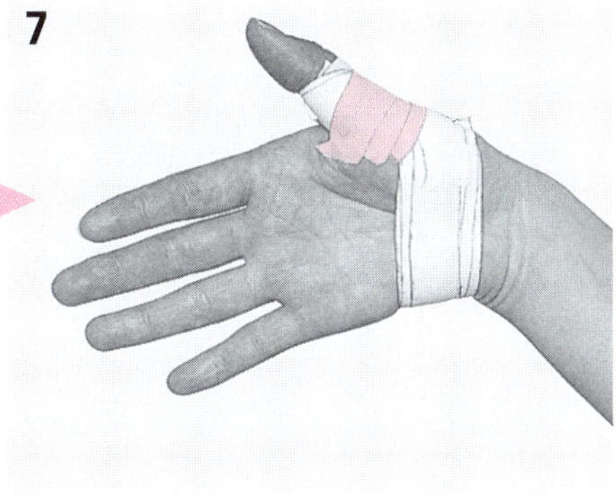

補強のため、親指の付け根にブリッジ状に3本のテープを貼る。

8

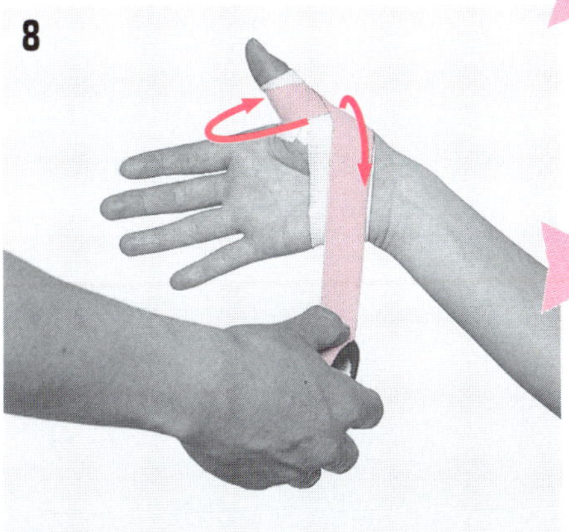

伸縮テープに変え、親指を1周させて、手のひらを垂直に下りる。

9

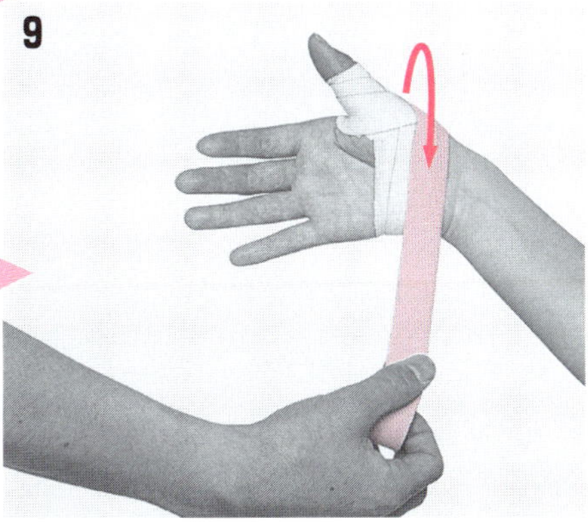

手の甲→親指を1周→手のひらを下りる、を数回繰り返して手首で止めて完成（手首であればどこで切ってもよい）。

指の側面の靭帯をねんざしたときにするテーピング

各指の両側面にある側副靭帯をねんざしたときに巻くテーピングです。

使用するテープと用具

ホワイトテープ13ミリまたは19ミリ

正しい姿勢

テーピングする指を突き出し、他の指は軽く曲げる。

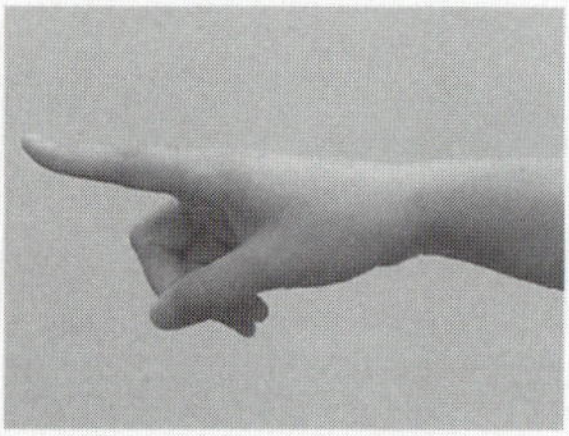

STEP

1. 縦サポート
2. Xサポート
3. 縦サポート&Xサポート
4. アンカー

完成

1 縦サポート

13 ⇔ 19

P.17参照

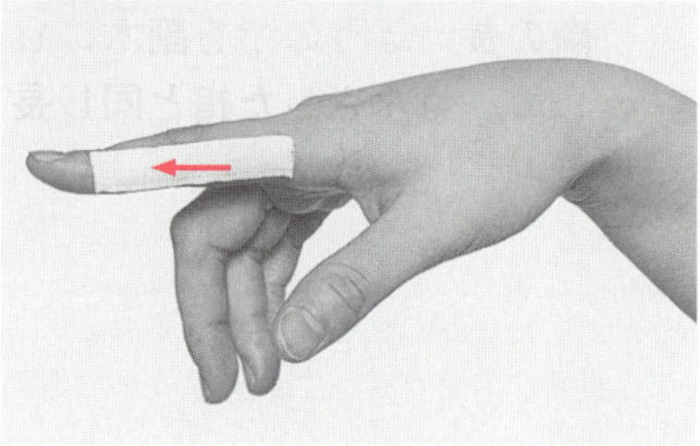

指の付け根から側副靭帯上を通過するように縦サポートを貼る。

2 Xサポート

13 ⇔ 19

P.17参照

1

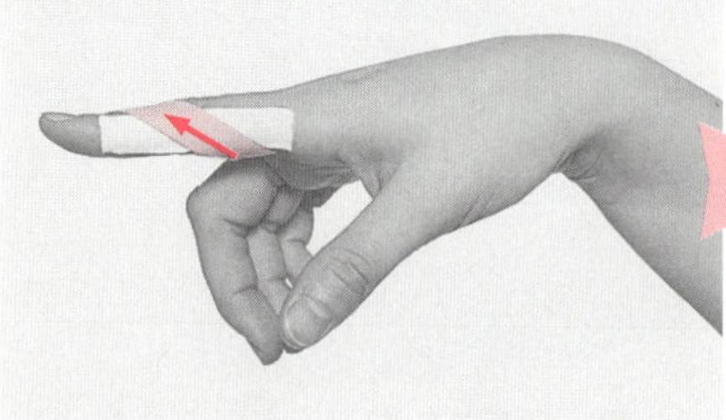

側副靭帯上を通るように、指の付け根の下側から斜め上に向かってサポートを貼る。

2

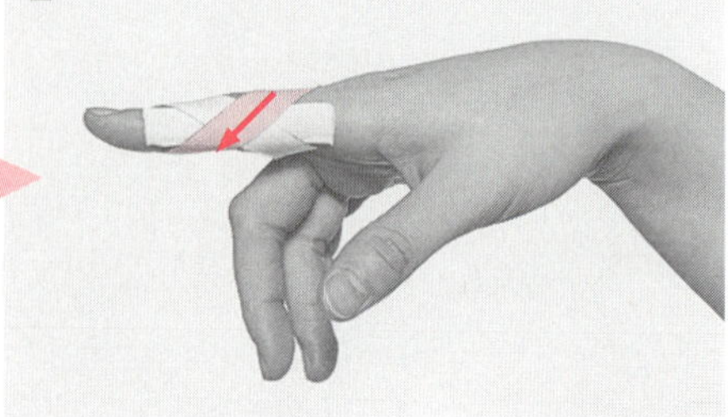

側副靭帯上で交差するように、指の付け根の上側から斜め下にサポートを貼る。

3 縦サポート&Xサポート

13⇔19

P.17参照

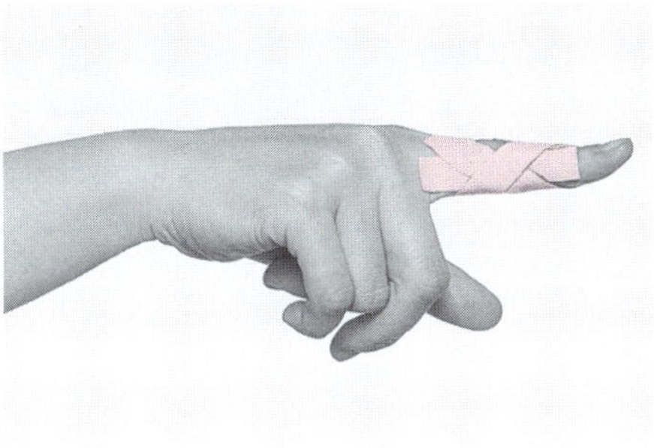

反対側にも同様に縦サポート、Xサポートを貼る。

4 アンカー

13⇔19

P.16参照

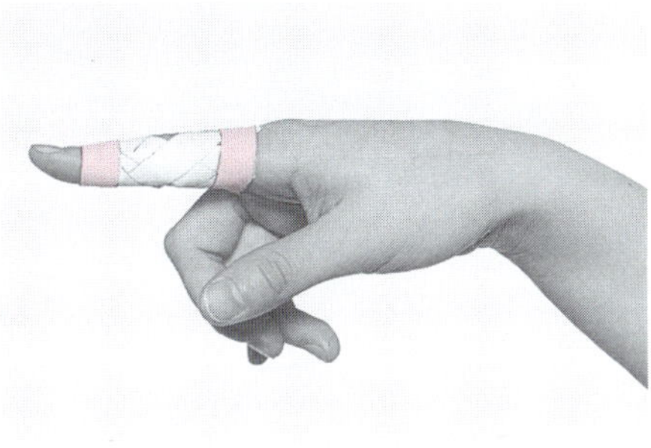

爪より少し下と指の付け根にアンカーをそれぞれ巻いて完成。

バディテーピング

隣の長いほうの指を副《そえ》木《ぎ》にして、ねんざした指を保護します。あらかじめ、ねんざした指と同じ長さのパッドを用意しておきます。

使用するテープと用具

ホワイトテープ13ミリまたは19ミリ　ラバーパッド

正しい姿勢

指を広げ、少し反らせるような感じにする。

1 パッドを指で挟む

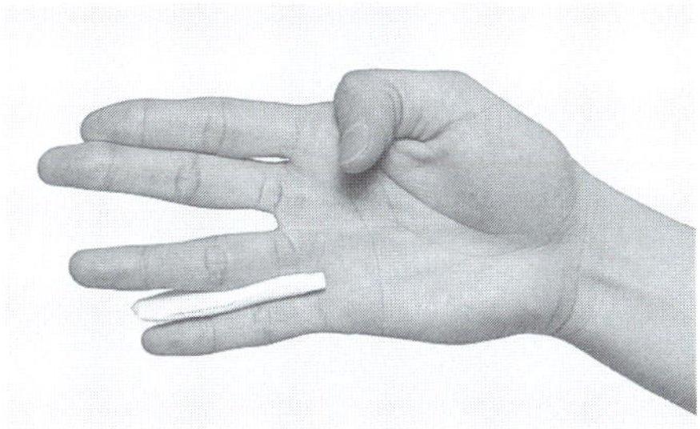

小指のねんざを想定。パッドの一方に5ミリほどの切れ込みを入れ、その切れ目を指の股に当て、指と指の間に挟む。

2 アンカー

13⇔19

P.16参照

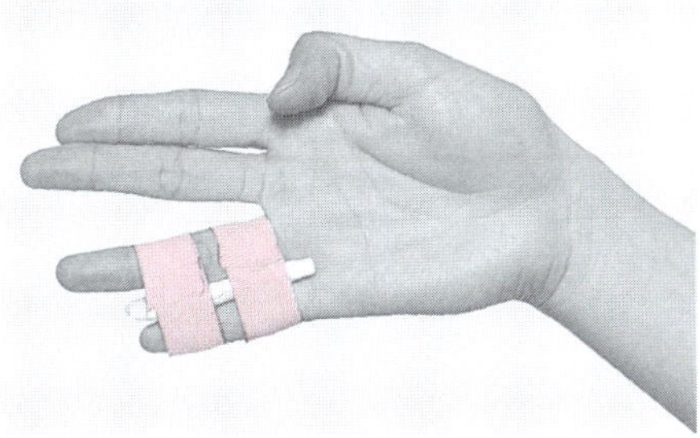

2箇所にテープを巻いてパッドと指を固定する。テープが指の関節にかからないように注意。

指の伸展防止のテーピング1

指の付け根の関節が伸展しないようにするためのテーピングです。

使用するテープと用具

ホワイトテープ13ミリまたは19ミリ

正しい姿勢

指を広げながら少しずつ伸ばし、痛みを感じるところより手前で止める。

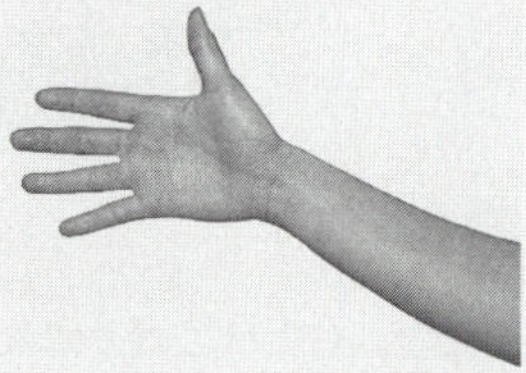

フィギュアエイト 13⇔19

P.67参照

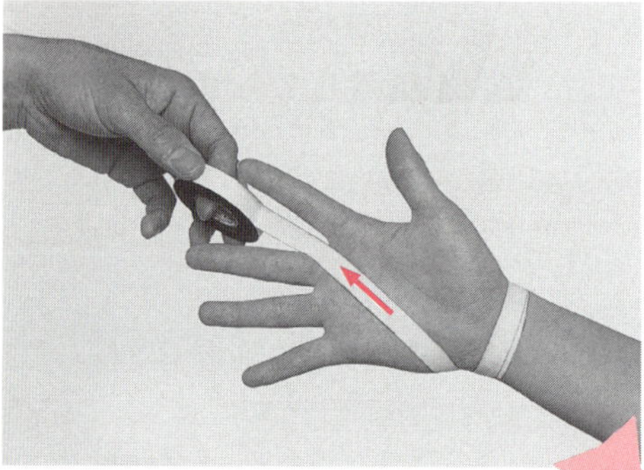

まず手首に2周テープを巻き、手のひら側からテーピングする指（ここでは中指）に向かう。

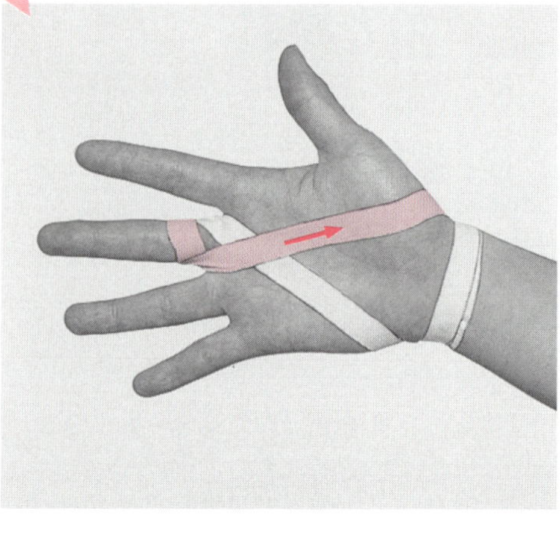

指を1周して、手首の親指側に斜めに下り、手首を1周させて完成。症状が重いときは数回繰り返す。

指の伸展防止のテーピング 2

指の伸展防止のテーピング１よりさらに固定力が強い巻き方です。

使用するテープと用具

ホワイトテープ13ミリまたは19ミリ

STEP ①アンカー ②縦サポート ③Xサポート ④アンカー 完成

① アンカー

13 ⇔ 19

P.16参照

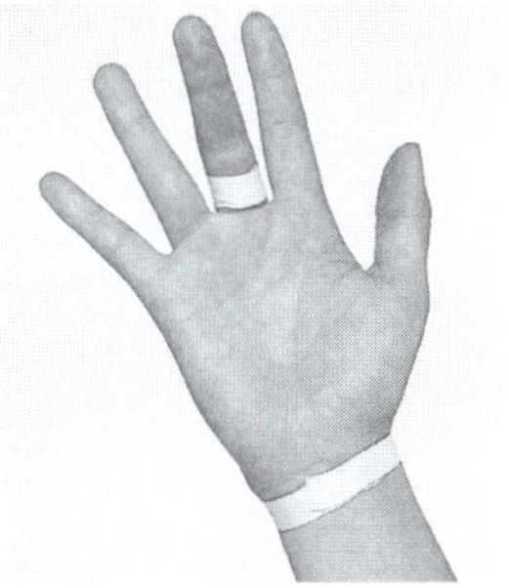

テーピングする指の付け根と手首にアンカーを巻く。

② 縦サポート

13 ⇔ 19

P.17参照

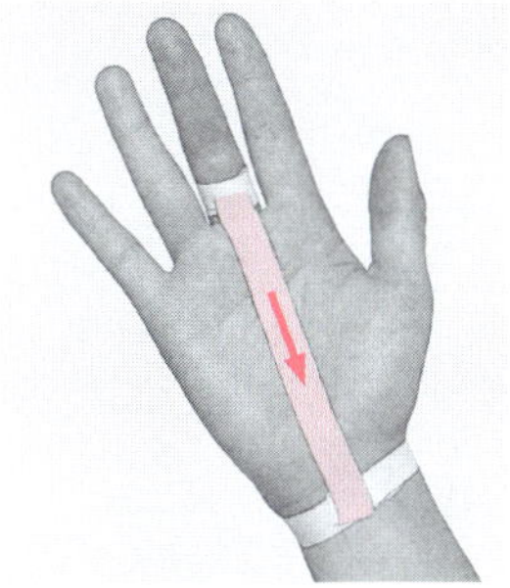

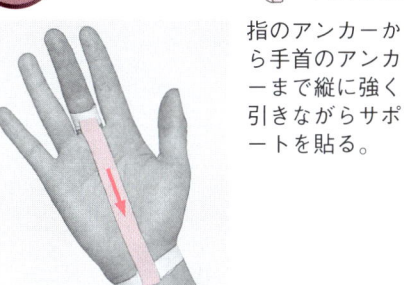

指のアンカーから手首のアンカーまで縦に強く引きながらサポートを貼る。

③ Xサポート

13 ⇔ 19

P.17参照

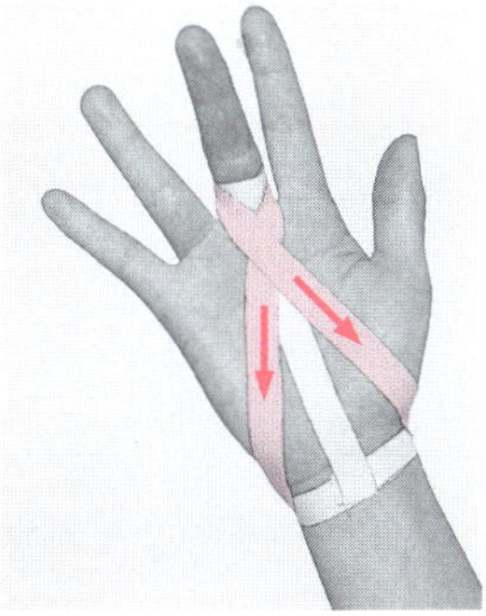

指のアンカーの手の甲側からテープを半周巻き、手首のアンカーの小指側でとめる。
同様に親指側にもサポートを貼る。症状が重いときは数回繰り返す。

④ アンカー

13 ⇔ 19

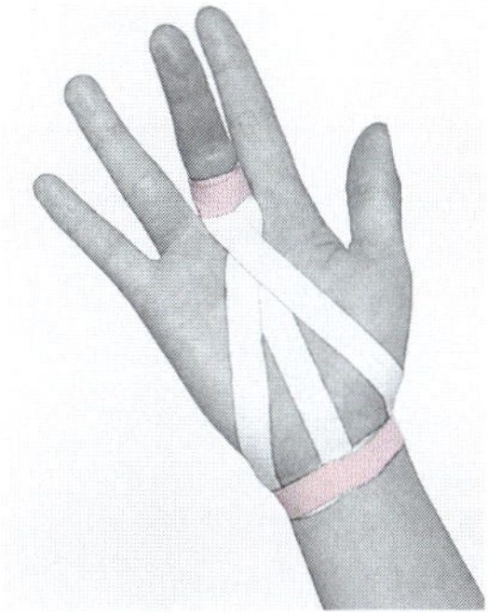

最後にアンカーを指と手首に巻く。

突き指予防のテーピング

突き指を予防するため、指の周りにぐるぐるとテープを巻いて固定します。

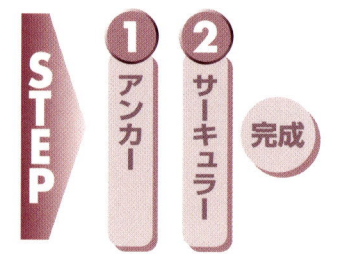

使用するテープと用具

ホワイトテープ13ミリまたは19ミリ

正しい姿勢

テーピングする指1本をつき出す。

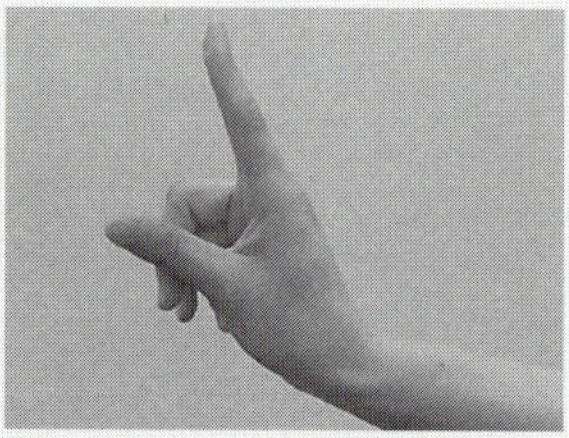

STEP
1 アンカー
2 サーキュラー
完成

1 アンカー

P.16参照

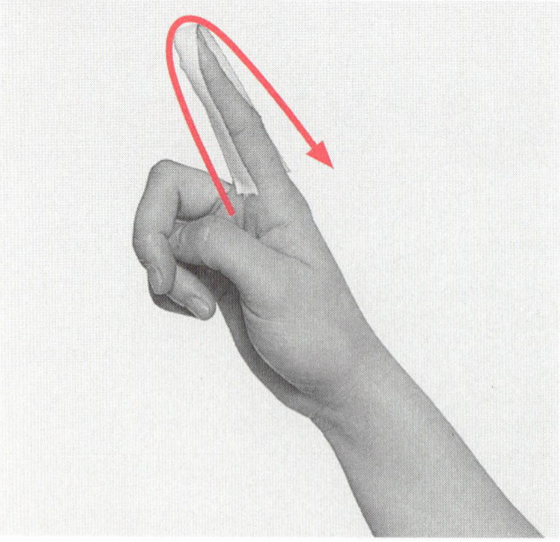

手のひら側から指先を通って手の甲側の付け根までアンカーを貼る。

2 サーキュラー

P.19参照

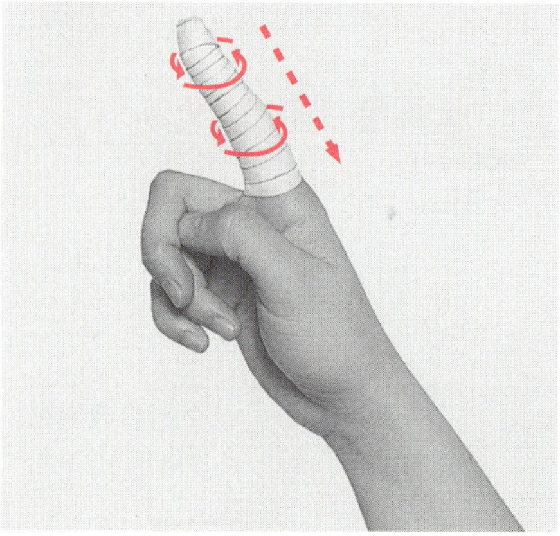

指先から指の付け根までぐるぐる巻いて完成。

手首

手首のスポーツ傷害と対処法

■スポーツ外傷

手首のねんざ（→P144、145）

着地や転倒などの際に手をついて、手首が甲側へ強く反らされる（背屈）というときに起こります。痛みや腫れは、手の甲側や小指に出ます。過度の背屈では、骨折が起こることもあり、処置には充分な配慮と注意が必要です。舟状骨の骨折の場合、ねんざと判断してしまうことがあり、そのまま放っておくと骨の壊死が起こることもあるからです。

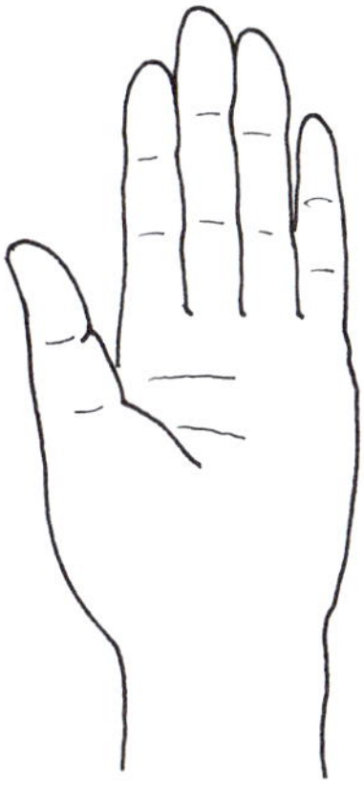

手首のしくみはP132を参照してください。

手首が反るのを防ぐテーピング1

使用するテープと用具

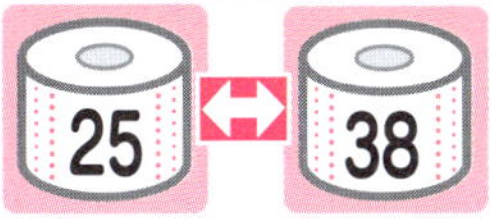

ホワイトテープ25ミリまたは38ミリ

正しい姿勢

手首をまっすぐ伸ばして、テープを巻く人の腹部に指先を当てる。

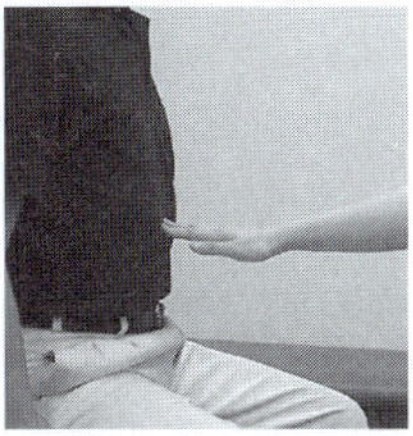

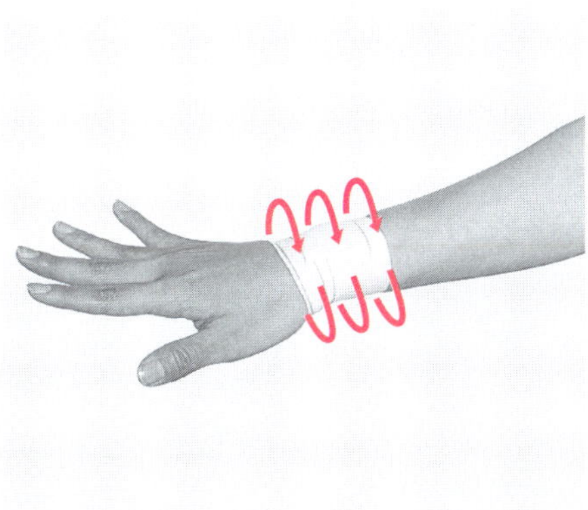

手首の手のひら側から徐々に肘側にずらして数周テープを巻いて完成。

手首が反るのを防ぐテーピング2

テーピング1より固定力が強い巻き方です。伸縮テープを併用することで、多少ですが、手首が動かしやすくなります。

使用するテープと用具

ホワイトテープ38ミリ

伸縮テープ(ソフト)50ミリ

正しい姿勢

手首をやや掌屈(手のひら側に曲げる)させる。症状に合わせて角度を調整する。

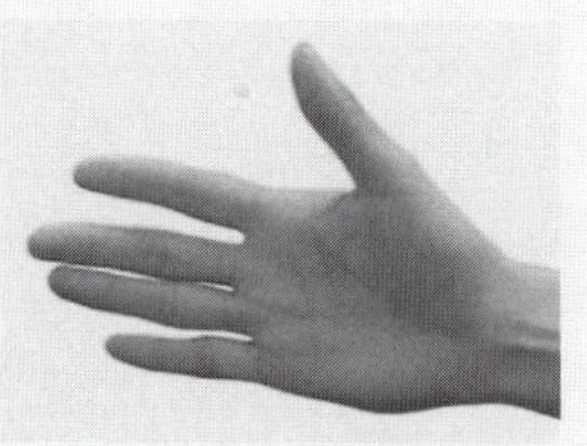

STEP

1. アンカー
2. 縦サポート
3. Xサポート
4. フィギュアエイト

完成

1 アンカー

38

P.16参照

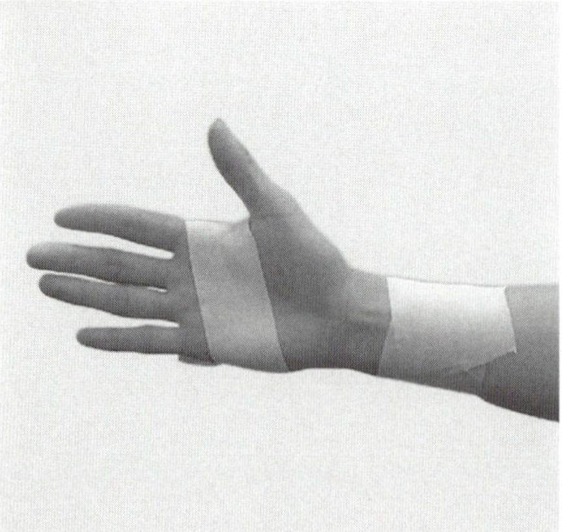

ホワイトテープで、手首に2本、手のひらに1本アンカーを巻く。

2 縦サポート

38

P.17参照

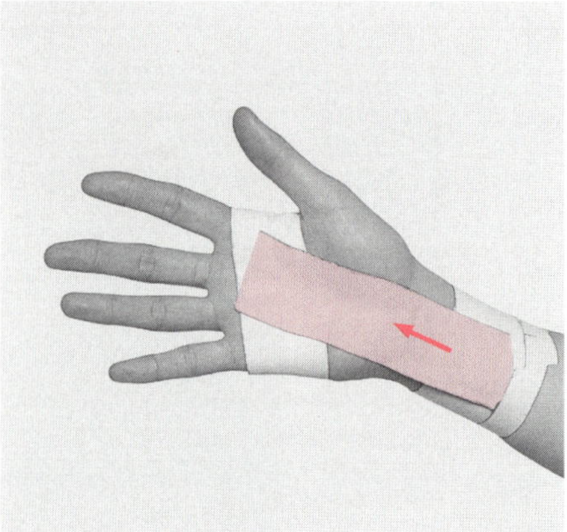

手首のアンカーから手のひらのアンカーに向かって、サポートを貼る。

3 Xサポート 38

P.17参照

1

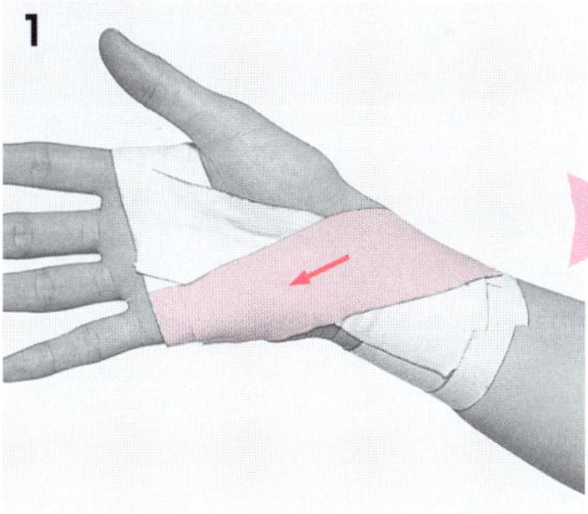

手首のアンカーの親指側から手のひらのアンカーの小指側にサポートを貼る。

2

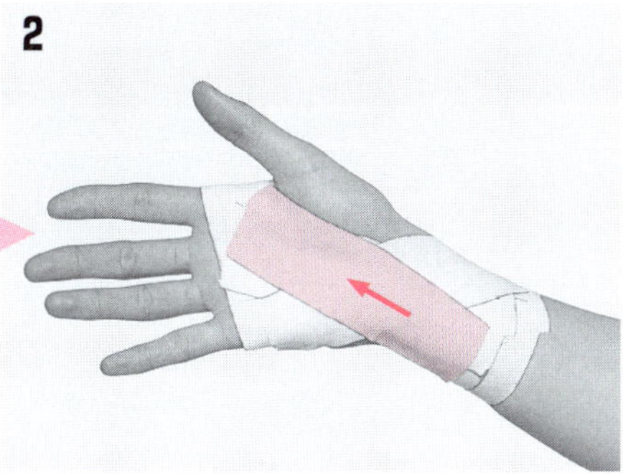

手首のアンカーの小指側から手のひらのアンカーの親指側にサポートを貼る。このときXサポートの交点が手首上にくるようにする。症状に応じて数回繰り返す。

4 フィギュアエイト 50

P.140参照

1

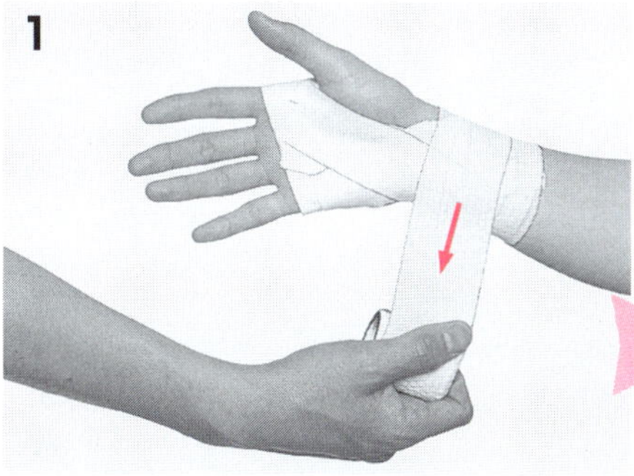

今度は伸縮テープに変え、手首から開始。手首を1周させて、小指側→手の甲→手のひら、を症状に合わせて数回繰り返す。

2

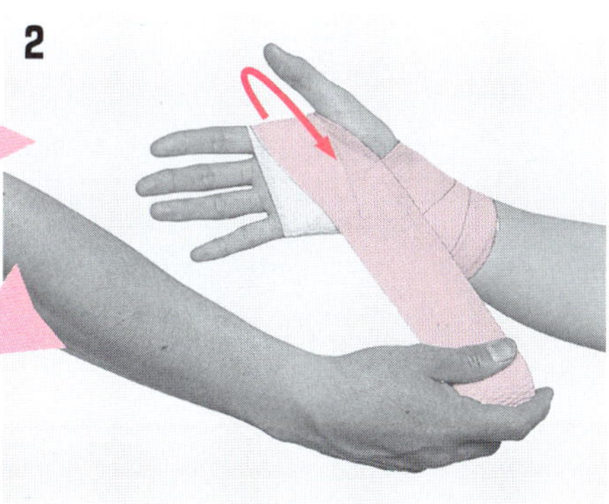

手のひらから手首に向かう。

3

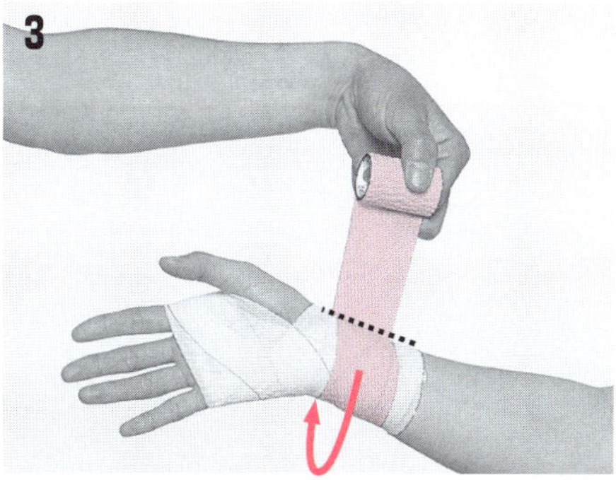

手首を1周して手首の内側（点線のあたり）でテープを切って完成。

手部のリコンディショニング

ここでは手指・手首・前腕部のリコンディショニングを紹介します。手指・手首は、ともにねんざがよく起こる部位です。特にボール競技では手指の突き指が多く起こります。突き指は靱帯のねんざを指しますが、骨折をしている場合もあるので注意が必要です。トレーニングとストレッチで柔軟性と筋力強化をしましょう。前腕部はマッサージを中心に紹介していきます。

マッサージ

1 手のひらでさする

手のひらを向ける。小指側と親指側の２方向に分け、手首から肘に向かって手のひらでさする。また手の甲を向け、手首から肘に向かってさする。女性など手首が細い人は、親指以外の４本の指でさするとよい。

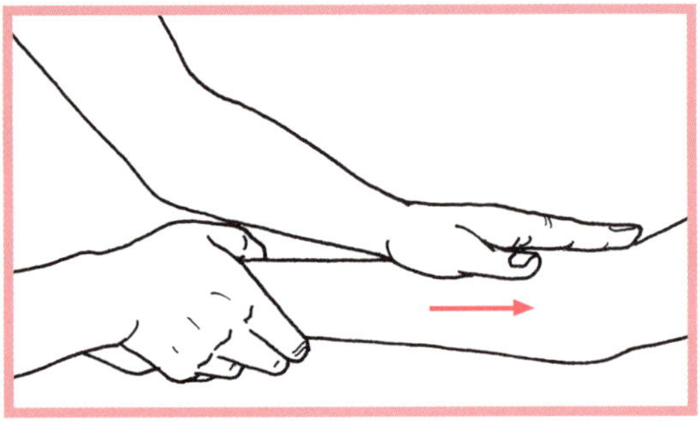

2 親指で押す（母《ぼ》指《し》圧迫《あっぱく》）

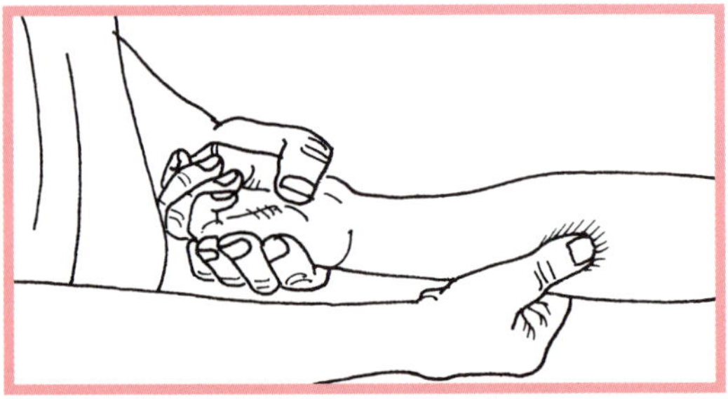

❶と同様に手のひら側を手首から肘まで親指でもむ。終わったら手の甲側ももむ。

③ つかむようにもむ

❶と同様に手のひら側の前腕部を、つかんでもむ。手首から肘までもんだら、甲側も同様にもむ。

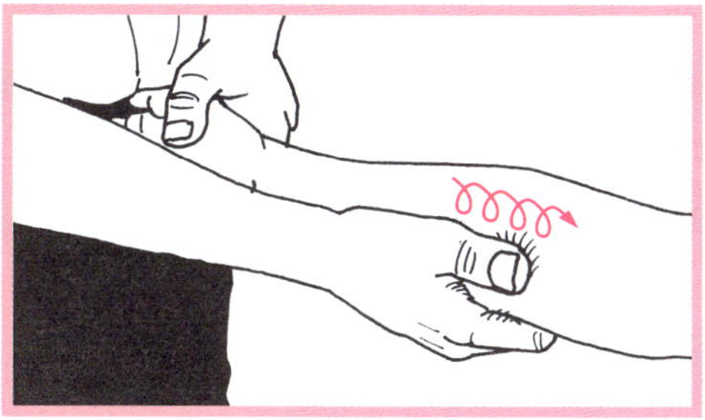

④ 親指と人差し指でつまむようにもむ

❶と同様に手のひら側の前腕部を手首から肘にかけてつまむようにもむ。終わったら、手の甲側ももむ。

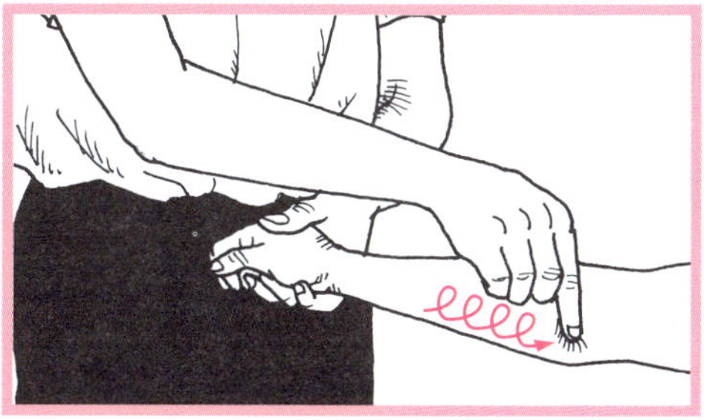

回復・傷害予防の トレーニング

① 手首のストレッチ1

10秒×3セット

正座をして、指先を前に向けて膝より前方に手をつく。そのまま腰を上げて、前方に体重をかける。可動域を広げ、筋肉を伸ばす効果がある。

② 手首のストレッチ2

10秒×3セット

両足の膝をそろえ、指先を後ろに向けて両手をつき、四つんばいになる。この状態から、お尻を下げていく。可動域を広げ、筋肉を伸ばす効果がある。

❸ タオルスクイーズ

10回×3セット

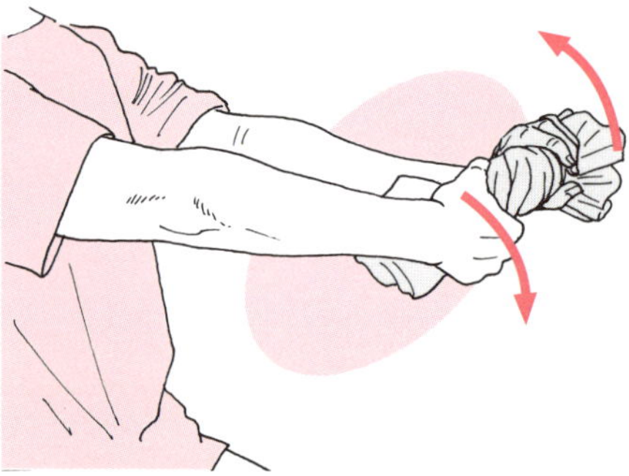

両手を胸の前に突き出して、タオルを握る。雑巾をしぼるように右手と左手を逆向きにひねり、2秒間停止させる。

❹ 手首の掌屈（ダンベル）

10〜15回×3セット

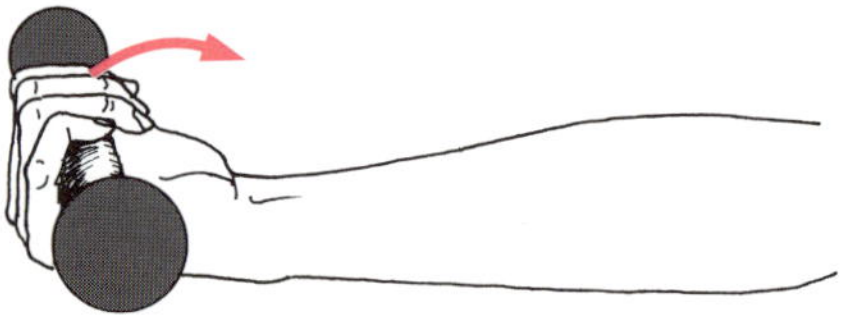

手のひらを上に向け腕を置いて、ダンベル（1〜2kgから始めて3〜4kgくらいまで）を握る。手首を手前に返す。手首以外が動かないように注意。

❺ 手首の背屈（ダンベル）

10〜15回×3セット

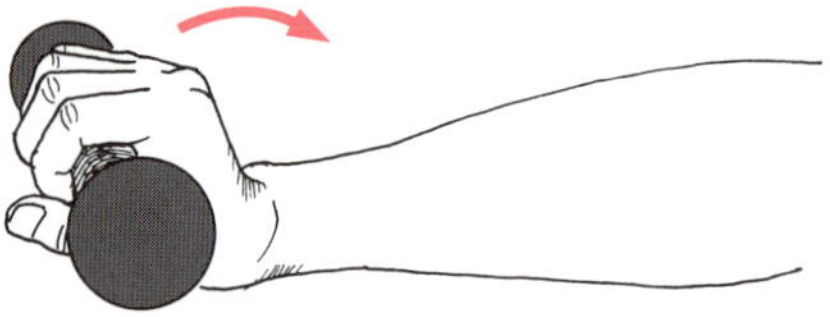

手のひらを下に向けて腕を置いて、ダンベル（負荷は❹と同様）を握る。手首を手前に返す。このとき手首以外が上がらないように注意。

❻ タオルつぶし

10秒を10回×3セット

手を前方に突き出し、丸めたタオルを握る。握ったタオルをつぶすような感じで強く握る。

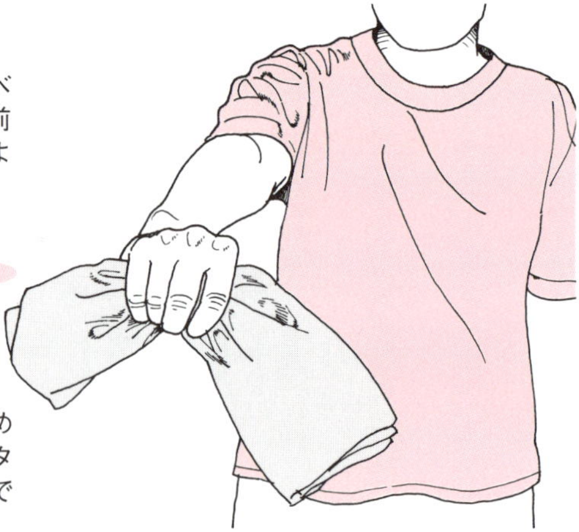

❼ マーブルピックアップ

10〜15回×3セット

床や机の上にビー玉やおはじきなどを置き、親指と残りの人差し指から小指のいずれか1本を順番に使って、つまみ上げる。

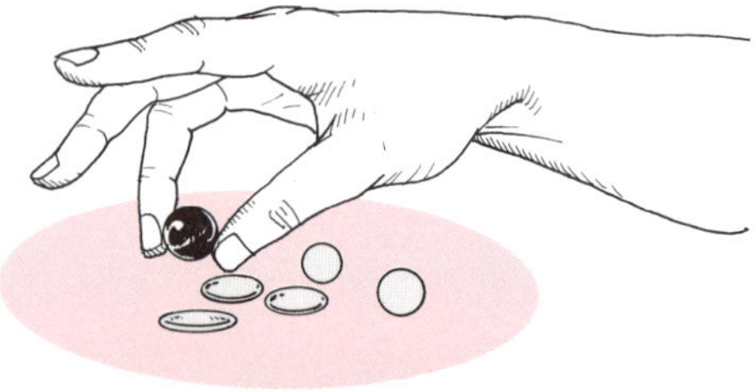

8 輪ゴムを使った指の外転運動

10〜15回×3セット

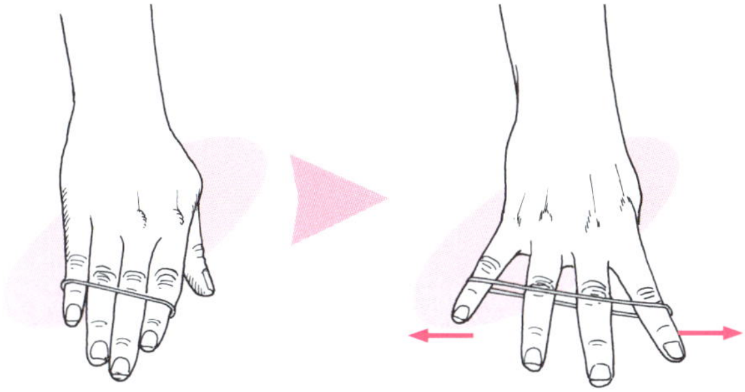

親指以外の 4 本の指に輪ゴムをかけて、指を広げる。

9 輪ゴムを使った親指の外転運動

10〜15回×3セット

すべての指に輪ゴムをかける。親指以外の指は動かさずに、親指だけ広げる。

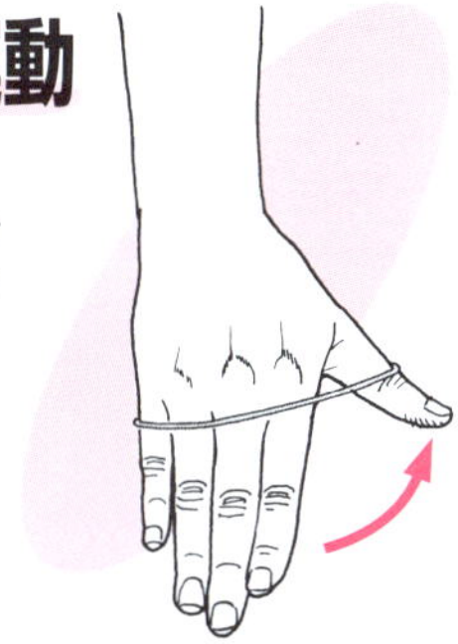

10 輪ゴムを使った親指の内転運動

10〜15回×3セット

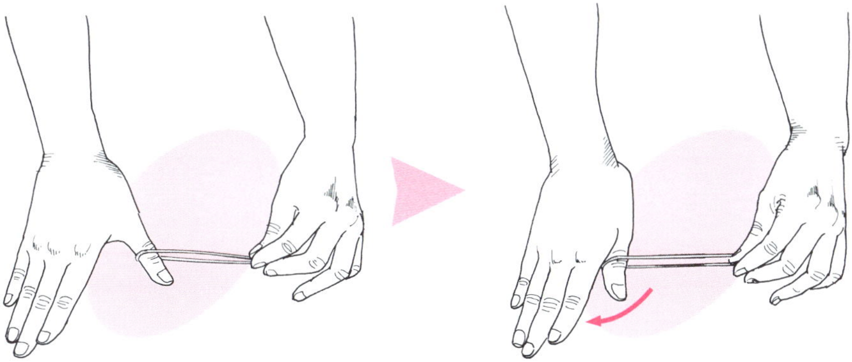

少し広げた親指に輪ゴムをかけ、逆の手で引っ張りながら輪ゴムを持つ。手のひらにくっつくまで親指を閉じる。

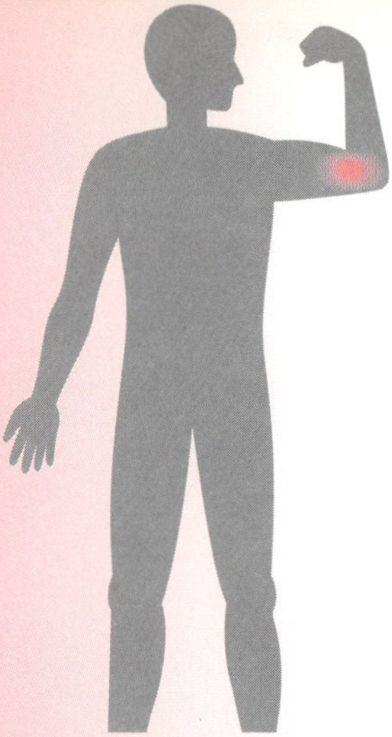

肘

肘のしくみ

尺骨《しゃくこつ》・橈骨《とうこつ》と上腕骨《じょうわんこつ》がつながる部分が肘関節です。手のひらを前にして腕をたらしたとき、体側にある丸い突起を内側上顆《ないそくじょうか》といい、尺骨と関節をつくっています（腕尺関節《わんしゃく》）。外側にあるのが外側上顆《がいそくじょうか》で、橈《とう》骨《こつ》と関節をつくっています（腕橈関節《わんとうかんせつ》）。橈骨と尺骨でつくられる橈尺関節《とうしゃくかんせつ》は、前腕の回内（手のひらを内に向ける）と回外（手のひらを外に向ける）を行います。また、関節が左右に動いてしまうのを防ぐために、膝と同じく内と外に側副靱帯《じんたい》があります。

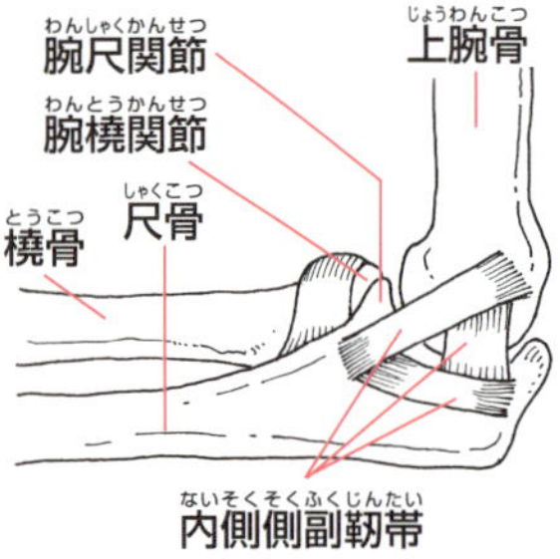

▲右手内側の肘

●尺骨《しゃくこつ》・橈骨《とうこつ》と上《じょう》腕骨《わんこつ》がつながる部分。前腕部の回内と回外を行う
●野球肘、上腕二頭筋腱炎など

膝のスポーツ傷害と対処法

■スポーツ障害

野球肘、テニス肘など（→P151）

野球やテニスなど、肘をよく使うスポーツをする人に多くみられます。投球時に肘の内側が痛むのが特徴です。初期段階では、安静にしていればほとんど痛みはありませんが、無理に使い続けていると、日常生活をしているときでも痛みを感じてくるようになります。また、繰り返し投げ続けることによって軟骨が遊離し、関節に挟まり激痛を伴うこともあります。野球肘の場合、まずはアイシングと安静が必要です。

■スポーツ外傷

肘の過伸展（→P154）

肘の関節が正常な範囲を超えて伸ばされた場合（着地や転倒などで肘を伸ばしたまま手をつくなど）に肘の過伸展、肘関節ねんざが起こります。その際はR.I.C.E.処置（P20参照）を必ず行ってください。

野球肘のテーピング

野球肘は、野球の投手によく見られる内側側副靱帯の障害で、肘の内側に痛みを伴います。肘の酷使が原因で起こります。内側靱帯を圧迫するテーピングを行い、肘をサポートします。

使用するテープと用具

伸縮テープ（ソフト、ハード）50ミリ

正しい姿勢

手を軽く握り、肘を少し曲げる。

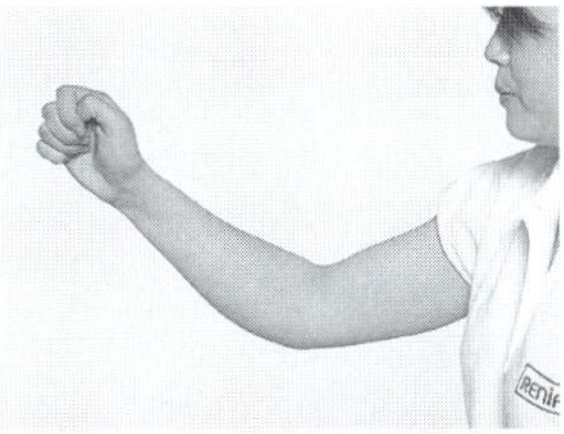

STEP

1 アンカー
2 Xサポート
3 縦サポート
4 スパイラル
5 アンカー
6 ラッピング
完成

1 アンカー

P.16参照

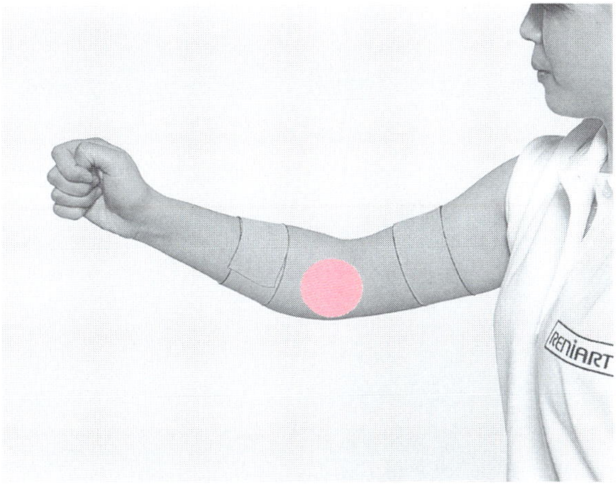

前腕と上腕に力を入れて、いちばん太い部分に伸縮テープ（ハード）でアンカーを巻く。●が患部。

② Xサポート

P.17参照

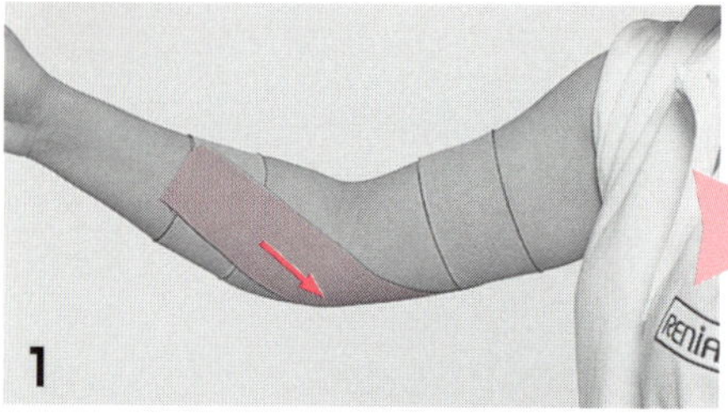

患部で交差するように1本目のXサポートを巻く。前腕のアンカーの内側から患部を通って上腕のアンカーの外側まで貼る。

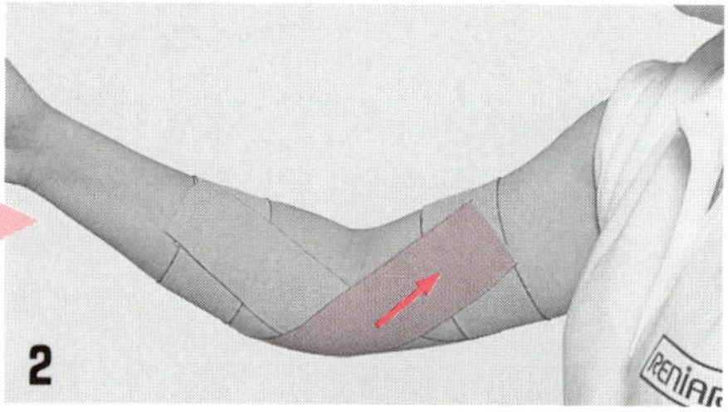

前腕のアンカーの外側から逆回転で巻く。患部にXサポートの交点がくるようにして、上腕のアンカーの内側まで貼る。

③ 縦サポート

P.17参照

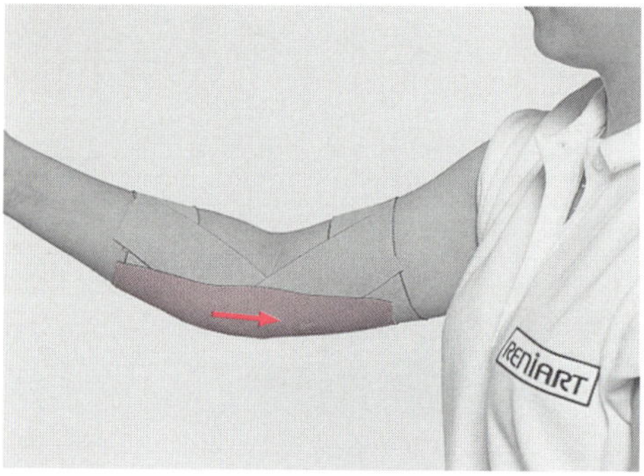

患部上を通るように前腕のアンカーから上腕のアンカーまでまっすぐに縦サポートを貼る。

④ スパイラル

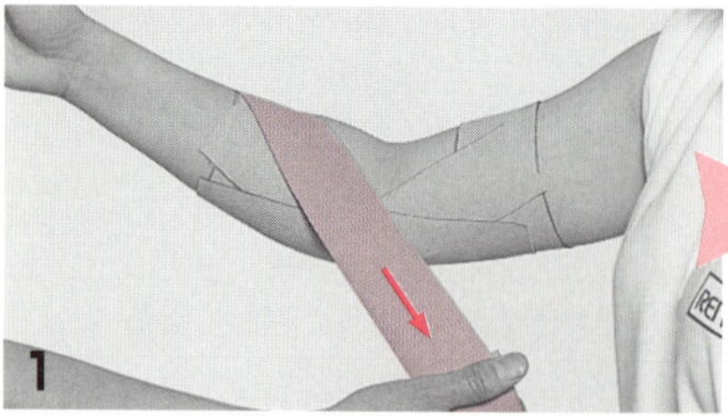

さらに補強するため、スパイラルを巻く。前腕アンカーの外側から内側に向かうスパイラルにする。

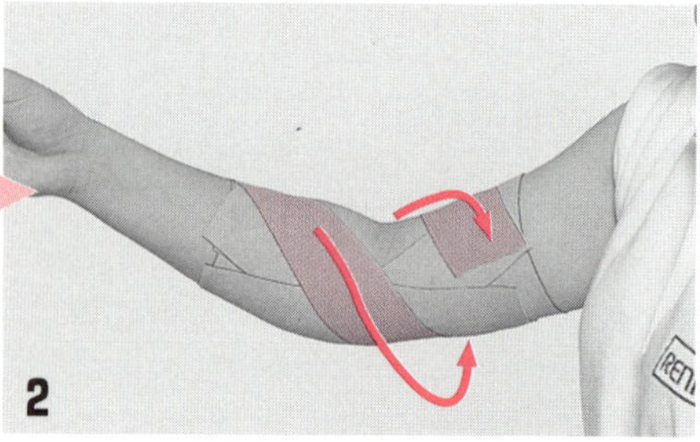

肘の曲がる部分と肘頭を避けて上腕のアンカーまで貼る。

5 アンカー 50

P.16参照

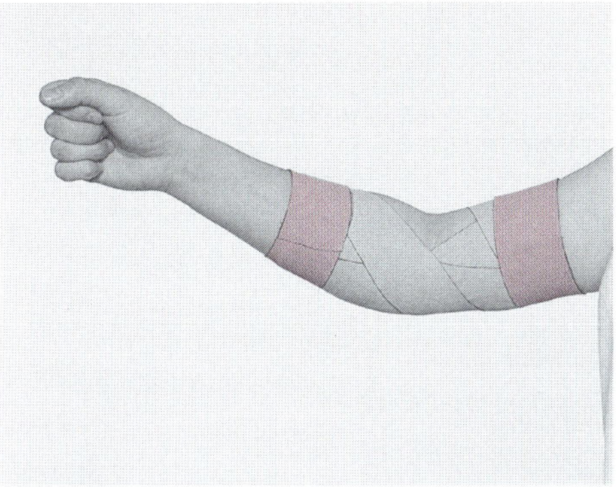

サポートとスパイラルを固定するため、前腕と上腕にそれぞれアンカーを巻く。

6 ラッピング 50

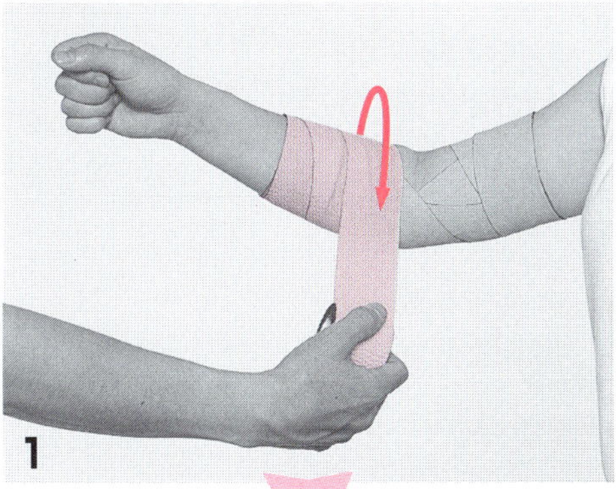

1

伸縮テープをソフトに変え、前腕からラッピングを開始。

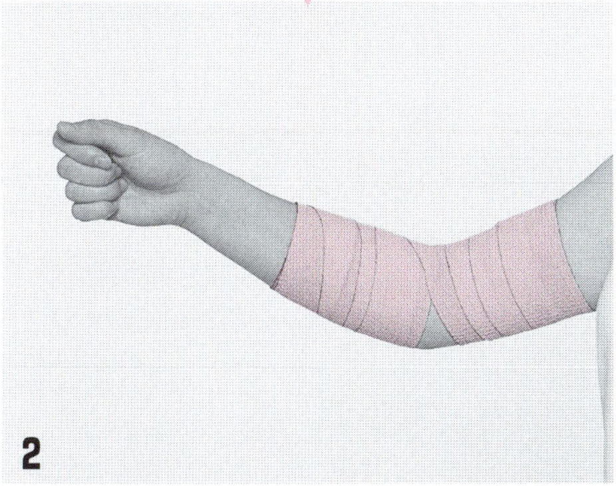

2

肘頭を避けて、上腕のアンカーまで巻いて完成。

肘を伸ばすと痛いときのテーピング

肘を伸ばすと痛みを感じるときに、痛みを感じるところまで肘が伸びないように制限するテーピングです。

使用するテープと用具

伸縮テープ（ハード、ソフト）50ミリ

正しい姿勢

手を軽く握り、腕に力を入れます。肘の角度は症状に合わせて調節します。

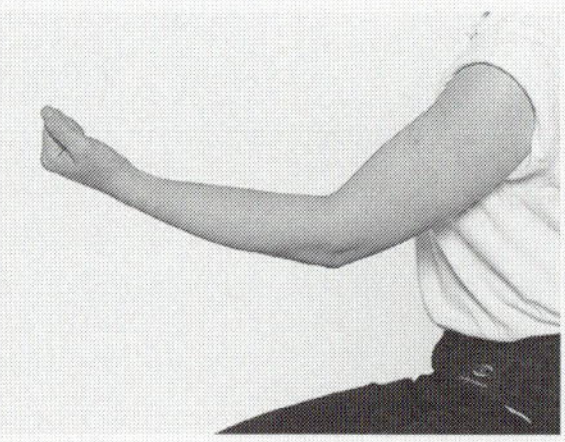

STEP

1. アンカー
2. Xサポート
3. 縦サポート
4. アンカー
5. スプリット
6. ラッピング

完成

1 アンカー

P.16参照

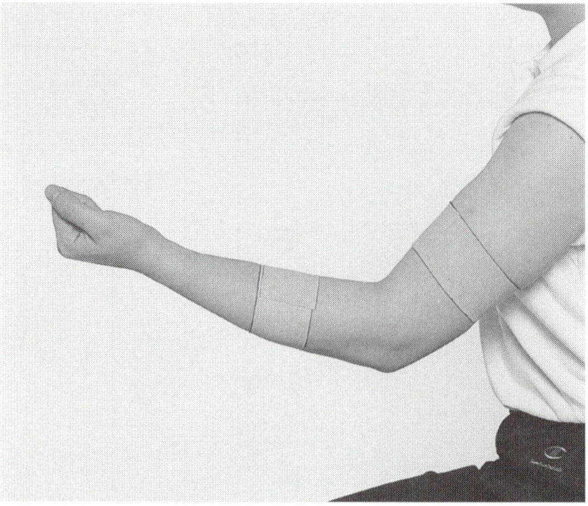

前腕と上腕に力を入れて、それぞれいちばん太い箇所に伸縮テープ（ハード）でアンカーを巻く。

2 Xサポート

P.17参照

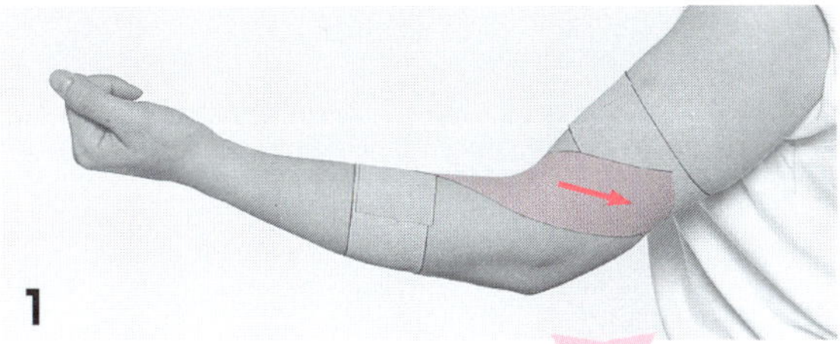

1

前腕のアンカーの内側から上腕のアンカーの外側に向かってXサポートを貼る。

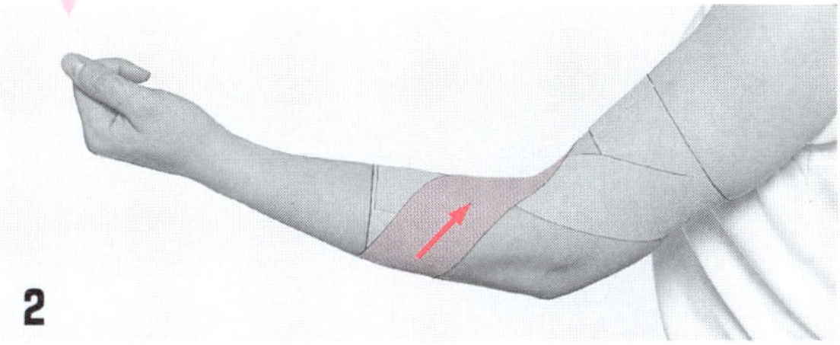

2

前腕のアンカーの外側から上腕のアンカーの内側に向かってXサポートを貼る。Xサポートの交点が関節上にくるようにすること。

3 縦サポート

P.17参照

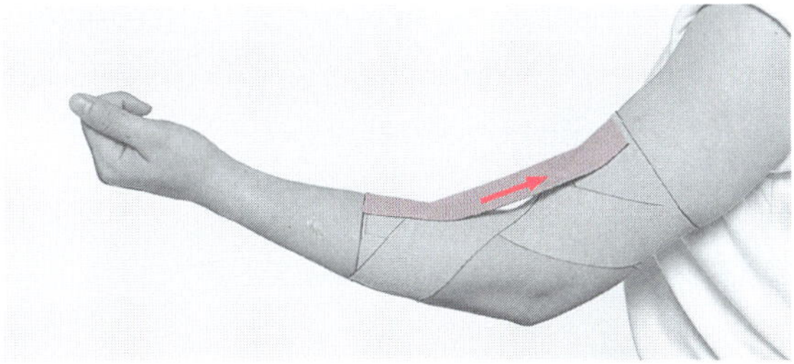

前腕のアンカーからXサポートの交点上を通り、上腕のアンカーまで縦サポートを貼る。このときに肘の角度を調整（痛みを感じるところまで肘が伸びないように）する。

4 アンカー

P.16参照

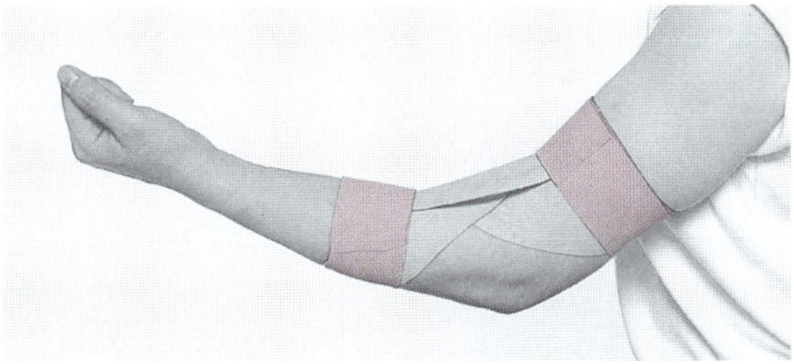

サポートをとめるため、上腕と前腕にアンカーを巻く。

5 スプリット

P.18参照

1

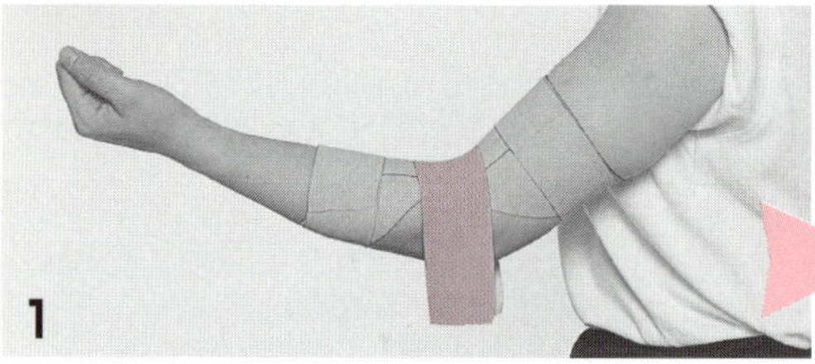

テープを30㎝ほど引き出し、肘にのせて左右を同じ長さに調整する。

2

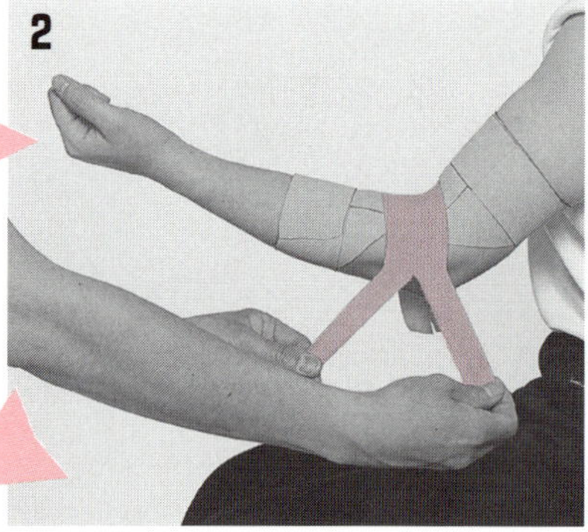

左右どちらもテープの中央部分からふたつに引き裂く。裂きすぎないように注意。裂く目安は、肘頭少し手前まで。

3

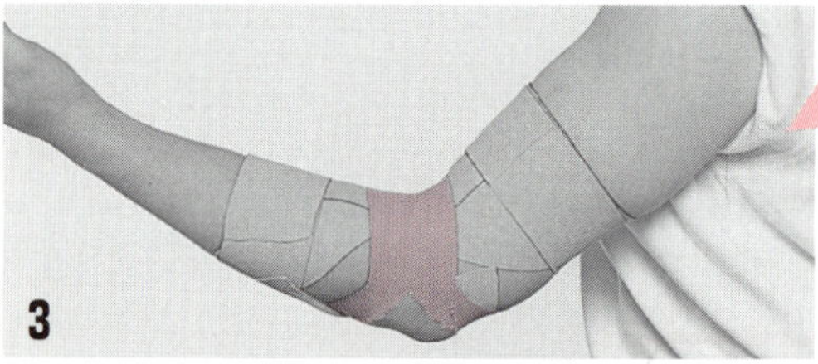

肘頭を避けるように、左右ともテープを肘に巻きつける。

6 ラッピング

1

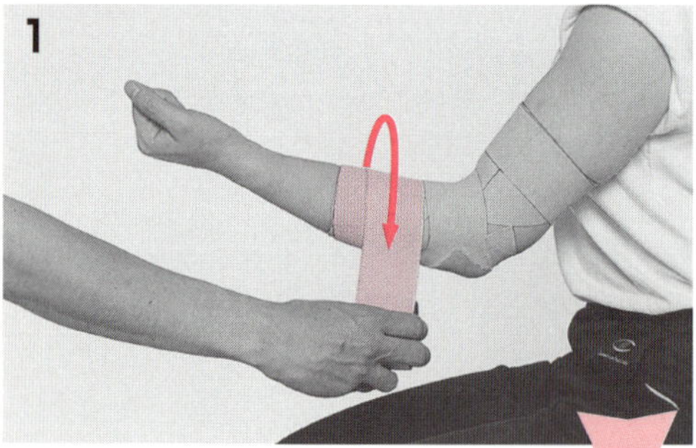

伸縮テープをソフトに変え、前腕からぐるぐるとラッピングしていく。

2

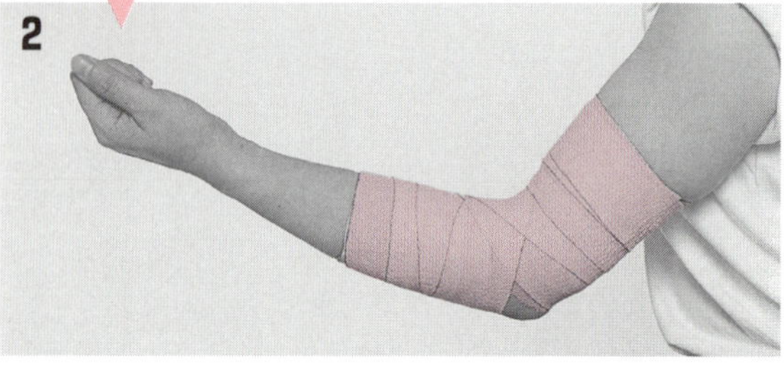

肘頭は避けて巻き、上腕のアンカーまで巻いたら完成。

肘のリコンディショニング

肘は前腕部と上腕部をつないでいる部分です。肘の動きは、手首や前腕部、上腕部と連動しているので、手首から上腕部のマッサージやトレーニングを行います。特に肘を酷使する野球やテニスの選手は、練習や試合のあとに入念にマッサージやストレッチを行うだけでなく、日ごろからトレーニングを行って強化に努めましょう。

マッサージ

1 手のひらでさする（手掌軽擦《しゅしょうけいさつ》）

手のひらを向ける。小指側と親指側の2方向に分け、手首から肘に向かって手のひらでさする。次に手の甲を向け、こちらは2方向に分けず、中央を手首から肘に向けてさする。女性など手首が細い人は、親指以外の4本の指でさするとよい。

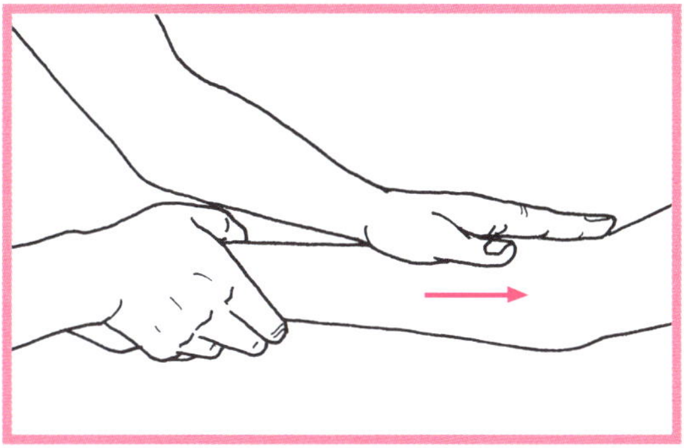

2 前腕部をつかむようにもむ（把握揉捏《はあくじゅうねつ》）

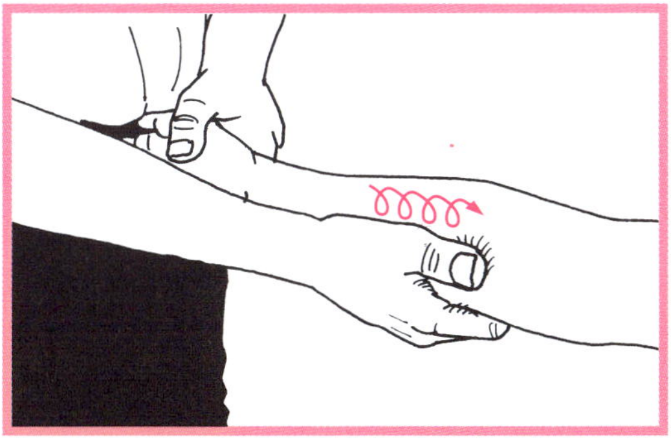

❶と同様に手のひら側を2方向に、手の甲側は中央部をつかむようにもむ。

3 手のひらでさする（手掌軽擦《しゅしょうけいさつ》）

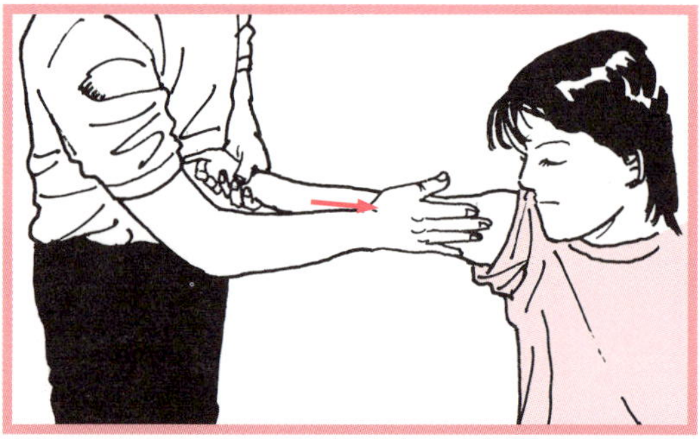

手首を握って腕を持ち、もう一方の手で上腕の前部を肘から肩に向かって手のひらでさする。後部も同様に。女性など腕の細い人は親指以外の4本の指でさするとよい。

4 手のひらでつかむようにもむ（把《は》握《あく》揉捏《じゅうねつ》）

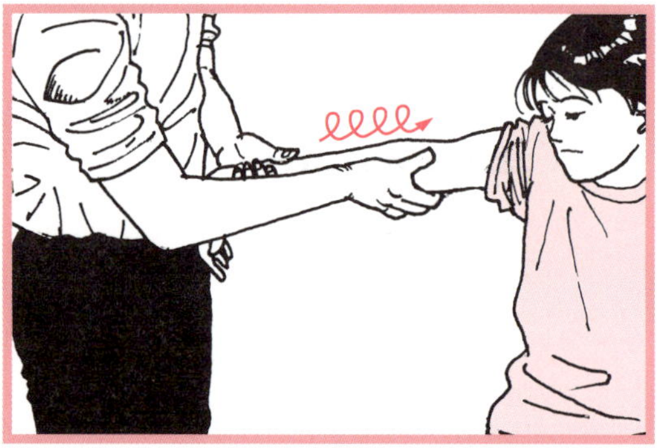

手首を握って腕を持ち、もう一方の手で上腕の前部を肘から肩にかけてつかむようにもむ。後部も同様に。

5 両手でつかむようにもむ（双手《そうしゅ》把《は》握《あく》揉捏《じゅうねつ》）

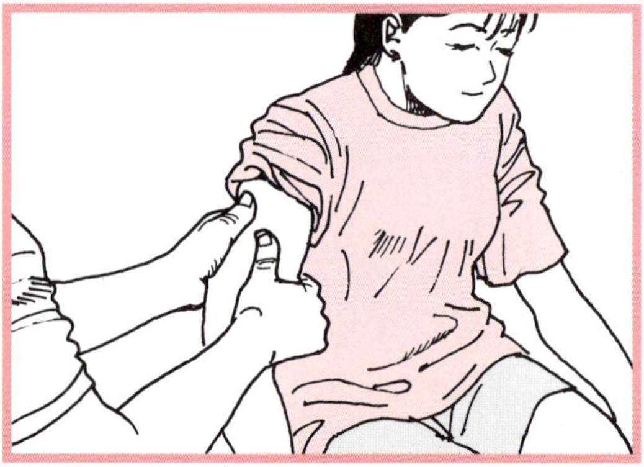

両手で上腕を前部と後部からつかみ、肘から肩に向かって交互にもむ。

回復・傷害予防の

トレーニング

1 手首の回外

10〜15回×3セット

腕を斜め下に下げた位置で構え、ダンベル（1〜2 kgから始めて3〜4 kgまで）などを持つ。

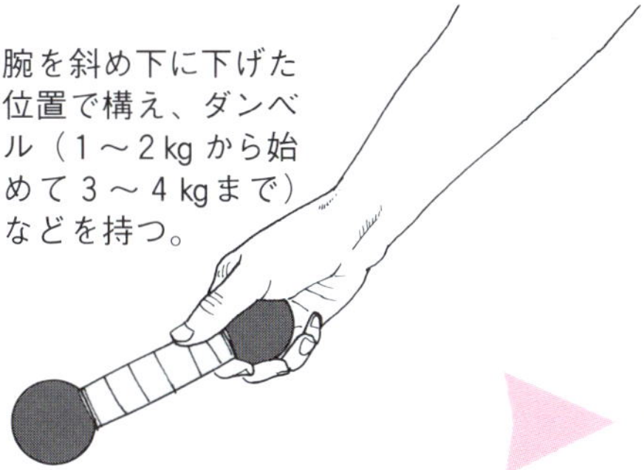

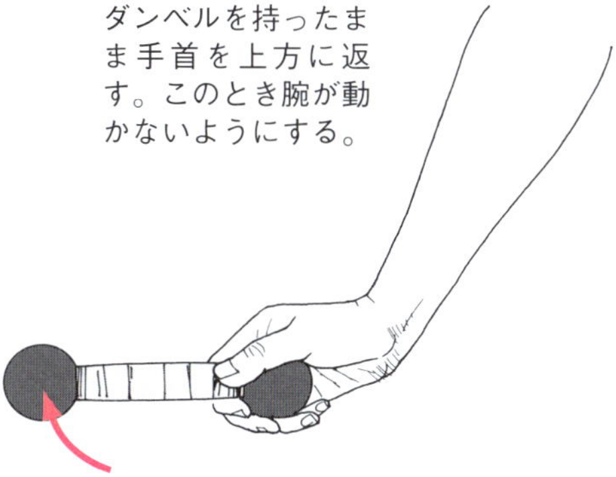

ダンベルを持ったまま手首を上方に返す。このとき腕が動かないようにする。

2 手首の回内

10〜15回×3セット

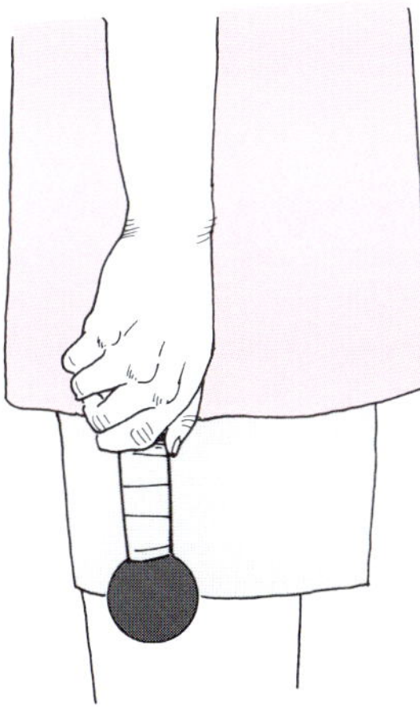

手のひらを内側に向けて、腕を真下に下ろし、ダンベル（負荷は❶と同様）を持つ。

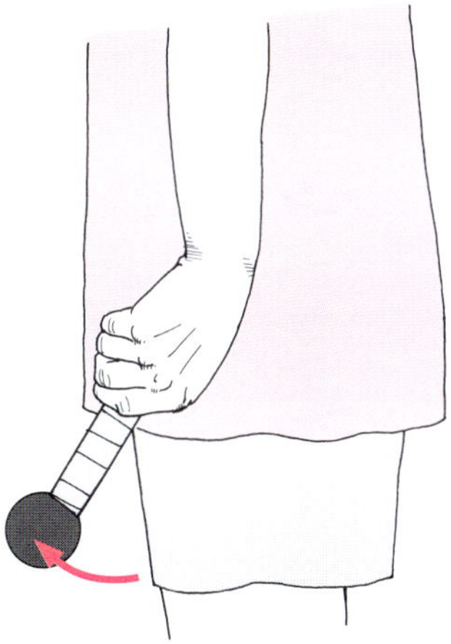

そのまま、腕は動かさずに、手首だけを後方に返す。

❸ 手首の橈・尺屈

10～15回×3セット

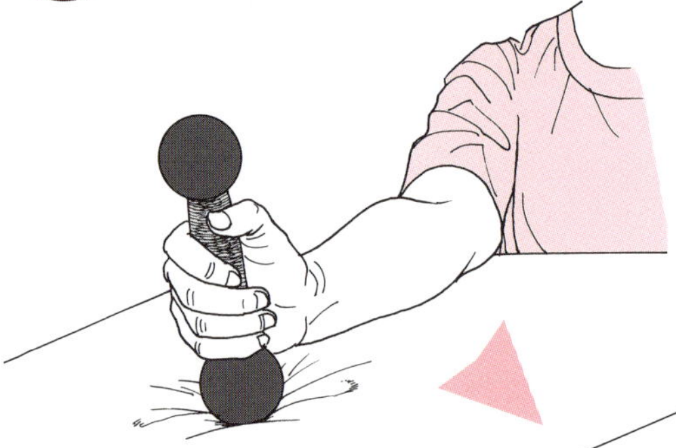

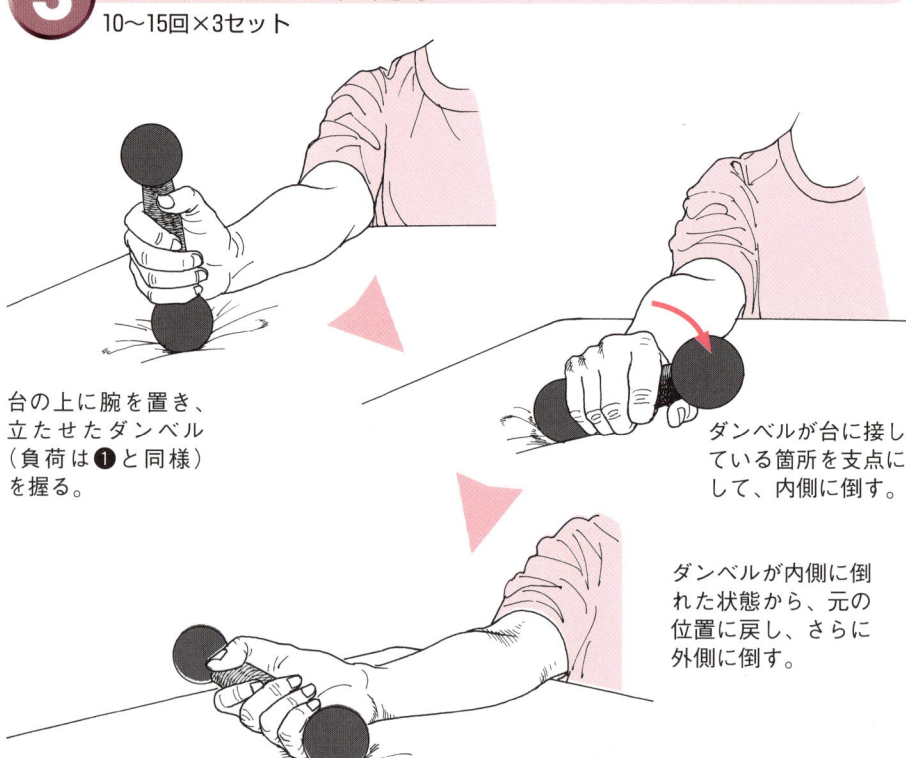

台の上に腕を置き、立たせたダンベル（負荷は❶と同様）を握る。

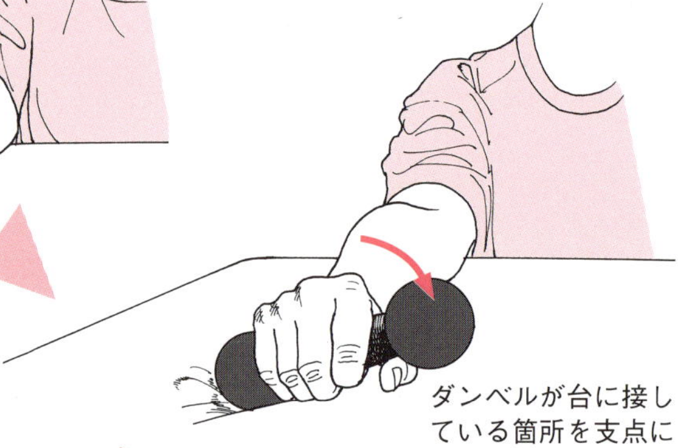

ダンベルが台に接している箇所を支点にして、内側に倒す。

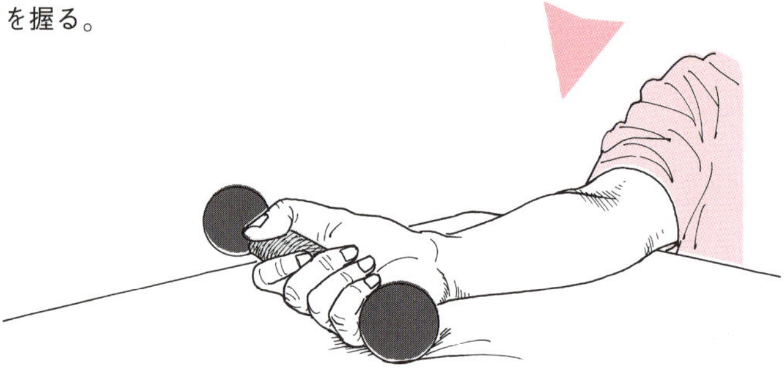

ダンベルが内側に倒れた状態から、元の位置に戻し、さらに外側に倒す。

❹ 手首の巻上げ

10～15回×3セット

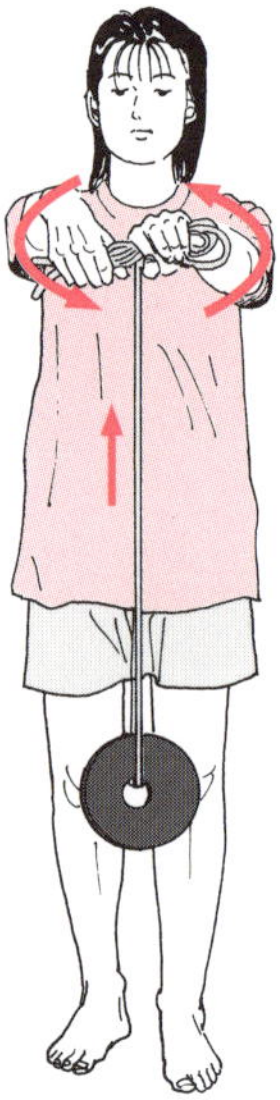

ひもとおもり（重さ１～２kg のバーベル用のウエイトやダンベルなど）になるものを使って図のような道具を用意する。腕を伸ばして胸の前に突き出し、握りやすく折って束ねたひもの両端を回して巻き上げる。

5 アームカール 10〜15回×3セット

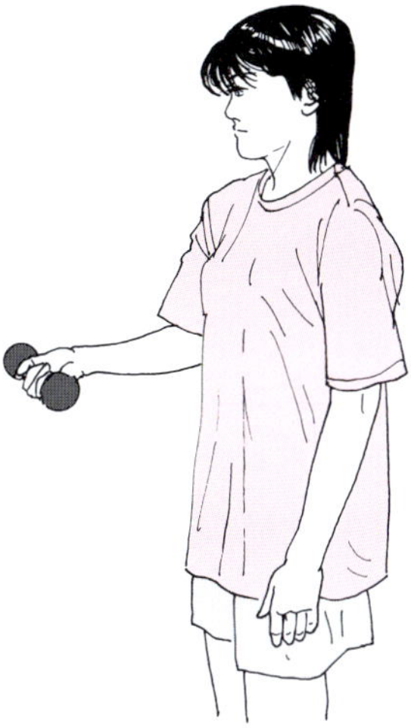

脇をしめて、肘を90度に曲げ、ダンベル（負荷は❶と同様）を持つ。

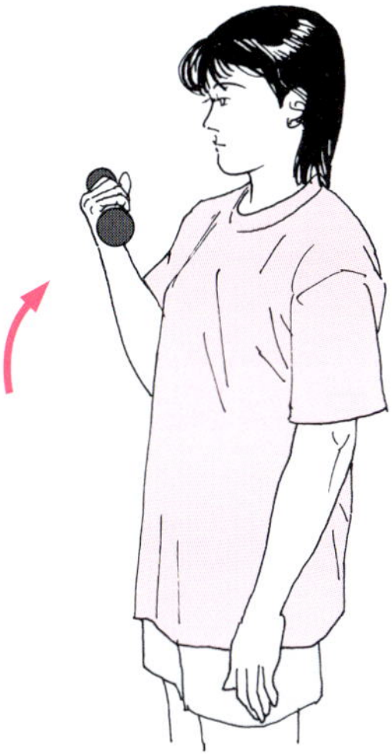

腕が動かないよう注意しながら、ダンベルを上腕部に向かって、引き寄せる。上腕三頭筋に効果がある。

6 エクステンション 10〜15回×3セット

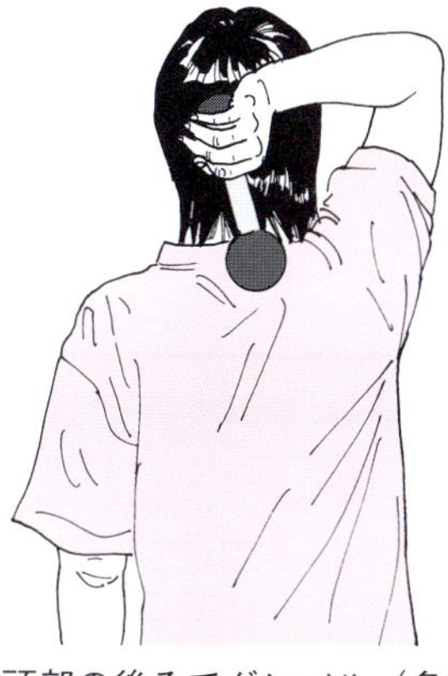

後頭部の後ろでダンベル（負荷は❶と同様）を持つ。

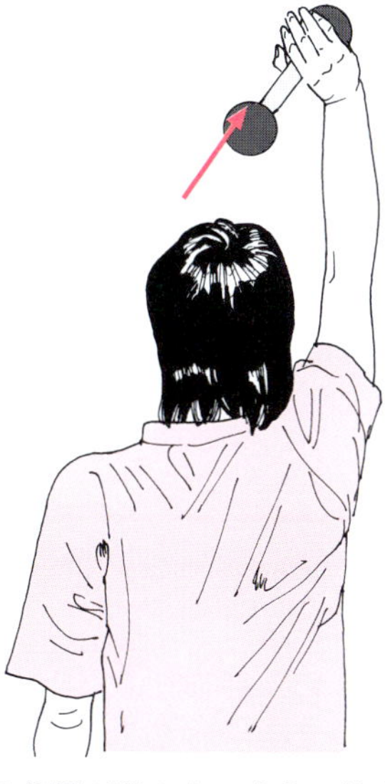

肘の位置が動かないように注意して、腕をまっすぐ伸ばす。上腕二頭筋に効果がある。

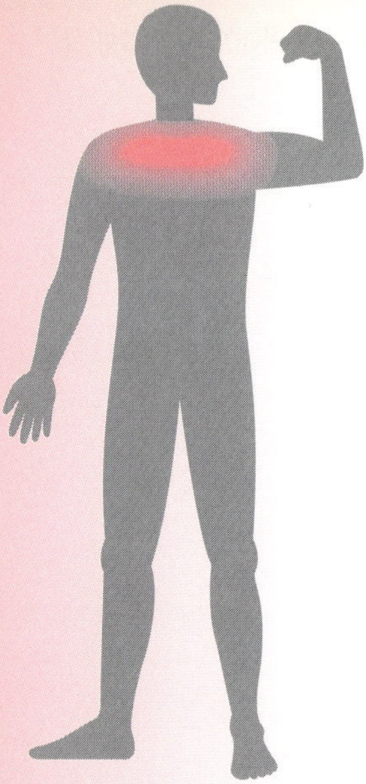

肩

肩のしくみ

いろいろな動きができる肩関節は、しくみも複雑です。動きに関わるのは、上腕骨《じょうわんこつ》・鎖骨《さこつ》・肩甲骨《けんこうこつ》の3つの骨です。肩甲骨のくぼみに上腕骨の丸い骨頭が合わさり、肩関節をつくります。肩の動きを滑らかにするために、周辺には鎖骨の端と肩甲骨でつくる肩鎖関節《けんさかんせつ》、鎖骨と胸骨でつくる胸鎖関節《きょうさかんせつ》があります。

- 上腕骨《じょうわんこつ》・鎖骨《さこつ》・肩甲骨《けんこうこつ》のほか肩《けん》鎖関節《さかんせつ》、胸鎖関《きょうさかん》節《せつ》からなる
- 野球肩、脱臼など

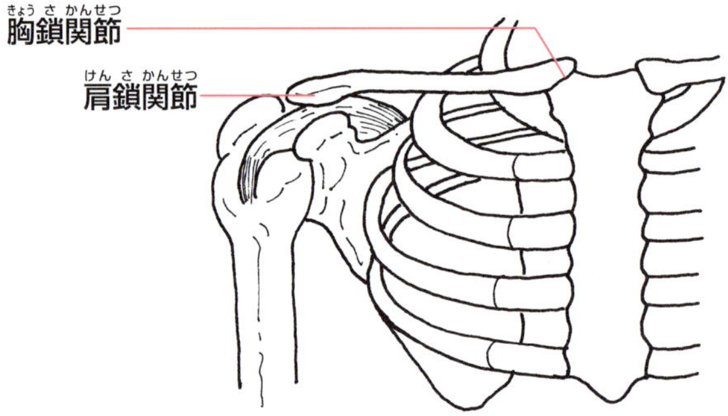

●肩部前面

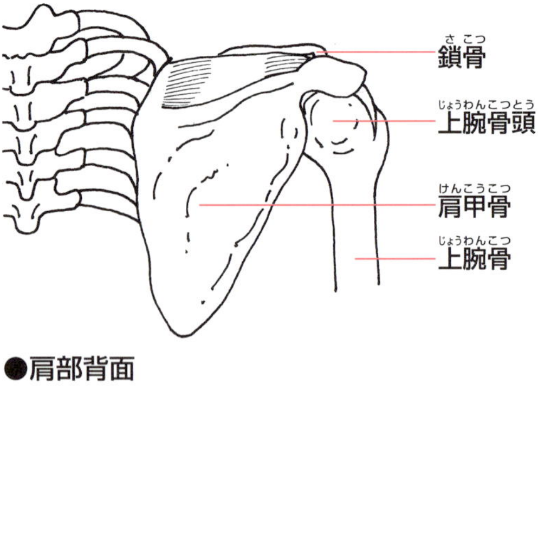

●肩部背面

肩関節の動き

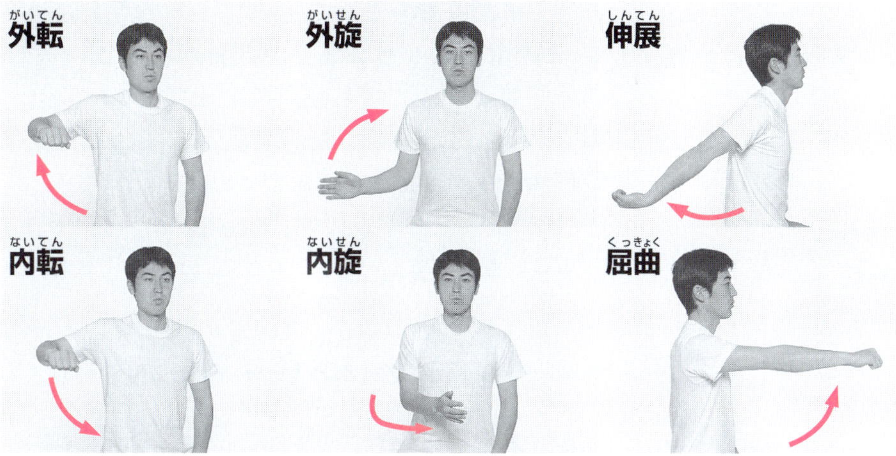

肩のスポーツ傷害と対処法

■スポーツ外傷

肩鎖関節ねんざ（→P164）

動きの激しいスポーツで、転倒して手をついた際に、鎖骨を上向きに押し上げる力が加わり、さらに肩関節を支える靭帯が伸びたときに起こるのが肩鎖関節のねんざです。このとき、靭帯が断裂すると鎖骨が浮きあがります（これを押すと上下する）。必ずR.I.C.E.処置を行ってから肩が動かないよう腕を三角巾などで吊り、医師の診断をあおぎます。

肩関節の脱臼《だっきゅう》（→P169）

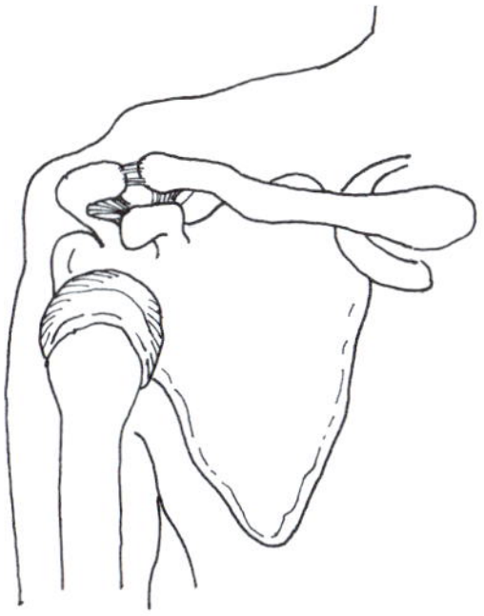

激しいコンタクトプレイを要求されるスポーツでは、肩の脱臼がしばしば起こります。よくあるケースが、腕が外転しさらに外旋したとき、上腕骨が前方にずれる前方脱臼です。やはりR.I.C.E.処置を必ず行って、肩が動かないようテーピングで腕を固定し、医師の診断をあおぎます。

肩鎖関節ねんざ・応急処置のテーピング

アメリカンフットボールなどのスポーツでタックルされたり、地面などに手をついたときに、その衝撃が肩に伝わって、肩鎖関節をねんざすることがあります。多くは肩鎖を支える肩鎖靭帯が伸びているか、断裂しています。このとき鎖骨は上に押し上げられます。

ここで紹介するのは、R.I.C.E.処置後、病院に行くまでの応急処置です。すばやく医師の診断を受けましょう。

使用するテープと用具

38ミリホワイトテープ　ラバーパッド　三角巾

正しい姿勢

肘を軽く曲げ、腕に力を入れた状態で胴から腕を離しておく。

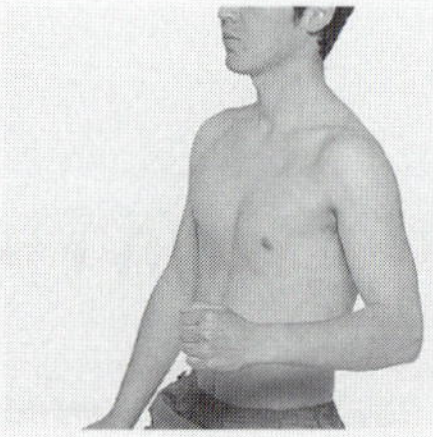

1 パッドを当てる

STEP　1 パッドを当てる　2 コンプレッション　3 三角巾で吊る　完成

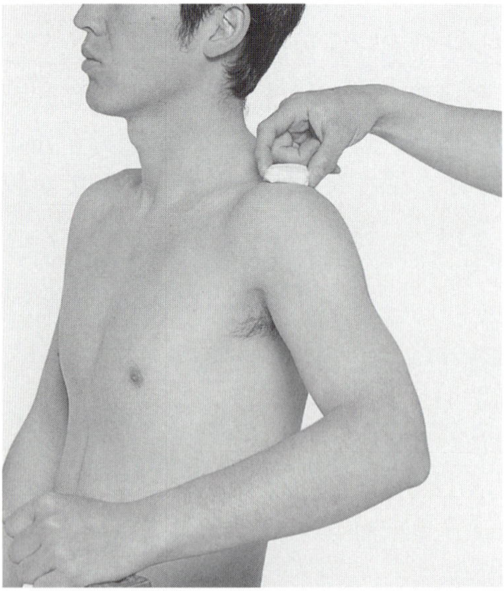

上に押し上がっている肩鎖関節をおおうぐらいの大きさ（3㎝ほどの丸型）に切ったパッドを当てる。

2 コンプレッション

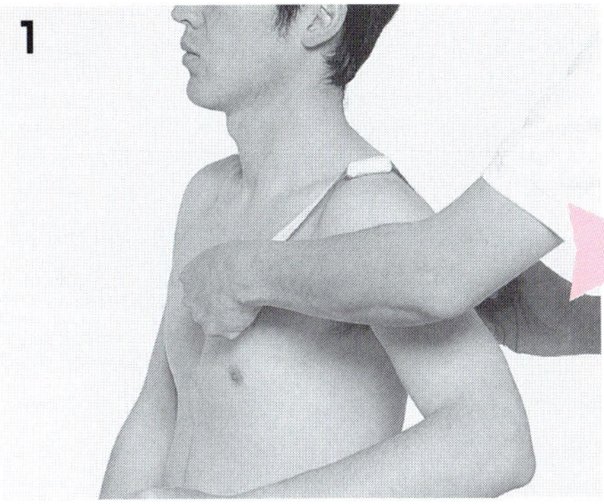

パッドがずれないようにテープで固定する。

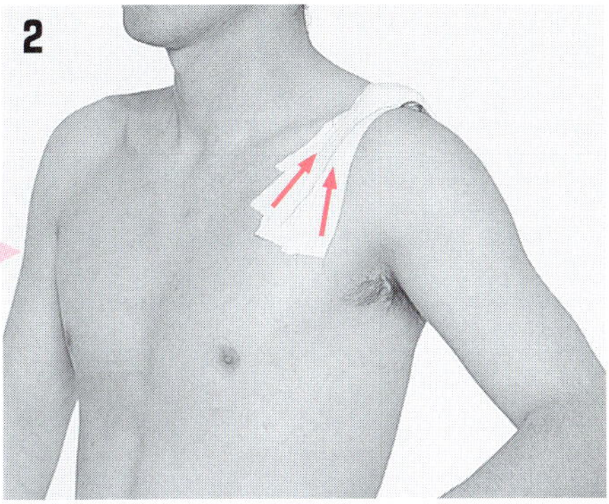

角度をずらして、2～3本のテープを貼る。

3 三角巾で吊る

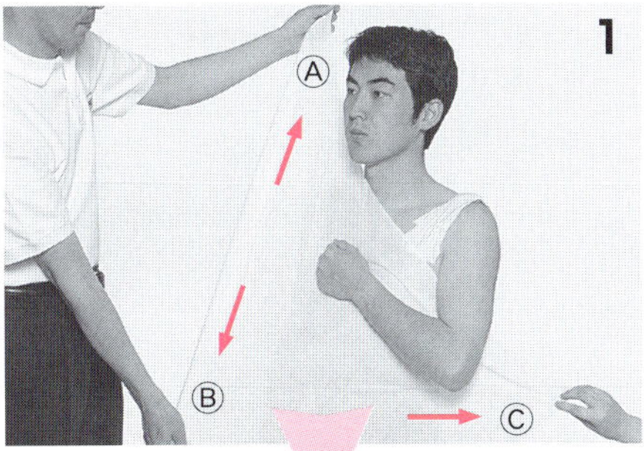

三角巾のいちばん長い辺Ⓐ，Ⓑを、吊らない腕側の体に沿って伸ばす。吊るほうのわきの下に三角巾の頂点側Ⓒを挟み込む。

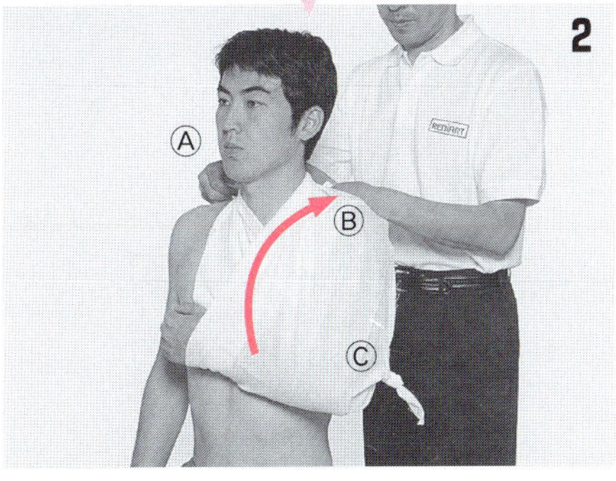

Ⓐはそのまま右肩から首の後へ、Ⓑは吊る腕を包み込むようにして首の後へ持ってゆき、Ⓐと結ぶ。Ⓒはねじって結ぶ。

POINT 三角巾がない場合は？

三角巾がない場合は、テーピングで使用する伸縮テープで代用します。前腕を1周させて、そのまま肩鎖関節の上を通して、背中まで引っ張り、テープをとめます。

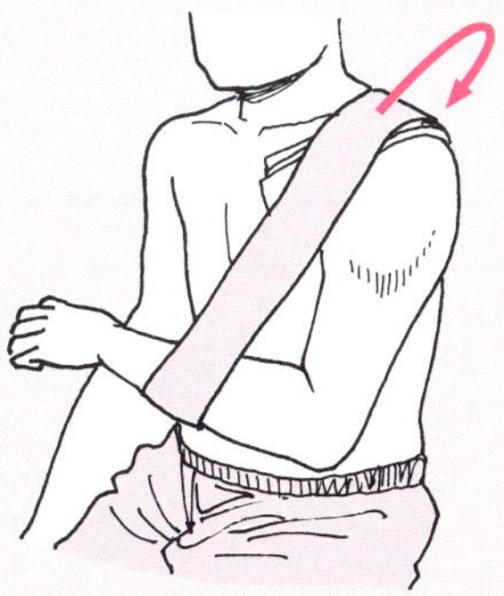

肩鎖関節ねんざのテーピング

肩鎖関節のねんざにより上に押し上がってしまった鎖骨を押さえるのと同時に、肩鎖関節を圧迫するため、サポートテープを肩鎖関節に必ず通していきます。

使用するテープと用具

伸縮テープ（ハード）75ミリ

伸縮包帯

ワセリンを塗ったガーゼ

正しい姿勢

肘を軽く曲げ、腕を胴から少し離します。

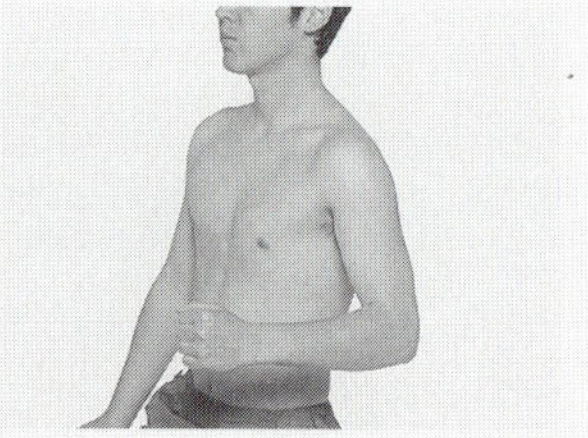

STEP

1. アンカー
2. 上腕のサポート
3. アンカー
4. 上腕のサポート（つづき）
5. ガーゼを当てる
6. 鎖骨のサポート
7. ラッピング

完成

1 アンカー

P.16参照

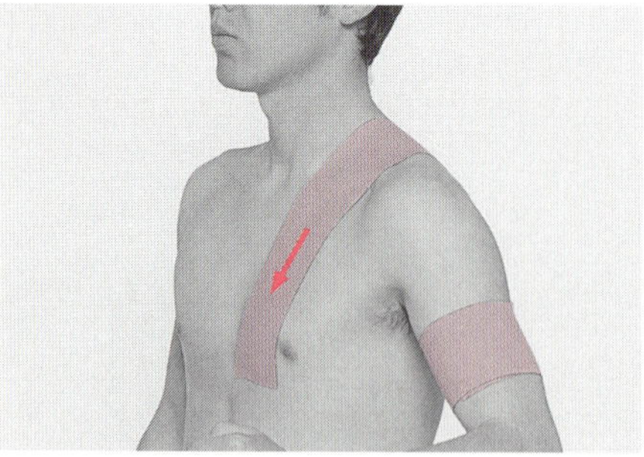

上腕に力を入れて、いちばん太いところにアンカーを巻く。また、背中から肩鎖関節上を通って、大胸筋の下までテープを貼る。このとき、乳頭を避ける。

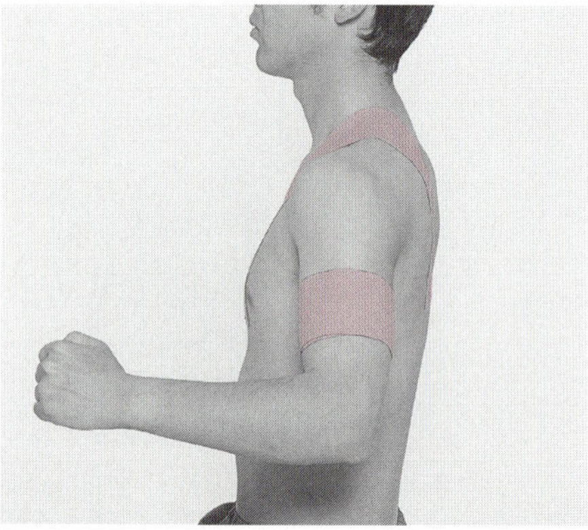

横から見たところ。

2 上腕のサポート

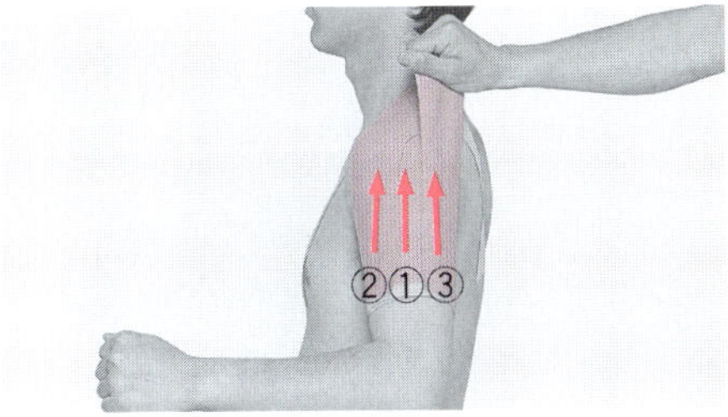

上腕のアンカーの外側から肩鎖関節に向かって１本目のサポートを貼る。背中側と胸側に少しずらし、合計３本貼る。

3 アンカー

P.16参照

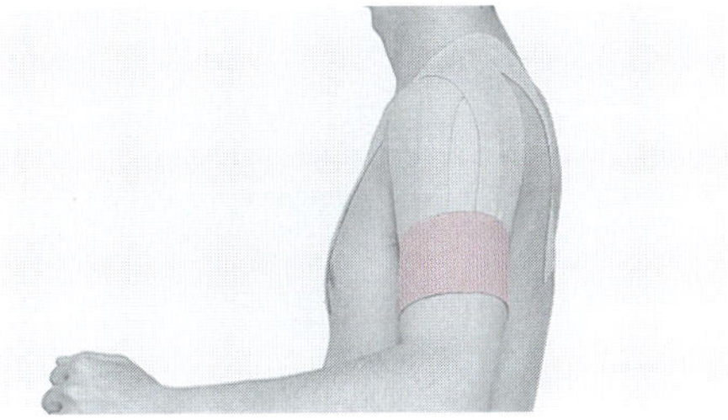

上腕に力を入れる。サポートを固定するため、再度、いちばん太いところにアンカーを巻く。

4 上腕のサポート(つづき)

1

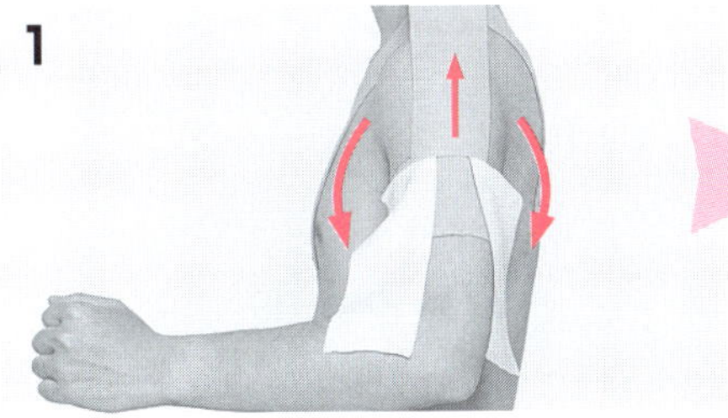

バナナの皮をむくように３本のサポートを上からはがし、真ん中のサポートを強く引っ張りながら貼り直す。

2

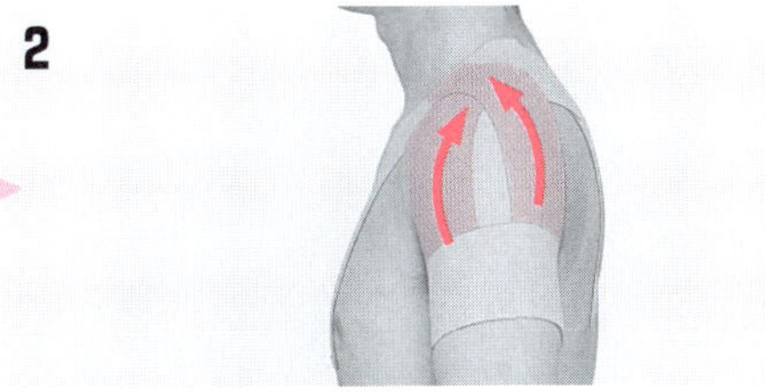

上腕の胸側に貼ったサポートを強く引っ張りながら、肩鎖関節上を通して背中でとめる。同様に背中側のサポートも強く引っ張り、鎖骨の下でとめる。

5 ガーゼを当てる

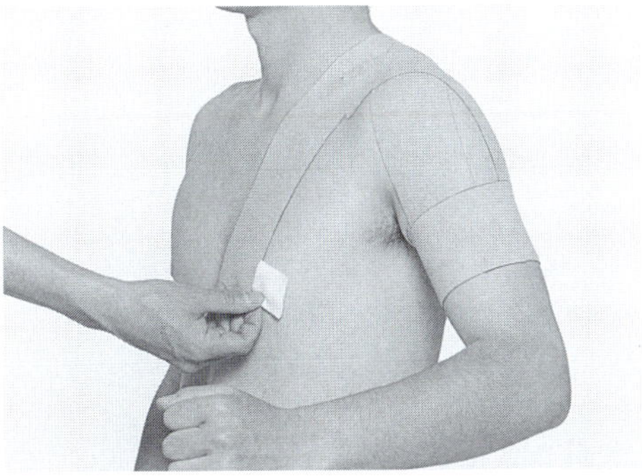

乳頭を保護するため、ワセリンを塗ったガーゼ（乳頭がかくれるくらいの大きさに切ったもの。５㎝角くらい）を当てる。

6 鎖骨のサポート

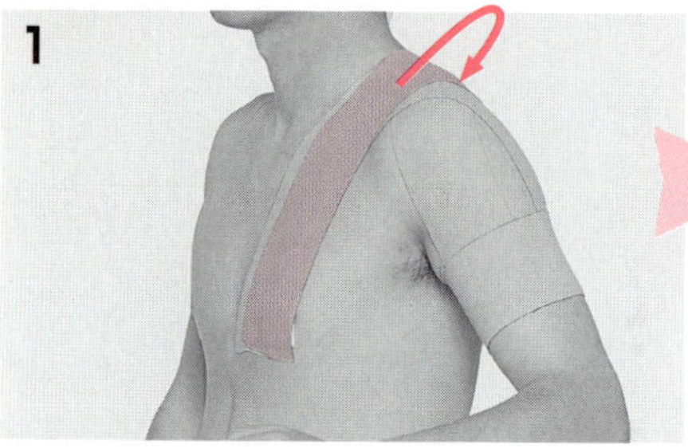

乳頭の下から肩鎖関節までテープを引き上げていき、肩を押し下げるような感じで背中側まで引っ張ってとめる。このテープを貼っている最中は、息を大きく吸い込んで胸郭を広げた状態にしておくこと。

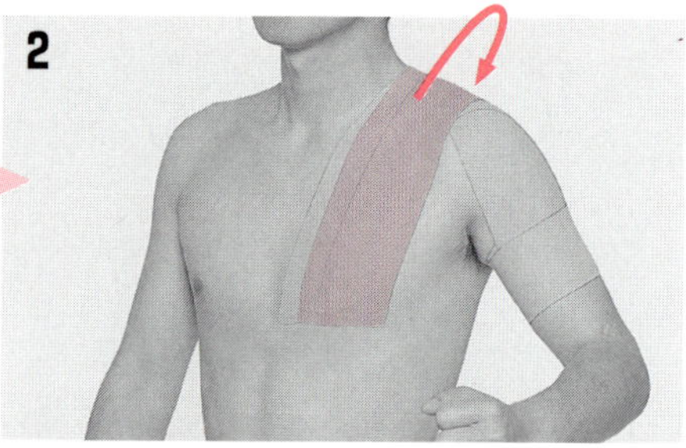

２本目は少し外側にずらして貼る。３本目も同様に、２本目より少し外側にずらして貼る。

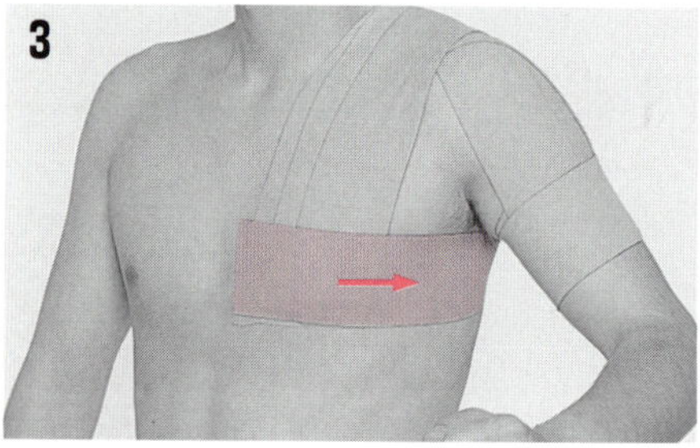

鎖骨のサポートを固定するため、サポートの胸側の始点からわき腹を通り、サポートの背中側の終点でとめる。

POINT 女性がテーピングする場合は？

女性は胸のふくらみがあるので、テープの端を裂いて、乳頭を避けるようにして貼ります。

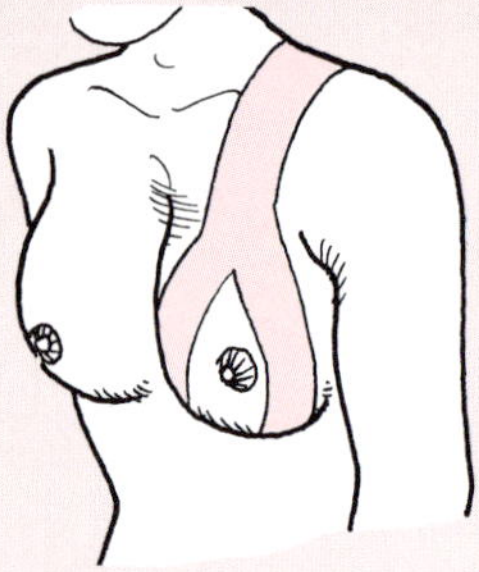

7 ラッピング

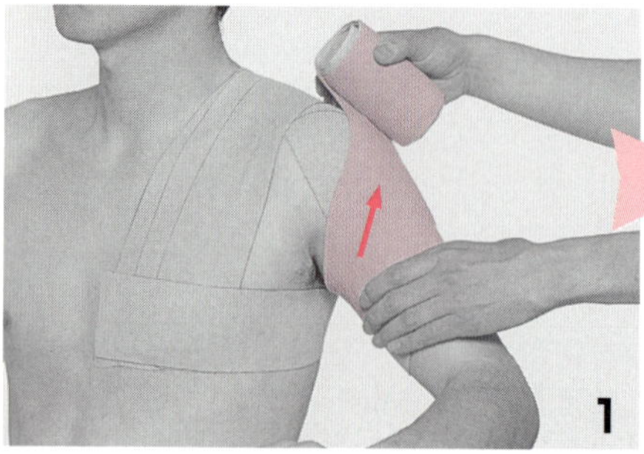

上腕を１周させて、肩鎖関節へ向かう。

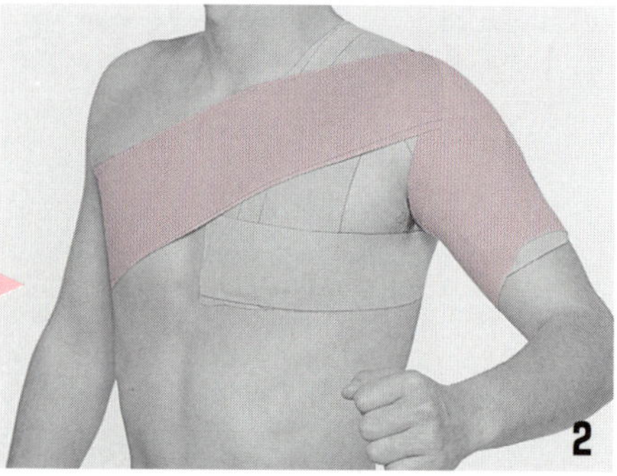

背中を回って反対側の脇を通り、再び肩鎖関節へ。一連の動作を２～３回繰り返し、最後に上腕を１周させ、留め金でとめる。

肩関節脱臼のテーピング

肩関節の脱臼《だっきゅう》は、腕が外転《がいてん》や外旋《がいせん》など、通常の可動範囲以上に外側へひねられて起こることが多い傾向にあります。ここではその外転や外旋を制限するテーピングを紹介します。

使用するテープと用具

伸縮テープ（ソフト）75ミリ　バンテージ　ワセリンを塗ったガーゼ

正しい姿勢

肘を軽く曲げ、(肘を）肩より少し前に出す。

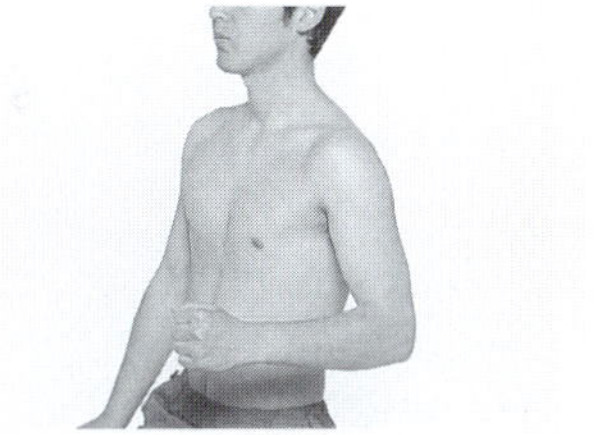

STEP

1 アンカー
2 サポートその1
3 アンカー
4 サポートその1（つづき）
5 サポートその2
6 アンカー
7 ラッピング
完成

1 アンカー

75

P.16参照

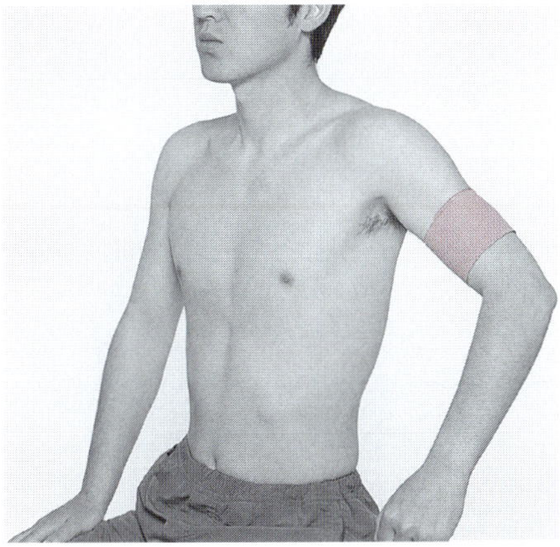

上腕に力を入れて、いちばん太いところに伸縮テープ（ソフト）でアンカーを巻く。

2 サポートその1

1

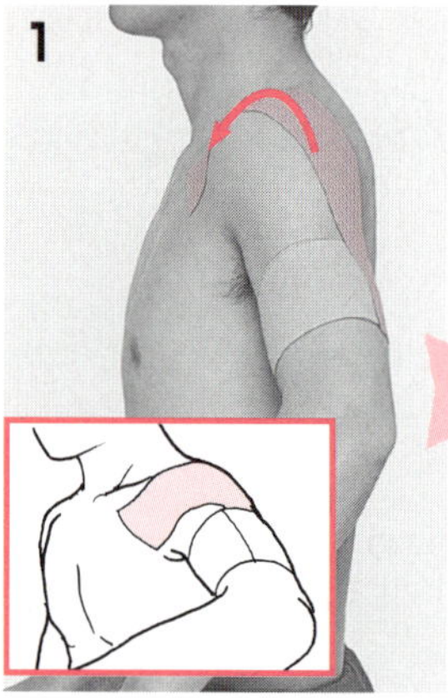

上腕のアンカーの裏側から肩を通り、鎖骨の下までサポートを貼る。このとき、テープが首にかからないように注意。

2

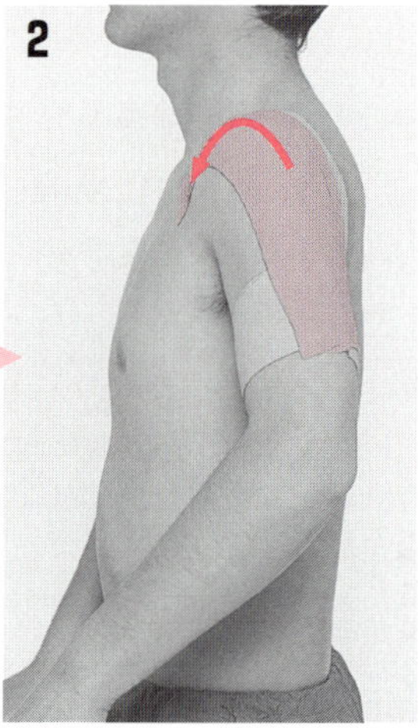

テープを少しずつ外側にずらして、さらに２本のサポートを追加して貼る。

3 アンカー

P.16参照

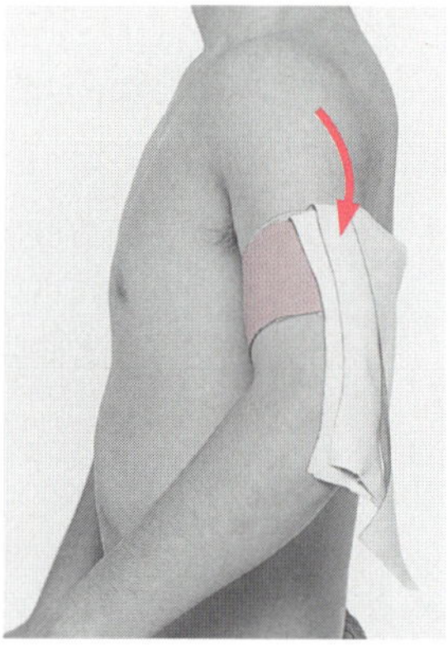

サポートを固定するため、上腕のいちばん太い部分にアンカーを巻き、バナナの皮をむくようにサポートをはがしておく。

4 サポートその１（つづき）

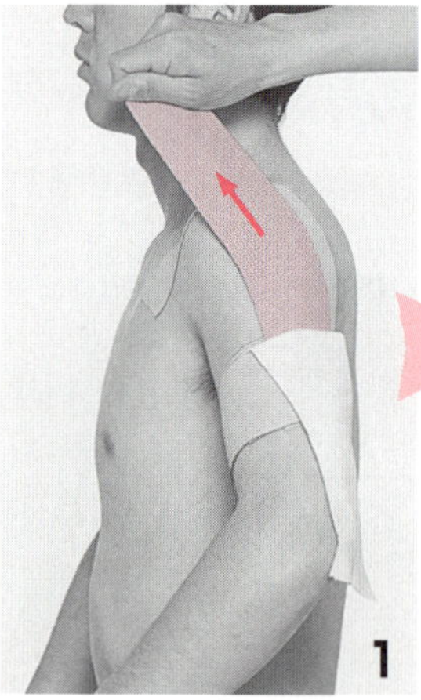

1

はがしたサポートを再び貼り直す。１本目のテープを強く引っ張り、肩を通して、胸に向かって貼る。２本目も同様に貼り直す。

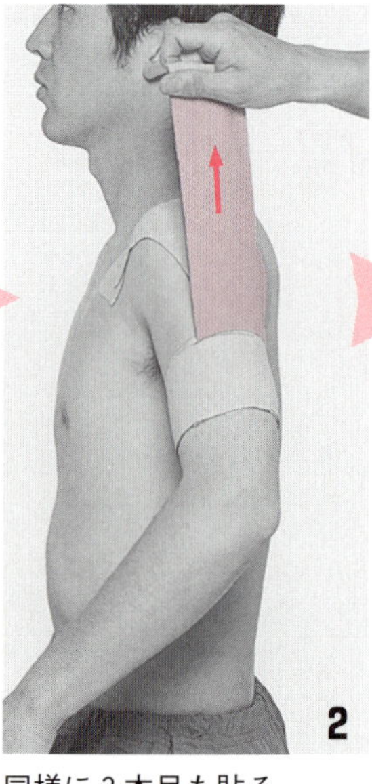

2

同様に３本目も貼る。

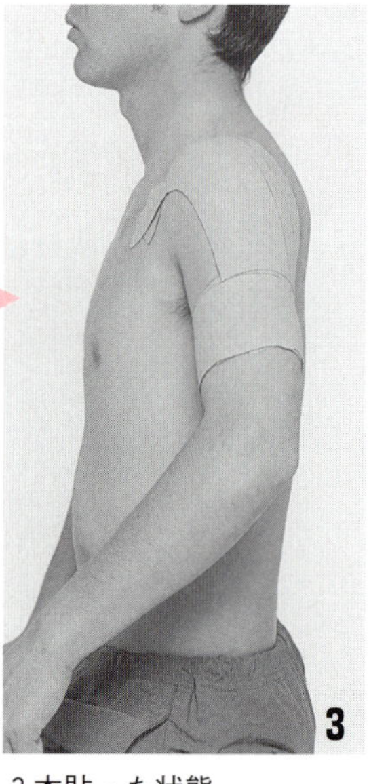

3

３本貼った状態。

5 サポートその2

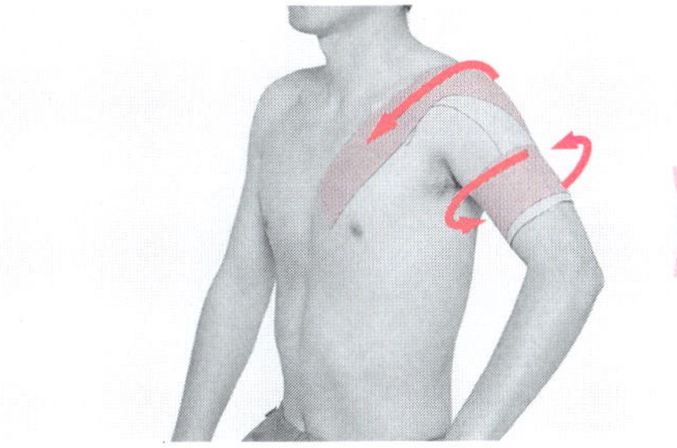

さらに補強するため、上腕を1周させて肩の側面を通り、胸の中心部でとめるサポートを貼る。これを2回行う。必要であれば、ワセリンを塗ったガーゼを乳頭に当てる。

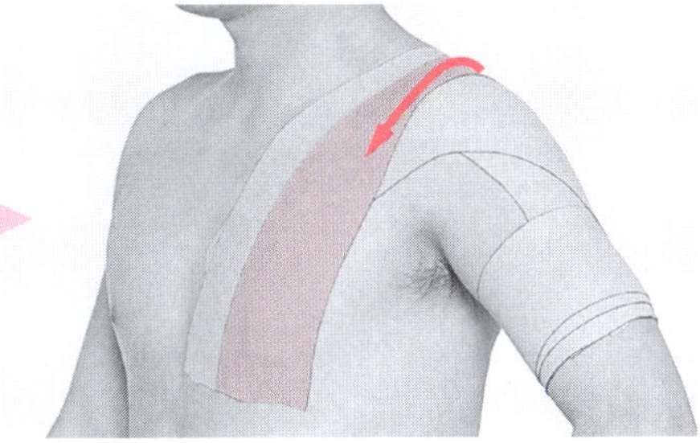

前に貼ったサポートを固定するため、肩甲骨の下から大胸筋の下までテープを貼る。少しずらして2本貼る。

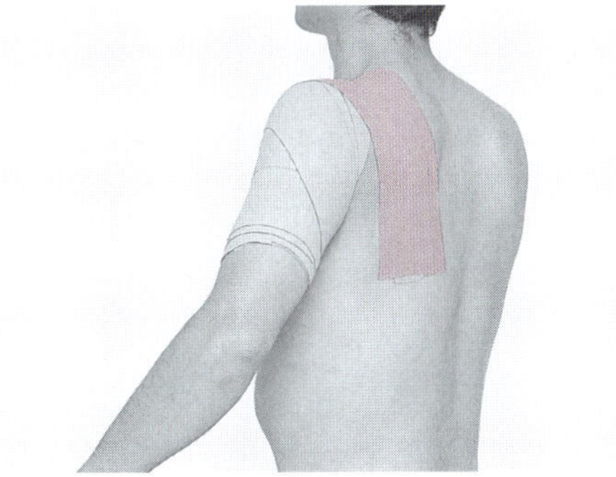

後ろから見た状態。貼るときに大きく息を吸った状態でテープを貼る作業を行う。

6 アンカー

P.16参照

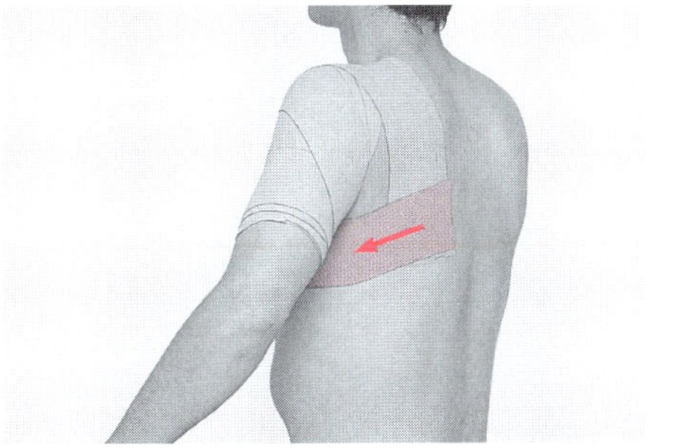

背中側から胸側に向かってアンカーを貼る。

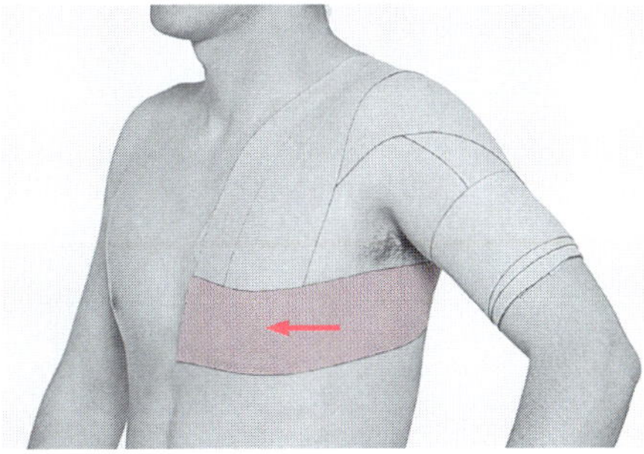

❺のテープをとめる。

7 ラッピング

1

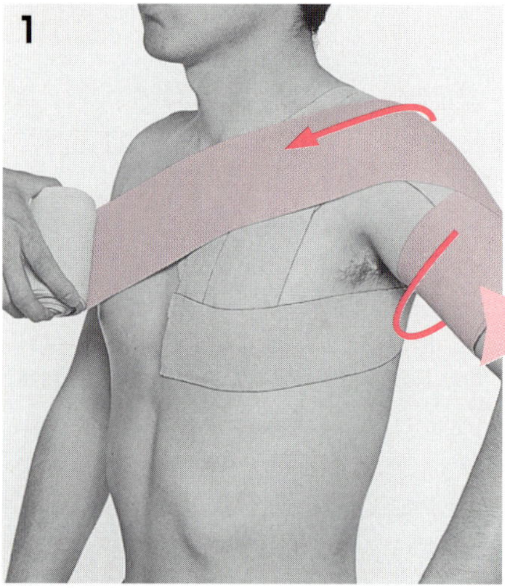

伸縮包帯に変え、上腕を1周させ、胸側を通って反対側（右）の脇へ向かう。

2

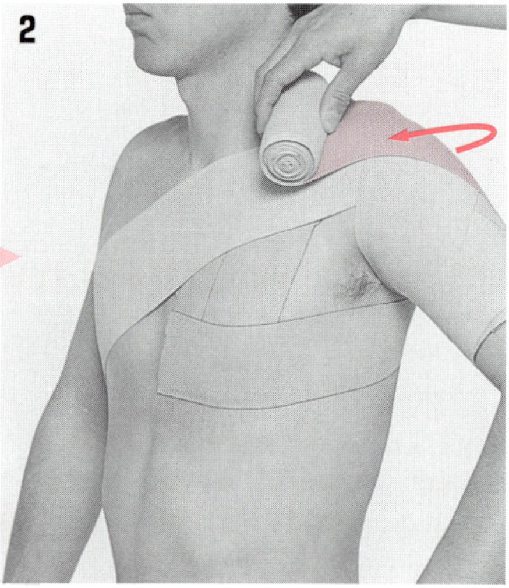

反対側（右）の脇から背中を通って左肩の肩口まで戻ってくる。

3

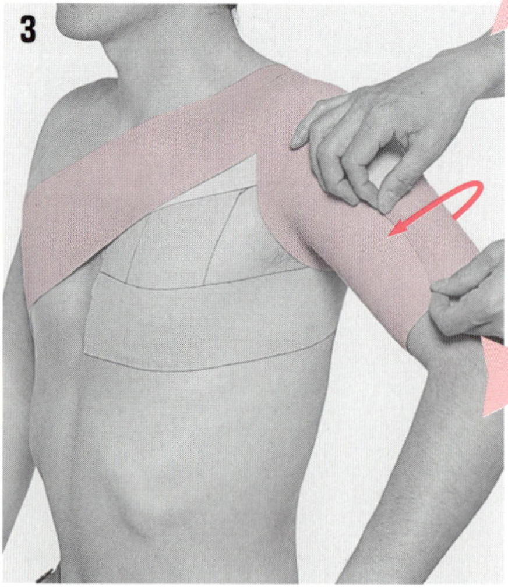

肩口→胸→反対側の脇→背中の順で数回繰り返し、最後に上腕に戻り、付属の留め金でとめておく。

4

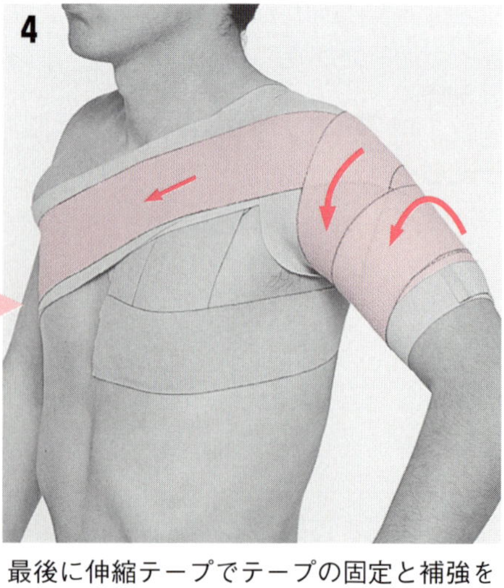

最後に伸縮テープでテープの固定と補強をする。すでに巻いてある伸縮包帯と同じ要領で2～3回巻き、最後は上腕を1周させてとめる。

肩のリコンディショニング

肩部の筋肉が硬くなると、こりをほぐそうとして強い力でもみたくなりますが、それはかえって痛みの原因になるので、注意が必要です。ストレッチとマッサージを行うことで筋肉の疲れを癒し、トレーニングを行って効果的に肩を強化していきましょう。

マッサージ

1 手のひらでさする（手掌軽擦《しゅしょうけいさつ》）

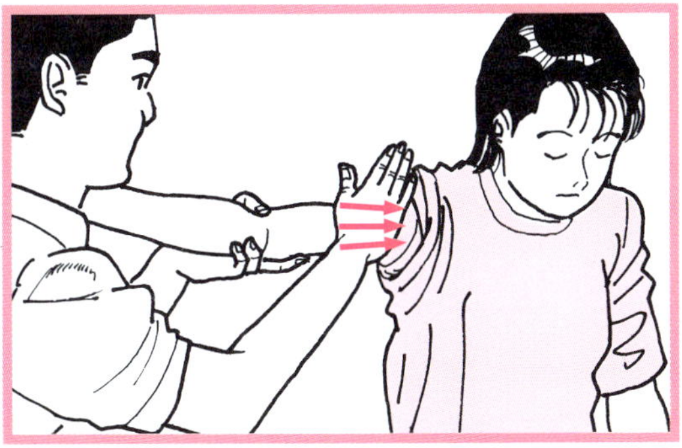

相手の手を肩の上にのせて、三角筋（P194参照）をゆるませておき、三角筋のつけ根から手のひらで押し出すようにさする。外側、中央、内側に分けて行う。

2 両手の親指で圧迫する（両《りょう》母《ぼ》指《し》圧迫《あっぱく》）

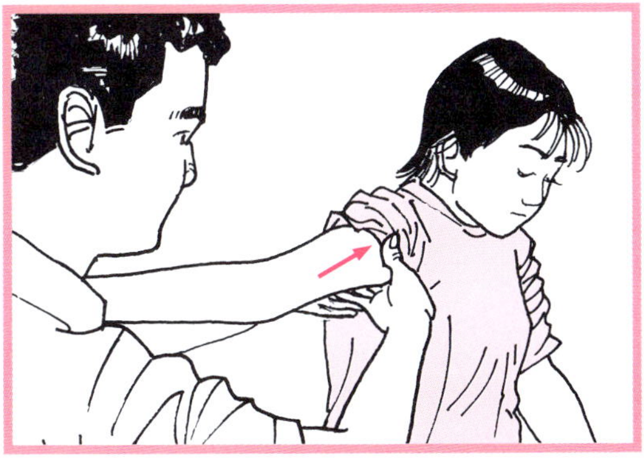

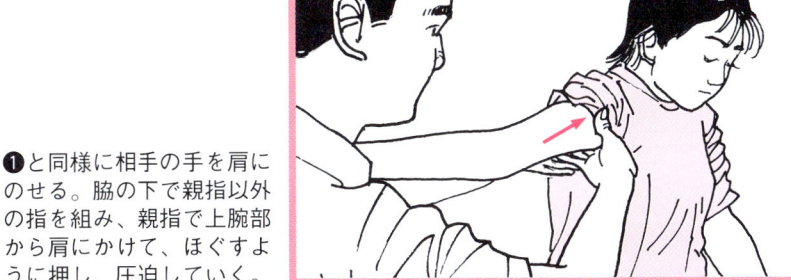

❶と同様に相手の手を肩にのせる。脇の下で親指以外の指を組み、親指で上腕部から肩にかけて、ほぐすように押し、圧迫していく。

❸両手の根元で圧迫する（両手根圧迫《りょうしゅこんあっぱく》）

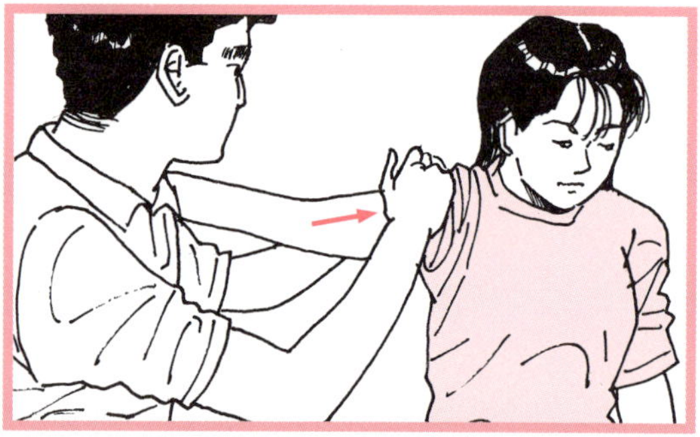

❶と同様に相手の手を肩にのせる。三角筋の前部と後部を両手ではさんで、上腕部から肩に向けて圧迫しながら移動する。

❹両手でつかみながらもむ（把握揉捏《はあくじゅうねつ》）

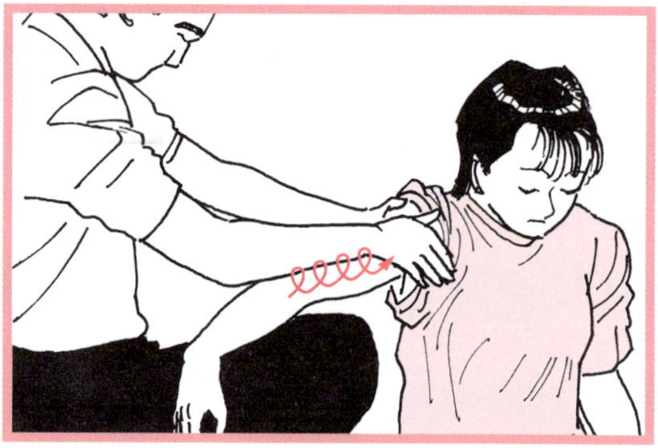

❶と同様に相手の手を肩にのせる。上腕部を上から両手ではさみ、肩に向かってつかむような感じでもみほぐしていく。

❺肩甲骨周辺を手のひらでさする（両手掌軽擦《りょうしゅしょうけいさつ》）

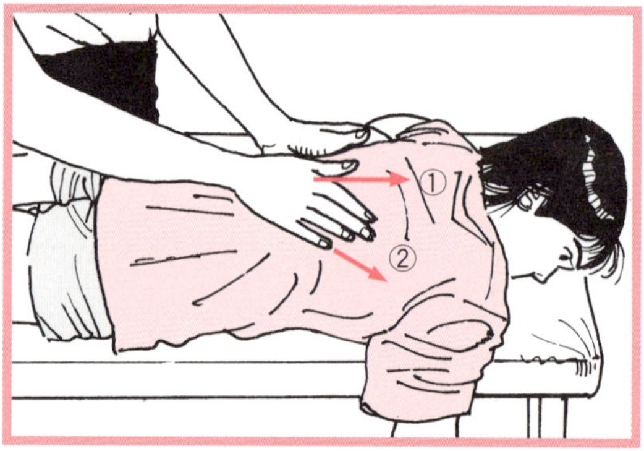

両方の手のひらで背骨に沿い、①腰から首に向けてさする。②次に肩甲骨を外側に開くようにさする。

6 肩甲骨周辺を親指でもむ（母《ぼ》指《し》揉捏《じゅうねつ》）

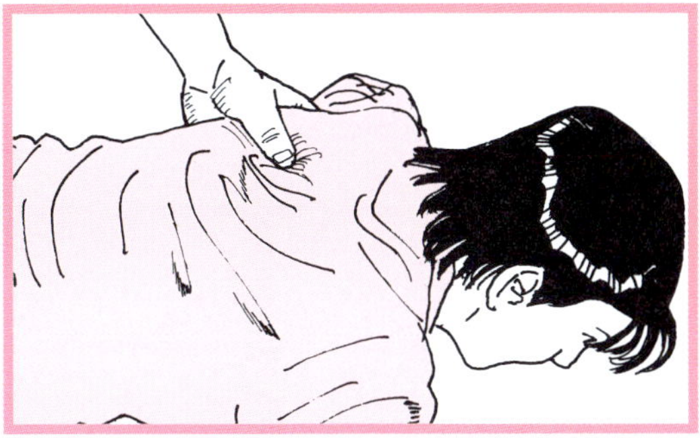

❺と同様の箇所を同様の要領で、親指でもみほぐす。

7 上腕のつけ根を両手の根元でもむ（両手《りょうしゅ》根《こん》揉捏《じゅうねつ》）

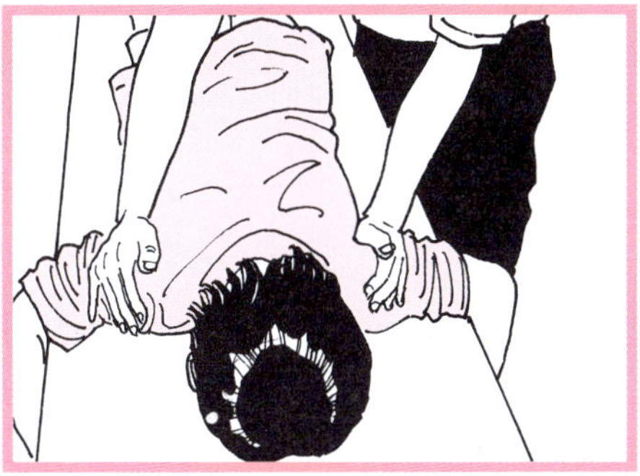

背中側の腕のつけ根にある棘《きょく》下《か》筋を手の根元でもむ。

8 肩を親指以外の4本の指でさする（四《し》指《し》軽擦《けいさつ》）

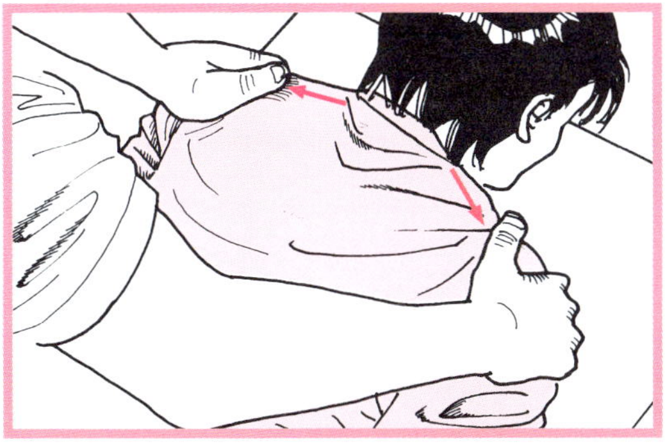

親指以外の指で、首の根元から肩にかけてさする。

9 肩を親指以外の４本の指でもむ（四《し》指《し》揉捏《じゅうねつ》）

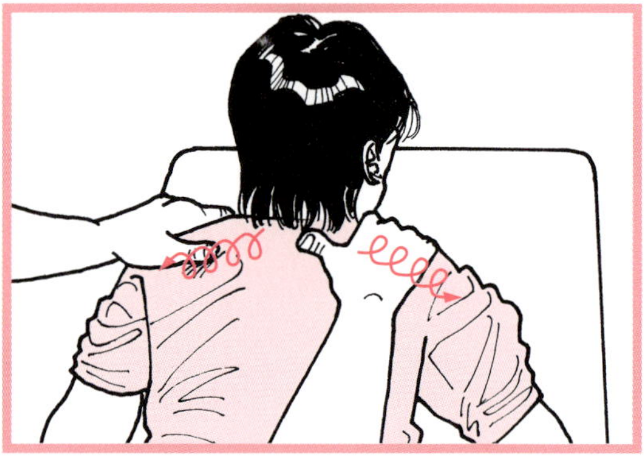

親指以外の４本の指で、首の根元から肩にかけてもみほぐす。

10 肩関節を伸ばす（伸展法《しんてんほう》）

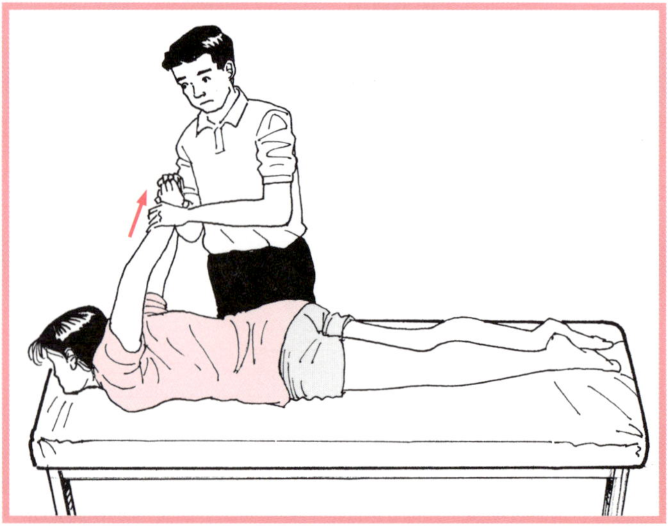

うつぶせに寝かせた状態で、両手首を握り、そのまま腕を持ち上げることで肩関節を伸ばす。

回復・傷害予防のトレーニング

1 カフトレーニング1

10〜15回×3セット

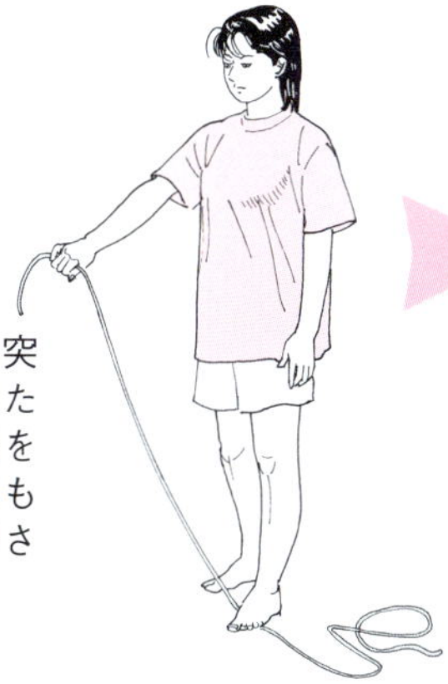

手を伸ばして前に突き出し、胸の下あたりでチューブの端を持つ。チューブのもう一方を踏んで押さえる。

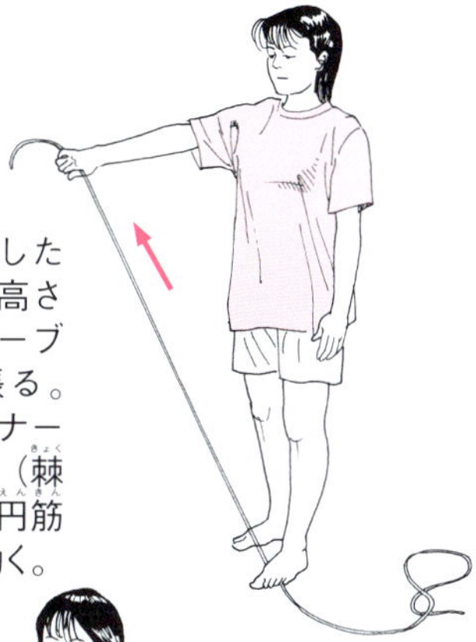

腕を伸ばしたまま肩の高さまでチューブを引っ張る。肩のインナーマッスル（棘《きょく》下《か》筋《きん》、小円筋《しょうえんきん》など）に効く。

2 カフトレーニング2

10〜15回×3セット

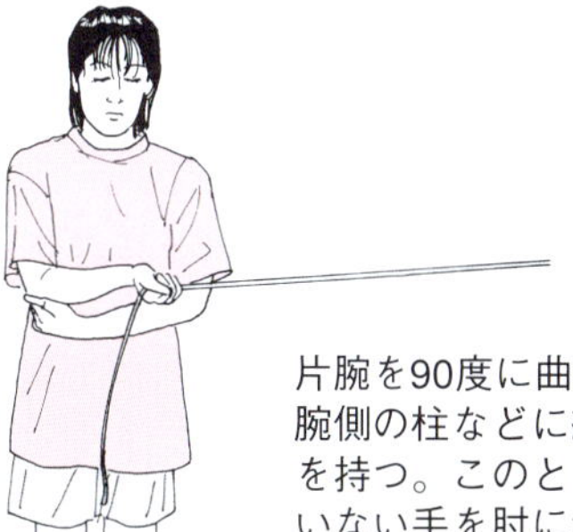

片腕を90度に曲げ、その腕とは逆の腕側の柱などに縛りつけたチューブを持つ。このときチューブを持っていない手を肘に添えておく。

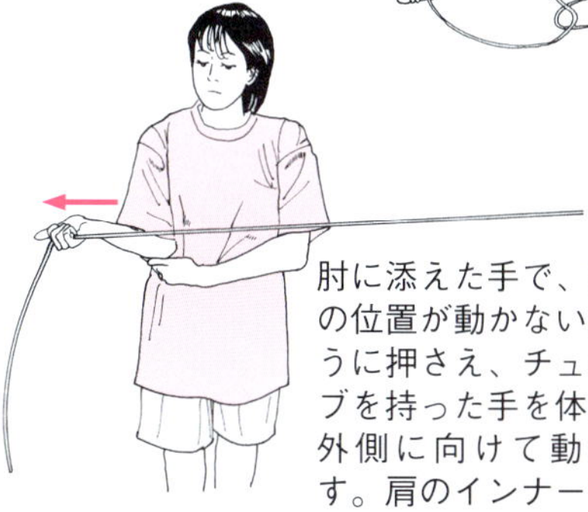

肘に添えた手で、肘の位置が動かないように押さえ、チューブを持った手を体の外側に向けて動かす。肩のインナーマッスルに効く。

3 カフトレーニング3

10〜15回×3セット

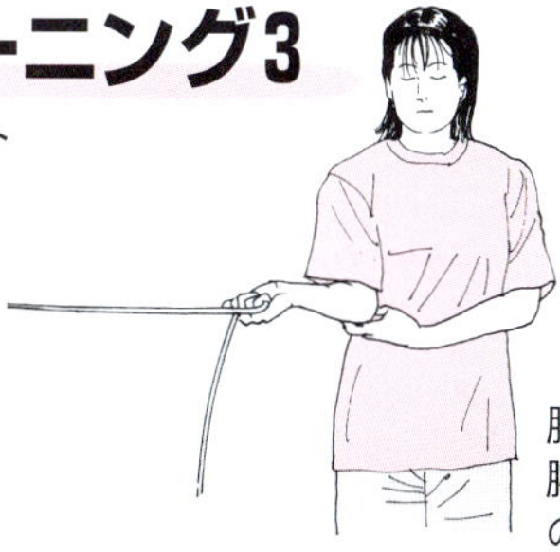

柱などにチューブを縛りつけ、90度に曲げた腕を可動できる限界まで外側に向け、チューブを手に持つ。このときチューブを持っていない手を肘に添えておく。

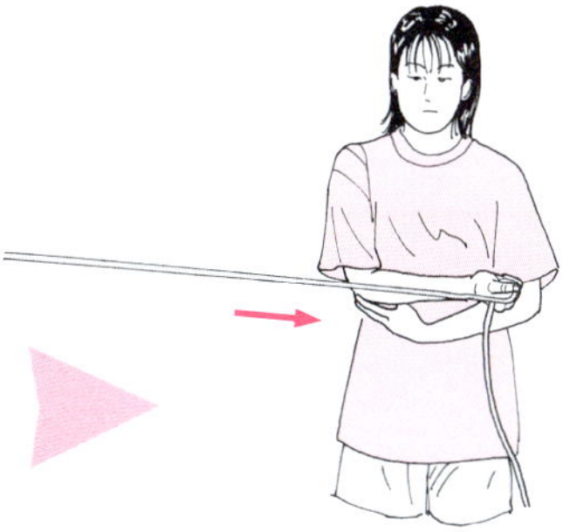

胸にチューブを引き寄せるように腕を内側に動かす。このとき、肘の位置がずれないようにする。

❹ 肩関節の外転

10〜15回×3セット

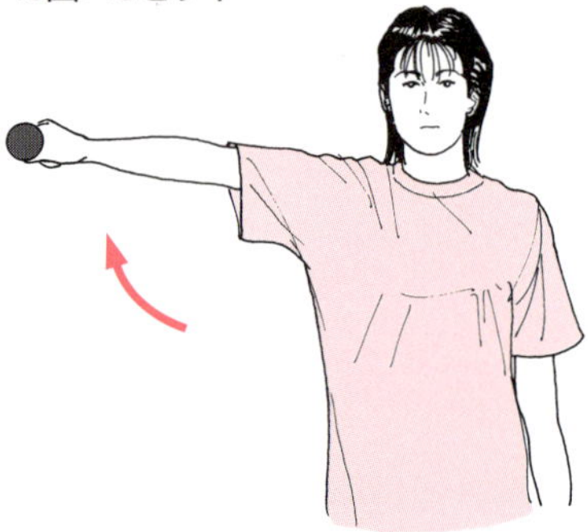

ダンベル（1〜2kgから始めて3〜4kgまで）を手に持って、真横に持ち上げる。肩のアウターマッスル（三角筋、僧帽筋《そうぼうきん》、広背《こうはい》筋、大《だい》胸《きょう》筋）に効く。

❺ 肩関節の内転

10〜15回×3セット

曲げた腕を肩の位置まで上げ、その腕にチューブを上方からひっかける。チューブはだれかに持ってもらうとよい。

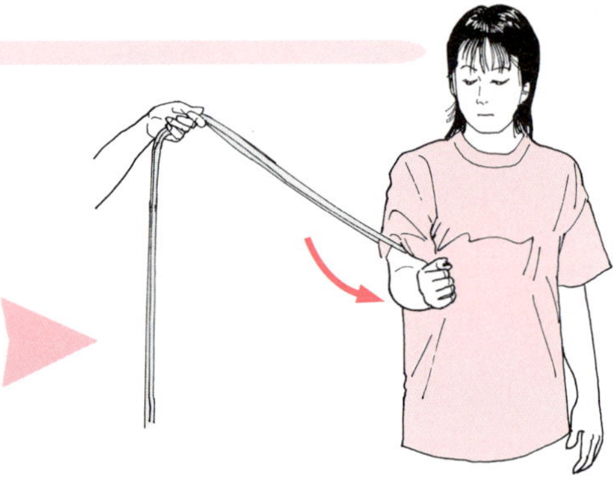

上腕部が体の側面につくまで、腕を内側に下ろす。肩のアウターマッスルに効く。

❻ ダンベルを使った肩回し運動

10〜15回×3セット

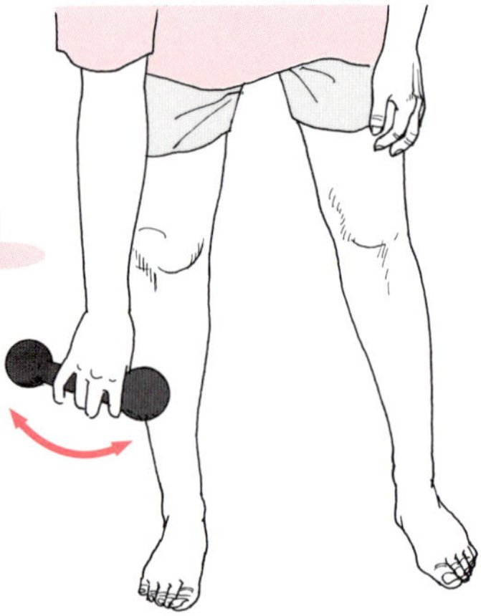

腰を90度に曲げた状態で、手にダンベル（負荷は❹と同じ）を持ち、ダンベルを左右に回す。

7 肩周囲のストレッチ1

10〜15秒×3セット

片方の手で、もう片方の手をつかみ、つかんでいる側に引っ張る。このとき、肩から上腕部を伸ばすように意識する。気持ちよく伸びていると感じるところで、その状態を維持する。これを左右で行う。

8 肩周囲のストレッチ2

10〜15秒×3セット

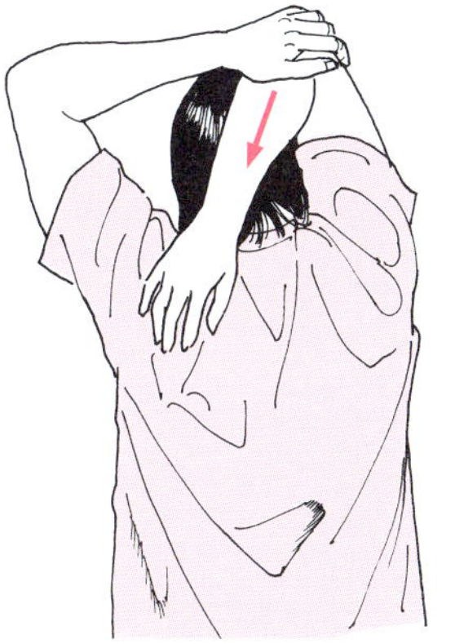

片方の手で、曲げたもう片方の肘をつかみ、そのままゆっくり下げていく。このとき、つかまれた肘の力を抜いておく。気持ちよく伸びていると感じたところで、その状態を維持する。これを左右で行う。

9 肩周囲のストレッチ3

10〜15秒×3セット

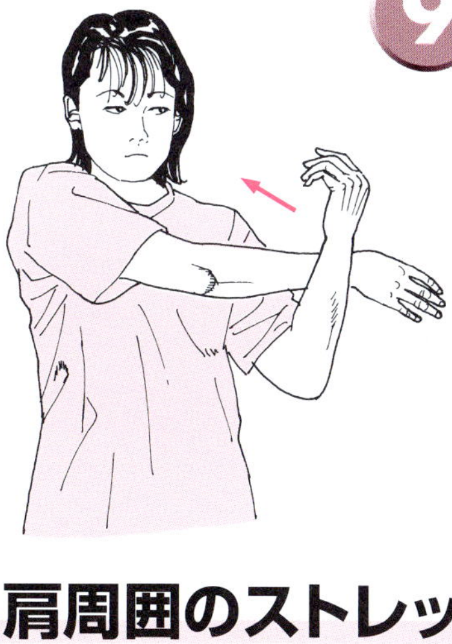

片方の手を突き出す。逆の腕で突き出した腕を抱え込むように胸のほうへ引っ張る。このとき、肩から上腕部にかけての筋肉が伸びるように意識する。これを左右で行う。

10 肩周囲のストレッチ4

10〜15秒×3セット

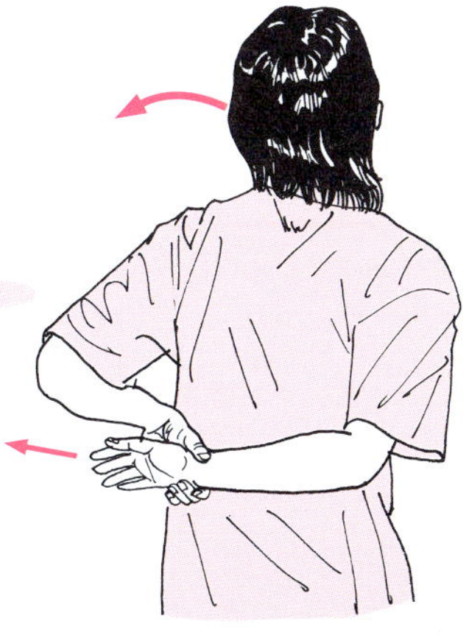

腰の上あたりで片方の手首をつかむ。そのままつかんだ手の側に引っ張る。このとき、肩から上腕部にかけての筋肉が伸びるように意識する。気持ちよく伸びていると感じるところで止めて、その状態を維持する。引っ張っている側に首を倒すと首もストレッチできる。

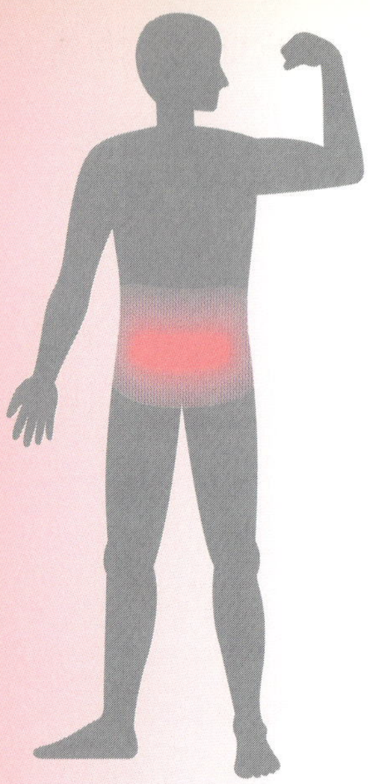

腰

腰のしくみ

椎骨《ついこつ》と呼ばれる骨が32～35個集まってできているのが脊柱《せきちゅう》（背骨）です。椎骨の下関節突起《かかんせつとっき》と上関節突起《じょうかんせつとっき》との間で関節がつくられ、その周りに靱帯《じんたい》や筋肉がついています。椎骨と椎骨の間には、線維性軟骨である椎間板《ついかんばん》があり、脊柱が滑らかに動くのを助けています。椎間板は衝撃をやわらげるクッションのような役割をもっています。

●32～35個の椎《つい》骨《こつ》からなる脊柱《せきちゅう》（背骨）の周辺に靱帯や筋肉がついている
●脊柱《せきちゅう》起《き》立筋炎《りつきんえん》など

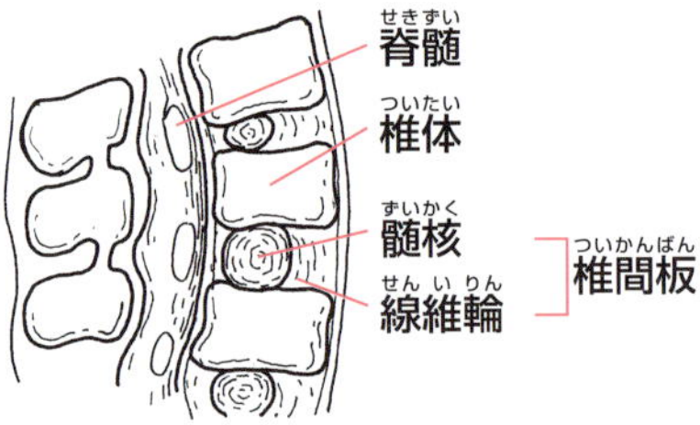

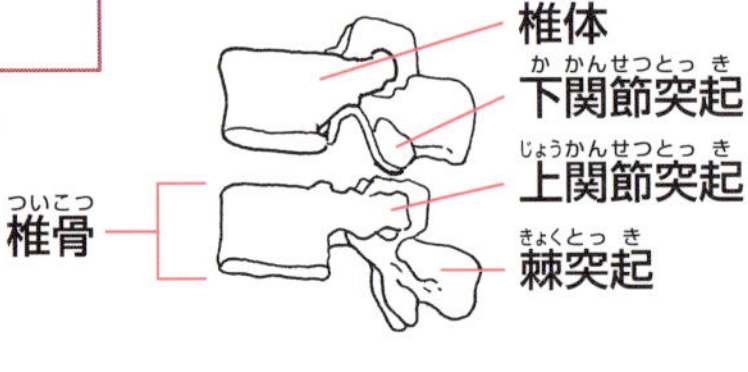

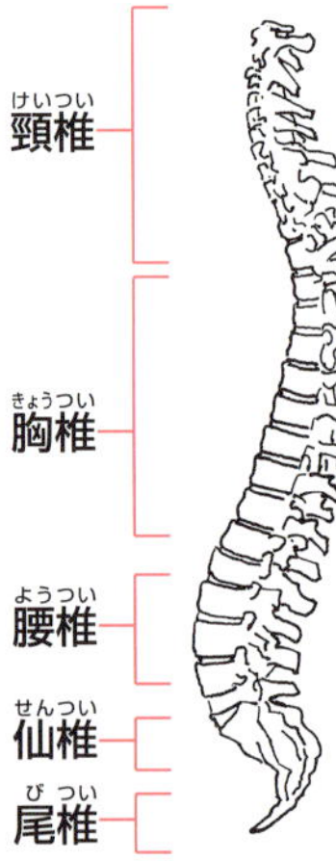

腰のスポーツ傷害と対処法

■スポーツ障害

椎間板ヘルニア・分離（すべり）症

前かがみの姿勢などの繰り返しによって、腰椎の椎骨と椎骨の間にある軟骨（椎間板）に大きな圧力がかかり、椎間板の中心にある髄核が線維輪を突き破って飛び出し、脊椎から足へ伝わっている神経を圧迫するのが椎間板ヘルニアです。一方、分離症は椎骨にある上関節突起と下関節突起の間の部分が疲労によって分離してしまう症状です。いずれもしばらく安静を保って症状が軽くなるのを待ち、医師の診断を受けます。

腰の肉離れ・ねんざのテーピング

患部周辺の筋肉を保護、圧迫するようにテープを貼っていきます。このテーピングはハムストリングスの肉離れのテーピングとほぼ同じ巻き方です。

使用するテープと用具

ホワイトテープ38ミリ・50ミリ、伸縮テープ（ソフト）50ミリ、伸縮包帯

正しい姿勢

肩幅と同じくらいに足を開き、壁に手をついて30度ほど前傾する。

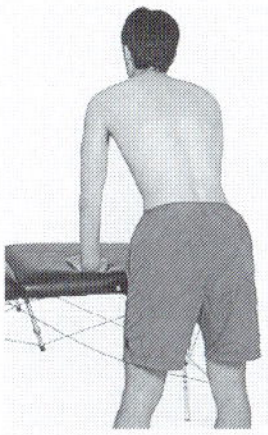

STEP

1. アンカー
2. Xサポート
3. 水平サポート
4. アンカー
5. 水平サポート
6. ラッピング

完成

1 アンカー

P.16参照

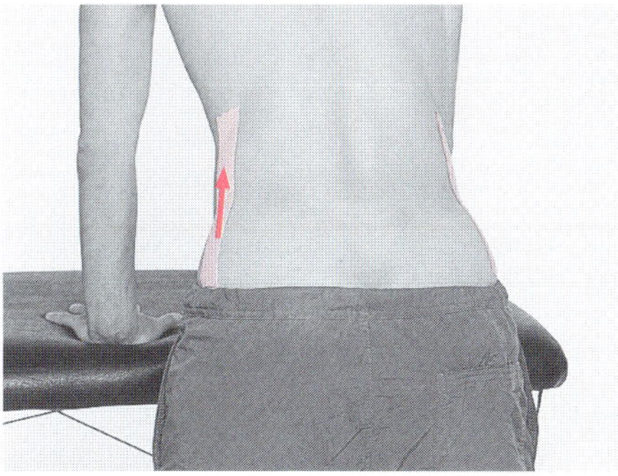

腰の両側面に下から上へアンカーを貼る。このアンカーの長さの目安は、尾骨の上からいちばん下の肋骨の高さまで。

POINT 圧迫力を強めたい場合

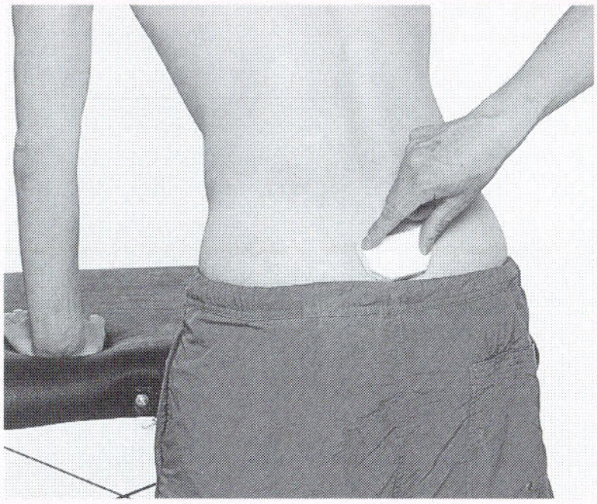

圧迫力を強める場合はパッドを使う。パッド（大きさは写真を参照）は三角形に切り取り、頂点を尾骨に当て、テープで固定する。

② Xサポート

38

P.17参照

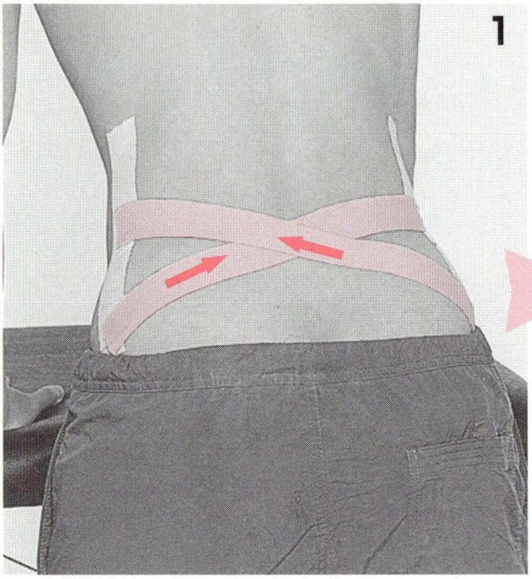

左のアンカー最下端から30〜40度ほどの角度つけて、右のアンカーへ。右からも同様に貼る。

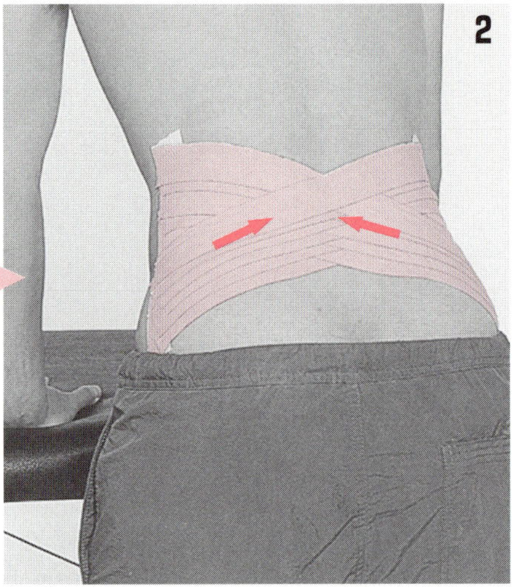

Xサポートを左右交互に、アンカーのいちばん上まで繰り返していく。

③ 水平サポート

38

P.17参照

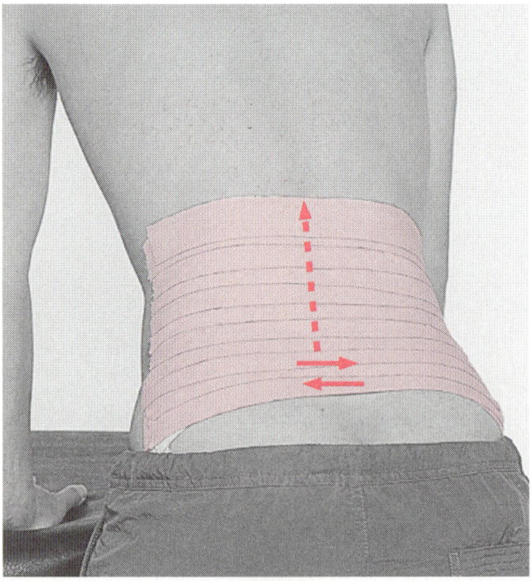

右のアンカー→左のアンカー、左のアンカー→右のアンカーと交互に上へ1/2ずつずらして下から上に向かって水平サポートを貼る。

④ アンカー

38

P.16参照

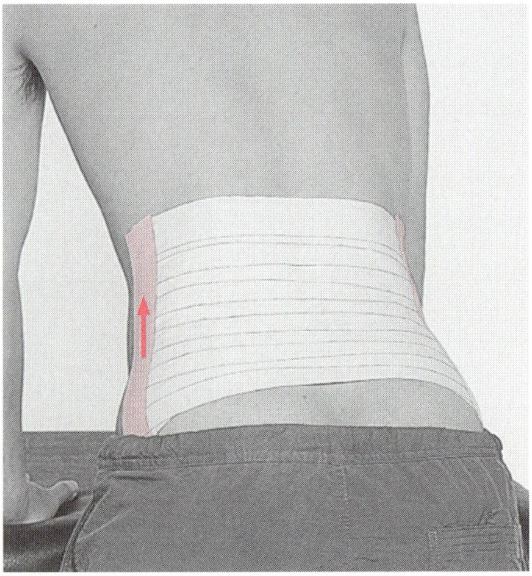

サポートテープをとめるため、両側面に下から上へアンカーを貼る。半分が皮膚にかかるように下から上へアンカーを貼る。

5 水平サポート

50

P.17参照

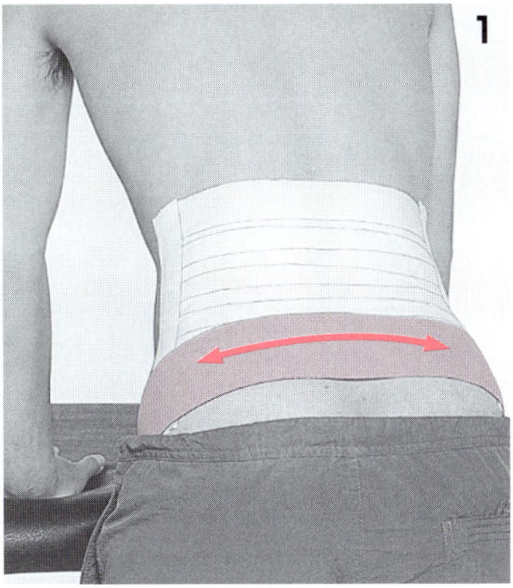
1

さらに補強するために伸縮テープ（ソフト）50ミリを腰を中心に左右の肋骨まで圧迫するように貼る。

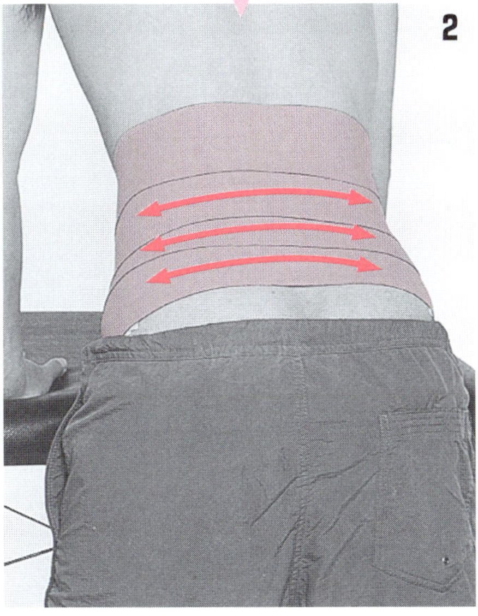
2

上にずらしていき、ホワイトテープが見えなくなるまで覆う。

POINT 伸縮テープをどこまで巻けばよいか

伸縮テープで貼る水平サポートは、肋骨の胸側の最下部あたりまで引っ張って貼ります。

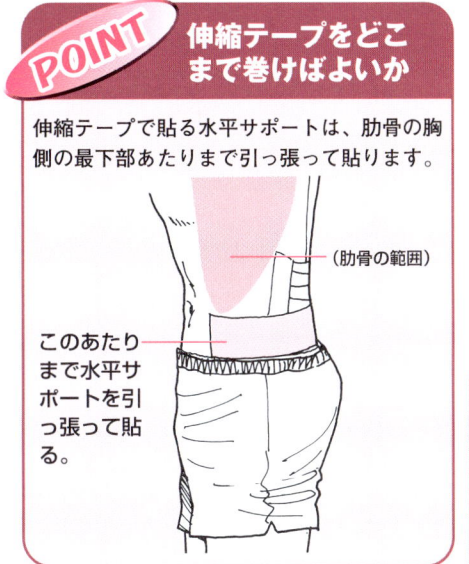

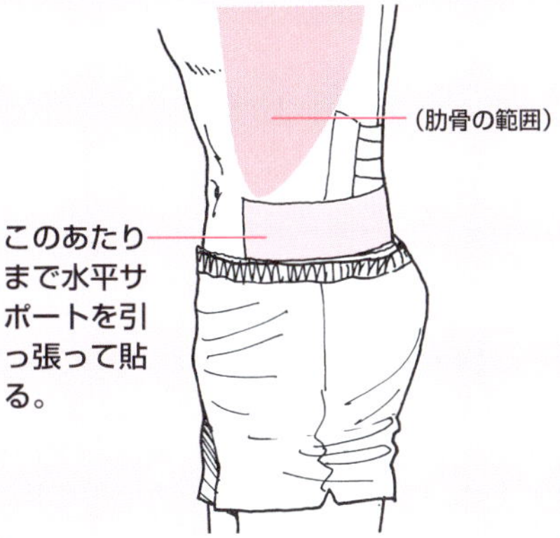
（肋骨の範囲）
このあたりまで水平サポートを引っ張って貼る。

6 ラッピング

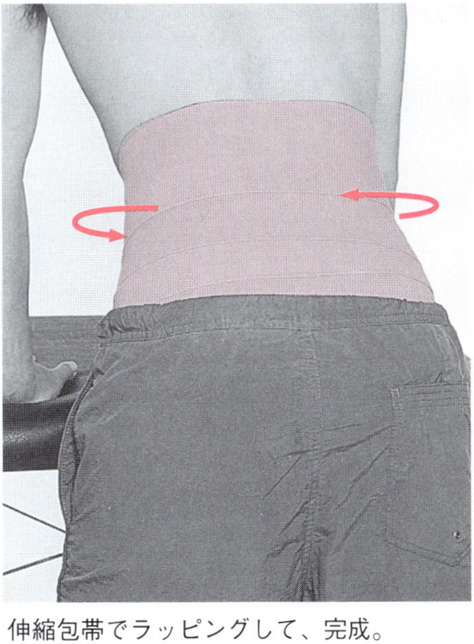

伸縮包帯でラッピングして、完成。

肋骨骨折・打撲の応急処置のテーピング

肋骨の骨折や打撲は、ボディコンタクトの激しい運動に多くみられます。骨折した場合は、迅速にR.I.C.E.処置を行い、医師の診断を受けましょう。

使用するテープと用具

ホワイトテープ38ミリ　ラバーパッド　伸縮包帯

正しい姿勢

背筋を伸ばして、台に座り、ケガをした側の手を上げる。

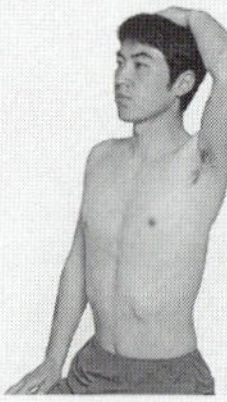

STEP

1. アンカー
2. Xサポート
3. 水平サポート
4. アンカー
5. パッドを当てる
6. ラッピング

完成

1 アンカー

P.16参照

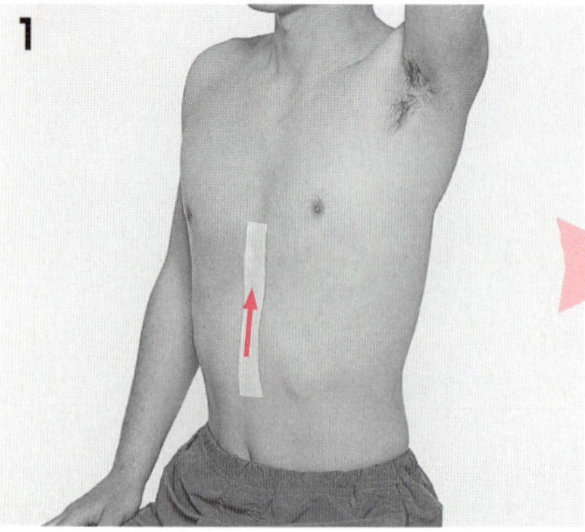

1

胸の中央に下から上へアンカーを貼る。

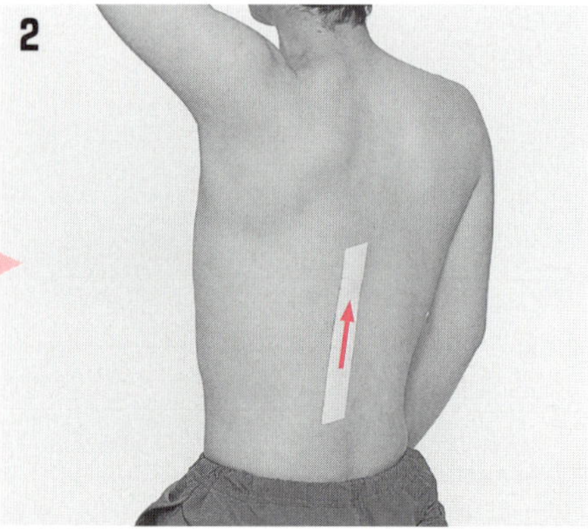

2

背中の中央にも下から上へアンカーを貼る。

2 Xサポート

38

P.17参照

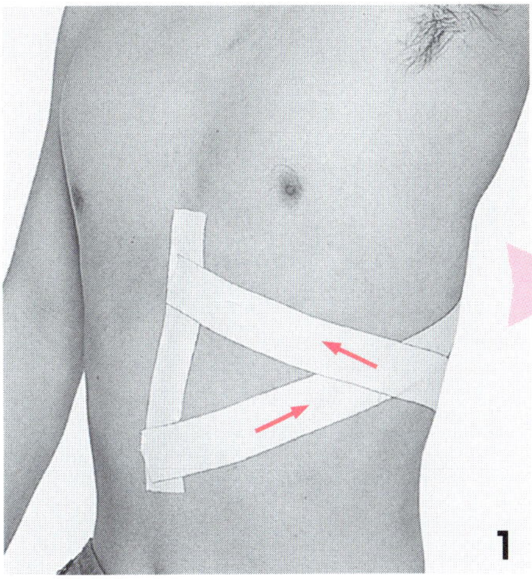

胸のアンカーの下端から背中のアンカーの上端まで斜めに引き上げるようにサポートを貼る。同様に背中のアンカーの下端から胸のアンカーの上端まで引き上げるようにサポートを貼る。

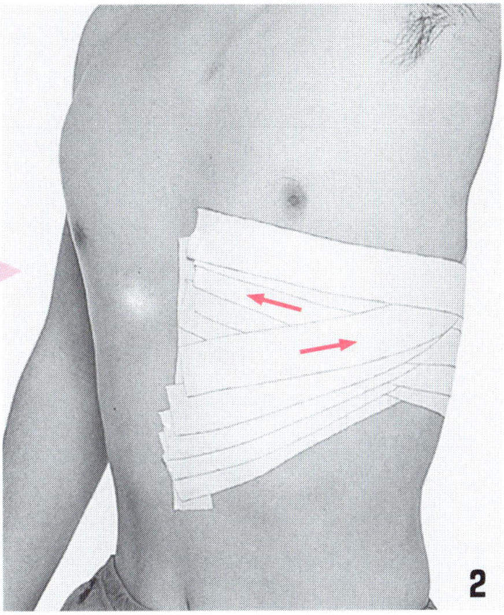

アンカーの上端まで交互にサポートを貼っていく。

3 水平サポート

38

P.17参照

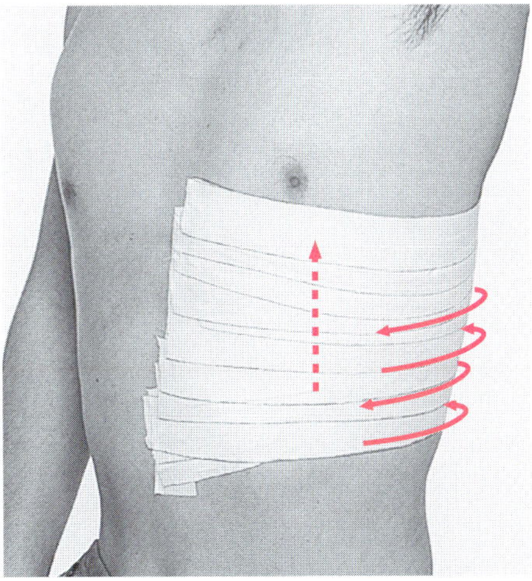

アンカーのいちばん下から水平サポートを貼る。このとき、胸→背中、背中→胸と交互に貼っていく。

4 アンカー

38

P.16参照

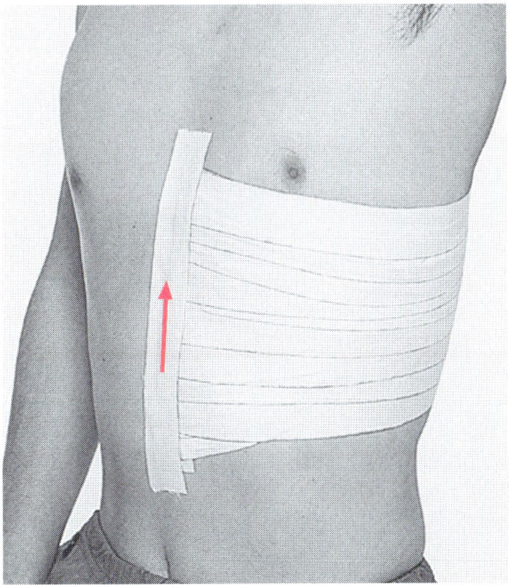

サポートテープを固定するため、胸と背中に下から上へアンカーを貼る。

5 パッドを当てる

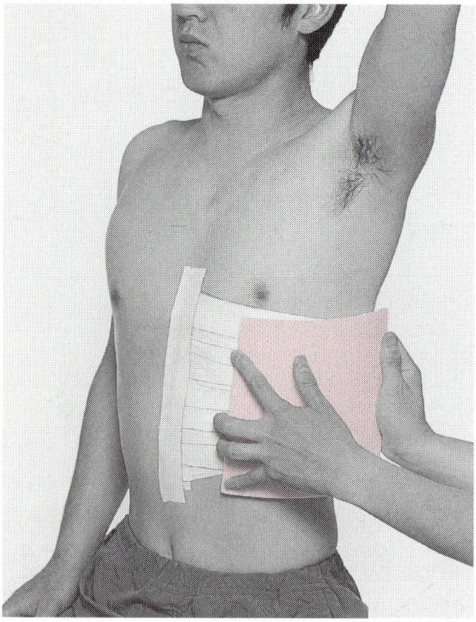

患部保護のため、ラバーパッドを当てる。

6 ラッピング

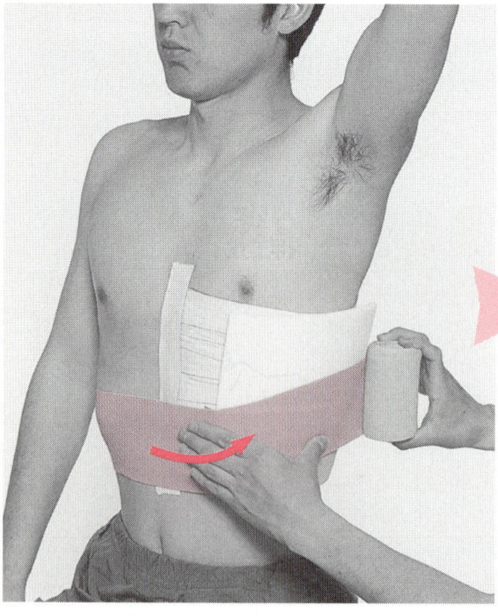

パッドがずれないように固定し、患部を圧迫するため、伸縮包帯でラッピングをする。

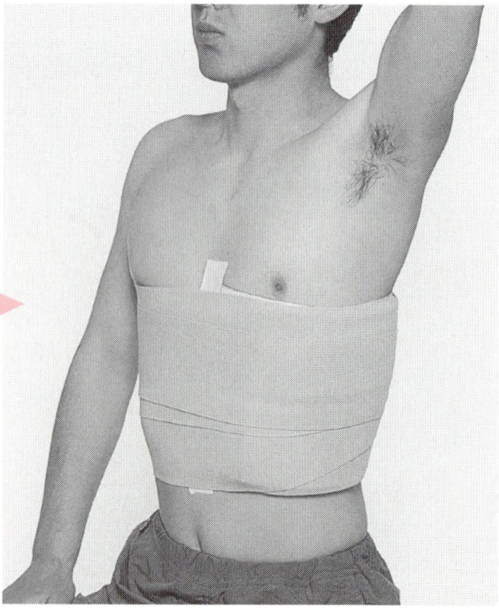

パッドが隠れるまで、胴に伸縮包帯を数周させ、留め金でとめて完成。

腰のリコンディショニング

腰には気づかないうちに負担がかかっています。腰から背中にかけての筋肉の柔軟性が低下し、腰椎がゆがんで痛みが生じます。腹筋と背筋のバランスが悪い場合が多く、腹筋が著しく弱い場合にも腰痛が起こりますので、腹筋の強化も腰痛予防には大切です。また、腰をひねるストレッチはひねりすぎに注意してください。

マッサージ

1 両手のひらでさする（両手掌軽擦《りょうしゅしょうけいさつ》）

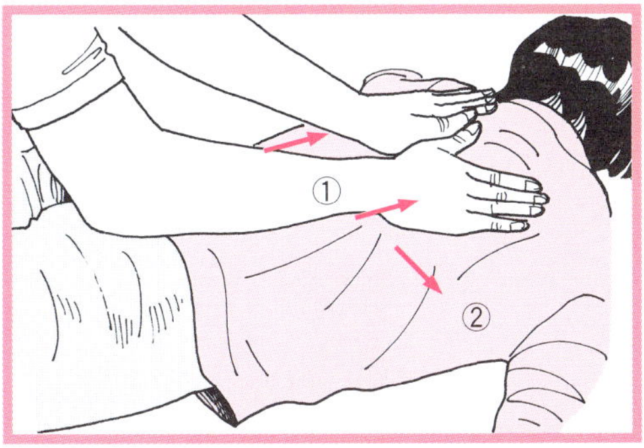

①背骨の両脇を首の下まで手のひらを使って一気にさする。②次に腰から脇に向かって一気にさする。

2 両手の根元でさする（両手根軽擦《りょうしゅこんけいさつ》）

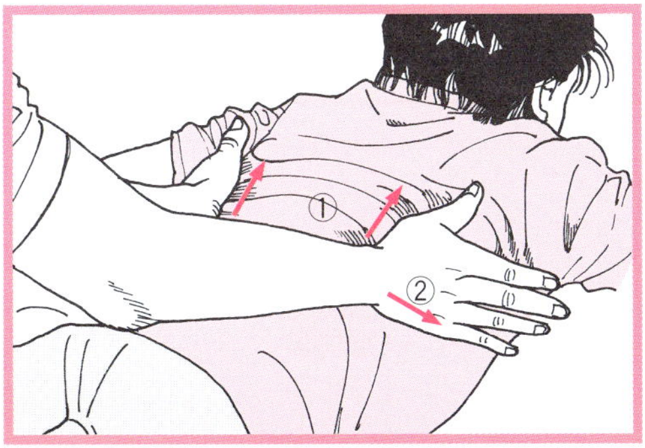

❶と同様の箇所を同じ要領で、両手の根元を使って行う。

❸ 両手の親指で押す（両《りょう》母《ぼ》指《し》圧迫《あっぱく》）

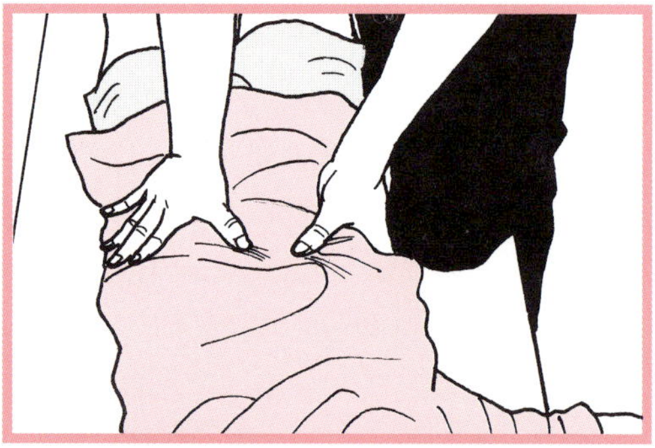

背骨の脇に少し盛り上がっているのが脊柱起立筋。ここを両手の親指で圧迫する。

❹ 手の根元でもむ（手根《しゅこん》揉捏《じゅうねつ》）

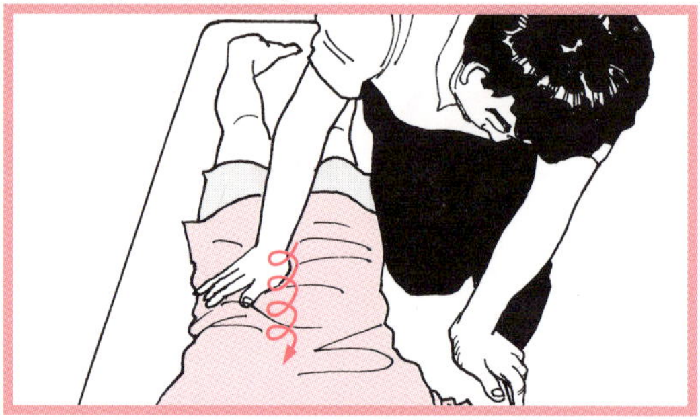

❸と同様の箇所を手の根元を使ってもみほぐす。

❺ 腰と股関節を伸ばす１（伸展法《しんてんほう》）

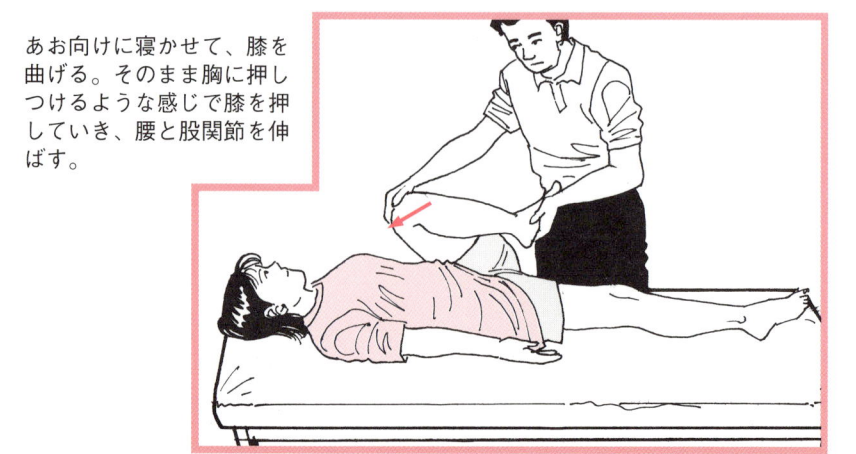

あお向けに寝かせて、膝を曲げる。そのまま胸に押しつけるような感じで膝を押していき、腰と股関節を伸ばす。

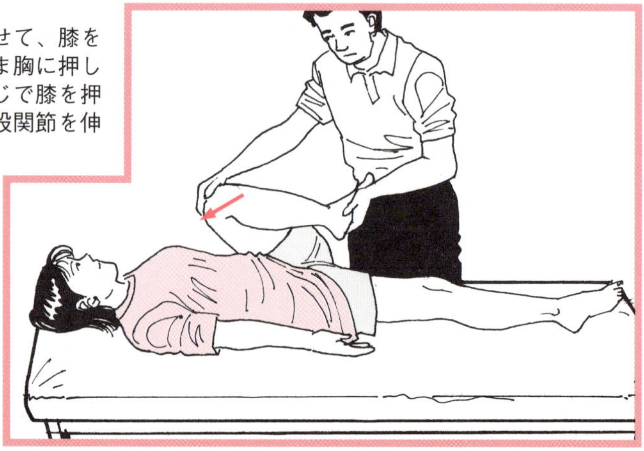

6 腰と股関節を伸ばす2（伸展法《しんてんほう》）

あお向けに寝かせて膝を曲げた状態で、片方の肩を押さえる。押さえた肩側の足を持ち上げ、押さえた肩と逆の方向に膝を倒していく。このとき肩が上がったり、背中が浮かないようにしっかり押さえておく。

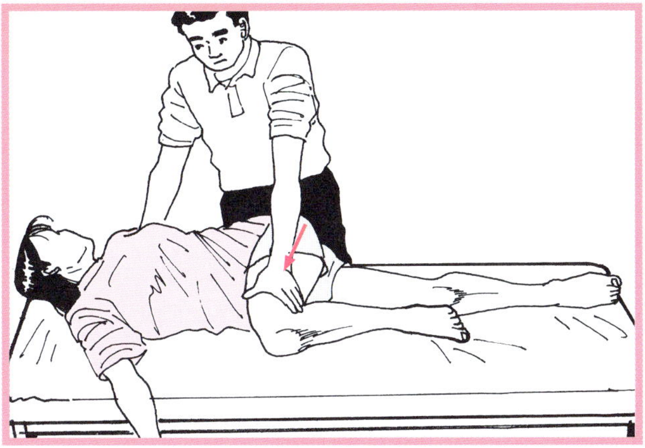

回復・傷害予防のトレーニング

1 腰のストレッチ1

10〜15秒×3セット

背筋を伸ばして床に座り、片方の足をもう片方の足に、イラストのようにかける。伸ばしている足側の腕で、立てた膝の外側をおさえ、そのまま上体をひねる。腰が伸びていると感じたら、ひねるのをやめて、その状態を維持する。反対も同様に行う。

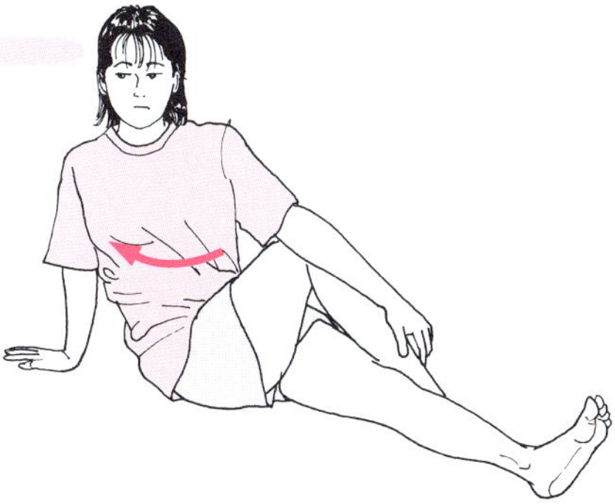

2 腰のストレッチ2

10〜15秒×3セット

あお向けに寝転がり、片足を曲げて、逆の足のほうへ倒し、その状態を維持する。このとき、顔は倒した足とは逆の方向に向ける。また、両肩はなるべく床から離れないようにする。

3 腰のストレッチ3

10～15秒×3セット

あお向けに寝て、片足の膝を両手で抱え込み、胸に引き寄せる。このとき、反対の足は伸ばしておくこと。反対の足も同様に行う。

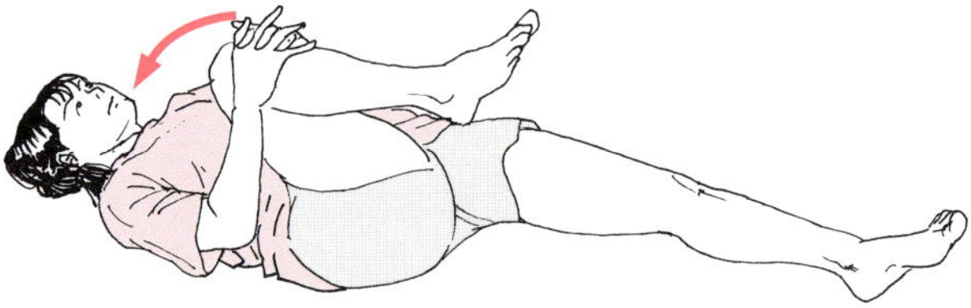

4 背中のストレッチ

10～15秒×3セット

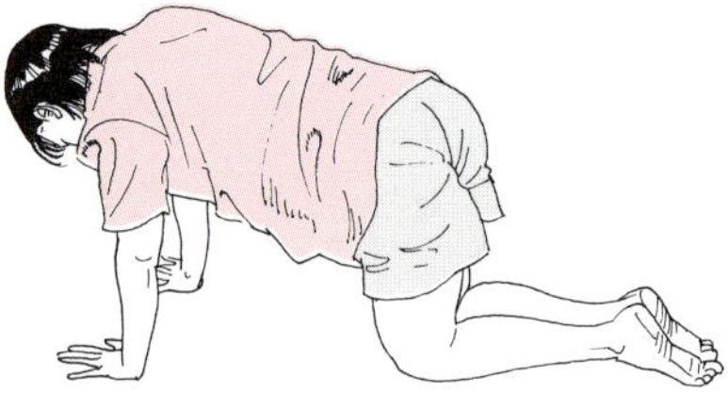

両足をくっつけて四つんばいになる。このとき、背筋は伸ばし、両手の間隔は肩幅に合わせる。

手の位置がずれないように注意して、かかとにつくまで、お尻を後ろに引いていく。このとき、背中を丸めて、頭を下げるとよりストレッチ感が得られる。

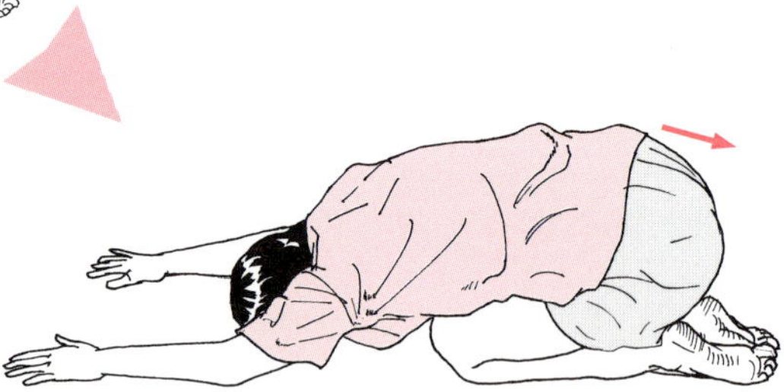

5 股とお尻のストレッチ1

10～15秒×3セット

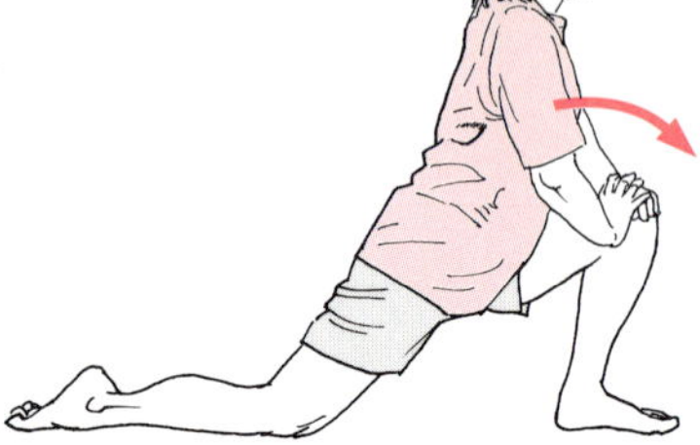

片足を大きく前に踏み出して、反対の足は後方に投げ出す。前に踏み出した足の膝に両手をのせ、股関節を前後に広げるような意識で、前に体重をかける。気持ちよく伸びていると感じたところで止めて、その状態を維持する。同様に反対の足も行う。

6 股とお尻のストレッチ2

10〜15秒×3セット

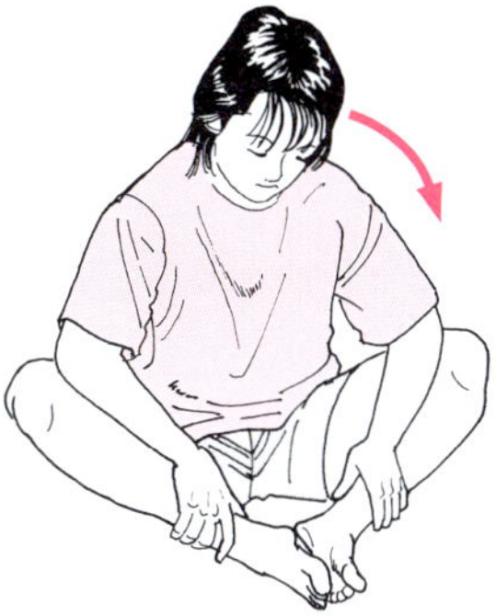

両足の裏を合わせて、床に座る。股の筋肉に意識を集中させ、背筋を伸ばした状態で、上体を前傾させていく。両肘を床につければ、よりストレッチ感を得ることができる。

7 腹筋のトレーニング

20〜30回×3セット

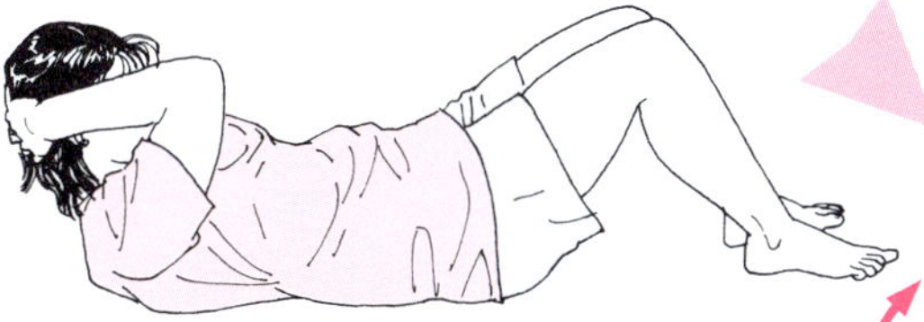

膝を曲げてあお向けに寝転がり、両手を後頭部で組む。

なるべく足が浮かないように注意しながら、上体を起こしていく。

余裕があれば、足を上げたまま上体を限界まで上げていく。

大きなボールを使うと、バランス感覚も同時に養うことができる。

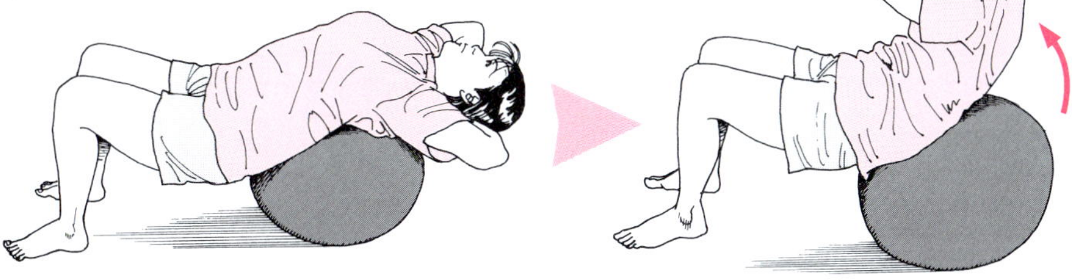

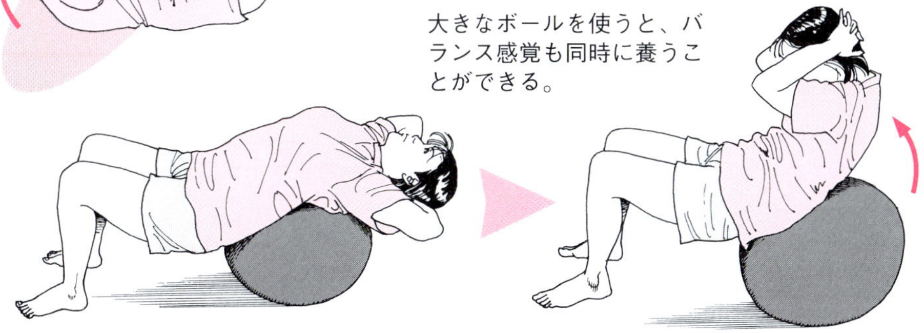

8 背筋のトレーニング1

20〜30回×3セット

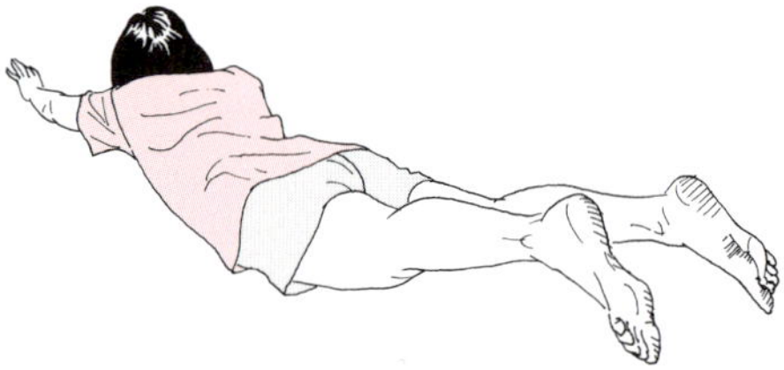

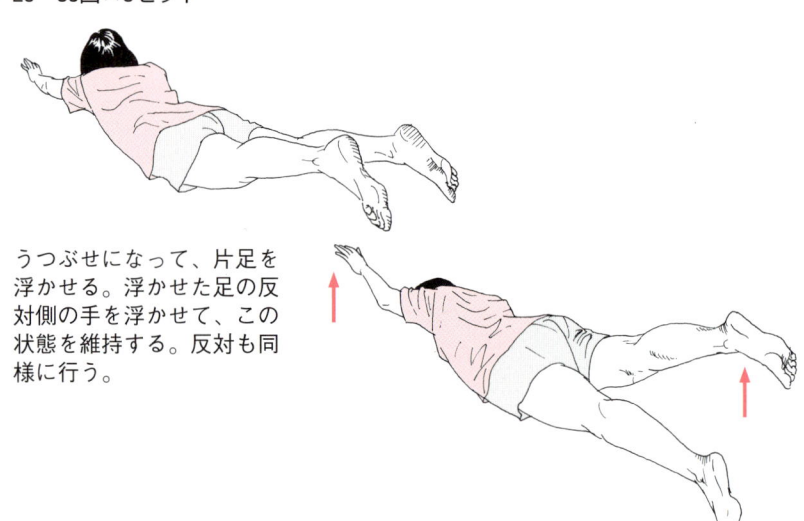

うつぶせになって、片足を浮かせる。浮かせた足の反対側の手を浮かせて、この状態を維持する。反対も同様に行う。

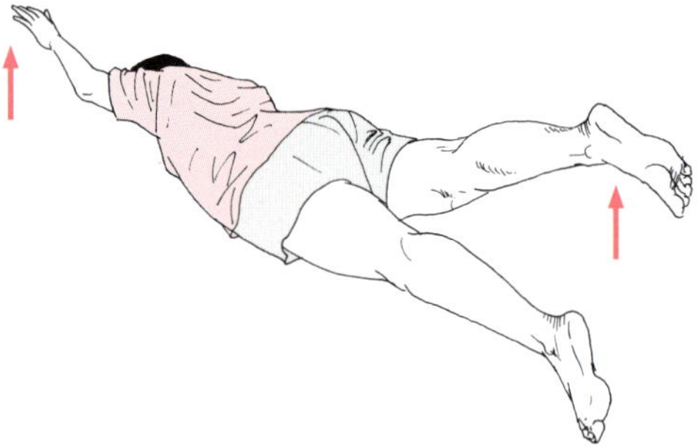

9 背筋のトレーニング2

20〜30回×3セット

四つんばいになって、片足を浮かせてまっすぐ伸ばし、伸ばした足とは反対側の手を前にまっすぐ伸ばす。手足ともそれぞれ反対側を伸ばす。

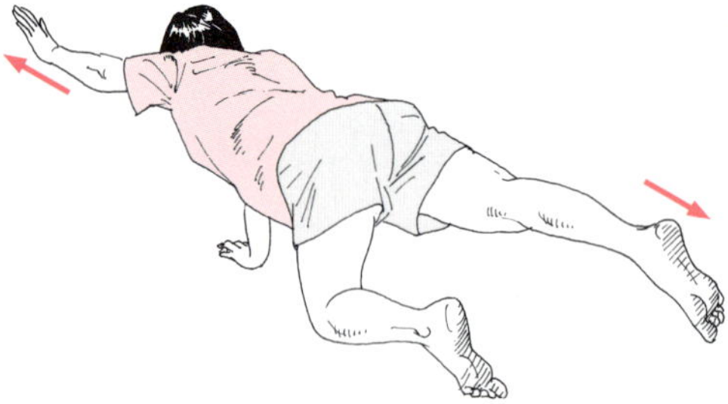

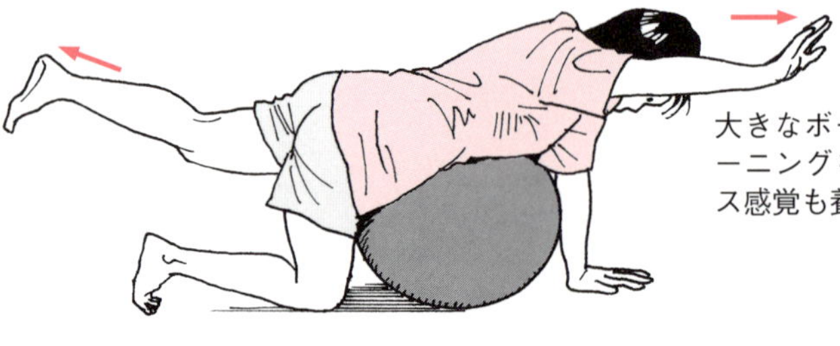

大きなボールを使ってトレーニングをすれば、バランス感覚も養うことができる。

10 側筋のトレーニング1

20〜30回×3セット

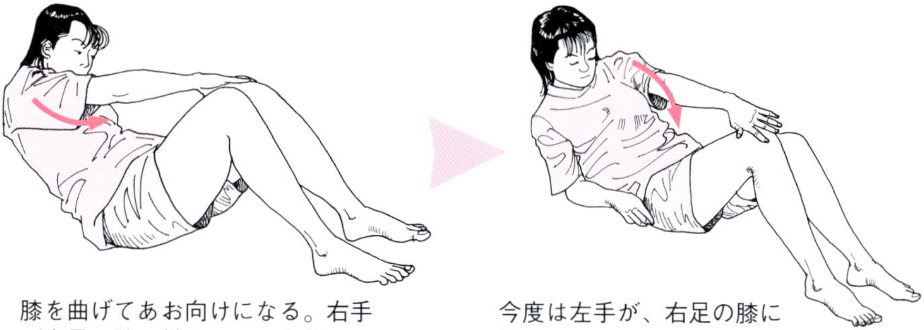

膝を曲げてあお向けになる。右手が左足の膝に触れるまで上体をひねりながら持ち上げる。

今度は左手が、右足の膝に触れるまで上体をひねりながら持ち上げる。

11 側筋のトレーニング2

20〜30回×3セット

横向きに寝て、後頭部で両手を組む。足を押さえてもらい、そのまま、上体を上に引き上げる。

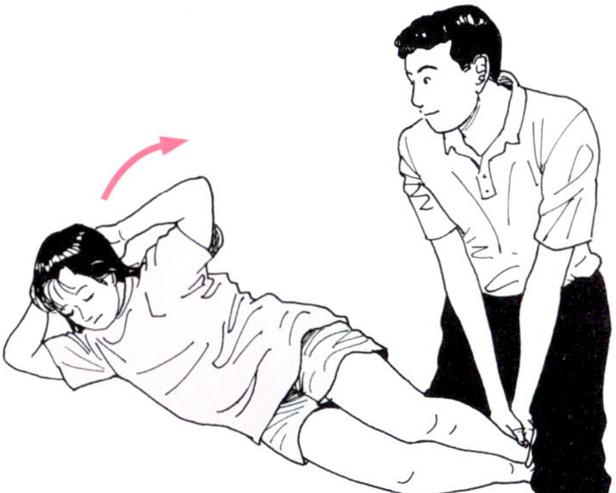

12 ブリッジ

20〜30回×3セット

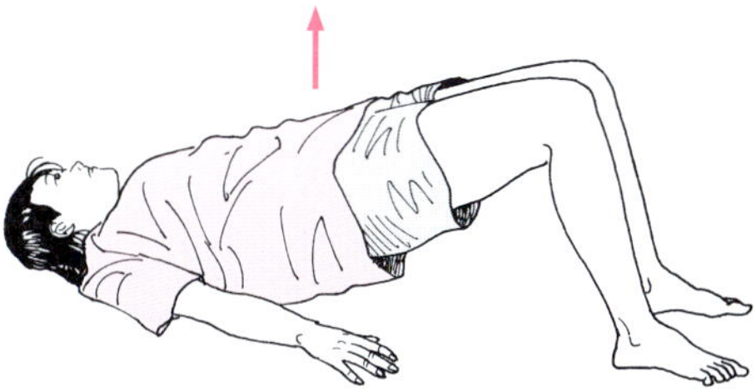

膝を立てて、あお向けになる。このとき手は肩幅より少し広く開いて、手のひらを床につける。おなかを上に突き出すような感じで、体を持ち上げる。

筋肉系および骨格系の解剖図

筋肉系

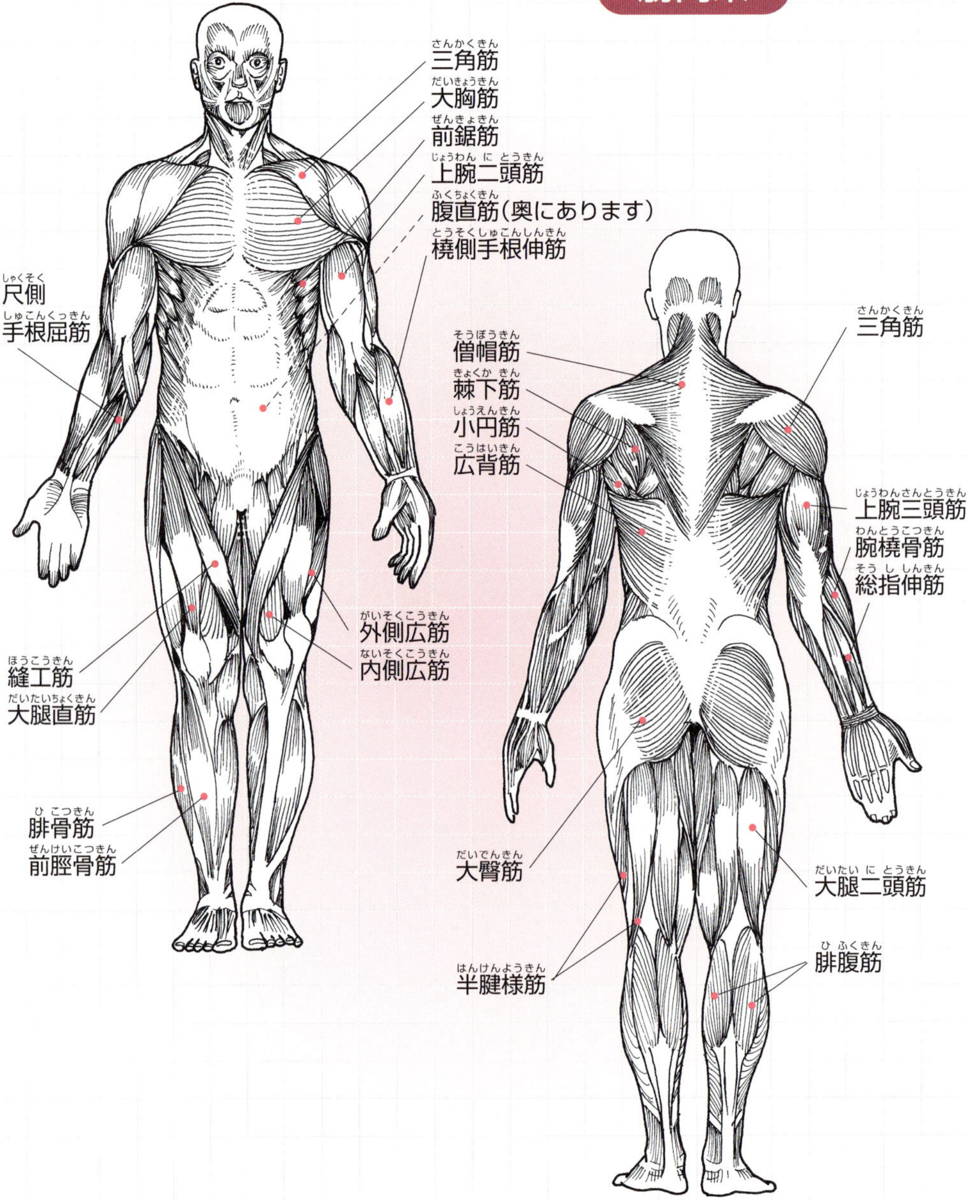

三角筋《さんかくきん》
大胸筋《だいきょうきん》
前鋸筋《ぜんきょきん》
上腕二頭筋《じょうわんにとうきん》
腹直筋《ふくちょくきん》(奥にあります)
橈側手根伸筋《とうそくしゅこんしんきん》
尺側《しゃくそく》
手根屈筋《しゅこんくっきん》
外側広筋《がいそくこうきん》
内側広筋《ないそくこうきん》
縫工筋《ほうこうきん》
大腿直筋《だいたいちょくきん》
腓骨筋《ひこつきん》
前脛骨筋《ぜんけいこつきん》
僧帽筋《そうぼうきん》
棘下筋《きょくかきん》
小円筋《しょうえんきん》
広背筋《こうはいきん》
三角筋《さんかくきん》
上腕三頭筋《じょうわんさんとうきん》
腕橈骨筋《わんとうこつきん》
総指伸筋《そうししんきん》
大臀筋《だいでんきん》
大腿二頭筋《だいたいにとうきん》
半腱様筋《はんけんようきん》
腓腹筋《ひふくきん》

骨格系

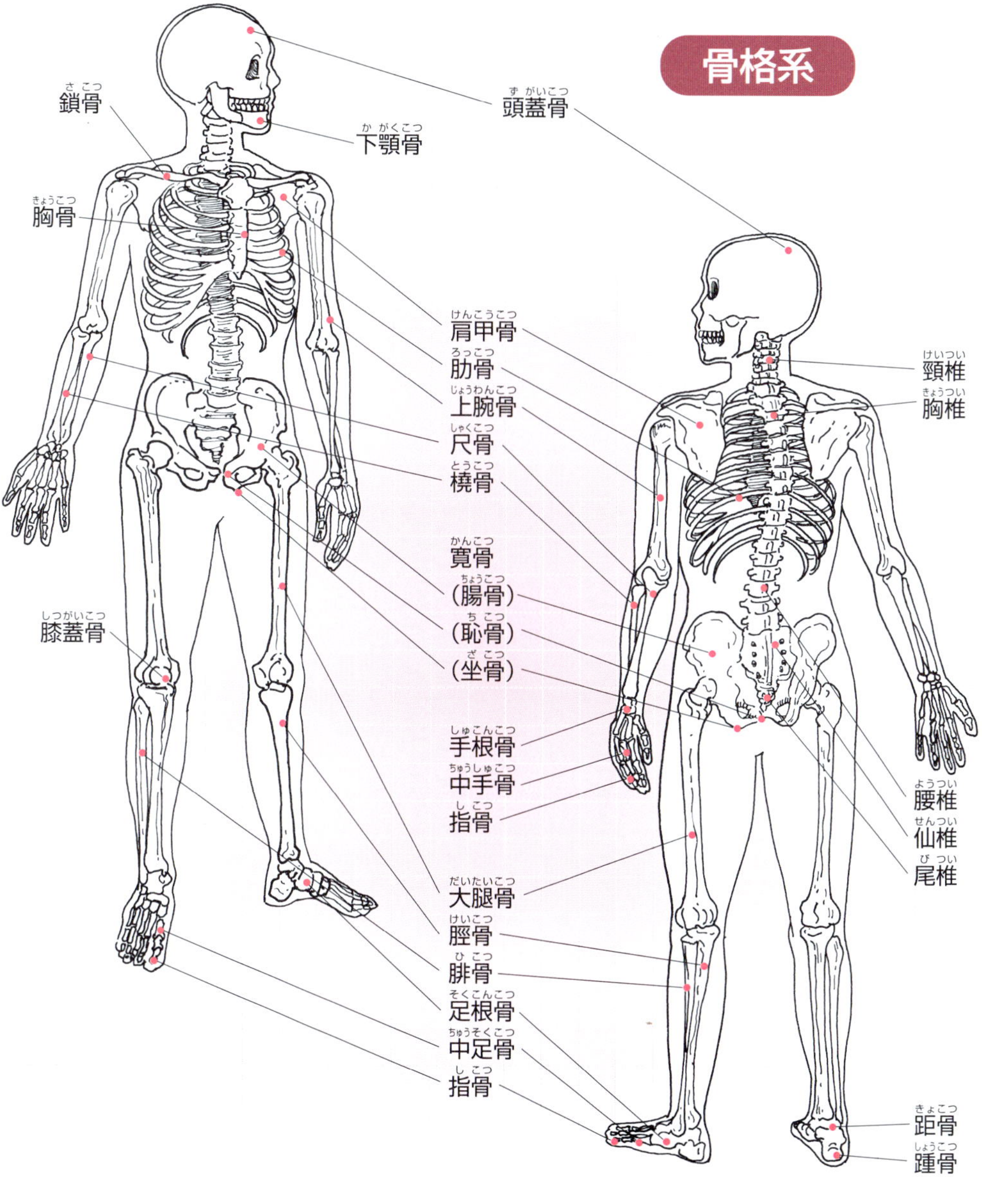

(社)日本エアロビックフィットネス協会「新・図解　機能解剖学」小出清一著改変

コピーして使える

各部位の回復・傷害予防のためのトレーニング・メニュー

本文中で紹介している各部位の回復・傷害予防のためのトレーニングをメニューとして整理しました。回数およびセット数の欄に、各自行った分だけ記入して、コンディショニングの記録としてください。

各トレーニング名の番号は、トレーニングを行う順番です。

●足部・アーチ・かかと　P50〜51　（　年　月　日）

	トレーニング名	回数	セット数
1	タオルギャザー	回	セット
2	足趾の屈曲運動	回	セット
3	足趾の伸展	回	セット
4	マーブルピックアップ	回	セット
5	青竹踏み	回	セット
6	アーチのストレッチ	秒	セット

●足首　P76〜79　（　年　月　日）

	トレーニング名	回数	セット数
1	チューブトレーニング（外反）	回	セット
2	チューブトレーニング（内反）	回	セット
3	チューブトレーニング（背屈）	回	セット
4	チューブトレーニング（底屈）	回	セット
5	ヒールウォーク	回	セット
6	バランスボード	秒	セット
7	アンクルストレッチ1	秒	セット
8	アンクルストレッチ2	秒	セット
9	アンクルストレッチ3	秒	セット
10	カーフレイズ	回	セット

●アキレス腱　P94〜95　（　年　月　日）

	トレーニング名	回数	セット数
1	ふくらはぎ・すねのストレッチ	秒	セット
2	片脚カーフレイズ	回	セット
3	ヒールトゥウォーク	m	セット
4	タオルギャザー	回	セット
5	チューブトレーニング（背屈）	回	セット
6	チューブトレーニング（底屈）	回	セット

●膝　P113〜117

（　年　月　日）

	トレーニング名	回数	セット数
1	クォードセッティング	秒	セット
2	SLR（ストレート・レッグ・レイジング）	回	セット
3	レッグエクステンション	回	セット
4	ニーフレクション	秒	セット
5	四動作	回	セット
6	マシンを使ったレッグカール	回	セット
7	マシンを使ったレッグエクステンション	回	セット
8	ボールはさみ	秒	セット
9	股関節開脚	回	セット
10	スクワット	回	セット
11	シングルスクワット	回	セット
12	ウォールプッシュ	秒	セット

●大腿（前部）　P128〜129

（　年　月　日）

	トレーニング名	回数	セット数
1	クォードストレッチ	秒	セット
2	ニーフレクション	回	セット
3	SLR	回	セット
4	レッグエクステンション（マシン）	回	セット

●大腿（ハムストリングス）　P129〜131

（　年　月　日）

	トレーニング名	回数	セット数
1	ハムストリングスのストレッチ1	秒	セット
2	ハムストリングスのストレッチ2	秒	セット
3	ハムストリングスのストレッチ3	秒	セット
4	スタンディングレッグカール	回	セット
5	チューブを使ったレッグカール	回	セット
6	チューブを使ったヒップエクステンション	回	セット
7	ブリッジ	回	セット

●手部・手首　P147〜149

（　年　月　日）

	トレーニング名	回数	セット数
1	手首のストレッチ1	秒	セット
2	手首のストレッチ2	秒	セット
3	タオルスクイーズ	回	セット
4	手首の掌屈（ダンベル）	回	セット
5	手首の背屈（ダンベル）	回	セット
6	タオルつぶし	回	セット
7	マーブルピックアップ	回	セット
8	輪ゴムを使った指の外転運動	回	セット
9	輪ゴムを使った親指の外転運動	回	セット
10	輪ゴムを使った親指の内転運動	回	セット

●肘　P159～161　　　　　　　　　　(　　年　　月　　日)

	トレーニング名	回数	セット数
1	手首の回外	回	セット
2	手首の回内	回	セット
3	手首の橈・尺屈	回	セット
4	手首の巻上げ	回	セット
5	アームカール	回	セット
6	エクステンション	回	セット

●肩　P177～179　　　　　　　　　　(　　年　　月　　日)

	トレーニング名	回数	セット数
1	カフトレーニング1	回	セット
2	カフトレーニング2	回	セット
3	カフトレーニング3	回	セット
4	肩関節の外転	回	セット
5	肩関節の内転	回	セット
6	ダンベルを使った肩回し運動	回	セット
7	肩周囲のストレッチ1	秒	セット
8	肩周囲のストレッチ2	秒	セット
9	肩周囲のストレッチ3	秒	セット
10	肩周囲のストレッチ4	秒	セット

●腰　P189～193　　　　　　　　　　(　　年　　月　　日)

	トレーニング名	回数	セット数
1	腰のストレッチ1	秒	セット
2	腰のストレッチ2	秒	セット
3	腰のストレッチ3	秒	セット
4	背中のストレッチ	秒	セット
5	股とお尻のストレッチ1	秒	セット
6	股とお尻のストレッチ2	秒	セット
7	腹筋のトレーニング	回	セット
8	背筋のトレーニング1	回	セット
9	背筋のトレーニング2	回	セット
10	側筋のトレーニング1	回	セット
11	側筋のトレーニング2	回	セット
12	ブリッジ	回	セット

●監修者紹介

増田雄一（ますだ　ゆういち）

1984年同志社大学卒業。'87年～'01年の間、ミズノ㈱にトレーナーとして勤務。

主な取得資格に、鍼師、灸師、按摩マッサージ指圧師、柔道整復師、認定日体協公認アスレティックトレーナー、日体協公認アスレティックトレーナーマスター、日本陸連医事委員会トレーナー部、スピードスケート強化メディカルスタッフトレーナー、JOC医学サポートプロジェクトアクティブワーキングメンバー、'91～'01JOC強化スタッフトレーナー（陸上競技・スピードスケート）がある。

オリンピック、アジア大会などの国際舞台での豊富な経験を持ち、トレーナーとして陸上競技、スピードスケート、バレーボール、卓球、アメリカンフットボール、サッカー、バスケットボール、ラグビー、テニス、体操競技などの多彩な競技にたずさわる。

ミズノ㈱を退社後、石山修盟氏らと、東京都駒込にて㈲リニアートを立ち上げ、積極的なサポート活動を展開している。

著作に、『テーピング』『スポーツマッサージ』（いずれも新星出版社）、『トレーナーからのアドバイス』（陸上競技社）、『スポーツ鍼マニュアル』（南江堂）がある。

【主な経歴】

'91 世界陸上選手権日本チームトレーナー
'92 バルセロナオリンピック日本チーム支援トレーナー
'98世界ジュニア陸上日本チームトレーナー
'98 長野オリンピックスピードスケート日本チームトレーナー
'99 冬季アジア大会本部医務班アスレティックトレーナー
'87、'93、'99、'01 ユニバーシアード日本陸上チームトレーナー
'01アジアジュニア陸上日本陸上チームトレーナー
'02ソルトレイクオリンピック　スピードスケート日本チームトレーナー
'02世界ジュニア陸上日本チームトレーナー

スポーツ傷害とテーピング

監修者　増田雄一
発行者　富永靖弘
印刷所　慶昌堂印刷株式会社

発行所　東京都台東区台東４丁目７　株式会社　新星出版社
〒110-0016　☎03(3831)0743　振替00140-1-72233
URL http://www.shin-sei.co.jp/

ISBN4-405-08166-2